中国社会科学院学部委员专题文集
ZHONGGUOSHEHUIKEXUEYUAN XUEBUWEIYUAN ZHUANTI WENJI

人口学研究与学科建设

田雪原 著

中国社会科学出版社

图书在版编目(CIP)数据

人口学研究与学科建设／田雪原著．—北京：中国社会科学出版社，2013.1

（中国社会科学院学部委员专题文集）

ISBN 978-7-5161-2072-9

Ⅰ.①人… Ⅱ.①田… Ⅲ.①人口学—文集②人口学—学科建设—文集 Ⅳ.①C92-53

中国版本图书馆 CIP 数据核字(2013)第 014453 号

出 版 人	赵剑英
出版策划	曹宏举
责任编辑	李庆红
责任校对	张慧玉
责任印制	戴 宽

出　　版	中国社会科学出版社
社　　址	北京鼓楼西大街甲 158 号（邮编 100720）
网　　址	http://www.csspw.cn
	中文域名：中国社科网　010-64070619
发 行 部	010-84083685
门 市 部	010-84029450
经　　销	新华书店及其他书店
印刷装订	环球印刷（北京）有限公司
版　　次	2013 年 1 月第 1 版
印　　次	2013 年 1 月第 1 次印刷
开　　本	710×1000　1/16
印　　张	25.75
插　　页	2
字　　数	409 千字
定　　价	78.00 元

凡购买中国社会科学出版社图书，如有质量问题请与本社联系调换
电话：010-64009791

版权所有　侵权必究

《中国社会科学院学部委员专题文集》编辑委员会

主任 王伟光

委员（按姓氏笔画排序）

王伟光　刘庆柱　江蓝生　李　扬
李培林　张蕴岭　陈佳贵　卓新平
郝时远　赵剑英　晋保平　程恩富
蔡　昉

统筹 郝时远

助理 曹宏举　薛增朝

编务 田　文　黄　英

前　言

哲学社会科学是人们认识世界、改造世界的重要工具，是推动历史发展和社会进步的重要力量。哲学社会科学的研究能力和成果是综合国力的重要组成部分。在全面建设小康社会、开创中国特色社会主义事业新局面、实现中华民族伟大复兴的历史进程中，哲学社会科学具有不可替代的作用。繁荣发展哲学社会科学事关党和国家事业发展的全局，对建设和形成有中国特色、中国风格、中国气派的哲学社会科学事业，具有重大的现实意义和深远的历史意义。

中国社会科学院在贯彻落实党中央《关于进一步繁荣发展哲学社会科学的意见》的进程中，根据党中央关于把中国社会科学院建设成为马克思主义的坚强阵地、中国哲学社会科学最高殿堂、党中央和国务院重要的思想库和智囊团的职能定位，努力推进学术研究制度、科研管理体制的改革和创新，2006年建立的中国社会科学院学部即是践行"三个定位"、改革创新的产物。

中国社会科学院学部是一项学术制度，是在中国社会科学院党组领导下依据《中国社会科学院学部章程》运行的高端学术组织，常设领导机构为学部主席团，设立文哲、历史、经济、国际研究、社会政法、马克思主义研究学部。学部委员是中国社会科学院的最高学术称号，为终生荣誉。2010年中国社会科学院学部主席团主持进行了学部委员增选、荣誉学部委员增补，现有学部委员57名（含已故）、荣誉学部委员133名（含已故），均为中国社会科学院学养深厚、贡献突出、成就卓著的学者。编辑出版《中国社会科学院学部委员专题文集》，即是从一个侧面展示这些学者治学之道的重要举措。

《中国社会科学院学部委员专题文集》（下称《专题文集》），是中国社会科学院学部主席团主持编辑的学术论著汇集,作者均为中国社会科学院学部委员、荣誉学部委员,内容集中反映学部委员、荣誉学部委员在相关学科、专业方向中的专题性研究成果。《专题文集》体现了著作者在科学研究实践中长期关注的某一专业方向或研究主题,历时动态地展现了著作者在这一专题中不断深化的研究路径和学术心得,从中不难体味治学道路之铢积寸累、循序渐进、与时俱进、未有穷期的孜孜以求,感知学问有道之修养理论、注重实证、坚持真理、服务社会的学者责任。

2011年,中国社会科学院启动了哲学社会科学创新工程,中国社会科学院学部作为实施创新工程的重要学术平台,需要在聚集高端人才、发挥精英才智、推出优质成果、引领学术风尚等方面起到强化创新意识、激发创新动力、推进创新实践的作用。因此,中国社会科学院学部主席团编辑出版这套《专题文集》,不仅在于展示"过去",更重要的是面对现实和展望未来。

这套《专题文集》列为中国社会科学院创新工程学术出版资助项目,体现了中国社会科学院对学部工作的高度重视和对这套《专题文集》给予的学术评价。在这套《专题文集》付梓之际,我们感谢各位学部委员、荣誉学部委员对《专题文集》征集给予的支持,感谢学部工作局及相关同志为此所做的组织协调工作,特别要感谢中国社会科学出版社为这套《专题文集》的面世做出的努力。

《中国社会科学院学部委员专题文集》编辑委员会
2012年8月

目 录

序 言 …………………………………………………………………（1）
为马寅初先生的新人口论翻案 …………………………………（1）
新中国成立以来关于人口问题的几次论战 ……………………（7）
人口和国民经济综合平衡 ………………………………………（18）
发达国家人口研究动向和人口问题 ……………………………（33）
利用人口年龄结构变动促进现代化建设 ………………………（41）
城市人口划分标准研究 …………………………………………（45）
市场经济体制下的老龄问题和老年科学研究 …………………（55）
20 世纪人口科学发展一瞥 ………………………………………（61）
解放思想　应对转变　谋求人口科学新发展 …………………（67）
中国人口科学发展的昨天、今天与明天 ………………………（73）
老年人口价值观 …………………………………………………（87）
《人口学"十五"发展调研报告》（节选） ………………………（94）
生育文化的人口学视野 …………………………………………（114）
"中等收入陷阱"的人口老龄化视角 …………………………（129）
《人口学"十一五"研究状况与"十二五"发展趋势报告》（节选）
………………………………………………………………（141）

人口政策研究
　　——基于人口学立场 …………………………………（157）
历代人口政策的自然导向 ………………………………………（162）
"提倡一对夫妇生育一个孩子"始末 …………………………（198）
论"孩子社会附加成本—效益" ………………………………（232）
"转变后"人口错综复杂 ………………………………………（270）

新中国人口政策回顾与展望 …………………………………… (333)
以人为本的可持续发展理论及其理论体系 …………………… (340)
人口与资源可持续发展 ………………………………………… (250)
人口与环境可持续发展 ………………………………………… (360)
人口与经济可持续发展 ………………………………………… (370)
人口与社会的可持续发展 ……………………………………… (382)
走现代文明发展之路 …………………………………………… (393)

序　言

说起怎样走上人口学研究之路，还得从20世纪50年代末步入大学时候开始。1959年中华人民共和国成立10周年前夕，我抱着少年时期企盼祖国尽快富强起来的志向走进北京大学殿堂，心中好不欢畅！然而入学后不久便赶上第二次批判马寅初校长的《新人口论》，使我陷入迷茫。于是便躲在图书馆第五阅览室一隅，找来马老发表的"我的经济理论、哲学思想和政治立场"等文章，同时也找来一大堆批判文章读了起来。读着读着……越读越觉得老校长关于控制人口数量、提高人口质量的论述讲得颇有道理，更为那种年近八十誓死捍卫真理、直至战死为止的彻底唯物主义精神所打动；相反，那些连篇累牍的批判文章却讲不出多少道理来，除了贴标签式的政治口号和扣大帽子之外，便是偷换前提一类的逻辑推演，其目的就是要将《新人口论》批臭，把马寅初一巴掌打下去。特别受康生亲临北大点名"属于哪个马家"影响，包括马老居住的燕南园在内的整个燕园，更是大字报铺天盖地，声讨之声不绝于耳，最后马老真的从北大校园、政坛和学坛上"蒸发"了。这着实使我困惑了一阵子，难道这桩公案就这样盖棺定论了不成？当时不清楚，正是这样的认识化为一种情结，埋下后来为马寅初《新人口论》翻案和走上人口科学研究之路的种子。

1964年从北大经济学系毕业后，先是参加两年"四清"，接着便是所谓的十年"文化大革命"和干部下放劳动。除了和这一代人大同小异的经历外，作为系统学习过马克思主义经济学和西方经济学说史的学人说来，原来盼望祖国尽快强盛、人民尽快富裕起来的情结受到莫大的伤害。在"四清"同吃、同住、同劳动过程中，亲身体验到新中国成立十五六年后，许多农民依然过着缺吃少穿的清贫日子；城市也好不到哪儿去，直至70年代每人每月只供应几两油、肉、蛋，自行车、手表、缝纫机等日用工业品都要凭票供应，在饥饿、温饱、小康、富裕和最富裕几个发展阶段中，处在由饥饿向温饱过渡阶段。由此不能不对当时的人民公社以及整个国家的计划经济产生疑问：为什么西方市场经济国家忧虑的是生产过剩，而高度集中统一的计划经济国家则被经济短缺困扰？第二次世界大战结束后二三十年，我们同西方发达国家的差距不是缩小而是扩大了，国家尽快富强起来的期望跌到了失望的边缘。1978年底党的十一届三中全会的召开，实事求是思想路线的恢复和以经济建设为中心的确立，给我的感觉真的是"忽如一夜春风来，千树万树梨花开"，科学发展的春天来到了！于是即刻投身到理论战线的拨乱反正中去，开始了新的学术生涯。最初发表的"调整是目前国民经济全局的关键"、"'大会战'是组织经济建设的好形式吗？"等几篇文章，抒发多年蓄积于胸的经济学方面的郁闷，颇有一吐为快之感；但是最大的学术情结还是当年批判马寅初新人口论时投下的阴影，于是提起笔来，奋然撰写并发表"为马寅初先生的新人口论翻案"等几篇文章，从此同人口学、人口经济学研究结下了不解之缘。

经济学与人口学有着某种近亲血缘关系，但是毕竟属于不同学科，"隔行如隔山"的道理提示我，从经济学转到人口研究必须补上人口学这一课。机会来了，1982年5月美国东西方中心邀请我到那里作高级访问学者，进行人口年龄结构变动方面的合作研究。我则利用这一年多的时间，一方面完成研究课题，另一方面比较系统地阅读了当时主要的人口学论著，并且结识了前往那里访问的著名学者。美国东西方中心坐落在夏威夷群岛檀香山市（Honolulu），地处太平洋中心，亚洲、澳洲、美洲三大洲连线交会点，风景如画，既无严寒又无酷暑，每年都有众多访问学者光顾。在那里，有机会结识普林斯顿大学A.柯尔、芝加哥大学G.S.贝克尔和F.豪泽、布朗大学S.哥德斯坦、伦敦大学布拉斯、日本大学黑田俊夫、澳大利亚国立大学考德维尔等当代大师级人口学家。带着渴望的心情学习他们丰富的知识精要，开始叩响人口科学的大门，受益匪浅。

1983年6月回国后，即转到中国社会科学院人口研究中心（后更名为人口研究所、人口与劳动经济研究所）从事人口科学研究。人口学作为一门比较成熟的规范化学科，主要面向现实人口问题研究，我的研究也以现实中国人口问题为主，重点是人口理论拨乱反正、人口发展战略与人口政策、宏观人口经济与微观人口经济、人口流动与人口城市化、人口老龄化与老年社会保障等。不过我始终记着"隔行如隔山"这句至理名言，尽可能将研究纳入人口学规范化范畴；同时关注人口学学科建设走向，力求站到学科前沿。在实践中体会最深的，还是"实践—理论—实践"这句老话：通过调查研究，以实证研究的突破，推动理论研究的深入；以理论研究的深入，增加实证研究的厚重。因此，在进行大量实证研究过程中，不忘人口学学科建设，隔一段时间回顾和总结国内外人口科学研究取得的新进展，探索未来的发展趋势，不断开阔研究视野，推进研究创新。加上担任科研行政领导职务和社会兼职需要，对人口学研究和学科建设发表了一定数量的文章和研究报告。中国社会科学院学部决定出版学部委员专题文集，思量将这些文章和报告放到一起出版一个集子，提供来自不同视角的研究成果，对人口学科建设还是一件有意义的事情，故推出《人口学研究与学科建设》专题文集。

本专题文集集纳1979—2012年间发表的19篇人口学科建设方面的论文和研究报告，从不同方面反映出不同时期人口科学研究取得的进展、存在的问题和改进的建议；在人口学、人口经济学、老年人口学等研究中新的理论观点和见解；在人口与发展，主要在人口与资源、环境、经济、社会可持续发展交叉研究中提出的理论和具体分析。尽管人口学是一门规范性较强的学科，但是任何学科总是要不断向前发展的。笔者也试图做出与时俱进的研究，"孩子社会附加成本—效益"理论的提出和阐发，就是这种创新探索研究成果之一。本文集19篇文章中，前18篇按照发表的时间顺序排列；第19篇在"人口学研究新领域：人口与可持续发展"标题下，包括1995—2004年发表的人口与可持续发展方面的6篇文章，时间跨度为10年，与前面文章有时间交叉。就笔者在人口学科建设研究的实际情况而论，比较集中的成果当属由笔者主编并于2004正式出版的《人口学》专著，除负责全书统稿外，还独自撰写两章、合作撰写两章。不过由于有合作撰写，故未收入本专题文集。

迄今为止，中国仍是世界上人口最多的国家，心安理得退居次席也要到20年以后。然而人口科学发展并不尽如人意，经过几次波折，改革开放以后才获得比较迅速的发展，得以赶上世界总体水平。1986年国家社会科学基金成立，人口学在经济学科组，我为该学科组评审组成员；进入90年代后，按国务院学位委员会学科分类，人口学转到社会学科组；1996年国际人口科学联盟（IUSSP）决定，1997年第23届国际人口科学大会在北京召开。利用这一时机，我同学科组成员、国家人口计生委副主任杨魁孚同志一起，找到全国社科规划领导小组负责同志，申请将人口学科作为独立学科单列。当时提出三条理由：一为第23届国际人口科学大会在北京召开，标志着国际社会对中国人口科学发展状况和水平的承认；二为改革开放以来人口学科发展迅速，目前各种类型、大小不等的人口研究机构近百家，比起某些学科来并不逊色；三为中国是世界上人口最多的国家，这一基本国情对经济、社会、资源、环境以及各方面发展影响之大、之深，非其他所能比拟，应加强对人口科学研究的指导和支持。经领导小组研究，最后同意了我们的意见，人口学作为同经济学、社会学等学科一样，成为一门独立学科。独立后，人口学申报和中标项目有了大幅度的增长，发挥了对人口学科研究支持和引领的作用。1986—2012年人口学在国家社科基金立项数和资助金额，分别增长12倍和20倍以上，对人口研究和学科建设导向和发展，起到十分显著的推动作用。

回顾30多年在人口学研究和学科建设方面所做出的努力，取得一定成效或者说取得较大进展，但并不令人满意。星移斗转过了古稀之年，眼下还有一些积累，需要整理、编辑和精炼出论著。面对一步步走向高龄化的现实，怎样将学术研究科学地融入晚年人生生活，是需要认真思索并要由实践做出回答的问题。几年前，中国中外名人文化研究会等发来邀请，为《中华名人格言》撰写几则"富含哲理、语言精炼、寓意深刻、耐人寻味"的格言。对于如此之高的要求，未免有些惶恐，只好从日常生活中体会较深并且身体力行的自我约束的警句中摘出几条发过去。想不到在寄来的书中，还夹有一张被评为"优秀作品"的荣誉证书。优秀不优秀另当别论，也无所谓，有点儿实际的约束力倒是十分紧要的。"年龄可以老化，思想不能僵化，学问不可退化"就是几条中的一条，至少反映出当前我的一种心态和老年做学问的一种自律要求。如何实现老化而不僵化、不退化呢？我在中国社科院老干部局组织编辑出版的一本书中，有一篇文章"我的健康观——PK四种不同类型年龄"：淡化自然年龄、激活生理年龄、平和心理年龄、践行社会年龄，可谓我将老年做学问融入生活的一种理念和写照。愿将主要文字摘编于后，同学术界志士同仁切磋，共同推进学科建设和学术创新。

淡化自然年龄。一般讲人的年龄，即指自然年龄，以岁表示。自然年龄是时间推移的自然结果，如同植物的年轮一样，每过一年增加一圈，人的自然年龄每过一年增长一岁。怎样对待自然年龄增长？《论语》中说："叶公问孔子于子路，子路不对；子曰：'女奚不曰，其为人也，发愤忘食，乐以忘忧，不知老之将至，云尔。'"① 其中"不知老之将至"，就是淡化自然年龄，不为年复一年的年龄增长所左右，仍然"发愤忘食，乐以忘忧"地照常行事。对于自然年龄，古往今来留下西方炼丹术、东方仙山寻求长生不老药的神话，希望延年益寿。然而神话就是神话，谁也没有亲眼见到过长生不老的寿星。倒是随着经济的发展、社会的进步、医疗卫生条件的改善等，长寿真的向我们走来。依据联合国提供的资料，1950年世界人口预期寿命为46岁，2010年提高到68岁，60年间提高22岁，年平均提高0.37岁，为人类发展史上增寿幅度最大的60年。同期中国由不足40岁提高到73岁，提高33岁，年平均提高0.55岁，高出世界0.18岁，增寿更为显著。② 然而活得长≠活得健康，因为正常人的一生可分为健康期、带病期和伤残期，现代人追求的目标是延长健康期，缩短带病期和伤残期，长寿+健康才是我们目的。其实，寿命长短主要由遗传基因决定，后天因素只能起到一定的延长或缩短作用，我们只需要科学地生活、工作、学习，其余由它去好了，不要总是想到年老了、不行了。最好能将自然年龄忘掉，真正做到"不知老之将至"。

激活生理年龄。一般地说，自然年龄同生理年龄有着一定的、必然的联系。人的脑细胞在50岁以后开始减少，脑重量开始变轻，智力开始下降。听觉下降最早，20岁以后便开始减弱，到了老年则减弱更甚。体力随着年龄的增长而下降，老年晚期出现体力不支是正常的现象。因此，衰老

---

① 参见《论语集注》上卷四，孔子中国画院金龙阁荣誉出品，第56页。
② 参见 United Nations: World Population Prospects, The 2008 Revision, p. 48、p. 184, New York 2009。

（Senescence）是人生物体的自然属性，具有不可抗拒、不可逆转的性质，迟早总是要发生的。我们能做到的，就是在或迟或早上做文章，延缓衰老，增进健康期。关于健康，有两种截然相反的观点：一种为动派，坚持"生命在于运动"，举出无数个案，说明运动对保持人体机能完好的重要性。一种为静派，坚持"生命在于静止"，举出不好动的动植物寿命最长，常把懒得一动的乌龟和傲然挺拔岩石之上、狂风暴雨不动摇的苍松作为长寿的象征。1941年周恩来、董必武、邓颖超同志为祝贺马寅初先生60寿辰赠送的对联，写的便是"桃李增华坐账无鹤，琴书作伴支床有龟"。还有一种观点，认为"生命在于平衡"，维持生命需求与供给的平衡，中医所讲的阴阳平衡，西医所讲的营养均衡等是也。问题在于怎样才能实现平衡，是静止求平衡还是运动求平衡？笔者赞同通过运动求平衡，只是运动量要随着年龄的增长和体质状况，做出适当增减。笔者的信条是：迈开腿、管好嘴、调整好心态。

平和心理年龄。WHO将心理健康与生理健康、社会健康并列为人类健康的三个基本方面，足见心理健康之重要。这是因为人的行为受思想支配，生理健康在很大程度上取决于心理健康。常言道："笑一笑，十年少；愁一愁，白了头"，讲的就是这个道理。老年如何调整好心态，我将其归结为平和心理年龄，就是要准确定位老年在人生坐标上的位置。就抽象的一般意义而言，最主要的就是要认识人生角色的转换。角色的转换，可以从两个相反的方向去理解。一方面表现为衰减和失去：身体健康的衰减和失去，体力和精力越来越不济，总体上由健康期步入带病期、伤残期；社会职责的衰减和失去，原来担负的社会工作让位给后来人，成为退休养老的自由人；行为观念的衰减和失去，过去从事的是社会需要的工作，退下来以后更多从事的是自己需要的活动，观念上由我为社会转变到我要为我，以减少社会为我。另一方面表现为增进和拥有：自由的增进和时间的拥有，老年由原来的岗位退居下来，不再担任任何职务，原来有官者变成"无官一身轻"，原来无官者也用不着早上班晚下班，24小时全由自己自由支配；活动的增进和拥有，由原来以单位为主的活动，变成以社会社区的活动为主，相对说来拥有一个更大范围、更多社会接触的舞台；观察评论的增进和拥有，如果说成年时期生活以干为主，退居下来以后则变成以看为主，拥有更多思考、评说的机会，因而有时间提升自己的知识和经验。可见，老年作为人生最后特殊阶段的人口群体，由于衰减和失去、增进和拥有并存，一方面使他们脱离原来固有的关系，越来越自由，似乎与社会渐行渐远；另一方面他们又不能太自由，并且对社会的依赖程度会越来越强烈，成为必须得到社会关怀的弱势群体。联系本人实际，虽然尚未进入这种角色转换，或者大部分尚未进入这种转换；但是已从行政岗位上退了下来，也有一个摆正位置，调整心态，即平和心理年龄问题。相信后来居上、长江后浪推前浪是合乎规律的发展。退一步海阔天空，到了应该放飞心理年龄的时候，何不潇洒走一回?!

践行社会年龄。平和心理年龄，不是放弃奋斗终生的事业，而是以一种平和的心态，多几分宽容，多几分潇洒，让更多的后来人共同推进事业的发展。就步入老年的个人来说，则要充分认识老年的价值。其一，作为有一定劳动能力的经济价值。我国60岁以上老年人口中，大约有1/4仍在从事力所能及的劳动，他们把劳动视为生存和发展的一种需要，是社会有用之人的一种标志。作为受过高等教育的专家学者，继续从事科研和其他劳动，不需要再进行专门的职业训练，因而具有成本较低的优点，可以为社会创造出低投入、高产出的财富。其二，作为经验积累的历史价值。在我国由农业国向工业国转变过程中，先进技术、中间技术、落后技术将长期并存，先进技术取代落后技术需要较长一段时间，这是由我国的基本国情决定的。在这种情况下，经验显得尤为重要。而经验是实践知识的积累，同年龄成正比例增长，年龄是人生经验的象征。在这个意义上，老年人口具有其他年龄人口群体无法比拟的优越性。其三，作为文化传承的社会价值。文化成为当今世界关注的热点，老年作为接受历史文化遗产最丰富又经过当代文化洗礼的人口群体，是现实社会文化的富有者，比少年人口富有，也比成年人口富有，应当成为先进文化的成熟传播者，尽管传播中也要重新学习和进行创造。1982年联合国第37届大会通过的《老龄问题维也纳国际行动计划》指出：童年和老年共同承担人类文化价值承传任务，但是童年主要是承接，老年主要是传播；老年人口的文化传播，保障了人类的生存和进步；老年人口群体的这一作用具有不可替代的性质，成为一种"人类课堂"。如此说来，老年对于社会并非毫无用处，"老而无用"是一个误区。对于从事社会科学研究的老年学者来说，则可以有更多的做为。古今中外大器晚成事例不胜枚举，我们身边的许多老年研究人员，大都生命不息、奋斗不止。不过用实际行动交出一份合格的社会年龄答卷并非易事。我的体会是，一要不断学习。所谓活到老、学到老，学无止境是也。尤其在当今世界信息化、经济全球化迅速推进，国内改革开放向纵深发展，经济转轨、社会转型、人口转变加速进行背景下，"一不留神"就会被时代的列车甩下来。要想不被甩下来，办法只有学习、再学习。一要了解新事物，熟悉新情况，研究新问题，严防思想僵化。二要联系实际。学习有两种，一是向书本学习，包括纸质书本和电子信息、图书、报刊等；二是向实践学习，以社会为实验基地，深入调查研究，经过实践—理论—实践多次反复，取得具有实际应用价值的研究成果。三要坚持学术创新。人们常说"青年人喜欢憧憬未来，老年人容易留恋过去"，虽然不能一概而论，但是此话也揭示了一种值得注意的年龄思维倾向。在现实生活中，我们常常看到有的老学者、老专家，在他们的言谈和文章中新思维、新思想、新观点、新理论太少了，学术上的老话、旧话、套话太多了，这样的成果又有多少用处呢？创新是一个国家和民族的灵魂，哲学社会科学发展的灵魂，也是老年学者不断进取的灵魂。

田雪原　于文星阁
2012 年 8 月 1 日

为马寅初先生的新人口论翻案

我们面前放着马寅初先生《我的经济理论、哲学思想和政治立场》一书。就是这样一本小册子，在20世纪50年代后期却引起一场轩然大波，批判、声讨之势一浪高过一浪，其时间之长持续达三年之久；规模之大，全国主要报刊几乎全部卷了进去，文章发表了数百篇，实为历史所不多见。可是，二十多年的实践却给这场辩论作了相反的结论：真正的失败者并不是马寅初先生，他的新人口论不仅不是什么向党、向社会主义进攻的"毒药"，恰恰相反，是具有远见卓识、治国利民的一剂良方。今天，我们理应推倒一切诬蔑不实之词，为新人口论翻案，为马老彻底平反，为马老恢复名誉。

一 学术的尊严不能不维护

新中国成立后，随着国民经济的恢复和发展，人民生活的改善，人口死亡率有了明显的下降，全国人口出现了迅速增长的趋势。据1953年人口普查，总人口达到601 938 035人，出生率为37‰，自然增长率为20‰。又据1954年五个省和一个自治区的统计，每年的人口自然增长率高达23‰。按此增长率推算，全国人口在第二个五年计划末期将超过7亿，第三个五年计划末期可达8亿，增长速度十分惊人。

作为一个经济学家，马寅初先生深知人口盲目增长下去带来的严重后果。然而，当时多数人，包括一些领导同志并没有认识到这个问题，这就引起了老先生的焦虑。1955年他在人代会浙江小组首次就控制人口问题发了言，想不到一些代表不同意，未能提交大会讨论。1957年2月在最高国务会议上，他又畅谈了关于我国人口问题的主张，受到毛泽东同志的重视。马老因此大受鼓舞，异常高兴，他在接见《文汇报》记者时说："现在人口问题可以公开谈了，这说明我们国家进步真快。"他不顾年近八十的高龄，到处奔波，或找领导同志恳谈，或向群众发表演讲，一心一意盼望举国上下把控制人口的问题重视起来。1957年6月，一届人大第四次会议召开了，他把人口问题作为一项提案写成书面发言，7月5日《人民日报》全文发表，这就是他的新人口论。

然而，天有不测风云。据说资产阶级右派曾经利用人口问题向党发起进攻，一些主张控制人口、节制生育的知名人士一个个遭到批判，一个个被打成右派分子，马老先生也有些岌岌可危。果然，不久就批到了他的头上。不过，开始那些批判文章还好一些，虽然上纲较高，但还试图讲点道理出来。马老先生总是一篇篇地读下去，看一看有没有可取之处。事实上，他是一个敢于坚持真理，也勇于修正错误的人。他在北大发表演讲，有人指出他的一个原则错误，他虚心接受，诚恳致谢，并当即贴出大字报作了公开检讨。

1959年下半年以后对马寅初先生的批判突然升了级，在他当时工作的北京大学，大字报铺天盖地，批判会接连不断，有的还面对面地"短兵相接"，"挖老根、算旧账"，甚至进行个人人身攻击。再看看报刊上那些文章，简直是骂不绝口。这是怎么回事呢？原来是那个"左派理论家"插了手，他发下一道指示：马寅初的观点就是艾奇逊的观点，要象批艾奇逊那样批马寅初。对这突如其来的攻势，马老有些困惑不解。但凭他多年的经验，从势头上感到"来者不善"。这时，在他的面前已经摊开着两条路：一条是接受批判，作一番检讨，一切都会平安地过去；另一条就是坚持下去，前途自然不堪设想。马老毅然决然地选择了后一条道路。他在《我的哲学思想和经济理论》一文的"附带声明"中说："我虽然年近八十，明知寡不敌众，自当单身匹马，出来应战，直至战死为止，决不向专以力压服不以理说服的那种批判者们投降。"他对好朋友的劝告表示感激，但他同样毫不动摇地表示："这次遇到学术问题，我没有接受他的真心诚意的劝告，心中万分不愉快，因为我对我的理论有相当的把握，不能不坚持，学术的尊严不能不维护，只得拒绝检讨。"正是理论上的这种彻底性，决定着政治上的坚定性，大概这就是马老奋战不屈，或者如某些批判者说的

"带着花岗岩的脑袋去见上帝"的"奥秘"所在罢!

二 到底属于哪一个"马家"

批判马寅初新人口论的文章有一个共同的基调,说他宣扬了马尔萨斯观点,是中国的马尔萨斯。有一张大字报更醒目:"马寅初先生究竟属于哪一个马家"。尽管"马家"一说并不科学,因为马克思和马尔萨斯,谁都不姓马。但依据中国人的习惯叫法,不妨把他们称为两个"马家"。我们认为,为马寅初先生翻案,中心的问题是为他的新人口论平反,彻底摘掉马尔萨斯主义的帽子。

马寅初先生的人口理论的基本观点是正确的,绝不属于马尔萨斯那一家,而属于马克思主义这一家。他根据调查得来的材料,一反苏联政治经济学教科书把人口不断迅速增长说成是社会主义人口规律的教条,分析了我国人口增殖过快同国民经济之间存在的各种矛盾。主要是:(1)同加速资金积累之间的矛盾。"我国最大的矛盾是人口增加得太快,而资金积累似乎太慢。""我国过多的人口,就拖住了我们高速度工业化的后腿,使我们不能大踏步前进。"(2)同提高劳动生产率之间的矛盾。"要提高工业的劳动生产率,就要大力地积累资金,加强每个工人的技术装备,同时还要控制人口,因为如人口增殖任其自流,资金很难迅速地积累。"农业"每人平均分得的耕地,已自一九五三年的二亩八分降至一九五五年的二亩七分"。(3)同提高人民生活之间的矛盾。"现在粮食紧张,猪肉紧张,布票对折使用,煤也不够烧,这一切都牵连着人口众多的问题。"(4)同科学事业发展之间的矛盾。"由于受现有工业水平和国家财力的限制,还不能完全满足开展研究的要求,欲达到这个目的,唯有加速积累资金,一面努力控制人口,不让人口的增殖拖住科学研究前进的后腿。"

那么,采取什么办法解决这些矛盾,控制人口增殖呢?马寅初先生提出:"第一步要依靠普遍宣传",大力宣传计划生育的好处,大力破除宗嗣继承观念,破除"早生贵子"、"五世其昌"等封建思想。其次,"俟宣传工作收到一定的效果以后,再行修改婚姻法",实行晚婚,"大概男子二十五岁,女子二十三岁结婚是比较适当的"。再次,"如婚姻法修改之后,控制人口的力量还不够大，自应辅之以更严厉更有效的行政力量"，主张生两个孩子的有奖，生三个孩子的要征税，生四个孩子的要征重税，以征来的税金作奖金，国家财政不进不出。

以上就是马寅初先生新人口论的基本内容和主要主张。然而就是这些内容和主张，在当时却被说成是"否定社会主义制度的优越性"，"仇视劳动人民"，扣上一顶马尔萨斯主义的大帽子。理由是他把人看成了消费者，没有首先看成生产者，是"见口不见手"。按照"人手论"，就应该是人口越多，劳动力就越多，生产也越多，积累越多，发展越快，因而人口越多越好，据说这就是"马克思主义"的人口观。为此有的人还曾动议：应该将"人口"改成"人手"，似乎"人口"一词本身就包含马尔萨斯主义的味道。这些"逻辑"在今天看来未免使人哑然失笑，可是在当时简直是一种流行的权威的观点哩！

马克思主义认为，人口数量、密度、发展速度虽然对社会发展不起决定性作用，但是斯大林指出：人口的增长对社会的发展有影响，它促进或者延缓社会的发展。马寅初先生明确提出我国人口发展已经同积累、消费以及科学等的发展不相适应，完全符合我国的实际，完全符合马克思主义关于人口发展对社会发展起促进或者延缓作用的理论，同马尔萨斯主义风马牛不相及。

马寅初先生适时地提出提高人口质量，提出中国各阶层人口"都要提高知识水平"，是有很大积极意义的。他把人口数量和质量两个方面联系起来考察，说明这是解决我国人口问题的根本途径。他说："但在一穷二白的中国，资金少，人口多，把人民组织起来，利用它作为一种资源，不是没有好处的，但不要忘记亦有人多的坏处。人多固然是一个极大的资源，但也是一个极大的负担。我的新人口论主张保留它的好处，去掉它的坏处；保全这个大资源，但去掉这个大负担。方法是提高人口的质量，控制人口的数量。"马老这一段话充满了辩证法，可以说是画龙点睛之笔，寥寥数语把他的新人口论展示得清清楚楚，也从积极的角度概括了解决我国人口问题的方向。马寅初先生为使人们真正理解他的新人口论，不致产生误解，常常把他的理论同马尔萨斯的人口论加以比较，说明二者的根本不同，并对马尔萨斯主义作了相当深刻的揭露和批判。没想到，这样一来，反到"授人以柄"，说他是"此地无银三百两"，"假批判、真拍卖"，"地地道道的马尔萨斯主义者。"真是欲加之罪，何患无辞！其实，只要不抱偏见，应该说马寅初先生对马尔萨斯是作了认真批判的。他指出，"马尔萨斯写人口论的本意，就在于从理论上维护资本主义制度及其政府"；他指出，人口按几何级数和食物按算术级数增加是早已"破了产"的，并用新中国成立后生产飞速发展的事实加以有力驳斥；他指出，马尔萨斯主张用战争、瘟疫、饥饿等手段来消灭现有人口，因而是非常反动的，等等。既然这样，为什么硬把马寅初的新人口论和马尔萨斯的人口论中间用等号连接起来呢？对此，马老气愤地说："有人称我为马尔萨斯主义者，我则称他们为教条主义者，反列宁主义者"。对于那种闭着眼睛不看事实的人，专门打棍子、扣帽子的人，恐怕也只好如此。

三 值得认真总结的历史教训

解放前，马寅初先生就是我国著名的经济学家。他坚决反对四大家族和官僚资本，反对蒋介石的独裁统治，坐过国民党的监狱，多次参加过激烈的反蒋民主运动，是爱国民主人士中一位杰出的代表。新中国成立时，他应邀来京参政，衷心拥护党，拥护社会主义，立志把有生之年贡献给社会主义事业。曾任中央人民政府委员，人大常委，中央人民政府财经委员会副主任，华东军政委员会副主席，浙江大学、北京大学校长等重要职务，对我国经济和教育事业的发展出过力，做出过贡献。然而，就是这样一位德高望重的老先生，竟由于一纸人口理论被革职罢官，这对各阶层民主人士以及学术界不能不是一个很大的震动，不能不产生严重不良影响，值得从中吸取教训。

首先，要正确处理学术问题和政治问题的关系。学术问题，特别是社会科学中的学术问题往往同政治有牵连，但它们毕竟属于不同的范畴，因而要用不同的方法去解决。马寅初先生参加最高国务会议和作为人大代表提出人口问题，从国家政治生活来讲是政治问题，意见和提案怎样处理，完全在国家决定。但他提出的人口问题本身，就内容来讲，属于学术性质，属于理论方面的问题，只能按照"百花齐放、百家争鸣"的方针，通过自由讨论和摆事实、讲道理的方法去解决，切不可依仗人多势众实行压服。在学术问题上，真理有时不在多数人手里而在少数人手里。可是，五十年代后期这场"大辩论"就违背了这个方针，特别是那个"左派理论家"插了手以后，把马寅初当作艾奇逊来批判，一巴掌把人家打下去，把学术问题变成政治问题，这就堵塞了言路，使人口增长快对国民经济有哪些不利影响，应该采取哪些措施等，成了谁也不敢碰的"禁区"。

第二，要有充分的民主。这场"辩论"有一个奇怪的现象："辩论"的一方人数颇多，另一方却少得可怜。是马寅初先生的学说没有人赞成吗？否。关于这一点，马先生说："自《新建设》十一号登出我的文章后，同意我的信已经不是少数了，有的虽表示同意，但不敢签名，只写'读者谨上'字样，这部分地表明了今日的'百花齐放，百家争鸣'的真实情况，我只得唱'独角戏'。"其实，赞成马先生新人口论的大有人在，就是他的经济要综合平衡的意见，基本上也是正确的。但是由于缺乏民主，既缺乏政治民主，又缺乏学术民主，却很少有人敢站出来为之辩护。似此等"辩论"，又能辩出什么真理来呢！

第三，坚持实践是检验真理的唯一标准。旧中国人口的发展具有高出生率、高死亡率、低增长率的特点。解放后，党和政府有效地解决了失业、灾荒、饥饿和疾病等一系列问题，使人口死亡率大幅度地降了下来，出现了人口迅速增长的趋势。马寅初先生的新人口论，就是在调查研究的基础上，针对这种情况提出来的。然而，某些人不是从实际出发，不去认真研究我国人口发展的新问题、新矛盾，而是从"长官意志"出发，从本本出发，凭教条批判别人，结果是批判得越狠，离开现实越远，造成危害越大，以致酿成今天严重的人口问题。实践是检验真理的唯一标准，也是检验人口理论和人口政策的唯一标准。我们研究和解决我国人口问题，必须坚持这条马克思主义的原则。

（原载《光明日报》1979年8月5日）

新中国成立以来关于人口问题的几次论战

我国是世界上人口最多的国家,但在人口研究方面却比较落后,二者相比很不相称。要改变这种状况,建立起科学的社会主义人口理论,有必要对新中国三十年来的人口研究作一个简要的回顾,肃清来自"左"的和右的,主要是来自"左"的方面的影响,澄清一些基本理论是非,引出有益的经验和教训。

一 新中国成立初期对马尔萨斯人口论的批判

1949年中华人民共和国成立后,结束了帝国主义、封建主义和官僚资本主义的反动统治,随着国民经济的恢复和发展,人民物质和文化生活的改善,人口死亡率有了明显的降低,而出生率却一时降不下来,这就出现了全国人口的迅速增长。据1953年普查,全国人口达到601 938 035人,出生率为37‰,死亡率为17‰,自然增长率为20‰。按此增长率推算,全国人口到第二个五年计划末期将达到7亿,第三个五年计划完成可超过8亿,增长速度十分可观。面对这种情形,1953年8月政务院批准了中央卫生部修订的避孕和人工流产办法,指示卫生部帮助群众做好节育工作。1954年12月,中央领导同志亲自主持召开节育问题座谈会,国务院责成有关部门组织节育研究小组,对节育工作提出了若干意见。1956年9月,周恩来同志在《关于发展国民经济的第二个五年计划的建议》中,明确提出"在生育方面加以适当的节制"。经毛泽东同志主持制定的全国农业发展纲要,也号召"在一切人口稠密的地方,宣传和推广计划生育,提倡有计划地生育子女"。在这种情况下,一些经济学家、人口学家、社会活动家,纷纷各抒己见,著书立说,提出了比较系统的人口节制主义理论。

早在 20 世纪二三十年代，人口节制主义的代表陈长衡、陈达、许仕廉等人便发表了几部很有影响的著作，如陈长衡的《中国人口论》、《三民主义与人口政策》，陈达的《人口问题》，许仕廉的《中国人口问题》、《人口论纲要》等。此外，吴景超、李景汉等人在人口理论方面也有自己独立的见解，出现了人口节制主义的崛起。应当指出，人口节制主义理论受马尔萨斯人口论的影响很大，一些人也对马尔萨斯相当推崇，有许多观点是根本错误的。但有些观点，特别是关于如何节制人口的一些具体观点也是有价值的，不无可取之处。譬如，陈长衡主张"一枝花"至"两枝花"制："一个儿子提心吊胆；两个儿子，锦上添花；三个儿子，到老变成四家；多男多女多冤家，无男无女赛仙家。"他从"养儿防老"的可靠角度出发，劝说人们要"一枝花"，最多"两枝花"就够了。又如，陈达先生提出的"限制人口的数量，改善人口的品质"的主张，多少年来一直是人口理论界谈论的中心话题，影响很大。解放后，一些人看到新中国的巨大变化，接触到一些马列主义，对过去的错误观点作了纠正。如吴景超在《中国人口新论》中，公开承认过去"许多论点是错误的"，检讨了把人口多说成是中国贫穷根源的原则错误："掩盖了反动统治阶级所制造的罪恶，迷惑了群众对于当时主要矛盾的认识，混淆了革命斗争的对象。"[①]同时，他们也没有放弃原来的一些有益见解，而是在新的历史条件下，提出了富有积极意义的节制理论。陈达先生在《节育、晚婚与新中国人口问题》[②]中，详细地论证了节育的必要性和主要方法，他说："节育无论对家庭生活，对国家建设以致整个民族的健康和兴旺，都有莫大的好处。"但他不赞成绝育和堕胎，而主张主要依靠晚婚。费孝通提出了人口研究要搞人口统计、人口变动、人口分析和人口政策四个方面的设想，并为付诸实现做出了很大的努力。不料，反对资产阶级右派斗争的战幕一拉开，这些人一个个被打成右派分子，对他们的人口理论也采取了一棍子打死的做法，扣上"一贯反对社会主义"、"地地道道的马尔萨斯主义"的大帽子加以彻底地否定，并随着掀起了一场批判马尔萨斯人口论的高潮。结果，

---

① 参见《新建设》1957 年 3 月号。
② 参见《新建设》1957 年 5 月号。

这场批判在很大程度上陷入了形而上学，出现了不少片面性的论调：

其一，片面地认为只要解决了人口问题的社会原因，一切人口问题也就跟着迎刃而解了。旧中国严重的人口问题，主要是由于三大敌人的残酷剥削和压迫造成的，革命胜利为解决我国人口问题创造了条件。事实上，在建国后的短短几年里，我们便基本上消灭了失业，可以说卓有成效地解决了旧中国遗留下来的人口问题。但是也应该看到，在城市，我们是在没收官僚资本的基础上，采取"低工资、多就业"，即"饭匀着吃，房子挤着住"的办法解决就业问题的；在农村，则是采取把地主的土地分给无地或少地农民的办法实现耕者有其田的。就是说，主要是靠改变所有制，改变生产关系的办法，使人口问题暂时得到解决，要想从根本上彻底解决我国人口问题，还必须大大发展社会生产力。然而建国初期对马尔萨斯人口论的批判，却完全忽略了这一点，似乎革命成功了，人口问题也就不存在了，社会主义压根儿就不可能存在人口问题。

其二，在理解马克思对马尔萨斯人口论的批判上，存在着很大的片面性。马尔萨斯人口论的实质，在于用人口增长快于生活资料增长的说教掩盖资本主义的相对人口过剩，转移阶级斗争的视线，为资本主义对内剥削压迫和对外侵略扩张效劳。马克思指出：马尔萨斯的《人口原理》"所以轰动一时，完全是由党派利益引起的。法国革命在不列颠王国找到了热情的维护者；'人口原理'是在十八世纪逐渐编造出来的，接着在一次巨大的社会危机中被大吹大擂地宣扬为对付孔多塞等人学说的万无一失的解毒剂，英国的寡头政府认为它可以最有效地扑灭一切追求人类进步的热望，因而报以热情的喝彩"[①]。可是我们在批判中对于它的反动实质批判得不够，却在人口数量上面做了不少文章，给人一种明显的印象是：好像马克思是主张增加人口的，是众民主义；马尔萨斯是主张减少人口的，是节制主义，并且以此作为区分两个"马家"的标准。这是一个很大的误解，又是一个很能适合一般人的心理状态，很不容易消除的误解，并对我国人口理论产生了深远的影响，直到1978年第一次全国人口理论讨论会，有的同志还坚持说，我们控制人口增长是有计划地增长，决不是不发展人口，

---

① 参见《马克思恩格斯全集》第二十三卷，人民出版社1972年版，第676页。

更不是减少人口；而新老马尔萨斯主义主张的，则是限制人口，减少人口。长期以来，我国人口学界不敢否定那个"增"字，更不敢提出停滞和减少人口的主张，这样势必就把我们的研究工作限制在人口不断增长的狭小圈子里。

其三，片面地照抄苏联的人口理论。当时我们是全面学习苏联，而批判马尔萨斯的人口论又可以在苏联那里找到现成的武器，苏联的一套人口理论便在我国广泛流传开来，占据了主导的地位。然而，实际上的情况是：苏联的国土为2230多万平方公里，50年代初期人口不足两亿，每平方公里平均不到10人，劳动力不足，特别是第二次世界大战中死亡惨重，男性劳动力更加严重不足。他们的人口理论与其说是由社会主义性质决定的，还不如说是由人口和劳动力缺乏引起的；他们鼓励人口增长，表彰"英雄母亲"是很自然的事情。我们的情况和苏联根本不同，经济落后自不待言，就国土而论，只相当于它的43%，就人口说来，却是它的3倍，如此怎能照搬他们的那一套"社会主义人口理论"呢！

在人口理论方面存在的这几个方面的形而上学，集中在革命胜利后人口还要不要有一个比较大的增长问题上。艾奇逊把中国人口多说成是"不堪负担的压力"是根本错误的，那是由他的资产阶级立场决定的。但他说"中国人口在18、19两个世纪里增加了1倍"这一点，则是事实。纵观我国人口发展的历史，有两次比较大的飞跃：一次是在18—19世纪，另一次便是新中国成立以来。根据陈彩章综合各种历史资料，确认西汉时期公元2年全国人口已经达到5900多万。此后或因战争、饥荒、瘟疫，人口有所减少；或因国泰民安、生产发展，人口又有所增加。但在1600多年的时间里人口超过这个数字的年份不很多，直到1651年全国人口还只有5300多万。当然，这些统计数字不完全可靠，因为各朝代的数字均为纳税户口，人们为了逃避口赋，常有以多报少的现象，但仍可从中看出一个大致的轮廓。清朝康熙以后取消了口赋，应该说，人口统计数字比较准确了。康熙二十四年，即公元1685年全国人口突破1亿大关，80年后，到1765年全国人口翻了一番，达到2.098亿多人。再过100年又翻了一番，1868年全国人口已超过4亿，比1685年增加了3亿人，出现了第一次人口大增长。这样的增长速度要是出现在20世纪是不足为怪的，由于工业革命的发展，从 1830—1976 年的 146 年间，全世界人口从 10 亿增加到 40 亿，净增 30 亿人；但在 18、19 世纪里中国人口获得如此迅速的增长，确实为世界人口发展史所罕见。追其原因，有康（熙）、雍（正）、乾（隆）国家秩序稳定说；有水稻移入，食物丰盛说；有医学进步，健康增进说，等等。尽管其说不一，但都承认中国人口在 18、19 世纪的巨大增长，不是由资本主义工业革命引起的。因此，旧中国的人口问题不同于一般资本主义的人口过剩，不属于生产力压迫人口，而仍然属于人口压迫生产力的性质。明确了这一点，也就明确了无产阶级夺取政权之后，能不能解决旧社会遗留下来的人口问题是一回事，是不是需要大量发展人口则是另一回事，不能因为前者就说人口再增加多少倍也不成问题。那样说，在理论上违背了人口和物质资料两种生产相适应的唯物主义原理，在实践上则埋下了人口越多越好论的"种子"。

二 20 世纪 50 年代后期的一场大辩论

陈达、费孝通、吴景超等社会学派被打下去之后，人口节制理论并没有从此消声匿迹，因为马寅初先生提出了更加完整系统的新人口论，并由此引起一场更大规模的、旷日持久的大辩论。

马寅初先生是一位德高望重的民主人士，竟因一纸人口论落得如此下场，的确震动很大，对人口研究来说更是一次灾难性的摧残。其实，上百篇批判文章大同小异，说来说去是一个调子，即马寅初把人口看成了消费者，没有看到首先是一个生产者，是"见口不见手"。按照"人手论"的观点，就应该是人口增长越快，劳动力就越多，生产越多，积累越多，发展越快，于是乎人口越多越好。这一套"逻辑"表明，如果说第一次批判马尔萨斯人口论播下了人口越多越好论"种子"的话，那么 50 年代后期关于人口问题的大辩论，那颗"种子"便破土而出，从而给社会主义人口理论造成了一连串的混乱，有必要认真加以澄清。

"人口增长越快，劳动力就越多"吗？要作具体分析。第一，从长远看可能是这样，但是人口增长快首先是婴儿、儿童未成年人过多，而不是劳动力过多。据美国人口情报社最近出版的《1979 年世界人口资料表》

提供的材料，现在发达国家15岁以下人口占总人口的25%，其中美国和法国为24%，英国为23%，联邦德国为21%，而我国是35%（1975年15岁以下人口占总人口的比重为37.4%），比起它们来高出10多个百分点。与此同时，15—64岁劳动年龄人口所占比例，我国则大约比它们少了10个百分点。就是说，人口增长快首先增长的是未成年人消费者，这些人成长为劳动力是十五六年以后的事情。第二，要看增加的是什么样的劳动力，是国民经济发展需要的劳动力，还是不能适应国民经济发展需要的劳动力。我国劳动力十分充裕，但具有大学文化水平的人只占总人口的0.5%左右，具有中学文化水平的也只占22%，还有相当数量的青壮年文盲半文盲，产生数量和质量之间的矛盾。数量虽多，但专家、教授、工程师、科学技术人员不足，并不能满足国民经济发展的需要。还应注意到，人口增长过快，加大了培养费用和生活资料的需求，反过来又妨碍着科学、教育事业的发展，加剧着人口数量和质量的矛盾。第三，从概念上说，如果各年龄组人口年龄别死亡率不变，劳动适龄人口随着出生率的增长而增长，但必须从劳动适龄人口中减去非自立人口才是劳动力数量，不应将劳动力混同于劳动适龄人口。

"劳动力越多，生产就越多"吗？不见得。如果那样的话，中国早就是世界上最富有的国家了。谁都知道，要想从事生产必须有生产者和生产资料，没有足够的生产资料与之相结合，劳动力再多也是枉然。前面说到，我国人口发展史上有两次大幅度的急骤增长，特别是解放以后的大幅度增长给我们带来很大的困难，用外国人的话说是在经济没有起飞之前人口提前起飞了。在这种情况下，所谓"劳动力越多生产越多"的理论，是同历史唯物主义背道而驰的。社会主义的基本经济规律要求：用在高度技术基础上使社会主义生产不断增长和不断完善的办法，来保证最大限度地满足整个社会经常增长的物质和文化的需要。用在高度技术基础上，就是要提高生产的技术构成和有机构成，不但不需要大量增加劳动力，相反原有的一部分劳动力还有可能节约下来，主要物质生产部门的劳动力不仅相对减少，而且大有绝对减少的趋势。历史发展到现在，早已结束了单凭劳动者的体力和手工技巧决定生产发展的时代，"劳动力越多生产越多"的理论，已经同手摇纺车一样显得古老了。

"劳动力越多,积累就越多,发展就越快"吗?不尽然。人作为劳动者是物质资料的生产者,一般地说,一个人一生中创造的财富要大于他自己消费的部分,这样社会才能有积累。但人一生下来就是一个消费者,年老退休以后又是一个纯消费者,人口越多也会因加大消费而减少积累,这也是一个事实。解放以来,安排现有劳动力就业一直是一个比较大的问题,劳动力再来一个"越多越好",岂不只有增加待业人员、增加消费和减少积累!积累多少不取决于劳动者的数量,而取决于国民收入和积累率的高低,归根结底取决于劳动生产率水平。

"积累越多是否发展就越快"?也要作一些具体分析。积累是扩大再生产的源泉,但生产发展要受到多种因素的制约,就积累而言,不仅受积累量多少的制约,而且要受到积累的分配使用和投资效果的制约。我国第一个五年计划期间积累率为24.2%,农业总产值平均每年增长4.5%,工业总产值平均每年增长18%,生产发展既迅速又平稳,人民生活得到显著的改善和提高。"二五"期间积累率超过30%,积累额比"一五"增加74%,但农业总产值平均每年递降4.3%,工业总产值平均每年仅增长3.8%,国民经济发展大起大落,被迫进行三年调整。"三五"和"四五"积累额和积累率也都超过"一五"很多,工农业生产发展速度却远没有"一五"时期那样快。事实说明,只要积累多就一定发展快的观点也有一定的片面性,把它同人口多中间用等号连接起来,从而得出人口越多、发展越快的结论,就更是一种形而上学。

三 人口理论研究的新阶段

"人口越多越好论"的确立和劳动力"不足"一说的产生,直接导致全国人口的盲目增长,1963年出现了人口自然增长率为33‰的高峰。针对这种状况,60年代初期,周恩来同志几次指出:宣传节育过去抓迟了,我们搞计划生育和马尔萨斯的人口论根本不同,社会主义对人口没有计划是个短处。可是,由于两次批判马尔萨斯人口论影响至深,人口问题成了是非之地,敢于"惹事生非"的人不很多。1966年"文化大革命"开始以后,人口研究完全中断,研究机构撤销了,研究人员打散了,这种状况一直持续到 70 年代。1970 年周恩来同志尖锐地指出,"文化大革命"中结婚的人多了,生孩子的多了,并指示要把计划生育纳入"国民经济计划范围"。后来,毛泽东同志在国家计委"关于一九七五年国民经济的报告"上作了批示"人口非控制不行"。国务院也成立了计划生育领导小组,人口研究才再被提了出来,恢复和建立了研究机构。但在"四人帮"极左路线干扰之下,理论研究不得越雷池一步,在很大程度上不能摆脱形而上学思想的束缚。

粉碎"四人帮"斗争的伟大胜利,给我国人口研究带来了新生。特别是实践是检验真理唯一标准的讨论和走中国式的现代化道路提出以来,形而上学的禁锢被打破了,思想解放了,目标明确了,人口研究在短时间内有相当大的突破,提出了许多过去没有提出过或者根本不敢提出的新问题,揭开了我国人口理论研究的新的一页。

(一)提出并论证了人口的不断增长不是社会主义的人口规律。长期以来,我们一直抱着苏联政治经济学教科书的教条不放,把人口的不断迅速增长说成是社会主义的人口规律。1978 年召开的全国人口理论讨论会,不少同志对此提出异议,他们从社会主义的基本经济规律和国民经济有计划按比例发展规律的客观要求出发,主张打破人口不断增长的框框。今年以来,更多的同志发表文章,提出人口的不断增长绝不是社会主义的人口规律。主要理由是:第一,社会主义的物质生产是建立在高度技术基础之上的,生产的发展主要依靠提高劳动生产率,而不是依靠劳动者人数的增加,不存在劳动力迅速增长的必然性;第二,社会主义经济是计划经济,国民经济要有计划、按比例地发展,人口也必须有计划、按比例地发展;第三,在社会主义社会里,妇女享有同男子一样的平等地位。要使广大妇女获得彻底解放,投身到社会主义建设中来,也必须使她们摆脱沉重的家务负担,有计划地生育子女;第四,社会主义和共产主义人口再生产的根本目的,是培养具有高度共产主义觉悟、高度科学文化知识的劳动者,是使全体人民生活得更好,而不是追求人口的数量。因此,人口的不断增长既不是社会主义生产发展的需要,也不是社会主义人口再生产的目的,应该坚决抛弃这个观点。

(二)拨乱反正,纠正了过去批判中的一些错误。今年,党中央决定为马寅初先生平反，为他的新人口论翻案，《人民日报》、《光明日报》等报刊发表文章并加了编者按，这对我国人口科学的研究是一个很大的推动，在国内外引起了强烈的反响。为马老平反、恢复名誉不仅是一个人的问题，这一桩公案不彻底纠正，就无法打消从事人口研究同志心有余悸的问题，人口理论中的许多是非也无法澄清。马寅初先生从我国实际出发，从我国人口发展的实际状况出发，从社会再生产和国民经济要综合平衡的角度考察人口问题，是符合马克思主义人口问题的科学方法的，是实事求是的。他提出的人口增长过快同国民经济发展之间存在的各种矛盾，控制人口数量和提高人口质量的中心论点，以及控制人口增长的具体办法等，至今谈起来仍然觉得沁人耳目，具有一定的参考价值。就人口理论而言，除了马寅初先生的新人口论外，我认为对陈达、吴景超等人解放后的人口理论，也应该作出实事求是的、恰如其分的评价。前面提到，解放前人口节制主义者不同程度地推崇马尔萨斯人口论，是错误的。但在解放以后，他们中有的人对过去的错误观点作了自我批判；有的虽然没有作出自我批判，但也不再坚持原来的错误，对此，我们应当欢迎。学术问题应当允许不同观点存在，更应当允许人家改正错误，转变观点，对他们解放后的人口理论应当摘掉马尔萨斯主义的帽子，予以平反。

（三）提出了许多带有闯"禁区"，值得深入探讨的重要理论问题。如恩格斯讲的两种生产的理论，可以理解为人类自身的生产同物质资料的生产一道，共同决定着社会的发展；马克思提示的相对人口过剩规律不是资本主义的人口规律，而是资本主义的劳动力发展规律；相对人口过剩是技术进步的普遍规律，社会主义也可能有相对过剩人口问题；在人类发展史中不仅有同各种生产方式相适应的人口规律，而且也有适用于各种社会形态的一般人口发展规律；马尔萨斯的人口理论是反动的，但其中也有若干科学成分，不能一概否定，等等。这说明，我国人口理论研究在经历了多年的压抑之后，真正开始出现"百花齐放、百家争鸣"的生动局面，以崭新的姿态跨入新的历史发展时期。

回顾三十年来的人口研究，有正面的可贵经验，也有反面的沉痛教训，但总的说来是时断时续，几经波折，耽误了许多宝贵时间，致使比较完整的社会主义人口理论体系至今未能建立起来。人口理论是一门科学，研究这门科学一定要按照科学的客观规律办事。毛泽东同志曾经指出：真正的理论在世界上只有一种，就是从客观实际抽出来又在客观实际中得到证明的理论，没有任何别的东西可以称得起我们所讲的理论。要建立科学的社会主义人口理论，就一定要遵循实践—理论—实践的公式，对人口发展的历史和现状作出实事求是的考察，并从这种考察中抽象出事物本来具有的、而不是人们臆造的规律来。可是建国以来关于人口理论的几次大辩论却在很大程度上违背了这条原则，有不少经验和教训。

首先，要建立科学的社会主义人口理论，一定要坚持唯物主义的立场和马克思主义的科学学风。两次批判马尔萨斯人口论，都受到来自"左"的方面的干扰，有一些批判道理讲得不多，但帽子扣得不少，甚至采用实用主义的做法，掐头去尾、断章取义的引证，把人口理论弄得七扭八歪，从根本上违背了实事求是的科学态度。这种态度和学风泛滥开来，对人口研究说来确实是一种灾难。这也就出现了一种反常的现象：三十年来在人口研究方面像样的论著不很多，而批判性的论著却比比皆是。马寅初先生说得好，他说："中国的人口问题是一个特殊的问题，要调查、分析和研究，要用大量的有关资料来立自己的，不能专凭教条来破别人的。"研究我国人口理论和解决我国人口问题，一定要从实际出发，坚持把马克思主义人口理论同我国具体实践相结合的原则，不唯上，不唯书，只唯实。

其次，对待学术上的不同观点应当采取争鸣的方针，不能采取压服的手段。学术问题，特别是社会科学的学术问题往往同政治有牵连，人口问题更是如此。在这种情况下，更应该注意区分它们中间的界限。然而，以往的批判却严重混淆了这种界限，常常把学术问题搞成政治问题，其结果是大煞风景，造成难以挽回的损失和影响。实践证明，在学术问题上，真理有时往往在少数人手里，对待不同的学术观点不能采取简单粗暴的否定态度，更不能打棍子、扣帽子，用以势压人的办法把人家"制服"。须知，学术问题是不能以力"制服"的，只能以理说服，只能按照党的"双百"方针，通过讨论的办法加以解决，一时解决不了也没有关系，可以求同存异，让实践来检验谁是对的，谁是错的。这样做，比那种主观武断地下结论要好得多。

再次，要有充分的民主。社会主义民主是劳动人民当家作主，行使监督和管理国家权利的根本保证，学术民主则是每一个从事研究工作的人员发表自己见解、繁荣社会主义科学事业的根本保证。可是，人口理论方面的两次大规模的批判，却有一个奇怪的现象：一方面参加批判行列的人越来越多，另一方面反批判的人却寥寥无几。是人口节制理论没有人赞成吗？不是。其实，赞成马寅初先生新人口论的大有人在，赞成陈达、吴景超等人解放后关于节制人口主张的也大有人在。可是由于缺乏民主，既缺乏政治民主又缺乏学术民主，竟没有什么人出来为他们的人口理论辩护。许多人敢怒不敢言，还有一些人不敢怒不敢言，眼看着正确的意见遭到批判，而错误的意见却甚嚣尘上。这是一个严重的教训。充分的政治民主和学术民主，是建立科学的社会主义人口理论的一个必不可少的重要条件。

（原载《人口问题论丛》1979年专刊。其中为马寅初新人口论平反部分未收入。）

人口和国民经济综合平衡

社会主义国民经济综合平衡，需要按照客观经济规律合理地确定生产资料生产和消费资料生产之间的比例，农业、轻工业和重工业之间的比例，农业和工业内部的比例，积累和消费之间等的一系列比例关系，使社会生产和社会需要之间保持平衡。无论是社会生产还是社会需要，都直接同人口的变动和发展密切相关，人口同社会生产和社会需要之间保持适当的比例，既是国民经济综合平衡的一项任务，又是进行平衡时的一个基本的出发点。我们进行综合平衡的目的，就是使国民经济有计划按比例地持续高速发展，以满足人们不断增长的物质和文化的需要。

人口和国民经济综合平衡牵涉的问题比较广泛，本文仅就人口数量和人口质量同经济发展之间的若干比例关系，作一些初步的探讨。

一 总体人口同生活资料之间的平衡

人口作为一种抽象，是生产者和消费者的统一。不过，作为生产者是有条件的：一是要有劳动能力的自立人口，二是要处于劳动适龄阶段的人口。作为消费者是无条件的，一个人从生下来直到生命完结，始终是一个消费者。马克思和恩格斯指出：人们为了能够"创造历史"，必须能够生活。但是为了生活，首先就需要衣、食、住以及其他东西。因此第一个历史活动就是生产满足这些需要的资料，即生产物质生活本身。在任何社会形态下，"生产满足这些需要的资料"构成人口再生产的条件，因而人口数量必须同物质生活资料保持一定的比例，也就成为一条普遍的规律，只不过在不同社会形态下作用的形式、性质和结果不同罢了。

在资本主义以前的各种社会形态里，人口同物质生活资料相适应的规律是自发起作用的，比例关系的调整是通过比例关系遭到破坏，必然性是通过偶然性为自己开辟道路的。在原始公社时期，由于生产力极端低下，人类所能获得的生活资料极其有限，当人口数量增多到超过能够获得的生活资料的供养能力时，饥饿和疾病袭来，人口死亡率上升，人口数量就要减少，人口和生活资料之间的比例关系是靠着生物学规律自发调节的。奴隶社会、封建社会和资本主义社会人口和物质生活资料之间比例关系的调整，虽然主要不再靠生物学规律，但仍旧属于自发调节的性质。资本主义所特有的相对人口过剩，一方面为资本家进行扩大再生产准备了充足数量的劳动人口；另一方面，广大劳动群众不得不从自身的发展和对子孙后代的抚养、就业等考虑，安排自己的生育。自发地调节着人口和物质生活资料间的比例。社会主义实现了生产资料公有制，消灭了剥削，从而使从前那种自发性的调节可以为有计划的调节所取代。恩格斯指出："如果说共产主义社会在将来某个时候不得不象已经对物的生产进行调整那样，同时也对人的生产进行调整，那末正是那个社会，而且只有那个社会才能毫无困难地作到这点。"[①] 要做到这点，使人口同物质生活资料之间保持适当的比例，总结三十年正反两个方面的经验，从国民经济综合平衡角度来看，需要注意以下几个方面的关系：

（一）人口和国民收入之间的比例关系

国民收入是一个国家物质生产部门劳动者在一定时期内新创造的价值总和，是衡量一个国家国民经济发展速度和人民生活水平提高程度的一项重要指标。在国民收入构成为一定的前提下，人口和生活资料之间的比例是否协调，可以从人口和国民收入的增长速度上表现出来。解放后，我国国民收入和人口的增长速度见表1：

---

① 参见《马克思恩格斯全集》第三十五卷，人民出版社1971年版，第145页。

表1　　　　　　　1953—1975年国民收入和人口增长速度比较　　　　　　单位:%

	国民收入年平均增长	人口年平均增长
"一五"时期	8.9	2.4
"二五"时期	−3.1	0.8
1963—1965年	14.5	2.5
"三五"时期	8.4	2.6
"四五"时期	5.6	2.2

从表1可以看出，除"二五"时期以外，其余各个历史时期国民收入增长速度均超过人口增长速度许多。那么，能否由此得出结论说，我国人口和国民收入增长之间的比例关系是协调的，因而总人口和生活资料之间的比例关系也是协调的呢？我以为不能。第一，从国民收入构成上看，既包括生活资料也包括生产资料，生活资料只是其中的一部分。第二，从国民收入的分配和使用上看，经过分配和再分配，最后形成积累和消费两类基金，增加的国民收入不可能都用在消费上。第三，不仅要注意到国民收入在总量上的增长情况，尤其要注意到按人口平均计算的国民收入的增长情况，人均国民收入更确切地反映一个国家的人民生活水平。从1950—1976年，我国国民收入由118亿美元增加到1252亿美元，增长约9.6倍；美国由2658亿美元增加到15118亿美元，增长约4.7倍；日本由162亿美元增加到4728亿美元，增长约28.2倍；法国由259亿美元增加到2977亿美元，增长约10.5倍，我国同美、日、法三个国家国民收入增长速度之比是1.0∶0.5∶2.8∶1.1。但由于同期我国人口增长69.1%，按人口平均的国民收入由21美元增加到134美元，只增长约5.4倍；美国由1746美元增加到7082美元，增长约3.1倍；日本由189美元增加到4193美元，增长约21.2倍；法国由621美元增加到5639美元，增长约8.1倍，我国同美、日、法三个国家人均国民收入增长速度之比为1.0∶0.6∶5.4∶2.2。可见，由于我国人口增长比较快，同日、法相比较，人均国民收入增长速度相对要低些。在上述期间，法国国民收入增长速度同我国相仿，但人口仅增长26.8%，人均国民收入增长速度为我国的两倍多；日本国民收入增长速度为我国的2.8倍，由于人口仅增长36%，人均国民收入达到我国的

5.4倍。三十多年来，虽然我国国民收入增长速度不算慢，国民收入总量也可以列入世界较多国家之列，但由于人口多、增长快，按人口平均计算的国民收入至今仍属于低水平之列，在全世界160多个国家中排在100位以后。人均国民收入是衡量一个国家人民生活水平的重要标志，我们只有大力提高人均国民收入水平，才能从根本上改变人口同生活资料之间不相应的状况。

（二）人口和消费之间的比例关系

国民收入使用额分作积累基金和消费基金，要取得社会总人口和生活资料之间的平衡，就要使消费基金同人口增长之间保持适当的比例。解放后，随着生产的发展和国民收入的增加，消费基金有了不小的增长。1978年与1952年相比较，我国消费基金增长2.9倍，平均每年增长5.4%；但由于同期人口增长66.7%，按人口平均的消费额只增长1.3倍，平均每年增长3.2%。扣除物价上涨因素，按人口平均的实际消费额只增长90%左右。而且，每年新增加的消费额中，将近60%是用在满足当年新增加人口的需要上面，用在提高原有居民部分只有40%多一点儿，不能满足人民生活水平提高的需要。

实现人口和消费基金之间的平衡，不仅二者在数量上要按比例地增长，而且要注意到消费基金的分配和使用情况。1978年社会消费品零售总额中吃的部分占51%，穿的占23%，用的占22%，烧的占4%，可见吃的和穿的，特别是吃的部分构成消费中的最主要部分，这部分增长状况怎样，对人口和生活资料之间的平衡关系极大。1978年与1952年相比，全国城乡居民每人平均的猪肉、食糖等的消费量有所上升，猪肉由每人平均11.8斤上升到15.4斤，食糖由每人平均1.8斤上升到6.6斤。但每人平均的粮食、食用植物油等的消费量则有不同程度的降低。全国城乡每人平均的粮食消费量，1952年为395斤，1956年为409斤，1978年下降到393斤。每人平均的食用植物油消费量，1952年为4.2斤，1956年为5.1斤，1978下降到3.2斤，下降幅度很大。每人平均的棉布消费量，1952年为16.4尺，1956年为24.8尺，1978年下降到19.1尺，比1952年稍高，但低于1956年的水平。显然，作为满足人民基本生活需要的主要消费品同人口的增长是不成比例的，二者之间长期比例失调。

人口同消费基金之间比例失调，有着多方面的原因。从国民经济综合平衡角度观察，首先是人口增长过快，新增人口耗费了大量基金。目前，我国15岁以下未成年人口占到总人口的38.6%，比发达国家高10%以上，加大了国家用于未成年人口的抚养费用。1953—1978年，全国每年用于15岁以下未成年人口的消费额多达450亿元以上，占到国民收入的1/3，这就不可避免地要减少成人的消费部分。如果将未成年人口所占比重减少10%，国家一年就可减少开支160多亿元，即等于1978年全国居民消费总额的10%，数字相当可观。

其次，国民收入中积累和消费的比例安排不当。现在，比较一致的看法是，"一五"时期生产发展既迅速又平稳，人民生活得到显著改善和提高，25%左右的积累率是比较适当的。然而，从第二个五年计划开始，由于片面追求高积累、高速度，使积累率超过30%，个别年份甚至超过40%，直至"四五"时期和1976—1978年还维持在33%以上，这就严重地挤占了消费，造成消费资料和人口增长之间的比例失调。

再次，农业、轻工业、重工业之间的比例安排不当。农业、轻工业和重工业是物质生产的主要部门，一般地说，农业、轻工业生产的产品一部分属于生产资料，但主要生产的是用于满足人民生活需要的生活资料；重工业生产的部分产品属于生活资料，但主要生产的是要用于生产消费的生产资料，农轻重之间比例是否协调，对人口和生活资料之间的比例关系影响颇大。多年来，虽然我们经常强调多发展一些农业和轻工业，但由于片面优先发展重工业的思想根深蒂固，致使农业发展缓慢，轻工业越来越"轻"，重工业越来越"重"，农业不能摆到应有的位置。以粮食生产为例，1957—1977年，粮食和人口的增长速度持平，都是2%，二十年间全国每人平均占有的粮食数量一直在600斤上下徘徊。生产决定消费，农业和轻工业发展缓慢，生活资料增长不快，必然造成人口和生活资料的比例长期失调。

（三）生产和非生产性基本建设投资之间的比例关系

生产和非生产性基建投资比例是否恰当，"骨头"和"肉"之间的关系处理好不好，直接关系到人口和生活资料之间的平衡。"一五"时期全部基建投资中，用于职工住宅、文教、卫生、饮食服务、公用事业等非生产性基建投资占28.3%，二者之间的比例为2.5∶1.0，看来是比较适当的。苏联从1918年至1962年间，生产与非生产性基建投资的比例为2.1∶1.0，朝鲜从1954年至1960年比例为2.5∶1.0，同我国"一五"时期的比例比较接近。

"二五"期间，非生产性基建投资只占全部基建投资13.2%，生产性投资与非生产性投资的比例变成6.6∶1.0。1963—1965年调整，非生产性基建投资上升到17%，比例关系降到4.9∶1.0。可是1967—1976年的10年间，生产与非生产性基建投资比例扩大到6.9∶1.0，严重地破坏了二者之间的平衡。新中国成立以来，用于住宅建设的投资占全部基建投资的5.8%，其中"一五"时期占9.1%，"二五"和1967—1976年间下降到4%—5%，造成全国城镇平均每人的住房面积由解放初的4.5平方米，下降到1979年的3.6平方米，平均每人降低0.9平方米。国家用于城市公用事业建设投资仅占全部基建投资的1.9%，比国外低许多，使许多城市供水不足，煤和煤气的供应比较紧张。至于交通拥挤，商业服务网点短缺，看病住院困难则更是普遍存在的问题。1977年全国每万人平均拥有3辆公共交通车，每530多个城镇居民才有一张病床，同职工和城镇人口的增长很不相称。

纵观三十多年我国人口和生活资料之间比例关系中存在的问题，一方面是七十年代以前人口发展失去控制，七十年代以后虽然控制人口取得很大成绩，但是三十多年来平均的人口自然增长率仍旧达到19‰，增长速度比较快；另一方面国民经济、特别是消费资料的生产发展不够快，生活欠账较多，吃饭、穿衣、住房、坐车、上学、看病、买东西都有困难，来自人口方面的压力不断增大，人口和生活资料之间的比例严重失调。解决的办法，一面要大力控制人口增长，一面要坚决贯彻调整的方针，本着量力而行的原则，加快农业和轻工业的发展，适当减少积累增加消费，适当压缩生产性建设投资和提高非生产性建设投资的比重，使消费资料的生产和交通、住宅、文教、卫生、饮食服务和公用事业有一个比较快的发展。

二 劳动年龄人口同生产资料之间的平衡

从消费角度考察人口和国民经济发展的若干比例问题，无疑是非常必要的。但是，对国民经济发展具有决定性影响的，还不在于消费而在于生产。正如马克思指出的：生产同消费比较起来"生产是实际的起点，因而也是居于支配地位的要素"[①]。消费资料是物质生产部门在生产过程中创造的，生产的发展决定着消费资料的增长和消费水平的提高。因此，探讨人口同国民经济发展的比例关系，最重要的还是要抓住劳动力和生产资料之间量上的比例关系。劳动力是劳动适龄人口中最主要的部分，劳动力加上劳动适龄人口中在校学习以及病残原因等非自立人口，便是全部劳动年龄人口。劳动年龄人口和生产资料之间的平衡，是通过劳动力和生产性固定资产之间的一定比例实现的。

从事物质生产的劳动力和生产性固定资产之间最基本的关系，是劳动力就业人数 V 同固定资产 C 的增长成正比，同劳动者技术装备 K 的增长成反比。假设基年的劳动力就业人数为 V_0，则 n 年的劳动力就业人数为：

$$V_n = V_0 \cdot \left(\frac{1+C}{1+K}\right)^n$$

显然，上式可以出现三种不同情况：

① $(1+C) > (1+K)$，即固定资产增长的速度大于劳动者技术装备提高的速度，则劳动力就业人数相应增加。

② $(1+C) = (1+K)$，即固定资产增长的速度等于劳动者技术装备提高的速度，则劳动力就业人数相应减少。

③ $(1+C) < (1+K)$，即固定资产增长的速度小于劳动者技术装备提高的速度，则劳动力就业人数相应减少。

今后，我国工农业物质生产部门劳动力就业人数的变动，一般要经过这三个发展过程。以工业生产为例，作一点带有预测性的说明。

由于我国人口年龄构成轻，按照本世纪末全国人口在 12 亿左右的总

---

① 参见马克思《政治经济学批判》序言、导言，人民出版社 1971 年版，第 17 页。

和生育率计算,直到 2012 年以前总人口和劳动适龄人口一直是增长的,2012 年、2013 年这两年劳动年龄人口不增不减,2013 年以后开始减少。这样,为保证劳动年龄人口就业,2012 年以前应保证 $1+C>1+K$,2012、2013 年 $1+C=1+K$,2013 年以后应保证 $1+C<1+K$。参照过去 30 年中 C 和 K 值的变动和国外有关资料,以 1979 年 $V_0=5340$ 万人为基年,未来 80 年的工业劳动力就业人数的变动情况是:

① 2012 年以前设 $C=6.5\%$,$K=5\%$,则 2012 年的工业劳动力就业人数为:

$$V_n = V_0 \cdot [(1+C)/(1+K)]^n = 5340 \times [(1+0.065)/(1+0.05)]^{33}$$
$= 8528$(万人)

② 2012、2013 两年 $C=K$,设 $C=5.8\%$,$K=5.8\%$,则 2013 年的工业劳动力就业人数为:

$$V_n = V_0 \cdot [(1+C)/(1+K)]^n = 8528 \times [(1+0.058)/(1+0.058)]^{33}$$
$= 8528$(万人)

③ 2013 年以后至 2060 年,设 $C=5.5\%$,$K=6.5\%$,则 2060 年的工业劳动力就业人数为:

$$V_n = V_0 \cdot [(1+C)/(1+K)]^n = 8528 \times [(1+0.055)/(1+0.065)]^{47}$$
$= 5747$(万人)

以上三种情况也是在工业化过程中工农业劳动力就业人数变动的三个发展阶段,这已为当今发达国家的历史所证明。随着固定资本和有机构成增长的速度不同,直接从事工农业物质生产的劳动力经历了增加、停滞和减少的过程,在农业和采矿业"一次产业"中劳动力的减少更为突出。从我们所举的例子中还可以看出,固定资产 C 和劳动者装备程度 K 增长的幅度尽管相差很小,但时间一长劳动者就业人数就相差很大。如 2013—2060 年这 47 年中间,K 的增长速度仅比 C 高出 1 个百分点,然而就业人数却减少 3054 万人。那么,能否由此得出结论说,随着劳动者技术装备程度的提高,整个社会劳动者就业的人数会越来越少呢?我以为不能。这主要有以下几个方面的原因:

首先,国民经济对劳动力的需要量,除物质生产部门以外,尚有庞大的非物质生产部门。物质生产部门的技术构成和劳动生产率提高以后,确实减少了本部门对劳动力的需求量，但却为科学、教育、卫生、服务行业等非物质生产部门的发展创造了条件，增加了这些非物质生产部门的劳动就业人数。1950—1975年间，英国物质生产领域在业人数平均以每年以0.5%的速度递减，非物质生产领域在业人数平均以每年1.2%的速度递增；西德物质生产领域在业人数平均以每年0.35%的速度递减，非物质生产领域在业人数平均以每年1.7%的速度递增；法国物质生产领域在业人数平均以每年0.9%的速度递减，非物质生产领域在业人数平均以每年1.35%的速度递增，结果非物质生产领域增加的劳动就业人数超过物质生产领域减少的就业人数，社会总就业人口还是增加许多。

其次，物质生产部门技术构成提高以后，由于劳动生产率的大幅度增长，不仅生活资料的大量增加支持了非物质生产领域就业人数的扩大，而且由于生产资料的增长也为更多人口就业提供了手段。特别是随着科学技术进步和在生产中的广泛应用，新的生产部门和行业不断涌现，大大扩大了劳动就业领域。因此，既要看到在物质生产领域所需劳动力数量同固定资产的增长成正比，同劳动者装备的提高成反比，技术进步和提高劳动生产率具有抑制劳动适龄人口就业的一面，又要看到在整个国民经济中，技术进步和提高劳动生产率具有扩大劳动就业的一面。从这种见地出发，结合我国社会主义建设实际，搞好劳动年龄人口和生产资料增长之间的平衡，以下一些比例关系是至关重要的。

（一）劳动年龄人口和生产资料增长速度之间的关系

人口生产和物质生产有很大的不同，人口生产具有生产周期长和稳定变化的特点。现在进入劳动年龄阶段的人口是十五六年以前出生的，今后十五六年内劳动年龄人口的数量现在已基本定局，只需扣除十五六岁以下按龄死亡的人口。五十年代后期以来，由于片面强调人是生产者，过高地估计了生产资料的增长速度和对劳动力的吸收能力，甚至"大跃进"中还出现劳动力"不足"的说法；同时却忽视了人还是消费者，否认或过低地估计了人口多、劳动力增长快带来的各种困难，造成劳动年龄人口和生产资料增长之间比例失调。1952—1977年，我国每年新增固定资产平均在150亿元左右，1973年以来也只有200多亿元。且不说这些新增固定资产有一部分需要用来提高原有劳动者的技术装备,即使全部用来解决新增劳动适龄人口就业,按每个职工平均的技术装备为 1 万元计算,只能安排 150 万—200 万人就业,使就业问题越积越多。

在农村,人口多,耕地少的矛盾越来越突出。现在,无论按人口还是按每个农业劳动力负担的耕地面积说,我国都属于人均耕地面积少的国家。在东南沿海某些人均耕地只有几分的地区,已经出现农业劳动力过多,以致轮流出工、间歇待业的现象。我国农业现代化会有自己的显著特点,这是肯定无疑的,但是,农业机械化的道路迟早总是要走的,农业人口和农业劳动力多同耕地少的矛盾总是要解决的,它们之间的比例关系应逐步调整,以适应农业现代化的发展需要。

由于人口再生产周期长,本世纪内将要陆续进入劳动年龄阶段的人口大体已经确定。到 1990 年以前,平均每年新增加的劳动年龄人口约在 1400 万左右,劳动年龄人口同生产资料增长速度比例失调的状况不可能在短期内消除。要想从根本上把二者之间的比例关系调整好,除大力发展生产,增加积累,创造更多的就业手段以外,还必须实行计划生育,切实控制人口的增长,因而也就控制了未来劳动年龄人口的增长。

(二) 增加劳动就业和提高劳动生产率之间的关系

劳动年龄人口和生产资料之间比例失调,尽可能多一点地安排劳动力就业,是一个十分迫切的问题。三十多年来,我们在安排劳动就业方面做了大量工作,积累了不少经验;但同时存在不少问题,怎样处理增加劳动力就业同提高劳动生产率之间的矛盾,是需要总结的经验教训之一。第一个五年计划期间,这两个方面的关系处理得比较恰当,既解决了旧中国遗留下来的 400 多万人失业和大量新增人口就业的问题,劳动生产率也提高很快。工业劳动生产率平均每年提高 8.7%,工业产值的增加主要是靠提高劳动生产率创造的。第二个五年计划一开始,"人海战术"盛行,劳动生产率大幅度下降,增加的工业产值全部是依靠增加劳动者人数创造的。第三个五年计划期间工农业劳动生产率略有提高,第四个五年计划期间工业劳动生产率又略有下降,这两个五年计划期间工农业产值的增加,主要都是靠增加劳动者人数创造的。由此可以看出,第二个五年计划以来,劳动就业人数的增加在很大程度上是以牺牲劳动生产率为代价的，使工农业劳动生产率长期得不到提高，甚至有所下降，处在"低工资、多就业，劳动生产率提不高，只好再低工资、多就业"的很不理想的循环当中。

提高劳动生产率具有抑制和扩大劳动就业的两重性，已如前述。从国民经济综合平衡角度观察，总的说来，扩大劳动就业的一面毕竟居于主导和支配的地位。这点反映在就业结构的变化上最为明显，一些发达国家物质生产领域和服务行业之间劳动力就业的比例变化，参见表2：

表2　　　　美国等发达国家物质生产领域和服务业就业变动比较　　　单位：%

国家	美国		联邦德国		法国		日本	
年份	1950	1975	1950	1975	1950	1975	1950	1975
物质生产领域就业人口	42	32	65	53	66	50	69	48
服务业就业人口	58	68	35	47	34	50	31	52

注：本表物质生产领域包括农业、工业和建筑业，服务行业未包括军事部门。

从表2可以看出，这些国家服务行业就业人数上升很快，关键在于物质生产部门劳动生产率的提高。目前，我国一个农民生产的粮食只有美国的几十分之一，煤矿工人的劳动生产率只有美国的1/9，日本的1/3，法国的1/2；钢铁工人的劳动生产率只有美国的1/26，日本的1/31，法国的1/14，没有那么多的生活资料和生产资料支持大量的非生产人口，服务行业不可能搞得很大，不可能吸收更多的劳动力到服务部门就业。要改变我国百分之八九十劳动力集中在生产领域的状况，归根结底必须大幅度地提高物质生产部门的劳动生产率。采取"两个人的活三个人干"，靠牺牲劳动生产率扩大就业的办法，虽然暂时可以增加一些就业人口，减轻一点就业的压力；但由于劳动生产率提不高，生产发展不快，积累增加不大，服务行业也不能快一点发展起来，从长远观点看，有碍于劳动就业问题的解决。我们在安排劳动力就业时，一定要十分注重劳动生产率这项指标，确保劳动生产率的稳步增长。这不仅是工农业生产发展的需要，从长远来看，也是解决劳动就业问题本身的需要。

(三) 劳动就业和经济技术结构之间的关系

如前所述，在生产资料为一定量的前提下，劳动者的技术装备提高越快，吸收的劳动就业人数就越少，相反就越多。有一种意见认为，我们不宜采取现代技术，而应以中间的和落后的技术为主，以利于劳动力就业；相反的意见认为，现代化就是用最先进的技术装备一切物质生产部门，第二流、第三流的技术都应该摒弃。我以为，这两种意见都有合理之处，但都有值得商榷的地方。

众所周知，发展生产可以有增加劳动者人数和提高劳动生产率两条途径。不过，历史发展到现在，早已结束了单凭追加劳动者人数发展生产的办法，而代之以提高劳动生产率为主。我们发展国民经济，主要的也是要走这条道路。不靠科学技术的力量，不用先进技术装备国民经济各个部门，永远不能摆脱落后的面貌。因此，一切物质生产部门都要建立一批高度机械化、自动化的现代企业，形成国民经济的骨干力量。同时，任何国家的技术装备都不可能是一刀切的，总有相对说来是比较先进的，中间的和比较落后的，象我们这样经济技术比较落后的国家尤其如此。从我国人口多、底子薄的根本特点出发，把解决劳动就业和技术进步结合起来考虑，我们的技术结构就不应该是单一型的，而应该是多层经济技术结构，不过在这多层经济技术结构中要有主有从。要有以自动化、机械化为核心的现代化企业作为国民经济的支柱，又要有大量半自动化、半机械化和手工劳动为主的中小企业作为补充。要保证农业、工业、科学技术和国防事业沿着现代化道路稳步前进，又要在工业中，特别在轻工业中多发展一些纺织、农副产品加工、工艺美术等劳动密集型行业；在农业中大力发展多种经营，使农、林、牧、副、渔各业都有所发展。同时，还要加强商业、修缮业、饮食业、城市公用事业等服务行业，广开门路，吸收更多的劳动力就业。

三 人口质量同经济发展水平之间的平衡

人口再生产必须同物质资料再生产相适应，这个适应既包括人口的数量方面，也包括人口的质量方面。人们繁衍子孙后代作为一种再生产，不仅是一定人口数量的再生产,同时也是一定人口质量的再生产。一般地说,人的身体素质一代要比一代健壮,发展进化也越来越完善;而作为人口质量核心组成部分的教育文化素质,其提高更是十分明显的。人们在改造自然和社会的长期斗争中发展了自身,发展了智力,积累和丰富了斗争经验。这些知识一代一代地传下去,不断发扬光大,人口质量便不断地提高。不同历史阶段的生产力发展状况不同,对人口数量和质量方面的要求也有所不同。在资本主义以前(包括资本主义工场手工业时期)诸社会形态,生产力发展程度尽管有天壤之别,但都以手工劳动为主要特征,劳动者人数多少对生产的发展有决定性作用。到了十八世纪中叶产业革命发生后,手工劳动逐渐为机器所取代,生产的发展由主要依靠劳动者人数的增加变成主要依靠劳动生产率的提高,劳动者技术和文化等人口质量方面因素的作用被提到了首位。随着科学技术的巨大进步,这一趋势变得更加明显。据估计,本世纪初劳动生产率的增长大约有将近20%是科学技术进步的结果,到了三十年代至六十年代这个比例超过30%,现在更上升到70%—80%,有的部门甚至达到100%,科学技术作为生产力发挥出越来越重要的作用。科学技术发展了,人的因素在生产中的作用有什么变化呢?有这样一种认识,认为科技的发展削弱了生产中人的因素的地位和作用,似乎现代化大生产就是靠着先进的机器设备。我觉得,这种观点是值得商榷的,至少是不够全面的。不错,在现代化大生产中生产工具的作用更突出了,但并没有因此而削弱了生产中人的因素的地位和作用。如果说有所削弱的话,那也仅限于人的数量方面,至于人的质量方面的作用非但没有削弱,反而大大加强了。人的智力的开发,人口质量的提高已成为现代经济高度成长的强有力的杠杆。以日本为例,1905—1960年这55年中间,物化资本增长6倍,劳动力人数增长0.7倍,教育投资增长22倍,增长最快的是用在教育等人口质量方面的投资,取得国民收入增长近10倍的显著经济效果。据统计,日本大学毕业生从1951年至1973年的22年间增加15倍,大学研究院毕业生从1983年至1973年的10年间增加4倍多,加上全国普及高中教育,培养了大批熟练工人和科技队伍,才有可能在吸收外国先进技术基础上创造性地发展本国的技术,建立起一系列的新兴工业部门,用不到20年的时间,消除了同欧美发达国家大约落后30年的科技差距,达到世界先进水平。南斯拉夫、罗马尼亚等社会主义国家,由于实行了8—10年的义务教育，大学和中等专业学校毕业生迅速增加，才使国民经济获得比较快的发展。

新中国成立前，遭受帝国主义、封建主义、官僚资本主义的剥削和压迫，人民生活极度贫困，各种疾病流行，人口死亡率高达28‰以上，人口平均寿命农村只有35岁，城市也不足40岁，被称为"东亚病夫"。科学文化落后，文盲和半文盲在全国人口中居绝大多数，人口质量低。解放以后，党和政府在大力发展国民经济的同时，注意发展科学、教育、卫生、体育等事业，随着人民生活的改善，健康水平大为增进，目前人口死亡率降低到6.2‰，人口平均寿命达到68岁，属于死亡率比较低和平均寿命比较高的国家。科学、教育、文化事业也大为改观，30年来高等学校在校学生人数增加9倍，中等专业学校增加8倍，普通中学增加57倍，小学增加6倍，这一切都说明，比起旧中国来人口质量确实有了相当巨大的提高。但是，无论在健康和身体素质方面，还是在智力开发和思想文化素质方面，我国人口质量还不够高，不能适应国民经济发展的需要，同国外一些国家相比也有不小的差距。

在身体素质方面，由于多年不讲优生学，把优生学当作资产阶级学说加以批判，对已经发现的多种遗传性疾病没有开展有效的防治工作，使先天性心脏病、先天愚型患者等"低能儿"所占比重有所上升。我们生产的粮食不能满足人民生活和国家各方面的需要，至今尚有1亿多农民口粮不足。在食物构成和人体对各种营养的需要之间差距更大。1977年按人口平均的水产品我们只有美国的1/3，苏联的1/8，西德的1/1.5；肉类只有美国的1/10，苏联的1/5，西德的1/8；鸡蛋只有美国的1/8，苏联的1/5，西德的1/6，至于每人平均的奶类则更不成比例。医疗卫生事业也比较落后，目前我国每一张病床负担的人口数比美国高4倍，比苏联高6倍，比西德高6倍；每一名医师负担的人口数，我国也是美国的2倍，苏联的3倍，西德的2倍多。这种状况妨碍着人民健康水平的增进，影响到人口质量的提高，不利于"四化"建设。

在教育文化素质方面，目前我国每万人中约有科技人员50多人，而美国是120人左右，西德近200人，法国超过300人，都比我们高几倍。我国每万人中大学生在校人数为10人，美国达500人，日本近200人，法国140人，英国110人，印度近40人。可见比发达国家相差很大，比像印度一类的发展中国家也不如。这说明，尽管30年来我国科教事业有很大发展，但仍然没有摆脱落后的局面。究其原因，固然与原来薄弱的基础有关，但直接同我们对科学教育的重视程度，对人口质量和经济发展之间辩证关系的认识密切相关，有不少值得研究的问题。30年来，用在科教文卫上面的投资占基建总投资的比重大幅度下降，某些年份的绝对投资额也出现下降，严重地影响了这些事业的发展，给国民经济造成不良后果。据26个省、市、自治区的不完全统计，目前初中以下文化程度的职工大约占到职工总数的81%，这些人中约有8%左右的文盲和半文盲。三级工以下的占职工总数的70%，技术人员只占职工总数的2%，各级领导真正懂得现代科学技术和管理的不很多，这已成为妨碍经济高速度发展的重要原因。在本世纪内把我国建设成为社会主义的现代化强国，需要全体劳动者具有健康的体魄和旺盛的精力；需要高度的智慧，丰富的知识和经验；需要大批科学家、工程师、专家和管理干部，需要千千万万掌握现代生产技术的熟练工人、熟练农民和其他熟练劳动者，需要迅速提高人口质量。要完成这项任务，从国民经济综合平衡角度说，就要"截长补短"，调整人口和物质生产之间的比例关系。在人口生产中，当务之急就是要大力控制人口数量和提高人口质量。控制人口数量因减少消费而增加积累，积累增加又为扩大生产规模和增加劳动就业提供手段，从而有利于调整劳动适龄人口和生产资料之间的比例。同时，积累增加又可以增加用于职工住宅、公共交通以及科学、教育、文化、卫生、体育等非生产性建设投资，加快消费资料的发展，有利于调整总体人口同生活资料之间的比例；加快科教文卫事业的发展，有利于促进人口质量同国民经济发展需要之间的平衡。同样，人口质量的提高必然导致劳动生产率的增长，劳动生产率的增长和生产规模的扩大又有利于调整劳动适龄人口和生产资料之间的比例、总体人口和生活资料之间的比例。可见，调整人口生产，控制人口数量和提高人口质量同调整各种物质生产比例关系十分密切。从人口和物质"两种生产"入手解决比例失调问题，是实现国民经济综合平衡的基本方法和条件。

（原载刘国光主编《国民经济综合平衡的若干理论问题》，中国社会科学出版社1981年版。）

发达国家人口研究动向和人口问题

中国社会科学院人口考察团一行七人,于 1981 年 10 月 10 日至 11 月 24 日先后访问了法国、比利时、英国、加拿大、美国、日本六个国家的人口研究机构,以及联合国秘书处、人口司等国际组织,进行了学术交流。下面分三个问题,报告一下这次访问和交流的情况和体会。

一 发达国家人口研究动向和特点

我们访问的法、比、英、美、加、日六国,均属于发达的资本主义国家,这些国家的人口研究在颇大的程度上反映了当前发达国家的人口研究状况。比较突出的特点和值得注意的动向是:

(一)在注重宏观研究的同时,人口学的微观研究得到更多的重视

所谓宏观研究,就是对人口现象总体进行研究,特别是人口统计方面的研究,包括总人口、人口的出生、死亡、自然增长、人口移动、年龄构成、平均寿命等反映人口总体变动方面的研究。不言而喻,这样的宏观研究属于一国的基本国情之列,为研究该国的经济、政治、科技、文化等发展所必需。我们访问过的六国人口研究机构,同样重视这方面的研究。而且,几十年、几百年的人口统计资料整理保存相当完整,人口演变过程、人口再生产类型的转化一目了然;未来人口变动和发展趋势也揭示得很清楚,这是他们多年来重视宏观研究,不断完善和积累的结果。现在值得注意的一种倾向是:这些国家的人口科学工作者在注重宏观研究的同时,把更多的人力和物力转向微观研究,从而推动了人口研究的深入。

譬如,对人口生育率问题的研究,比利时夸大学人口研究所和英国世界生育率协会都很重视，研究工作趋于细腻化。他们通过调查，仔细地分析影响生育率的各种因素。诸如经济的因素，主要取决于抚育一个儿童的费用和儿童的价值。技术和生理上的因素，即主观上想生育与否，还要受到技术特别是避孕药具条件的限制。生理上的因素也是不容忽视的，如喂母奶时间长短对妇女生育影响很大。社会心理方面的因素的研究，如美国东西方中心人口研究所为了考察生育率的转变和儿童的价值，10 年时间里在 9 个国家作过生育调查，每次调查 1000—3000 人。他们发现，要第一个孩子有多种价值和意义：如父母有了做成人的感觉，父姓可以继续下去，加强了男女之间联系的链条。要第二个孩子呢？主要的动机是给第一个孩子找一个小伙伴，求得家庭中性别比的平衡。要第三个以后的孩子，主要出于经济上的动因，并且随着生育子女次数的增多，儿童的价值呈递减的趋势。调查还发现：发展中国家偏重男孩子，发达国家主要希望得到家庭中性别比的平衡。甚至连生育次序对生育率也是一个有影响的因素。最后把这些经济的、技术的、生理的、心理的以及政府干预等各种因素加在一起，并且力图在各种因素中间找出相关系数，把它们代入数学方程，做出定量分析，看各种因素对生育率的作用。类似这种从社会学角度对人口现象作深入细致的微观研究，可以说是这些国家人口研究中的一个值得注意的动向。

（二）在基础研究和应用研究方面，更多地侧重于应用研究

我们访问过的六个国家，都很重视人口科学研究，投入的资金和人力相当可观。研究机构很多，无论是政府、民间团体还是一些大学里都设立了不少人口研究机构，但在大学里设立人口学系或人口学专业的却寥寥无几，有的国家甚至根本没有；与这一现象有关的是，一些大学人口研究所招生不少，而学习人口学的大学生却不多；人口学书刊颇多，但作为人口学基础教材的课本却所见极少。这说明在人口学的基础研究和应用研究方面，大量的是应用方面的研究。

为什么呢？根据我们的了解，在美国等一些国家，一般搞人口学基础研究的，要先提出研究课题，向政府有关部门申请基金，但能否申请下来，事前是没有什么把握。相反，搞应用研究的，或者通过已有的渠道同政府有关部门或大公司订立合同，制订科研规划，领取研究经费；或者按国家有关部门、公司的需要（有许多是通过广告形式登出来的）承担研究项目，索取经费。可见，这种应用研究目标明确，有时间限制。资金来源有保障，人们乐于从事这样的研究。

了解发达国家更多从事的是人口学的应用研究这一点很重要，在一定意义上说，它是我们认识这些国家人口研究的一把钥匙。例如，这些国家十分重视人口研究，可以当之无愧地称为研究机构林立，队伍庞大，手段先进，耗资甚多。但是除日本外，却很少有学者是专门从事本国人口研究的，巨额耗资大都用来研究国外人口，特别是发展中国家人口问题上面。为什么呢？其中的一个重要原因，就是他们认为他们本国出生率下降较早，已不存在什么人口问题，毋需再作更多的研究。而发展中国家面临人口"爆炸"的危险，似乎人口问题就是发展中国家的问题。

（三）在理论分析和实地调查、定性研究和定量研究方面，大量进行的是实地调查和定量研究

这个问题也同他们重视应用研究有关。为了能够应用，研究的问题就要来自实践，而不能搞经院式的研究。为了能够应用，就要求研究工作带有一定的预见性。在人口与社会经济等的发展方面找出数量上相互制约的关系，进行定量研究。现在，在美国等一些国家的人口研究中，应用矩阵、微积分、概率等建立人口发展模型相当普遍，大有成为计量人口学之势。在美国，要想拿到博士学位，没有自己独创的人口发展模式，一般是不可能的，这差不多成为人所共知的一条不成文的规定。这样说来，是不是这些国家的人口研究就没有理论了呢？我并不这样认为。譬如，他们把人口发展与国民生产总值联系起来，把人口都市化与工业化联系起来，并在若干变量中间找出一定的数量关系，用数学方程把他们表现出来，这本身就是基于一定的认识，在一定的理论指导下完成的。我们在芝加哥大学碰到一位研究人力资本投资的人口经济学家，他认为关于适度人口的理论已经是一种古老的理论了，现在不必再提它。但是饶有兴味的是，他研究的课题就是经济因素对人口生育、死亡和儿童抚养费用的作用，人口生育、死亡、迁移、年龄构成对经济发展的影响。他用数学模型表明，他是在人口与经济发展之间确定一定的数量关系，阐述一种同经济发展相适应的人口数量理论，这不是适度人口理论又是什么呢？所以，这些国家的人口研究侧重数量方面，并不等于没有人口理论，而只是没有脱离数量分析的人口理论。在这方面，我们有马克思主义理论作指导，有很好的理论，这是我们的长处。但在我们的研究工作中是不是存在着忽视定量分析的弊病呢？我觉得是不同程度存在着的。我不主张照搬国外人口学研究的一套方法，因为中国有中国的实际情况，有我们的国情。但是加强定量研究，吸取他们研究中的一些科学的东西，包括定量分析的一些方法，则不能不是我们需要加以改进和努力的。

二　人口城市化和劳动力就业转移

我们访问的六个国家，是生产力高度发达的资本主义国家，劳动力经历了由农业转向工业的第一次劳动力大转移和由工业（主要是制造业）转向服务行业的第二次劳动力大转移。目前这六个国家的两次劳动力大转移大体已经完成。劳动力是全体人口中的核心部分，伴随劳动力大转移而来的是人口的都市化过程。这是一个问题的两个方面。劳动力由农业向工业转移，大体有两种方式：一种是西欧北美方式，即劳动力及其附属人口由农村迁到都市，造成人口都市化的发展；另一种是日本方式，即大部分人口仍然住在农村，但从事非农业劳动。这两种方式比较起来，西欧北美方式占据优势，日本方式不占主导地位。人口学家一致认为，随着工业化的加速进行，农业劳动生产率的大幅度增长，大批农业劳动力转向工业，随之而来的是大量人口涌向城市，造成人口城市化倾向，是工业化和经济发展的必然现象。但是事情并没有到此为止，近年来一些大都市人口减少的倾向变得明显起来。这种情形在日本、美国、英国等国的一些大城市中都有发生，人们从大城市中心区迁往中小城镇或者回到原来的故乡。这种"回归"现象的产生，大致有以下一些原因：

其一，在资本主义上升时期，人口城市化是伴随着工业化同时进行的，大批失掉土地的农民及各式无产者流入城市，最主要的目的是为了寻找职业，城市不仅是一般商品的交换市场，同时也是劳动力这种特殊商品的交换市场。英国的圈地运动就是这种城市化的典型，至今英国的牧场还用铁丝网圈着，留着圈地运动的痕迹。现在，发达资本主义国家工业化业已完成，城市劳动力市场同工业化初期相比有了很大不同，农业工人也不会像当年那样涌向城市，这就使得城市人口膨胀失去了来源。

其二，大都市的迅速崛起，人口的高度集中，使废气、废水、废渣、噪音等的污染日益严重，在发展较早的城市中心区尤为严重。人们厌恶这种环境，希望找到一个比较安静、空气清新的地方。

其三，过去只有在大城市才有的那种眼花缭乱的商店，富丽堂皇的戏院及各种娱乐场所，现在中小城镇甚至农村也具备了。像电影、电视、电话、现代的住宅已相当普遍，不再为大城市所独有。而且，由于小汽车的普遍使用、高速公路的加速拓展，科学使时间和空间大大缩短了，人们即使不住在大城市里也可以享用其便，使大城市失去了以往的魅力。所以像纽约那样的大城市中心区已出现衰落的景象，许多人迁往郊区甚至南部其他州。这是一个值得注意的倾向。人口"回归"现象的产生既是经济发展的产物，又必然给予经济发展以深刻影响。我们在"四化"过程中人口城市化将怎样进行？是日本方式还是西欧北美方式，还是不同于日本、西欧北美的其他方式？我国经济学界和人口学界的同志大都不主张走人口大都市化的道路，而主张搞中小城镇。但是这样说并没有完全解决问题。例如中小城镇发展的基础是什么？如果是办地方工业和社队企业，那么成本高、浪费大，同全民所有制企业争投资、争原料、争市场的矛盾又怎样解决？因此，研究我国人口城市化问题笼统地讲发展中小城镇和中小企业并不等于就解决了问题，需要吸取国外两次劳动力大转移和人口都市化正反两个进程的经验，结合我国实际，加以认真的研究。

三 人口老龄化和减速经济

这六个国家的人口出生率下降比较早，当前不同程度地处于人口老龄化阶段。1981年英、比、法、加、美、日六国15岁以下未成年人口占全部人口的比重比世界平均水平低10—13个百分点，而65岁以上人口所占比重则高出2—8个百分点；出生时的平均期望寿命，则要长11—14岁。

这说明，这些国家的人口年龄结构已经相对老龄化了。

人口老龄化后对社会经济等的发展会产生哪些影响，是我们这次考察的重点题目之一。关于这个问题，法国国家人口研究所、加拿大西安大略大学人口研究所、美国芝家哥大学人口研究所、洛杉矶加州大学人口研究中心、东西方中心人口研究所等都有专人研究，特别是日本大学人口研究所的研究工作更深入一些，问题也同我们更接近一些，想以他们对人口老龄化问题的研究为主，谈点儿体会。

第二次世界大战之后，特别是50年代以来，日本人口出生率经历了一个猛烈下降的过程。1950年日本的人口出生率为28.3‰，自然增长率为17.3‰，到1960年出生率下降到17.3‰，十年期间出生率下降11个千分点；自然增长率下降到9.7‰，十年期间下降7.6个千分点，几乎下降近一半。这在世界人口发展史上是少见的，同我国70年代人口出生率下降的幅度差不多。与此同时，妇女的总和生育率也由3.65下降到2.0，低于替换水平。1950年代以来日本人口出生率的降低，大大减轻了来自人口方面的压力，这对战后日本经济的恢复和发展起了良好的促进作用。但是，有所得必有所失。那时得到好处，今天和未来几十年内却要付出一定的代价了。日本人口学家估计，未来几十年内日本人口的老龄化将是异常严重的。厚生省人口问题研究所的预测，1980年日本65岁以上老年人口占总人口8.9%，2000年将占到14.3%，2020年将占到18.8%。一些人口学家认为，老年人口增长这样迅速，将对经济发展产生严重不良影响。因为：

第一，老年人口比重上升，劳动年龄人口比重下降，劳动力的相对减少必将影响到经济的发展速度。

第二，不仅总体人口，而且劳动适龄人口组群也相对高龄化了。劳动适龄人口的高龄化可以用劳动适龄人口高龄化率（45—64岁/15—64岁）来衡量。日本劳动年龄人口高龄化将比全部人口老龄化来得更为急速，直接影响到劳动力供给的质量。

第三，用于老年人口等的社会福利费用将大大增加。1960—1970年，人口老龄化比较严重的瑞典和西德社会福利费用占国民收入的比重，分别由12.4%提高到32.2%和由16.6%提高到23.1%，所占比重很大。日本现在占 10.98%，预计 1995 年可能占到 25.6%，即 15 年间增长 1.5 倍。这样的增长速度令人吃惊，影响也是超乎寻常的。

第四，大学教育设施等为中青年人服务的部门，将由于老年人口的增大而显得过剩，造成社会浪费。

第五，社会心理状态的改变。如目前西欧一些国家子女同父母、祖父母在一起居住的大约只占不足 1/4，而日本则占到 2/3，据说这是受了中国儒家思想影响的缘故。进入老龄化社会以后将会发生变化，人们的心理状态将会改变很大，并对社会的经济发展产生影响。面对这种状况，日本有的人口学家主张提高人口出生率。目前的总和生育率是 1.8，提高到多少？提高后总人口就要增长，那样对经济发展是否有好处？都是难以回答的问题。也有人主张用发展机器人的办法填补因人口老龄化带来的各种问题。日本大学人口研究所有人同政府企划厅合作应用 600 多个数学方程进行预测，认为由于人口老龄化等原因，进入 21 世纪以后日本的经济成长率恐怕只能维持在 2% 左右。有的人口学家形容说：日本的经济好比刚刚吃过了丰盛的晚餐，现在正进入昏迷时代，人口老龄化带来减速经济。

由此想到，因为人口年龄构成的改变对社会经济发展的影响不可低估。我国目前人口基数大，增长速度比较快，人口年龄构成轻，对社会经济发展有它不利的方面，因而要控制人口的增长；但是从人口年龄构成变动上看，由于年龄构成轻，老年人口占的比重小，同时生育率受到控制以后未成年人口所占比重也有缩小的趋势，这就造成了两头小中间大——劳动年龄人口多的态势，这对经济发展又是极其有利的。人口预测表明，在未来的二三十年内这种两头小中间大的态势还要继续发展，每个劳动年龄人口负担的老年人口和未成年人口继续减少，从人口对经济发展的促进作用方面说，这不能不是发展的一个"黄金时代"。只要我们能够按照社会主义经济规律和人口规律办事，把这些劳动年龄人口组织到社会主义建设中去，充分发挥他们的才智，多发展一些劳动密集型的行业，我们就能真正发挥出我们的优势。日本经济"起飞"的一个重要因素，就是充分利用了本国的廉价劳动力。我国劳动力十分充裕，如果我们能够充分发挥我们劳动大军的作用，不仅仅是消极地去解决劳动就业，而是积极地利用劳动力资源，生产出更多的劳动密集型产品，那我们的条件就是得天独厚的，具有别人不可比拟的竞争能力。所以，我们既要看到人口多在目前经济比较落后条件下带来的困难，又要看到人口年龄结构轻在未来二三十年时间里对经济发展的有利影响。扬长避短，从分析人口年龄结构中找到可以利用的力量。

（原载《人口与经济》1982 年第 1 期）

利用人口年龄结构变动促进现代化建设

一　人口年龄结构对经济发展的影响

党的十二大把实行计划生育和控制人口增长作为一项基本国策确定下来，把人口因素在现代化建设中的地位和作用提到了一个新的高度。怎样认识人口的这一作用，我认为，不仅要重视人口的数量和质量，而且要注意人口年龄结构的作用，认真研究年龄结构及其变动对"四化"建设的影响。一个人并非从一生下来就是一个生产者。他要经过婴儿、儿童、少年阶段才能进入劳动年龄，成长为一名劳动者。然而，一个人从生下来到生命完结却始终都是一个消费者。人口学根据人在一生不同时期的不同作用，将人口分成0—14岁少年人口、15—64岁经济生产年龄人口和65岁以上老年人口三个基本组群，并用少年与老年人口数量之和占经济生产年龄人口的百分比，表示从属年龄人口比。这个比值越高，说明某总体人口中处于经济生产年龄的青壮年人口占的比例越小，需要抚养的少年和老年人口占的比例越大，于经济的发展越是不利；反之，这个比值越低，则对经济的发展越是有利。目前，世界从属年龄人口比约为73.2%，欠发达国家为75.4%，发达国家为51.5%，欠发达国家为发达国家的1.4倍。从属年龄人口比值高，一方面因增加消费、减少生产性积累而直接影响国民经济的发展；另一方面因用在科学、教育等方面的费用难以得到相应的增加，人口和劳动力的质量难以得到应有的提高，又间接地影响国民经济的发展。所以，合理的年龄构成和适当低一些的从属年龄比，是经济顺利成长的一个重要条件。

二 我国人口年龄结构和从属年龄比变动趋势

那么，我国人口年龄构成和从属年龄比将会怎样变动呢？为了弄清这个问题，最近我们以20世纪末全国人口控制在12亿左右的预测为基础，做了多种方案的年龄构成演变的测算，取得了一批比较完整的数据。

（一）高位预测方案

以1978年总（和）生育率2.3为起始值，1985年降低到2.2，1985—2000年由2.2降低到1.9，2000—2020年由1.9提高到并一直保持在2.1替换水平，则从属年龄人口比1978年为69%，1990年为45%，2000年为49%，2020年为41%，2040年为56%。

（二）中位预测方案

总（和）生育率1985年降低到1.9，1985—2000年由1.9降低到1.6，2000—2050年由1.6提高到2.1替换水平，则从属年龄人口比1978年为69%，1990年为42%，2000年为43%，2020年为37%，2040年为58%。

（三）低位预测方案

总（和）生育率1985年降低到1.7，1985—2000年由1.7降低到1.5，2000—2050年由1.5提高到2.1替换水平，则从属年龄人口比1978年为69%，1990年为40%，2000年为40%，2020年为36%，2040年为61%。

为什么从属年龄人口比会有上述变动呢？因为目前我国人口年龄构成比较轻，25岁以下人口占总人口一半以上，这部分众多人口在未来40年内仍然滞留在经济生产年龄范畴。同时，65岁以上老年人口数量的增加远远补偿不了由生育率下降引起的少年人口数量的减少，致使任何一种方案在2020年以前从属年龄人口比均呈下降的趋势。2020年以后占现在人口大部分的25岁以下人口陆续进入老年期，老年人口增加比较迅速，使从属年龄人口比于2040年前后达到高峰值。为了避免过于严重的人口老龄化的出现，上述三种方案的生育率都在2000年以后开始调高，因而2015年以后进入经济劳动年龄的人口逐渐回升，使得从属年龄人口比在下个世纪40年代达到高峰值时仍在现在的水平以下。随后这个比值缓慢下降，2080年可基本稳定在55%左右，同目前发达国家的平均水平比较接近。从最近几十年内人口年龄构成演变的趋势看，只要生育率继续有所降低，无论是较低的、中间的还是较高的方案，本世纪余下的近20年时间内从属年龄人口比都将有一个显著的下降，下一个世纪头20年内还将继续稍有下降。这一趋势是毫无疑义的。

三 充分利用人口年龄结构变动的"黄金时代"

上述情况表明，从现在起到2020年左右，我国人口年龄构成将经历一个从属年龄人口比很低的"黄金时代"。这个"黄金时代"又可以分成前后两个时期：前期到2000年，是比率大幅度下降时期；后期从2000—2020年，是比率由缓慢下降过渡到停止下降转而上升的时期。

这一情况对实现2000年工农业总产值翻两番和现代化建设关系极大。首先，从筹措建设资金看。1953—1978年每年用于全国少年人口的消费额多达450多亿元，即使今后仍保持这一水平不再增加，按中位预测方案计算，由于0—14岁少年人口比重由1978年的35.8%下降到1985年的27.6%，1990年的23.3%，1995年的22.3%，2000年的22.7%，扣除在此期间因老年人口增加而增加的支出，同1978年相比，1985年全国仍可减少支出92亿元，1990年减少140亿元，1995年减少145亿元，2000年减少131亿元。从现在算起到本世纪末累计减少的支出是一笔高达几千亿元的巨大数目，如果将节约下来的部分支出用在生产建设上，特别是用在改善工农业生产技术装备上，对实现2000年总产值翻两番将会起到重要的作用。

其次，从经济生产年龄人口的变动上看，按照中位预测方案，15—64岁经济生产年龄人口占总人口的比重可由1978年的59%，提高到1985年的66.6%，1990年的70.4%，1995年的70.8%，2000年的69.7%；其绝对人数可由1978年的5.7亿增至2000年的8.3亿，即二十多年里增加2.6亿人。经济生产年龄人口增长对工农业总产值翻两番将起什么作用？

我以为要作辩证的分析。新中国成立30多年来人口增长比较快，因而劳动力增长也比较快，这在耕地面积有限和固定资产增长有限的情况下，给劳动就业带来很大困难，使之成为人口问题中的一个十分突出的问题。从这个角度说，今后经济生产年龄人口最好不再增加，甚至减少一些更好。这是我们的希望。然而由于我国人口年龄构成比较轻，今后二十多年内陆续进入婚育年龄的人口很多，具有明显的增长态势，按照中位预测方案，总人口要增长到2023年，低位预测方案也要增长到2006年，因而经济生产年龄人口在今后一个时期内也是要继续增长的。面对这一不可更改的现实，唯一正确的态度是：一方面要努力控制人口和经济生产年龄人口的增长；另一方面要千方百计地把经济生产年龄人口这部分劳动力资源利用起来。一些国家特别是亚洲一些国家和地区现代化的经验证明，充分利用本国廉价的劳动力是经济高速度成长的重要条件之一，日本、新加坡等就是这样的例证。我们应该在现有条件下积极提高劳动者的科学文化和技术水平，多发展一些专业化的劳动密集型行业，把劳动力雄厚的潜力挖掘出来。不言而喻，这绝不意味着劳动力越多越好，而是说在总的人口规模既定的前提下，经济生产年龄人口占比高一些要比低一些为好。

再次，需要指出的是，人口年龄构成"黄金时代"的到来，在不同的生育率方案下有着不同的意义。高位预测方案，1978—2000年从属年龄比只下降20%，中位预测方案下降26%，低位预测方案下降29%。这说明，控制人口增长的工作做得越好，从属年龄人口比就降得越低，国家支付老少从属年龄人口的费用也就越少，节约的资金越多，劳动力供给充裕优势越明显，对现代化建设也越有利。在这种条件下，经济生产年龄人口占比越大，"黄金时代"的水平也越高。现在，实行计划生育已写进国家根本大法，成为家喻户晓的一项基本国策，今后生育率可望经历一个明显降低的过程。只要生育率继续有所降低，从属年龄人口比下降的过程就会发生，从而对国民经济产生良好作用。我们要通过加强计划生育工作，自觉地利用正在到来的上述"黄金时代"，为实现20世纪末工农业年总产值翻两番的宏伟目标而奋斗。

（原载《人民日报》1983年6月5日）

城市人口划分标准研究

近年来,随着对内搞活、对外开放的经济体制改革的深入,中国迈出了城市化加速发展的步伐,城市(包括镇)人口大量增加,由1978年的1.72亿增加到1987年的3.97亿,[①] 在不到9年时间里增长1.3倍,实为世界人口城市化史上所不多见。然而这里的城市人口的统计系建立在市、镇建制的基础之上,市、镇设置增加城市人口跟着扩大,市、镇设置减少,城市人口跟着缩减,客观上国家行政管理上的市、镇的设置成了划分城市人口的标准。这种划分标准有它合理的一面,也存在着不少的问题和矛盾,目前这些问题和矛盾已经到了需要解决和可以解决的时候了。这就需要从中国的具体国情出发,并考虑到在国际上具有较大的可比性,制订出科学的划分城市人口的标准,以将总体人口合理地区分为城市人口和乡村人口。

一 现行城市人口划分中的问题和矛盾

如前所述,中国现行统计意义上的城市人口,是行政设置上市、镇区内的人口,即居住在市、镇范围之内的常住人口。从实际情况看,尽管市、镇的设置和城市人口的划分都要考虑到人口集中的程度和非农业人口所占的比例,但市、镇的设置还要兼顾到国家行政管理上的需要,城市人口的划分则更侧重于集中人口的经济因素及某些社会因素,二者不尽相同。因此,我们所要探讨的中国现行城市人口划分中的问题和矛盾,这里

[①] 本文中的中国人口为大陆29个省、自治区、直辖市人口,未包括台湾省和港澳地区人口。城市人口为建制市、镇人口之和。资料来源:《1987年全国1%人口抽样调查的主要数字》,中国统计出版社1988年版,第3页。

的城市人口系指行政区划意义上的市镇人口。

自1949年中华人民共和国成立以来，政府就市、镇设置和城市人口的确定，在1955年、1963年、1984年等做过几次重要的规定和调整，从1984年调整以后的情况看，目前中国的城市人口包括着过多的农业人口。这是由于行政区划变动影响，新设立的市、镇较多，范围也扩大很多，囊括一定数量农业人口的结果。如1978年全国城市人口占总人口的比例为17.9%，非农业人口占总人口的比例为15.8%，城市人口中88.3%为非农业人口，农业人口仅占11.7%。到1985年全国城市人口比例上升到36.6%，非农业人口比例上升到20.1%，城市人口中非农业人口比例下降到占54.9%，农业人口比例猛增到占45.1%，比1978年上升33.4个百分点，更有城市农业人口甚至上升到占一半以上，如浙江省宁波市1984年农业人口占到50.5%，山东省淄博市1984年农业人口占到65.3%。从统计资料看，全国总的趋势是：城市人口规模越大，农业人口所占比例越低；城市人口规模越小，农业人口所占比例越高。1986年全国347个市人口中农业人口占47.0%，而100万以上人口的城市农业人口占18.1%，50万—100万占28.2%，50万以下的中小城市农业人口所占比例更高一些。①

城市统计中的农业人口和非农业人口，同实际情况有很大出入，尤其是农业人口出入更大。所谓农业人口和非农业人口，顾名思义，是从生产角度对人口的职业构成所作的最粗略的区分，以是否从事农业劳动作为区分的标准。然而长期以来，实际工作中却是以是否享有国家按定量标准供应的商品粮作为划分的标志，把划分的标准从生产领域转移到分配和消费领域，出现了严重名实不符的情况。一方面有享受国家按定量标准供应商品粮的"非农业人口"，直接或间接地从事某种农业生产劳动；另一方面有不享受国家按定量标准供应商品粮的"农业人口"，却在务工、经商或从事其他非农业劳动。就全国情况说，前者是个别，后者是普遍的，大量存在的，并有继续增长的态势。如江苏省平望镇1986年统计常住人口为

---

① 资料来源：《中国人口年鉴1986》，社会科学文献出版社1987年版，第409页；《中国统计年鉴1987》，中国统计出版社1987年版，第92—93页。

14 833人，其中户口在册为9353人，户口不在册为5480人，户口不在册人口占全镇人口的36.9%；不在册人口中有47.4%为全民和县属集体企业的农民工，16.2%为社办工业中的务工社员，两项合计占全部不在册人口的63.6%。[①] 他们实际上是从事工业劳动的非农业人口，但由于不享有国家按定量标准供应的商品粮，统计上一律视为"农业人口"。这种情况自1984年《国务院关于农民进入集镇落户问题的通知》发出后有所改观，一部分进入集镇务工、经商和从事服务业的农民及其亲属在集镇落了户口，成为自理口粮的非农业人口，摘掉了"农业人口"的帽子。但一是这个《通知》适用范围仅限于集镇，全国上千个县的城关镇（一般规模较大）和300多个市不在其内，在那里大批务工、经商等从事非农业劳动的农民依旧被统计为"农业人口"，二是受不正之风、官僚主义等的影响，农民进入集镇能够办理"农转非"的只是一部分人，还有很大一部分人转不了，成为长期居住在集镇并从事非农业劳动的"农业人口"。所以，对中国城市人口中农业人口所占比例过大要作具体的分析，其中相当一部分人已经成为事实上的非农业人口，城市人口中包含的农业人口有一个不小的虚数。

行政因素对城市设置，特别对镇的设置影响很大。中国对包括镇在内的城市的设置，一直坚持以人口聚居的程度为主，并辅之以人口的职业构成——非农业人口所占比例的原则。一般说来市的设立较好地坚持了这一原则，镇的设立这一原则坚持得差一些，行政因素的影响多了一些。1984年10月国务院批转《民政部关于调整建镇标准的报告》，一方面规定"总人口在20 000以下的乡，乡政府驻地非农业人口超过2000人，可以建镇；总人口在20 000人以上的乡，乡政府驻地非农业人口占全乡人口10%以上的，也可以建镇"；另一方面又规定"凡县级地方国家机关所在地，均应设置镇的建制"。还规定"少数民族地区、人口稀少的边远地区、山区和小型工矿区、小港口、风景旅游、边境口岸等地，非农业人口虽不足

[①] 参见江苏省小城镇研究课题组《小城镇 大问题》，江苏人民出版社1984年版，第138页。

2000人，如确有必要，也可设置镇的建制"①。这种按照人口和经济，同时又按照行政管理需要制订的双重的设置镇的标准，尤其是行政标准中又加上"如确有必要"很不确定的话，它的一个直接的后果是造成建制镇数量猛增。据统计，全国建制镇由1983年的2968个，增加到1984年的6211个，目前超过10 000个。② 它的另一个后果是形成镇与镇之间差别很大：大镇可以大到多达几万、十几万人，同小的市不相上下，如1984年辽宁省锦西镇人口达到161 195人，其中非农业人口达到153 344人；江苏省淮安镇达到86 067人，其中非农业人口达到65 673人。小镇可以小到只有1000人左右，其中非农业人口可以少到只有几十人，甚至不足10人，不如人口密度较高地区的某些村庄。如广东省徐闻县海安镇只有人口932人，其中非农业人口369人；云南省景谷星勐主镇只有人口661人，其中非农业人口只有3人。③ 总览1984年调整建镇标准后10 000多个镇的情况，考虑到镇农业人口中有相当一部分人从事非农业劳动这一客观事实，多数镇符合按人口和经济原则制订的建镇标准，但有部分镇距离这一标准甚远。这部分镇的建立有其经济发展需要的一面，更为重要的是国家行政管理上的需要，是撤乡建镇、实行镇管村体制的需要。现在，随着市管县体制的推广和镇管村体制的建立，城镇作为地方行政管理的一级组织的面目出现，给城市人口和乡村人口的划分增加了新的复杂情况。

目前中国在城市人口划分上存在的问题有着相互矛盾、相反相成的性质。从统计角度观察，近年来设置市、镇数量增加很多，尤其是镇增长过猛，并且包括了大量的农业人口，似乎很不适当。就实际情况而论，城市人口中的农业人口有相当大的部分却在从事非农业性质的劳动，理应属于非农业人口，把他们列为"农业人口"同样是不适当的。这两个方面的"不适当"在很大程度上相互抵销了，使得1987年中城市人口比例约占37.1%的城市化水平，大体上是可以接受的。对此国外早有评论，1984年

---

① 参见《中国人口年鉴》编辑部《中国人口年鉴1985》，中国社会科学出版社1986年版，第99页。
② 参见国家统计局社会统计司编《中国社会统计资料》，中国统计出版社1985年版，第4页；中华人民共和国公安部三局编《中国城镇人口资料手册》，地图出版社1985年版，第1页。
③ 参见中华人民共和国公安部三局编《中国城镇人口资料手册》，第18、28、57、74页。

世界银行在对中国经济进行考察后所作的报告中指出:"公社办公室所在地被列为农村,即使它是数千人的集中区,并且其中有许多人所从事的是非农业性的职业。这样规模的人口集中区在大多数国家中都被列为城镇人口",至于中国为什么不列入城镇人口,该报告只能归结为"中国经济结构非同寻常"。这个报告参照美国关于城市人口的划分标准认为,"中国的城镇化程度将达 34%"。① 可见,中国现行城市人口划分中的问题和矛盾,关键不在于对城市化达到程度的估量(我认为目前的估量基本上是同实际接近的),而在于如何科学地确定农业人口和非农业人口,制订出符合中国国情的划分城市人口和不同规模城市结构的标准。

二 划分城市人口的原则和标准

为了正确划分城市人口,首先需要弄清城市这一概念,弄清城市概念的内涵和外延。城市在中文里是一个集合名词,城原义为都邑四周为防御的目的而修筑的墙垣,后发展为泛指都邑本身;市是指集中作买卖和进行交易的场所,《易·系辞下》中说:"日中而市",市毕即自行散去,当初并没有全日制的市场。城与市合起来,即指都邑和经常作买卖交易的地方,这便是最初意义上的城市这一概念的含义。当然,工业革命发生前和发生后城市在功能及同乡村之间的关系上有很大的不同,但这一概念的基本含义仍旧延续下来。我们从城市这一概念的形成和它的含义来看,镇原本就是城市,现在的镇也是规模较小的城市,没有必要将镇从城市中分离出来。国外一般也没有将二者分离开来,英语中城市包括都市(City)和镇(Town)两部分,而城市化(Urbanization)广义的指居住在都市和镇的人口所占比例的增长。依此看来,我们没有必要将人口城市化改成人口"城镇化",人口"城镇化"似乎想强调镇的人口发展,但会造成概念上的不清,而人口城市化本身已经把镇人口的发展包括在内了。

从城市产生的过程来看,首先它是一个经济的组织,是社会生产力发展到一定阶段的产物,是以工商业为主的经济组织,同以农牧业为主的乡

---

① 参见王慧炯《城镇化:国际经验和中国的前景》,气象出版社 1984 年版,第45页。

村经济组织具有不同的性质，城乡之间从一开始就有着明显的不同的分工。其次它是一种社会组织，同建立在自然经济基础上的乡村生活方式和活动方式不同，城市生活方式和活动方式建立在商品经济不断发展的基础之上。再次，城市的出现同原始公社解体、奴隶制国家诞生处于同一历史时期，是私有制和国家发生发展的时期，城市从一开始就成为统治阶级盘踞的堡垒，城市的发生发展同国家管理和社会组织的完善紧密相连。最后，城市作为对应于农村的分散状态来说，明显的特点是集中，特别是人口的集中，包括固定居住的人口的集中和流动的集市人口的集中。因此，城市人口的划分可以从经济学、社会学、人口学和行政管理学等不同方面建立起自己的原则和标准，并无一成不变的固定标准。

从城市的起源和最初意义上的城市建立划分城市和城市人口的原则和标准固然重要，但是历史发展到今天，城市自身也在发展，城市的功能、作用、范围都在发展，显然，完全按照原来的意义划分城市和城市人口是行不通的。如前所述，最初的经济意义上的城市人口，是指居住在城市的从事工商业活动的人口，无疑现代城市人口中的主体也应是这部分人口；但是由于社会生产力的发展，分工的进一步精细，城市规模的空前膨胀，使得城乡之间形成既是对立又是相互依赖的关系，在城市和乡村之间出现了较大面积的城乡结合部，居住在这个结合部内的人口有从事城市工商业的，也有从事为城市服务的农业的，如果完全按照人们从事的职业来区分城市人口还是乡村人口，在行政管理上这个结合部便会异常困难，而且于城市和整个社会经济发展不利，因此各国普遍将这种结合部的人口划归城市人口。从社会学角度按照人们的生活方式和活动方式划分城市人口，也有其局限性，因为随着社会生产力的发展，交通的便利，信息的发达，商品经济普遍化，乡村生活方式和活动方式日益城市化了。"现代的历史是乡村城市化，而不象在古代那样，是城市乡村化。"[①] 在高度发达国家的人口城市化已不再是乡村人口向城市、中小城市向大城市迁移，相反，出现了大城市中心区人口向外迁移的情况，乡村城市化发展很快，以生活方式和活动方式原则划分城市人口变得更加困难了。至于按行政管理需要原则

---

① 参见《马克思恩格斯全集》第四十六卷（上），人民出版社1979年版，第480页。

划分城市人口，只能适用某种特殊情况，在整个城市人口划分中起到某种辅助作用，历来不能成为划分城市人口的主要原则和标准。因此，在今天的城市人口划分中，虽然经济的原则、社会的原则、行政管理的原则仍有一定的意义和作用，但都有一定的局限性，不能成为主要的更不能成为唯一的原则。相比之下，城市人口集中的程度，即城市人口所占比例则具有综合的性质。从经济学角度观察，城市人口集中的程度是社会生产力和商品经济发展的结果，同时一定的集中于城市的人口又反映着社会生产力和商品经济发展的水平，反映着从事工商业人口的集中程度；从社会学角度观察，人口向城市集中意味着城市生活方式和活动方式的加强和扩大；从社会管理角度观察，人口向城市集中表明更多的人口进入社会城市管理轨道。所以，人口向城市集中代表着城市工商业的发展，代表着城市生活方式和活动方式的扩大，代表着城市社会管理职能的增强，在较大的程度上代表着城市化的水平。由此人口划分的基本原则应从人口学研究中产生，主要取决于人口集中的程度，适当辅之以别的必要的原则，主要是经济的原则，特别是从人口的职业构成上观察。

中国是发展中国家，当前正在加速进行的人口城市化既有集中的性质，也有扩散的性质，但从全局上看主要表现为大量乡村人口向城市转移，城市人口所占比例节节上升，集中的性质占据主导的地位。适应这种历史的发展趋势，按照人口集中的程度并辅之经济的原则划分城市人口，是适当的和现实可行的。

城市人口划分具体标准的确定，一是要从中国实际出发，从中国经济、人口、文化、社会发展的客观实际出发，包括历史上城市人口划分标准的沿革；二是要研究和借鉴国外的经验，注意指标的可比性质。中国过去关于市、镇设置（这是确定市人口的依据）的历史规定中，都以一定规模的"聚居人口"和一定的非农业人口比例作为界限，在这个界限以上的为城市人口，以下为乡村人口。问题在于何为"聚居人口"，单位土地面积上居住多少人口为"聚居"没有明确规定。今天在人口数量越来越多，特别在人口密度较高、城乡界限越来越模糊的地区，对"聚居人口"必须有一个明确的数量指标。对农业和非农业人口也应从生产领域，从人口的职业构成上加以区分，而不能继续沿用从分配和消费领域，从是否享受国家按标准供应的商品粮去区分。考虑到历史上的情况和中国当前的实际情况,同时参照国际上关于城市人口的划分标准,如美国的标准是人口在2500人以上的集中区,世界银行把"集中"解释为每平方公里在400人以上的地区,不包括农地、铁路站场、大型公园、工厂、飞机场、公墓、湖海等。① 从中国实际出发,我认为中国城市人口划分的标准确定在人口密度在每平方公里500人以上、非农业人口占70%以上是适宜的。按照这一标准,城市包括各级市的市区、郊区和建制镇的人口一般为城市人口,并且构成城市人口的绝大部分;同时也有少量虽未设市或镇,但人口密度和非农业人口比例确已达到城市人口标准的城市型居民区或居民点。

三 城市人口规模和结构调整

目前中国城市人口有按总人口宽口径划分和按照非农业人口窄口径划分之别,从而造成两种口径之间程度不等的差别。有的两种口径之间可能差别不大,如1986年按市镇总人口划分上海市为710万,按非农业人口划分为699万,占98.5%,北京市非农业人口占87.4%,青岛市占92.9%,伊春市占92.8%;有的两种口径之间可能相差悬殊,如1986年成都市按市镇总人口划分为264万,按非农业人口划分为157万,非农业人口占59.5%,淄博市非农业人口占32.2%,淮南市占57.8%,洛阳市占63.2%。② 两种口径之间的这种差异,给合理确定城市人口规模造成困难,需要做出必要的调整。

按照上述建议标准划分城市人口,除边疆少数民族地区特殊情况外,应对现有市、镇人口规模进行调整。即市、镇范围的确定应同时满足人口密度每平方公里在500人以上、非农业人口比例在70%以上两个条件,符合这两个条件的全部人口均为城市人口。为此,对上海、北京、青岛、伊春等非农业人口所占比例偏高的一类城市,城市郊区可以适当扩大,农业人口所占比例可以适当增加一些;而对于成都、淄博、淮南、洛阳等非农

---

① 参见王慧炯《城镇化:国际经验和中国的前景》,第45页。
② 国家统计局编《中国统计年鉴1987》,中国统计出版社1987年版,第92—95页。

业人口所占比例偏低的一类城市，城市范围要适当压缩，过多的农业人口应从城市人口中划出去，不得超过30%的界限。

按照上述建议标准调整城市人口规模，除边疆少数民族地区特殊情况外，对于不能达到人口密度和非农业人口比例两项指标建立起来的市和镇，应予撤销；同时对于已经达到两项指标的人口集中区，应当设置市或镇的建制。

市、镇设置按建议标准重新调整后，包括镇在内的所有城市人口就有了一个统一标准，不同城市人口规模有了一个完全可比的依据。但是对按城市人口多少来划分城市规模结构，也要坚持从我国人口多、人口密度较高和分布不均衡等的实际情况出发，不可盲目搬用国外一些国家的标准。事实上国外的城市规模在大、中、小的规定上，是很不一致的，一条基本的原则是同本国的国情相协调。在中国有一种观点认为，目前城市人口规模结构有大城市过多、小城市和镇过少"头重脚轻"的弊病。我认为，这种观点有它合理性一面，但也有不够全面和值得商榷的地方。这种现象同我们区分大、中、小城市人口规模的界限划分直接相关。中国统计上一般将100万以上人口规模的城市列为特大城市，50万—100万列为大城市，20万—50万列为中等城市，20万以下为小城市，镇人口规模从几千人到几万人不等。按这样的标准划分法，城市规模的确存在着大、中、小城市结构不合理的问题；然而，我认为这样的划分标准是偏低和不够合适的：一是从不同人口规模城市的功能和作用上看，当今世界大城市一般构成一个国家或地区的中心，具有中心、主导、辐射的功能，发挥着经济中心、贸易中心、金融中心、科技中心、教育中心、文化中心、信息中心、交通枢纽等作用，显然目前中国54个特大和大城市中部分城市不能达到这样的要求，起不到中心城市的作用；而国外的专业化城市，一般多为中小城市。我们一方面中小城市总的专业化程度不高，另一方面相当数量的大城市乃至特大城市还具有明显的专业化城市的色彩，如汽车城长春，钢都鞍山，煤都抚顺等均属于特大城市，包头、本溪、大同、淮南、伊春等分别属于钢铁、煤炭、木材等专业化的大城市，城市规模有悖于城市职能。二是同中国长期坚持奉行的"控制大城市规模，合理发展中等城市，积极发展小城市"的城市化方针不协调，在某些方面也有悖于这一方针。因为在

54个特大和大城市中部分城市是要发展的,而不是"严格控制"的问题。

以上这两个方面的情况表明,目前中国划分特大、大、中、小城市规模结构的标准不够恰当,需要适当提高。从实际情况出发,可以考虑将特大城市的城市人口规模确定在300万人以上,大城市在100万—300万,中等城市在30万—100万,小城市在10万—30万,10万以下除边疆少数民族地区特殊情况外,一般不设市,只设镇。如果按此标准划分城市人口规模结构,大体上可以使城市的规模和作用协调起来,"重大轻小"、"头重脚轻"之感可以消除,而对大、中、小不同规模的城市分别采取"严格控制"、"合理发展"、"积极发展"的方针,也可以得到较好地贯彻。

(原载《人口与经济》1989年第1期)

市场经济体制下的老龄问题和老年科学研究

中国老年学学会成立7年来，团结和组织广大理论工作者和实际工作者，在推动老年科学研究和实际老龄问题的解决方面积极努力，开创了新的局面。笔者认为在当前形势下的老年科学研究主题应该是以小平同志关于建设具有中国特色社会主义理论为指导，适应深化改革和扩大开放的要求，着重探讨社会主义市场经济体制下的老龄问题和老年科学研究，以便适应新形势的发展需要，用发展的战略眼光指导老龄问题的解决。其重点在以下几个方面。

一 老年人口规模和分布的变动

目前，老年人口是以60岁或65岁以上界定的特殊人口群体，因而未来60年或65年内的老年人口规模已基本确定，只需按人口年龄结构推移，减去年龄别死亡人口，再加上或减去移入或移出老年人口。如此说来，市场经济体制的确立似乎对于老年人口规模影响不大，主要表现在随着经济关系的理顺和国民经济的较快发展，人们物质、文化生活的改善和健康的增进，由于年龄别死亡率的降低而导致的寿命的延长和老年规模的增大。市场经济体制对老年人口规模的影响，主要是通过影响现实的生育率的变动，并在60岁或65岁后明显表现出来，亦即要考察社会主义市场经济在当前和今后会产生什么样的作用，是刺激生育率上升还是促使生育率下降，或二者兼而有之，要具体分析在什么情况下刺激生育率上升，在什么情况下促使生育率下降。从根本上说，建立社会主义市场经济是对过去高度集中的计划经济体制的革命性突破，必将大大解放生产力，促使国民经济高速增长，加快技术进步，从而使孩子成本尤其是用在孩子教育上的质量成本的上升；同时孩子为父母和家庭提供的劳动—经济效益、养老—保险效益等也会随着下降，诱导人们由投入孩子的数量成本向质量成本转移，由追求多生多育转到少生优育。从现实看，大致可分成三类：一类为市场经济比较发达，经济、科技、文化发展水平较高，计划生育工作卓有成效的城市和少数乡村，基本上实现了由投入孩子数量成本向质量成本的转移，过渡到少生优育型。二类为市场经济很不发达，经济、科技、文化发展水平较低的边远乡村及其乡镇，多生产一个边际孩子有着明显的效益，停留在多生多育型。三类为介于以上两类中间的城镇和广大乡村，处于由投入孩子的数量成本向质量成本转移，由多生多育向少生优育过渡型。就全国而言处在"两头小中间大"的状况：一、二类所占比例较低，三类所占比例最高，总体人口变动正处于转型时期。这种情况对老年人口规模的影响以及我们所要探讨的市场经济体制下的老年问题和老年科学研究的作用可从四个方面分析：

其一，如前所述，无论哪种类型，对未来 60 年或 65 年内的老年人口绝对数量无大的影响，但对 60 年或 65 年以后的老年人口绝对数量有着决定性的作用：第一类少生优育类型实际上控制了未来老年人口数量的增长，从根本上决定着老年人口的规模；第二类因不能有效控制当前的人口出生，因而无法抑制将来的老年人口数量增长和总体老年人口规模的扩大；第三类由于处在从较高生育率向较低生育率过渡，从而制约着将来老年人口的绝对数量变动和总体规模。可见，培育和完善社会主义市场经济体制，加快经济和现代化建设速度，既是实现生育率转变的现实基础，也是调整未来老年人口规模的立足点，是根本之策。

其二，存在着经济和文化发达程度上的地区差异。三种类型地理分布具有明显不同：第一种类型以沿海，尤其以长江三角洲和环渤海经济发达区为主；第二种类型以内地边远地区，尤其是以自然经济尚居主导地位的地区为主；第三种类型则普遍存在，内地广大地区多属这一类型。由此决定在中国人口走向老龄化的过程中，达到老年人口数量峰值年份的地区分布，大致由东南向西北推移，然后才有可能出现一些地区老年人口规模的缩减。

其三，同上述老年人口地区规模变动紧密相连，人口年龄结构老龄化进程也表现出明显的地区差别。根据1990年人口普查提供的资料，上海、北京、天津、浙江、江苏五省市已进入老年型，山东、广东、辽宁接近老年型，东南沿海率先步入老年型结构态势已成，接着进入的是中部地区，西北、西南边远省区将最后达到，呈层次分明的阶梯状地理分布更趋明朗。

其四，在老年人口分布问题上值得重视的另一问题是城乡老年人口比例的变动。随着市场经济体制的建立，商品流通和人口迁移、流动，城市化步伐大大加快了。而乡村人口迁往城市，受中国人口城市化政策和人口城市化初期阶段客观规律制约，在市场经济作用下，以迁往小城镇为主，这就形成目前市、镇、县老年人口分布的特有格局：市老年人口数量增长最快，所占比例最高；其次为乡村；镇居最后，1990年普查比1982年普查还低。

二 老年人口婚姻和家庭的新趋向

建立社会主义市场经济体制，终将冲破低水平小商品生产的束缚，使生产、交换、分配、消费全面进入社会化商品经济轨道，以全新的观念代替过去传统的观念，包括老年人口在内的婚姻观念的更新就是其中之一。众所周知，当今青年人的择偶标准既不同于50年代和60年代，更有别于1949年中华人民共和国成立之前；而婚姻关系链条的松动，离婚率的急剧上升，则同商品经济的发展有着千丝万缕的联系。由于老年人口年龄别死亡率较高，故丧偶率也较高，老年再婚成为社会关注的一个"热点"。随着市场经济体制的不断完善，老年再婚的心理障碍也不断消除，更多的孤身老人投入"黄昏恋"，遭到子女的反对和一些人的不理解，变成沉重的晚情，甚至酿成悲剧。观念作为社会上层建筑意识形态的一个组成部分，归根结蒂是社会经济基础的反映，对老年人口的婚姻歧视和粗暴干涉，根源于落后的生产力和自然经济基础。从这个意义上说，社会主义市场经济体制的建立和不断完善，为人们婚姻观念的更新提供了客观经济基础，为实现真正的老年人口婚姻自由创造了条件。这对老年人晚年的物质生活和精神生活很有意义，需要做出指导现实可行性的研究。

在商品和市场经济日趋发达的情况下，同婚姻关系链条松动并行的是家庭成员之间的关系也悄然发生某种变化，家庭规模继续趋于小型化。1982年普查全国平均户4.4人，1990年普查下降到4.0人，平均每年减少0.4人，下降速度很快，老年人口家庭每户平均人口数下降亦很明显，特别是老年单身户、双亲户随着市场经济体制的不断完善有增加趋势。从总体上看，传统的老年人口大家庭已基本上不复存在，家庭的链条也逐渐变得比较脆弱，产生了若干新的老年家庭问题。

三　老年人口价值观和地位的改变

传统农业社会的突出特点是生产力水平低，技术进步长期停滞不前，经济活动限于自然经济圈子内。在这种情况下，所谓技术主要指手工劳动的技巧，而技巧同熟练紧紧联系在一起，"熟能生巧"是也；熟练又同实践次数相关，"一回生、二回熟"、"驾轻就熟"是也。这一切自然同年龄高低紧紧相关，年龄越高经验越多，技巧程度越高，年龄成为经验、知识和能力的象征，一个人的价值便随着年龄的增高而升值，人们对老年人怀着一种敬佩和尊重的心理，尊老敬老蔚然成为千年不衰的社会风气。一些褒奖之词也堆到老年人头上，"老把式"、"老行家"、"老练"、"老谋深算"、"姜还是老的辣"等不一而足。似乎老年人天经地义就应指挥年轻人，就应主宰世界，无论在家庭或在社会，老年人的价值和地位就应高人一等。

然而，自以蒸汽机取代人畜为动力，纺纱机取代手摇纺车为标志的工业革命，以及社会化大生产的商品经济取代小生产的自然经济以来，生产手段由以手工工具为主变为以机械为主，经济的发展越来越依靠科学技术的力量，老年人口的价值和地位不断受到挑战，大有江河日下之势。尤其是第二次世界大战后新技术革命的兴起，技术更新的速度加快了，周期缩短了，使老年人口处于不利地位。如果说这种不利地位在过去传统的高度集中统一计划经济体制下暴露尚不明显的话，那么在经济活动主体具有独立性、平等竞争性、开放性的市场经济条件下，则暴露无遗。老年人不仅无法跟上日新月异的科学技术进步的步伐，而且同市场经济的快节奏、竞争激烈不相适应，大大丧失了封闭经济状态下的尊荣，为新的年龄歧视所代替。老年人口价值观和社会地位的这一变化，是技术革命和市场经济作用的必然结果，老年科学研究要揭示这种必然性；同时也要结合各国实际，客观地分析中外产生年龄歧视的异同，阐述其不同的背景、发展过程和社会影响，挖掘中国老年人口的价值所在，找出开发中国老年人口人力资源的途径，为现代化建设做出新的贡献。

四 老年人口社会保障和市场取向改革

迄今为止，人口年龄结构步入老年型的国家均为发达国家，具有解决老年社会保障等问题的较雄厚的经济基础。根据预测，本世纪末我国人口年龄结构可接近或进入老年型，国民经济则只能完成由温饱型向小康型的过渡，到21世纪三四十年代达到老龄化高潮期经济发达的程度也不够高，发展以养老保险为核心的老年社会保障不能照搬西方发达国家的做法。最重要的是解决好两个关键性问题：

一是从中国经济、社会发展的实际情况出发，量力而行，建立和不断完善市场经济体制下的老年社会保障体系。发达国家应付老龄化冲击，主要依靠建立包括退休、医疗、健康等社会保障制度，具有典型的福利国家特色。我国受经济不够发达的客观条件限制，无力建立由国家包下来的社会保障制度，近年来提出的几项社会保障研究方案，都将城乡区别开来，而且城市也并非由国家统包；此外有西方福利国家的前车之鉴，避免国家包下来的弊端，将来即使经济比较发达也不能走这条路。从我国基本国情出发，应当建立社会供养、家庭子女供养、老年人口自我供养互相补充、互相结合的社养、家养、自养"三位一体"的养老保障体系。这一体系中城市和乡村又有所不同：城市以社养为主，乡村以家养和自养为主。就发展战略而言，全国将逐步向社养为主过渡，不过这将是一个相当长的历史过程，国民经济发展到何种程度时社养可占到多大比例、如何延缓家养的衰减和增强老年人口再就业及其自养的能力，正是老年科学所要重点研究的课题之一。

二是要以改革精神，在社会保障制度的建立和完善过程中加大市场调节的分量。建立社养、家养、自养三位一体的社会保障体系，需要同社会主义市场经济体制相适应，如城市养老保障制度的改革，打破过去由国家和企业包下来的做法，经过科学论证和试点来制定一个劳动者个人缴纳比例和具体办法；乡村老年社会保险金的筹措，更应该贯彻市场原则，政府应大力扶持，但主要依靠保险公司、人寿保险公司操作进行。即使是兴办老年之家一类的福利组织，也要注意市场的调节作用，避免恩赐主义，而且城乡养老基金的征集、使用和管理，都应纳入金融市场轨道，确保增殖，发挥应有的效益。老年社会保险的其他方面，如医疗保险，也应考虑市场经济体制的要求，医疗费用中个人应缴纳一定比例，哪怕是很小的比例。这不仅对于节约医疗费用开支是必要的，而且对于确立市场经济在国民经济各部门的地位及其作用的发挥，也是必需的。在社会主义市场经济体制下，包括老年社会保障在内的全部老龄问题的解决和老年科学研究，都要注意市场取向，同市场经济接轨，这样才能在理论同实践相结合的过程中有一个更大的发展。

(本文原为提交全国老年科学讨论会论文，原载《老年学杂志》1993年第4期)

20世纪人口科学发展一瞥

自1662年被誉为"人口学之父"的约翰·格兰特（John Grant）《关于死亡的自然的和政治的观察》一书发表以来，人口学脱胎而出，成为立于众学科之林的独立学科。不过在其后的200多年里，原本统计意义上的人口学进展不很大，而从经济学、社会学角度等的人口研究却兴旺起来，特别是1798年马尔萨斯（Thomas Robert Malthus）《人口原理》（*An Essay on the Principl of Population*）的发表，其后28年内连续出了6版，产生巨大影响，引起广泛论争。著书立说，严加抨击，成为马尔萨斯主义反对派有之；依据新情况发展《人口原理》，成为新马尔萨斯主义者也有人在，论争一直延续下来。当历史掀开20世纪新的一页以后，这种论争虽未休止，但人口科学研究伸向更广阔的领域，取得新的突破，开辟了人口科学发展的新时代。20世纪人口科学的发展，大致以第二次世界大战结束前后或以50年代开始为界，分成前后两个时期。前期人口学研究取得广泛突破，后期人口学向纵深不断深入，可以说是两个时期表现出的不同特点。

一 前期人口学研究的广泛突破

如果说马尔萨斯《人口原理》轰动一时得益于工业革命后欧洲人口的猛烈增长，那么进入20世纪情况发生很大变化。尽管从总体上看世界人口经历着前所未有的巨大增长，但是欧洲特别是西欧和北欧，人口出生率和自然增长率则处于持续下降状态，进入低增长阶段。于是，人口转变理论应运而生。1909年法国兰德里（A. Landry）发表《人口的三种主要理论》，20多年后又发表《人口革命》专著，将人口生产分成原始、中期和现代三个发展阶段，事实上提出并初步探讨了人口转变的理论。美国的汤普森（Warren Thompson）则有异曲同工之妙，他将世界人口生育率与死亡率的变动分成三种类型和地区分布，表现出不同的发展阶段，成为人口转变理论的先驱者。

（一）适度人口论

围绕马尔萨斯人口论的争论，使一些人口学家、经济学家思考一个问题：人口数量和规模以多大为宜。一般认为，1914年英国经济学家坎南（Edwin Cannan）发表的《财富论》，最先阐述了适度人口的理论，即使工农业生产达到最大收益点的人口数量。其后有桑德斯（Carr - Saunders）的《人口问题》等许多论著面世，桑德斯的一大贡献是提出按人口平均的最大收益值时的人口数量为适度人口，后又增加使居民获得最高生活水平的人口密度。由于本世纪初工业化达到一个新的阶段，第一次世界大战等因素造成的影响，人口多一些好还是少一些为好变得扑朔迷离，折中的适度人口论便格外受到青睐，成为二三十年代风靡一时的理论。

（二）经济学派人口理论

古典经济学派、庸俗经济学派多把人口作为因变量，纳入经济发展体系；到本世纪前叶一些经济学家则将人口作为一种自变量考察经济增长，是一项巨大进步。这一时期最有影响的考察当属凯恩斯（J. M. Kegnes）1936年发表的《就业、利息和货币通论》。他的思维逻辑是：1929—1933年的经济危机和长期的经济不景气，产生于资本有效需求不足；资本有效需求取决于人口、消费水平和资本技术构成，有效需求不足由这三个因素造成，特别是人口增长率的持续下降。如此凯恩斯阐述了人口在经济发展中的决定性作用，成为他的"经济停滞论"的核心部分。继凯恩斯之后，美国经济学家汉森（A. H. Hansen）、英国经济学家哈罗德（R. F. Harrod）等进一步阐发了这一基本观点，成为颇有影响的人口经济学说。

（三）社会学派人口理论

从社会学角度研究人口，这一时期取得很大突破。法国社会学家杜蒙特（A. Dumont）于本世纪初提出著名的"社会毛细管理论"，认为人们追求向上的发展有如毛细管作用一样,不过这种个人的追求与满足孩子的需求是用 U 型管连接在一起的,此消彼长,加大社会毛细管作用即可有效降低生育率。杜蒙特的这一观点,实际上提出了人们在个人发展和生养子女之间的利益选择问题,给人们以重要启迪。这一时期社会学家的人口观,强调从社会多角度分析人口问题,拓宽了生育率、人口转变、适度人口等的研究视野。

(四) 数理学派人口理论

原本具有统计意义的人口学经历 200 多年沉寂之后,到本世纪初一改旧颜,取得革命性突破。最主要的,一是洛特卡(A. J. Lotka)的稳定人口理论,他运用数学推演,导出稳定人口模型的基本公式,论证了封闭人口群体年龄别生育率和死亡率不变条件下,经过足够长的人口再生产周期,达到稳定人口年龄结构的必然性。二是珀尔(Raymond Pearl)和里德(Lowell J. Reed)的"逻辑斯蒂曲线"论(Logistic Curve)。他们使 19 世纪已经提出的"逻辑斯蒂曲线"得以复活,赋以系统新义,用以说明长期人口变动由低增长到高增长,再到低增长呈 S 型发展过程,从统计和数学角度揭示了人口转变过程,提供了新的方法论。

二 后期人口科学的深入发展

本世纪后半叶的人口科学发展的最主要特点,是在前半叶开阔领域基础上,不断向纵深深入,更体现人口学的边缘和交叉学科性质。第二次世界大战结束后,出现了带有补偿性质的世界"婴儿高潮",人口增长速度进一步加快,贫困、失业、饥饿、污染等问题突出出来,马尔萨斯人口论又有了新的土壤。被称为现代马尔萨斯主义代表人物的皮尔逊(F. A. Pearson)、哈珀(F. A. Harper)等在 40 年代中后期即发表一系列论著,提出"世界的饥饿"、"世界人口危机"等命题。进入 70 年代,泰勒(G. Taylor)的《世界末日》、麦多斯(D. H. Meadows)等的《增长的极限》,被称之为"悲观派"的人口理论产生一定影响。

（一）"人口转变论"的完成

兰德里和汤普森提出和初步论述了人口转变理论，美国人口学家诺特斯坦（F. W. Notestein）则在他们理论基础上，创造了人口转变理论模型，使这一理论趋于完整和系统化，《人口——长远观点》和《人口变动的经济问题》的发表，标志着人口转变理论的完成。其后柯尔（Ansley J. Coale）和胡佛（E. Hoover）《低收入国家人口增长和经济发展》一书的出版，将人口转变理论推演到发展中国家，使其成为公认的一种人口理论。

（二）人口经济学的新发展

人口变动与经济发展的关系一直是人口学诞生以来关注的焦点，第二次世界大战后取得新的进展。在宏观方面，当代杰出人口经济学家之一的斯彭格勒（J. J. Spengler），50年代发表《经济学与人口学》等著作，分析世界人口与食物供应之间的矛盾，论证了只要收入弹性（需求量变动百分率与收入量变动百分率之比）为正数，收入增加拉动食物上升，人口继续增长下去就会造成粮食、耕地、水、矿物资源等严重问题，因此必须抑制人口膨胀。发展经济学与人口学的结合，给人口经济学的发展开辟了新的领域。柯尔研究发展中国家人口与经济增长的关系，论证了资本在投入与产出之比为3∶1情况下，人口增长1%，储蓄与投资需增长3%，说明人口增长对经济的影响。刘易斯（W. A. Lewis）分析传统产业的劳动力转移和现代产业吸收的能力，将人口、劳动力置于现代发展经济学体系之中，发展了宏观人口经济学。在微观方面，莱宾斯坦（H. Leibenstein）提出并论证了孩子的成本—效益理论，他将孩子成本分成直接成本和间接成本两部分，孩子的效益分成劳动—经济效益、消费—享乐效益等6种，考察了不同社会背景、一定家庭经济条件下的孩子成本—效益变动情况，并以此说明家庭的生育决策。贝克尔（C. S. Becker）在分析中引入不变成本或数量成本，可变成本或质量成本概念，并且论证了孩子数量成本与质量成本的可替代性，以及对孩子数量需求的有限性和质量需求弹性增大的一般规律。正是这一规律导致人们由投入孩子的数量成本转向质量成本，遂使生育率下降。在微观人口经济学中，还应提到的是伊斯特林（R. A. Easterlin）的孩子供给－需求理论，考德威尔（J. C. Caldwell）的"代际财富流理论"，以及舒尔兹（T. W. Schultz）的家庭经济学理论等。

（三）人口社会学的形成和发展

从社会学角度研究人口，尽管前期有"社会毛细管"等学说，但是并未形成人口社会学。第二次世界大战后在人口科学发展中吸引不少社会学家，试图对人口的数量、素质、结构等的变动，给予社会学的理论解释。戴维斯（K. Davis）、豪泽（P. Hauser）等就是典型代表。60年代和70年代，戴维斯发表了"人口城市化"、"世界人口危机"等多篇论著，从社会学角度分析了人口与稳定、人口与城市发展的关系。

（四）数理人口学的兴起

一方面人口学家广泛采用数理分析方法，并借助计算机手段对传统的研究方法论加以更新；另一方面一些数学、系统动力学等自然科学家进入人口研究行列，或与人口学家结合，形成数理人口学交叉学科。这一学科的发展，使人口数据资料的来源和修正、人口预测和人口定量分析发生革命性变革，大大促进了人口科学的全面发展和学科体系的形成。

（五）人口与可持续发展研究的加强

人口与发展研究源远流长，本世纪后半叶借助系统动力学方法将多种变量关系加以量化，建立了人口与粮食、资源、环境、经济、社会发展的多种理论模型，1972年麦多斯等的《增长的极限》就是很好的例证。这一年在斯德哥尔摩召开的世界环境大会，提出"连续的或可持续的发展"概念。1987年世界环境与发展委员会在《我们共同的未来》报告中，将可持续发展定义为"既满足当代人需要，又不对后代人满足其需要的能力构成危害的发展"。其后，经过1992年在巴西里约热内卢召开的世界环境与发展大会，1994年在埃及开罗召开的国际人口与发展大会，1995年在丹麦哥本哈根召开的国际社会与发展大会等，掀起世纪转换之际的"可持续发展"研究热，而人口在可持续发展中居首位，人口与可持续发展研究正在许多国家深入展开。

20 世纪人口科学经历上述近百年的发展之后，已逐渐形成有自己特定研究对象，有一套比较成熟的方法，有自己一定的领域的学科。目前学科体系初步形成，人口统计学、人口经济学、人口社会学、人口地理学、发展人口学、数理人口学等分支学科比较齐备，构成独立的学科。不过，发展无止境。人口学必将随着经济和社会的发展，科学技术的进步而不断发展，去迎接 21 世纪的到来。

参考文献

1. 田雪原主编，翟振武、李竞能副主编：《人口学》，浙江人民出版社 2004 年版。
2. 李竞能主编、吴国存副主编：《当代西方人口学说》，山西人民出版社 1992 年版。
3. 杨中新：《西方人口思想史》，暨南大学出版社 1996 年版。
4. John R. Weeks, *Population*, Belmont, California: Wadsworth Publising, 1994.
5. Philip Hauser and Otis Dudley Duncan, *The Study of Population*, The University of Chicago Press, 1972.

（原载《人口与经济》1996 年第 5 期）

解放思想　应对转变　谋求人口科学新发展

步入 21 世纪后的中国人口科学，正面临发展转变的关键时刻。要使人口科学获得新的发展，在现代化建设中发挥应有的作用，就必须正视这种转变，以改革创新应对这种转变。

一

世纪之交，全国哲学社会科学规划办组织各学科组进行"九五"以来学科发展调查。人口学科除学科组成员所在单位外，还向在京和其他十多个省、区、市主要人口研究单位发出问卷调查。反馈情况表明，一致认为，自人口科学恢复以来获得长足进步，出了一大批优秀研究成果，对推动计划生育基本国策以及经济和社会发展起到很大作用，造就了不少人才。当前存在的问题，主要是受"九五"以来联合国人口基金会停止对华人口学科研和教学资助等因素影响，科教队伍规模有所缩减，科研经费有所减少，学术活动不如原来那么热烈等，也取得较多共识。对于现状的分析和未来的发展前景，多数认为属于正常，前景乐观；少数认为萎缩严重，加上大学本科人口学专业被取消和分解等因素，感到前景不妙，甚至提出"红旗到底能打多久"的问题。针对这种情况，调查报告提出国家和政府有关部门应对人口学科进一步重视，加大投入，恢复人口学本科专业，全国社科规划增加人口学科立项项目等建议，以期改善人口学科的外部环境，促进人口学科的发展。同时也提出了全面评价当前的学科发展状况，认真总结国内外人口科学发展经验，加强基本理论研究等基本观点。经过近一年的继续调研，同国内外专家学者交换意见，我以为，一方面仍需继续呼吁政府高度重视人口科学，加大资金支持力度，加快发展，营造有利于人口科学发展的外部环境；另一方面就学术界自身而言，需要对我国人口科学发展走过的路子作出科学的总结，弄清当前我们在人口科学发展轨迹中处于什么位置，明确主攻方向，探讨强化自身发展的思路，看一看有无发展的规律可循。只有摸到和掌握事物的发展规律，我们才能有更多的自由，发展才有希望。

二

要想"把脉"我们在人口科学发展轨迹中处于什么位置，自然离不开过去走过的路子。众所周知，20世纪70年代中国人口科学得以恢复和发展，它的直接的背景是国家强调控制人口增长，加大了计划生育实施的力度。党的十一届三中全会重申实事求是的思想路线，人口学以为马寅初新人口论平反为契机迎来发展的春天，人口与物质资料"两种生产"理论得到广泛传播，发展的第一个浪潮便具有同实践紧密结合的特点。其后政府对人口科学研究的关注和UNFPA连续15年的资助，高校、社科院、党校等系统人口研究所雨后春笋般的建立，国际学术交流的扩大，正统人口学（Demography）和人口分析技术得以传播和发展，基本理论研究得到加强。不过20多年的人口科学研究始终围绕人口数量控制主旋律进行，已是不争的事实。后来的研究也涉及人口的素质、结构以及人口与资源、环境、经济发展、社会发展等诸多领域，交叉学科研究逐渐增多起来；但是人口数量变动领域的研究仍居于主要地位，交叉研究主要也以人口数量变动为支撑点。这说明，20多年我国人口科学研究的主要客体是人口的数量变动，以及同人口数量变动紧密相连的生育政策等的实证研究。

现在情况怎样呢？90年代中期生育率开始下降到更替水平以下，至今保持在这一水平并略有降低，稳定低生育水平是21世纪初（起码至2010年）人口和计划生育工作的主题，人口研究也要适应这一主题。不过这种研究需要深化，加强低生育水平战略性、实证性、前瞻性研究，不是以往人口数量控制研究的简单继续。同时还要看到，中国大力控制人口增长、切实加强计划生育近30年来，已经成功地实现了人口再生产类型的转变，进入低生育水平国家行列，出生率长期持续地下降使与之相联系的人口问题逐渐浮出水面。如人口老龄化问题。目前我国人口年龄结构已经步入老年型，人口老龄化具有速度比较快、达到的水平比较高、地域分布不平衡等特点，老龄化对经济、社会发展的影响以及养老保障问题亟待作出深入研究；人口健康与人力资本问题：21世纪以生命科学为主导学科的新技术革命，信息化和经济全球化将包括人的知识、技能、经验和健康等因素，人力资本的积聚提到空前的高度，成为决定发展的首要资本要素；人口流动、城市化和地域分布结构问题：人口流动和人口管理如何适应市场经济和信息化发展趋势，如何打破城乡"二元经济"壁垒加快人口城市化步伐，如何在西部开发中实现人口和人才的合理分布，加快人力资本积聚；人口与其他交叉学科共荣发展问题：特别是人口与资源、环境、经济、社会的可持续发展，在交叉研究中如何突出人口学特点，立足人口学视野促进总体研究水平的提升等。这表明，就人口研究总体来说，当前处在一个历史的转折点，由以往比较单一"热点"向单一"热点"研究深化与更多"热点"展开转变。这种我称之为"半个重点"的转移，既是从实际出发，我国人口转变和进入低生育水平国家行列的需要，实现"三步走"第三个战略目标对人口研究的需要；也是参考国际特别是比较发达国家人口学研究经验，可供借鉴和讨论的一种思路。

发达国家以日本为例，由20世纪80年代厚生省、日本大学、国立公共卫生学院三家人口研究所，缩减到现在的日本大学人口研究所、厚生省社会保障与人口问题研究所，即1.5个，相当于原来的一半。与此相反，老龄问题研究异常兴旺，政府有关部门和高等学校有多处设置专门或综合研究机构，以适应日本人口迅速老龄化发展需要。西欧、北欧等某些发达国家，也同日本类似，发生研究重心向老龄问题的转移。较发达国家以韩国为代表，据该国家人口研究所长朴恩台教授介绍，二战结束后政府出资很多进行以降低生育率为目标的人口学研究。等到生育率下降到低水平以后，政府投入越来越少，不得不到处找赞助，研究方向也转向就业、老龄化为主。这种研究重点的转移带有一定的普遍性，有无规律可循？至少对于我们以发展眼光看待人口研究"热点"的转移有参考意义，值得研究。

从这样的见地认识人口学专业的调整——取消大本、保留研究生人口学专业，另外增加人口、资源、环境经济学专业，公共管理和人口管理专业也不无道理。当然我还是主张恢复大本人口学专业。一是因为我国人口多，人口问题在发展中具有特殊重要地位；二是因为人口学科有了相当大的发展，具备开设本科条件；三是国际学术界对中国人口学发展给予肯定，第23届IUSSP大会在北京召开即是证明。从学科规划角度讲，人口学专业研究生保证基本理论研究的深入，人口、资源、环境经济学使人口学更接近市场经济，公共管理和人口管理满足包括政府机关在内的人口管理部门的需要，也有它的理由。更主要的是在学科交叉、融合和合并大环境下的学科调整，也要站在更高一些的高度看待审视学科方向一定程度的转移。

三

在UNFPA停止资助、市场经济影响加深和学科方向有限度转移情况下，人口学科建设会受到一定影响，科研、教学规模和人员有所缩减。目前对于这一现象的认识有较大的出入。我的观点是正视现实，谋求转变，促进发展。

前面提到，我国人口科学的发展一是同国家大力控制人口增长和重视人口研究分不开，二是同80年代和90年代前期UNFPA的资助有关，特别是众多人口研究机构的纷纷建立。现在，客观上研究重点发生一定程度转移，外援"断奶"，研究人员和机构减少一点在情理之中。问题与解决问题的手段总是同时发生的。当务之急需要弄清两个问题：

其一，目前从事人口科学研究的机构和人员是否合适。据不完全统计，包括高校、社科院、党校、计生、统计系统的人口研究机构或相关人口研究机构在100个左右，专业和相关专业科研和教学人员在1000人左右，是大了还是小了，多了还是少了，需要科学论证。这样的论证既需要从我国实际出发，包括进行纵向的历史的比较；也需要参考国际的经验，进行国际间的横向比较。

其二，推进人口学研教主体由以往外延式发展为主向内涵式发展为主发展道路的转变。如果说人口研究和教学的最佳规模和结构一时难以确定的话，那么面对现实寻求加快发展，走以提高队伍素质内涵式发展路子不失为明智之举。古人云："兵不在广而在于精,将不在勇而在于谋。"各项事业的发展也同样,关键在于人的素质。尤其在 21 世纪信息化、经济全球化发展趋势下,竞争主要是人才的竞争。实践已经证明,谁拥有人才谁就会获得发展。在我国人口科学科研和教学队伍已经达到相当规模的今天,走以提高人员素质内涵发展为主的发展道路,实现由以外延为主向内涵为主发展道路的转变是必然的趋势。

四

认识当前人口学发展由过去数量控制相对单一"热点"向单一"热点"深化与素质提高、结构调整更多"热点"相结合转移,即研究客体对象向多元"热点"转变;研究规模和队伍由量的扩张外延式发展为主,向提高素质内涵式发展为主的转变十分必要,因为它关系到人口科学的主攻方向和发展道路,具有战略意义。在此基础上,还要结合目前学科建设状况,发扬长处,克服短处,稳步前进。我以为,有三点要特别提及:

一是学术创新问题。创新是包括人口科学在内的事物发展的动力,没有创新就没有发展。20 多年来我国人口科学在不断吸收国际社会已有研究成果基础上,在结合我国实际研究中有了某些创新,有的引起国外学者的重视。不过从总体上观察,创新还远远不够。我国是当今世界人口最多的国家,也是经济发展最快的发展中国家,人口以及人口与经济、社会发展异常活跃,为人口科学发展和创新提供生动的社会舞台,具备学术创新的客观条件。同时有一批数量可观的科研和教学队伍,其中不乏训练有素的人才,具备学术创新的主观条件。我们要解放思想,树立起敢于创新、勇于创新的思想,注意发展和培养人才,特别是年轻人才,经过长期锲而不舍的努力,一定会拿出具有创新意义的精品力作。

二是理论研究与实证研究的关系问题。前已叙及,中国人口科学的恢复和发展同人口问题的解决,尤其是人口数量控制紧紧联系在一起,未来大量的研究课题和研究成果也会以实证研究为主。但是要看到,随着研究重点的有限转移,特别是边缘、交叉学科研究的发展,人口学基本理论研究必须加强。即使是交叉学科问题的研究,也要体现人口学的视野,体现人口学的特点。以人口学理论研究的深化带动实证研究的深入，同时以实证研究的深入推动人口学理论的创新，努力踏上理论与实证研究相互促进、良性循环发展轨道。

三是学风问题。从总体上观察，应当讲人口学界学风还不错，但也存在妨碍发展的不少问题。如不少同志反映，当前科研成果中水平不高、重复的东西过多，有较高价值的东西太少，为出书而出书，为发表而发表，存在急于求成和知识产权不清问题；不同程度地存在某种浮躁情绪，或者不负责任的全盘肯定，或者不问青红皂白的全盘否定，有悖做学问实事求是的基本准则；对别人和别人成果尊重不够，以己之长比人之短，不同代际之间、同一代际之间"文人相轻"现象也有所表现；开展不同学术观点争论和学术争鸣不够，一争便引导到个人人身方面，影响到团结等。之所以提出这些学风问题，是因为这些不正的学风妨碍着学科建设和人才的培养，希望能同更多的学术界同事达成共识，共建一个良好的学风，以推动21世纪人口科学的新发展。

参考文献

1. 中国人口学会：《第七次全国人口科学讨论会暨会员代表大会论文选》，1998年。
2. 查瑞传主编，胡伟略、翟振武副主编：《人口学百年》，北京出版社1999年版。
3. 邬沧萍：《人口学在21世纪是一门方兴未艾的朝阳科学》，《中国人口学会通讯》2001年第4期。
4. 张纯元：《中国人口科学现状、问题、对策之我见》，《中国人口学会通讯》2001年第4期。
5. 人口学科调研课题组：《人口学"九五"以来学科发展调查报告》，2001年。

（原载《中国人口学会通讯》2001年第4期）

中国人口科学发展的昨天、今天与明天

任何一门科学的发展，都有一个历史的过程。对于中国人口科学说来，弄清它的昨天，可以清楚地了解它的今天；弄清它的昨天和今天，可以更清楚地预见它的明天，所谓"温故而知新"是也。因此，关心和探讨未来人口科学发展走势，谋求21世纪中国人口科学的新发展，实有必要将昨天、今天与明天联系起来，作出历史的考察和分析。

一 20世纪人口科学发展的三次高潮

据科学家们考证，地球的球龄约有47亿年，最新的考古发现人类的存在也已有了400多万年的历史。古代思想家对人口现象关注较早，古希腊柏拉图（Plato，前427—前347）在《理想国》一书中，亚里斯多德（Aristode，前384—前322）在《政治学》一书中，就曾阐发过人口不多不少最早的适度人口的思想。中国远在春秋战国的诸子百家争鸣中，就有孔子、孟子、韩非子等的众民与寡民之争。1662年被誉为"人口学之父"的约翰·格兰特（John Grant）《关于死亡的自然的和政治的观察》一书发表，揭开人口学作为独立学科的篇章，其后的人口科学发展呈"双轨道"推进：一方面，在格兰特具有统计意义的轨道上推进，人口学作为独立学科逐步完善和成熟起来；另一方面，人口学在与其他学科交叉研究中发展起来，形成某些边缘和交叉学科。

前一个方面的研究，形成规范化的人口学（Demography）。对人口学研究的对象和方法，出生、死亡和迁移人口过程，年龄、性别、民族、城乡、地域、婚姻、家庭等人口结构和特征，人口与发展等基本范畴作了明确界定和规范化研究，并且提出和阐发了人口转变理论，稳定人口理论，适度人口理论，孩子成本—效益理论等一系列人口学基本理论，使人口学成为其他学科无法取代的科学。

后一个方面的研究，逐渐演变成某些边缘、交叉和综合学科。无论从哪个角度讲，在社会经济发展中，人口始终扮演着主体的角色，吸引着诸多科学家把触觉伸向人口领域。他们从不同学科应用不同方法研究人口现象，提出并论证了经济适度人口，实力适度人口，边际孩子合理选择模型，人口迁移经济模型，人口增长与土地承载力有限论，"人口爆炸"与资源枯竭论，人口压力与生态危机论，增长极限论等。这些研究主要立足于不同学科领域，分析人口变动的后果，得出某种结论，从而形成人口经济学、人口社会学、人口地理学、民族人口学、生物人口学、医学人口学、环境人口学等。

在中华民族博大精深的文化和科学发展过程中，人口研究和人口科学的发展也占有一席之地。从诸子百家到清人洪亮吉闪烁着许多富有东方色彩的人口思想。洪亮吉甚至先于马尔萨斯提出并论证了人口快于食物增长的观点，这些对后来中国人口思想的形成和发展产生了一定的影响。进入20世纪以后，中国人口科学迎来一个新的历史发展时期，有三次较大的发展是值得重视的。

第一次，二三十年代关于人口节制主义的兴起。受西方人口学说的影响，1920年马寅初发表"计算人口的数学"，表明经济学家对已经出现的人口科学的关注。但是最值得提及的，是这一时期社会学派节制主义的兴起。以1918年陈长蘅发表《中国人口论》为起点，随后发表《三民主义与人口政策》；陆续发表的还有许仕廉的《中国人口问题》，《人口论纲要》；陈达在《北平晨报》创办《人口副刊》，并于1934年发表《人口问题》等论著，掀起一股人口研究热。这些论著对马尔萨斯的人口论作了诠释，阐述人口过剩的基本观点，提出"适中人口密度"说；主张"限制人口的数量，提高人口的品质"；实行节制人口，把节育分为"治标"与"治本"两种办法：所谓"治标"的办法，即发展农业和工业，增加就业人口，实行移民，发展公共卫生和提倡优生；所谓"治本"的办法，即提倡迟婚，打破旧的传统思想，开展全球性的节制生育运动。不难看出，社会学派人口节制主义受马尔萨斯人口论影响至深，他们中一些人对马尔萨斯本人也很推崇；但是有些观点和主张，特别是"限制人口数量"和"改善人口品质"的阐释，可以说讲到了人口问题的关键。更为重要的，这一次人口研究热，开近代中国人口科学发展之先河，起到了传播西方人口学的作用，也触及到中国人口问题的根本。

第二次，50年代关于人口问题的辩论。1949年中华人民共和国成立后，迅速经历了人口再生产类型的转变，很快由高出生、高死亡、低增长转变到高出生、低死亡、高增长。面对这种状况，社会学派节制主义一面检讨二三十年代关于人口论著的某些观点错误，表明与马尔萨斯的人口论的不同；另一方面继续阐明他们节制人口的主张，发展了关于"适中人口密度"的学说。费孝通提出："每个社会，每个时期，根据各种条件可以算出一个人口的适中数。人口增长超过这个适中数是会迟缓社会发展的。"孙本文则提出，我国最适宜的人口数量应是8亿。不过这一次人口论争的代表人物是时任北京大学校长的经济学家、人口学家、教育学家马寅初先生，是他1957年发表的《新人口论》。《新人口论》及在此前后其他有关的文章、讲话、答记者问等，表达了马先生对人口问题的基本观点。一是对当时人口增长的估计，依据1953年人口普查数据资料，他估计当时人口增长的速度已大大加快，这是《新人口论》的出发点。二是从人口经济学角度，分析了人口增长过快存在的矛盾：同加速资金积累之间的矛盾，同提高劳动生产率之间的矛盾，同工业原材料供给之间的矛盾，同提高人民生活水平之间的矛盾，同科学事业发展之间的矛盾等。三是提出解决人口问题的三点建议：一要进一步摸清人口底数，把人口增长列入第二、第三个五年计划；二要大力进行宣传，破除封建传统观念，再行修改婚姻法，提倡晚婚晚育，主张生育两个孩子的有奖，生育三个的要征税，生育四个的要征重税，以征得来的税金作奖金，国家财政不进不出；三要实行以避孕为主，不赞成人工流产。这就是马寅初新人口论的主要观点，然而就是这些观点却遭到大肆批判，全国主要报刊差不多都卷了进去，致使人口科学研究成为其后一段时间无人敢于问津的"禁区"。

第三次，70年代以来的全面发展。面对60年代人口的迅速增长，人口问题的日益突出，出于70年代以来国家大力控制人口增长、切实加强计划生育的需要，人口科学研究开始得到恢复和发展。由于受到历史环境的限制，人口科学研究首先到马克思主义经典作家中寻找根据，先后提出并论证了计划经济决定论：即社会主义国民经济是有计划、按比例发展的，人口生产也要有计划地进行，为计划生育寻求理论基础。然而随着改革开放的不断深入，特别是市场经济体制改革目标的提出，"计划经济决定论"已不能作出科学的诠释。因为，虽然社会主义市场经济也是有计划的，但是市场经济的基本特征，是市场主体法人化，要素流动市场化，宏观调控间接化，经济运行法制化。市场经济的计划或调节，主要在于运用税收、价格等经济杠杆，同过去高度集中统一的计划经济有着本质的不同。随后提出"两种生产"论，即人口生产要同物质资料生产相适应，针对我国实际，形象地概括为"经济要上去、人口要下来"。可是影响人们生育行为的不仅是经济因素，还有观念的、文化的、民族的、社会的等多种要素，经济只是基础。尤其是可持续发展的提出和研究的不断深入，"两种生产"已显得力不从心，于是"三种生产"、"四种生产"相继提出并得到进一步阐发，将人口问题的解决归结为人口与资源、环境、经济、社会的可持续发展，使以降低生育率为"主体"的人口科学研究大大向前推进一步。

这一次研究高潮的一个显著特点，是降低生育率"主体"实证研究以前所未有的规模在全国展开，从而带动人口素质、人口结构"两翼"研究。1980年中央书记处委托中办，于3—5月连续召开五次人口问题座谈会，主要就未来人口变动和发展趋势与目标，生育政策和提倡一对夫妇生育一个孩子可能产生的问题，如人口年龄结构老龄化问题，会不会发生劳动力不足问题，会不会导致智商下降问题，会不会出现人口素质、城乡结构等的"逆淘汰"问题，会不会普遍形成家庭代际"四二一"结构问题等，边讨论、边座谈、边查找资料论证，最后形成向中央书记处的报告。根据领导指示，出于对报告负责需要，我在起草的报告后面以个人署名方式，分别对上述问题写出《附件》，作为理论支持；后经充实和修改不少已公开发表，不过许多研究还是初步的。人口控制"主体"以及其他"两翼"问题，成为座谈会后拓展人口研究的主要领域，八九十年代的实证研究主要围绕这些问题展开。中国是当今世界人口最多的国家，丰富的人口实践给了人口科学研究以广阔的舞台，二三十年来出了一大批高质量或较高质量的论著。如《2000年的中国（人口与就业）》、《人口系统定量研究及其应用》等获得国家科技进步成果一等奖，《论人口与国民经济的可持续发展》等获得"五个一"工程奖，《中国老年人口（人口、经济、社会三卷）》获得国家社科基金优秀成果奖，以及获得国家图书奖等重大科研成果奖项。1994年、1998年、2002年三次全国人口科学优秀成果评审，共评出特别荣誉奖4项，一等奖83项，二等奖190项，三等奖和优秀奖数量更多，反映了中国人口科学研究蓬勃发展的总体水平；也反映了科研成果在实际问题解决，特别在论证前期的生育率下降，后期稳定低生育水平中发挥了理论支撑的作用，在人口与经济、社会以及资源、环境可持续发展战略中的关键地位和作用，起到了其他学科无法起到的作用。

在实证研究取得大量成果的同时，人口学理论研究也取得很大进步。从1980年开始，联合国人口活动基金接连15年对华进行科研和教学援助，先后派出上百名访问学者和留学人员，对中国人口学人才的培养起到莫大的作用，当代西方人口学说全面传入中国。众学人结合中国实际开展研究，注意在合理借鉴基础上进行学术创新，改造和发展了某些人口学理论方法。如应用自动化理论方法进行人口预测，孩子社会附加成本—效益理论的提出和阐发，孩次递进比方法的应用，生育、婚姻、家庭某些模型的合理借鉴和改进，中国人口转变和稳定低生育水平的提出和阐释等。中国人口学界已熟悉和掌握了当代西方人口科学的主要理论和方法，某些方面还有创新。不过我以为，由于中国过去没有人口学专业，七八十年代从事人口学科研和教学者多为从经济学、社会学、统计学等专业"转业"而来，许多人是边干边学，正规人口学基础要差一些，因而一定程度上影响到实证研究的深入。就总体而言，改革开放以来无疑是人口科学发展最好的历史时期，人口学科也是众学科中发展最快的学科之一，某些方面已站到国际学科发展的前沿。

二 近年来的调整与发展

中国人口科学经过20年左右的大发展之后，到90年代后期，不管人们是否意识到，我以为，实际上经历了一个调整的历史时期。对于这一时期的调整和人口科学发展的状况如何估价，提出以下两点基本认识：

（一）必要的和有意义的调整。世间任何事物的发展，都不是直线上升或下降的，而是有升有降，波浪式推进的。何时升何时降，也不是人们主观臆断的结果，而是由事物发展的内在规律决定的，外界条件的改变往往成为升降的转折点。1980—1995年联合国人口活动基金对华援助，无疑对中国人口科学的发展起到巨大的作用，15年间高校和社科院系统建立人口研究机构四五十个，加上党校、政府有关部门建立的机构，全国不同类型的人口学研究和教学机构达到100个左右，发展之势犹如雨后春笋；出国留学人员大增，国际交流频繁；科研成果累累，学术讨论"红红火火"，确实为不少学科所羡慕。然而1996年以来联合国人口基金宣告停止对华人口学科研和教学援助，发展的外部环境起了变化，人口科学的发展经历了一个新的转折时期。从现象上看，一是人口学科研和教学机构数量有所减少，个别单位甚至撤销，摘下了牌子；二是有的科研和教学人员转行"下海"经商，或出国后滞留国外不归；三是从科研成果上看，数量不如80年代和90年代前期多，有的还认为"精品"也在减少；四是全国性的学术活动和国际学术交流也有所减少等。那么怎样看待近年来中国人口科学发展中出现的这些现象，学术界可谓见智见仁，主张"萎缩论"者有之，"正常论"者有之，"发展论"者也有之。三种观点中，"正常论"和"发展论"比较接近，只是程度上的不同而已。

对于近年来中国人口科学发展中出现的这些现象，我以为不一定要匆忙地下一个结论。重要的是要在调查研究基础上，站在时代和学科发展前沿，结合中国实际作出实事求是、符合人口学学科建设和发展规律的阐析。

首先，要弄清减少或"萎缩"的面有多大。2000年全国哲学社会科学规划办公室作了统一部署，各学科对"九五"以来的学科发展进行了比较全面的调查。人口学科调查结果表明，"九五"以来人口学科研和教学机构是有所减少或"萎缩"，有的科研机构还撤销了。但是减少的数量有限，撤销的更是屈指可数；"下海"和滞留国外未归者数量有限，科研成果数量和学术活动次数的减少也有限。特别是主要的人口学科研机构均保留了下来，科研和教学骨干保留了下来，有的还有所扩大和发展。科研成果和学术活动没有大量减少,高质量的科研成果非但没有减少,某些方面反而有所增加,1998、2002年两次全国人口科学评奖,特别是今年评审中评委们普遍反映:无论是一等奖还是二等奖的评审,不是勉强凑数硬拉上去的,而是好的可评上去的成果太多,不得不忍痛割爱,本届申报的科研成果质量明显提高了。学术活动次数有所减少主要是较小型的活动,较大型的学术活动并没有多大减少,更为重要的是要看学术活动的效果和影响,不是为了活动而去活动。

其次,要弄清要为什么减少或"萎缩"。众所周知,实行市场经济体制改革以来,由于某些价值取向的改变,"下海"、"跳槽"等现象大量发生,其中不乏原来一些从事社会科学事业的人,以致一段时间形成社会科学发展的低潮。虽然人口学具有边缘、交叉和综合的性质,但在我国以往的研究中,主要还是在社会科学领域进行,社会科学处于低潮不能不影响到人口学科。之所以人口学低潮来得比其他社会科学为晚,除国家比较重视外,很重要的一条原因是由于自1980年以来的15年中,一直得到联合国人口基金的资助,科研、教学、学术活动和对外学术交流都得到财力上的支持和信息上的方便,凝聚着一定的人气的缘故。"九五"以来联合国的援助突然"断奶",其他人文社会科学发生的事情在人口学界也不可避免的发生了。其实,80年代和90年代前期在联合国人口基金援助下人口学科研和教学机构的迅速膨胀,本身即有一定的"泡沫"成分,一些研究机构是采取"先盖庙、后找和尚"方式建立起来的,有点儿"萎缩"甚至是个别停办在情理之中。这里有两个问题需要讨论清楚:其一,中国到底需要多大规模的人口学科研和教学机构,多少数量的科研和教学人员。显然,不能因为中国是目前世界第一人口大国,无论怎样扩张都说是规模太小、数量太少,人口再多也有一个适度问题。日本人口大致相当于我国的十分之一,80和90年代初全国有3家人口研究所;由于人口转变的迅速完成,人口高龄化的不断加深等原因,20世纪后期,日本的人口研究机构减少到1.5家:即日本大学一个人口研究所,厚生省一个社会保障与人口问题研究所,人口研究可视为其中的一半。韩国国家人口研究所在生育率下降到较低水平以后,也转向劳动就业、社会保障和老龄问题等的研究。其他国家有多少人口研究机构?即使按人口数比例套下来,我国人口研究机构50多个，加上其他各种类型与人口有关的人口研究机构总共100个左右，恐怕也不是数量过少的问题，而是质量和结构问题。尤其在我国人口再生产进入低生育水平以后，人口研究主体已不再是普遍的论证实行计划生育基本国策的必要性了，而是其他深层次的人口问题。其二，科研成果和学术活动的质量问题。人口科学研究成果作用大小，固然同成果数量有关，但是更主要的是同成果质量的关系；学术活动影响力大小固然同开展活动的次数相联系，但是更主要的是学术活动的质量，一次有重大影响的学术研讨会，胜过十次不痛不痒、为了活动而活动的走过场的会议。对于学科建设、学术成果和吸引人才说来，从中国人口科学实际状况出发，重要的已不是它的数量，而是它的质量，质量的提高已成为左右发展全局的关键。

再次，要弄清减少或"萎缩"的性质。是从巅峰上跌落下来，从此一蹶不振非正常的减少或"萎缩"；还是前进路上正常的波浪式发展，即对过去盲目发展的一种正常的调整？我认为，是后者而不是前者。前已论及，80年代和90年代前期人口研究机构和人员的膨胀本身带有一定程度的盲目性质，没有经过科学论证，全国人口研究所一类机构一下子膨胀起来，致使研究机构、研究课题、研究成果重复严重，总体投入产出效果不佳，阻碍着研究水平的提高和学科建设的发展。从这个意义上说，即使没有联合国人口基金撤销对华人口科教方面的资助，问题积累到一定程度也是要解决的，调整总有一天是会降临的。众所周知，1949年中华人民共和国成立后，"一五"时期国民经济发展既迅速又平稳，是发展的最好时期之一，但是1958年"大跃进"将其推到三年困难时期，被迫进行经济调整。正是调整、巩固、充实、提高方针的贯彻实施，才迎来60年代前期国民经济的恢复和发展。1976年粉碎林彪、江青反革命集团后，急于求成、"大干快上"的"洋跃进"抬头，是党的十一届三中全会恢复了实事求是的思想路线，确立了调整和改革开放的正确方针，在改革开放中大力进行国民经济调整，才使20多年的经济保持快速、持续、健康的发展。而且，在这20多年国民经济发展的最好时期中，发展的路子也不是一条直线，中间也有若干调整。因此，当事物发展到一定阶段，特别是经过一个发展的大飞跃之后，调整不仅是不可避免的，而且是必要的、必需的和有益的。数量上、结构上的调整不但不妨碍发展，相反是新发展的必要准备，是新发展的前奏。国民经济发展如此，包括人口科学在内的科学事业的发展也是如此。中国人口多、人口问题突出，人口基本国情对社会经济发展全局影响至深，因而需要保持一个比较大的科研队伍，需要从多方面加强研究，毫无疑问这是对的和应该的；但是，大和多也要有个边儿，使之保持在合理限度内。更为重要的是，当数量和规模达到一定程度的时候，进行以质量提高为主的调整则是绝对必要的；是积极的，而不是消极的；是有利于发展的，而不是不利于发展的。

（二）"九五"以来人口科学的新发展。如果说"九五"以来中国人口科学进入笔者称之为"调整时期"可以成立的话，那么无论人口科学研究还是人口事业，在"调整时期"均获得比较明显的进步和发展。

其一，人口科学研究取得新的进步和发展。在实证研究方面，这一时期中国生育率下降到更替水平以下，首要的问题是研究新形势下控制人口增长战略的合理定位，特别是继续坚持生育率下降还是提出稳定低生育水平？有关研究作出认真考证，从实际出发提出稳定低生育水平主题，给新的历史时期的人口与计划生育工作以有力的理论支持。学术界还进行了"后人口转变"的讨论，推进理论研究的创新；可持续发展研究取得新的突破，在主要涉及人口、资源、环境、经济发展和社会发展研究中，对人口与可持续发展作出开创性研究，阐发了以人为本的可持续发展理论体系，控制人口数量、提高人口素质、调整人口结构相结合的决策选择；人口老龄化与老年人口研究由以前以宏观研究为主，步入中观社区和微观家庭不同层面，在深入研究城乡结构性养老发展趋势，建立安全社会养老保障体系的同时，加强老龄化对经济、科技、社会发展影响的研究，成为制定21世纪发展战略一个方面的支撑点；劳动年龄人口变动趋势与就业问题研究，结合人口迁移、人口流动、人口城市化一道进行，针对改革开放以来出现的新情况、新问题，联系我国"三步走"发展战略目标，提出改革的思路和相应的对策建议；人口素质研究得到提升，提高到市场经济资源合理配置，即自然资本、产出资本、人力资本、社会资本最优结合，人力资本是关键的高度看待人口身体素质尤其是文化教育素质的提高；生育健康研究在大量社会调查基础上，从引入国际概念到界定我们自己的内涵，从借鉴西方研究方法到逐步形成我们自己的一套理论方法，健康人口学研究取得长足进步；此外，计划生育政策效果评估研究、性别比研究、女性人口研究、民族人口研究、人口普查数据开发研究、人口文化研究等，都取得比较突出的进展，发表了一批质量较高的论著。像获得第三届全国优秀成果奖的论文"20世纪50年代中国人口政策的问题与再评价"、"从近年来的时期生育行为看终身生育水平"、"人口、资源、环境可持续发展宏观与决策选择"、"健康人口学定义的界定和内涵研究"、"十八世纪中后期的中国家庭结构"，获奖专著《人口、资源、环境可持续发展》、《现阶段中国人口经济问题研究》、《中国省际人口迁移研究》、《中国人口与可持续发展——两个区域的人口与家庭户方案》、《中国儿童生存性别差异的研究与实践》、《中国人口通史》，获奖研究报告"中国人口与计划生育调控体系和管理机制研究报告"、"经济体制转轨时期中国城镇就业问题研究"、"农村养老和养老保险问题研究"、"浙江省中学人口与青春期教育的现状与对策研究"等，都产生较大的影响和良好的社会效益。

在学科建设和基本理论研究方面，"九五"期间全国哲学社会科学规划办公室先后设立"人口学学科体系研究"、"现代人口理论研究"两个项目，分别完成专著。全国人大、全国政协、中国科学院、中国社会科学院等组织"中国现代科学全书"大型研究项目，囊括自然科学、社会科学600多个学科，《人口学》位列其中，目前初稿已经基本完成。值得提出的是，调整期间交叉学科得到较快发展，《社会老年学》、《可持续发展战略读本》等一些边缘和交叉论著同广大读者见面。

其二，科教基本队伍的稳定与素质的提高。尽管在改革开放的20多年中有一部分科研人员"下海"经商，有一部分出国滞留未归，影响到科研和教学队伍的稳定与发展；但是总起来看，一是数量有限，留下来的还是占到绝大部分；二是在调整时期出现了海外学人归来，加入科研和教学行列的可喜现象。经过多年的震荡洗礼，人口学基本队伍稳定下来，研究水平有了显著提高。尤应值得重视的是，在加强边缘和综合性学科发展形势下，近年来一些理工科高校纷纷增设人文社会科学专业，人口学，人口、资源、环境经济学，管理科学中公共管理与人口管理等专业被列入其中，并且得到迅速的发展。目前，人口学科研和教学队伍人数可能比80

年代大发展时期略有减少，但是留下来的人员专业思想相对更为稳固，多数人愿在人口事业上"板凳甘坐十年冷"，与原来一部分人专业思想不稳，存在某种观望态度不同。同时，随着海外学人归来的增多，交叉学科进入人口学界的增多，人口学科研和教学队伍的素质普遍提高了，在国际学术界的认同性提升了。这在中国加入世界贸易组织以后，是十分必要的，也是于发展大有裨益的。

三　未来人口科学发展趋势

中国人口科学经历了"九五"以来的调整，目前调整到何种程度？我以为，已经调整到接近完成的地步。具体说，有以下几个标志：

研究重点的调整：方向已经明确。70年代以来的中国人口科学研究，中心围绕生育率的降低进行。"九五"以来成功地实现了向低生育水平的过渡，研究的重点转向了稳定低生育水平。稳定低生育水平的目的，是为了寻求人口以及人口与资源、环境、经济、社会的可持续发展，将人口问题的解决纳入可持续发展视野。进入21世纪以后，中国人口科学研究特别是人口问题的实证研究转变到以稳定低生育水平为主，将人口问题的解决最终归于可持续发展战略，已成为不争的事实。不过低生育水平稳定之后，生育率长期持续的降低使得与之相联系的一系列人口、经济、社会问题，尤其是人口年龄结构老龄化问题，劳动年龄人口就业问题，人口流动与城市化问题，婚姻、家庭、代际关系与文化冲突问题，人口地域分布与东西差距问题，人口健康与人力资本问题等浮出水面。这些问题的深入一步的研究，将成为21世纪前期新的诸多"热点"。

研究力量的调整：科研骨干趋于稳定。调整期间，想"下海"者下了海，想出国经营者出了国，总之不想留在人口界继续从事人口科学事业的，大部分都已离开。当然，市场经济条件下不可能也不应该一岗定终身；但是对于科研工作说来，人员的相对稳定是发展的一个必不可少的条件。现在经过六七年的震荡和考验，人口学界的科研骨干和基本队伍稳定下来，为以后的发展打下新的基础。

研究结构的调整：单位特色开始形成。80年代以来人口学发展第三次高潮中大量科研机构建立，由于在外援因素刺激下发展起来带有某种盲目性，研究机构设置有很大重复性。这种重复的研究机构大同小异，规模相仿，研究方向和研究的问题相近，研究水平也比较接近，自然研究的结果不相上下，有许多是较低水平的重复。这于学科的建设和发展不利，表现为高水平的科研成果少，高素质的科研人才少，不能适应深化研究的需要。"九五"以来的调整，一些科研部门开始思考这些问题，对研究方向、人才结构、分支学科设置、重点学科选择等重新定位并作了相应调整，向着能够发挥自己长处的方向发展，为逐步形成自己的特色创造了必要的条件。

以上从总体上看，研究方向、研究力量和研究机构设置近年来作了不少的调整，有些已收到实效。但是发展很不平衡，有的调整好一些，特色越来越突出，发展就快一些；有的尚没有认识到调整的必要性，基本上原地踏步，发展就慢一些，甚至出现萎缩的局面。在这种这种情况下，就目前人口科学发展面临的形势与任务而言，我以为，当前的调整还没有完全到位，还要继续一段时间。不言而喻，调整不是停下来专门搞调整，而是结合科研和教学，有意识地进行研究方向、研究重点、研究机构规模和人才结构的调整。经过调整，实现研究重点和方向、研究方式和领域的"两个转变"：

研究重点和方向的转变。前已叙及，就全局而论，中国人口研究的方向和重点，已由过去以生育率下降为主转变到以稳定低生育水平为主，这是一个带有根本性的转变。需要看到，在某种意义上说，稳定低生育水平比降低生育水平有更多的问题需要研究，如人口学对低生育水平的阐释，怎样科学地估量目前生育率的"反弹势能"，如何稳定低生育水平，稳定低生育水平的政策选择，稳定低生育水平与理想适度人口目标的关系，新形势下达到理想适度人口的目标与途径等。稳定低生育水平是今后较长一段时间研究的主题，但我以为，这并不要求各研究机构一拥而上都来研究这个主题；相反，更多研究的是同这一主题相关的其他问题，特别是低生育水平下的各种人口以及人口与经济、社会发展的重要问题。主要有：生育率持续走低情况下的人口老龄化问题，不仅有关于老年人口的赡养等老年人口问题解决方面的问题，而且包括老龄化对经济、科技、社会发展的影响，对实现 21 世纪"三步走"发展战略目标等的影响和制约问题；低生育水平下的人口性别结构变动，特别是出生性别比问题；劳动年龄人口变动趋势，兼顾合理就业与劳动生产率提高问题；生育健康、提高出生人口素质、提高人口文化教育素质，有效增进人力资本积聚问题；人口地域分布、人口流动与迁移、人口城市化新特点、实施西部开发中的人口问题与少数民族人口问题；"二元经济"结构下的城乡人口管理，人口与社区发展等问题。这些问题以前都曾不同程度的研究过，现在要研究的是在低生育水平下这些问题变动的新的特点和解决的方略，作出深入一步的研究。

研究领域和方式的转变。不难看出，随着研究方向和研究重点的转变，单纯的人口学研究思路和方法已显得过于狭窄，必须拓宽思路和寻求研究方法的某些改变。前面谈到，无论是生育率的下降还是稳定低生育水平，最根本的都是为了探讨人口与资源、环境、经济、社会的可持续发展，创造有利于人类生存和发展的良好环境。随着世界和中国人口在 21 世纪前半叶的继续增长，人口对资源、环境压力的持续增大，控制人口数量、提高人口质量、调整人口结构理应放到可持续发展战略全局考虑。第二次世界大战后边缘学科和交叉学科发展最为迅速，人口学具有边缘和交叉学科性质，未来也将在这种边缘和交叉研究中得到更快发展。不过有一点是值得注意的，即正规的人口学必须获得进一步的巩固和发展；如果人口学本身不能获得相应的巩固和发展，一味强调它的边缘和交叉性质，就有可能被"边缘化"——被其他学科吸纳和归并，失去人口学的本来意义。回顾和探讨人口学发展的昨天、今天和明天，是为了总结过去，明确现在，着眼于未来的发展。不需赘述，中国人口科学发展到现在十分不易。远者且不论，20 世纪以来近代人口科学在中国的传播和发展就经过了几代人，其中 1949 年中华人民共和国成立以来的发展也是几起几落，并非是一帆风顺的。当前我们有了一个比较扎实的基础，这是有利的条件；同时也要看到面临的困难，如何调整到位有认识上的分歧，也有实际的困难。在中国，包括人口科学在内的社会科学的发展需要政府的重视，需要加强规划和加大投入；同时任何一门学科的发展都不可能完全依赖政府，在市场经济条件下，更要注重市场需求。人口学专业的设置、人才的培养和发展的规模，都要考虑到市场的需要，离开市场需要的发展是难以为继的，这也是必须重视学科调整的一个基本的理由。一门科学的发展关键在人才，鉴于当前人口学术界人才结构状况，更要注重年轻人才的培养，保证后继有人，不断向前发展。对此我深有感触，1979年中国人口学会筹备组成立时，18位成员中现在仅剩下6位，其余三分之二均已作古了。21世纪是信息化、经济全球化加速发展的世纪，科学技术日新月异，人口科学同样留给我们很大的发展空间。中国是当今世界人口最多的国家，同时是经济高速成长的发展中国家，人口与发展的生动实践给人口科学的发展以难得的机遇。只要我们深入实践，求真务实地开展研究，就一定能够迎来新世纪人口科学的更大发展，为中国人口问题的解决作出更大的贡献。

参考文献

1. 中国人口学会：《第七次全国人口科学讨论会暨会员代表大会论文选》，1998年。
2. 田雪原：《解放思想应对转变谋求人口科学新发展》，《中国人口学会通讯》2001年第4期。
3. 邬沧萍：《人口学在21世纪是一门方兴未艾的朝阳科学》，《中国人口学会通讯》2001年第4期。
4. 张纯元：《中国人口科学现状、问题、对策之我见》，《中国人口学会通讯》2001年第4期。
5. 查瑞传主编，胡伟略、翟振武副主编：《人口学百年》，北京出版社1999年版。
6. 人口学科调查课题组：《人口学"九五"以来学科发展调查报告》，2000年8月。

（原载《人口研究》2002年第4期）

老年人口价值观

站在全球高度观察，在人类长达400多万年的历史长河中，人口的生产和再生产绝大部分时间处于高出生、高死亡、低增长状态。18世纪中叶产业革命发生后逐渐转入高、低、高阶段，20世纪开始后发达国家总体开始了向着低、低、低阶段的过渡，并在后半叶完成这一过渡，步入老年型社会。随着出生率的下降，一些发展中国家也开始了这种过渡。中国作为当今世界第一人口大国，于世纪之交率先完成这种过渡，对世界人口转变和老龄化时代的到来产生举足轻重的影响。纵观过去100年和未来100年的人口变动，可以说20世纪是全球人口暴涨的世纪，21世纪则是人口年龄结构走向老龄化的世纪。

问题与解决问题的手段总是同时发生的。发达国家对老龄化研究较早，我国也在20世纪70年代末80年代初提倡一对夫妇生育一个孩子时，便注意并开始了老龄化问题的研究。然而以往的研究更多侧重于老龄问题的解决上，特别是老有所养、老有所医等满足与日俱增的众多老年人口的生理、心理、文化、交往、发展等的需求上；忽视或很少注意到，老龄化给经济和社会发展带来的积极影响。究其原因，是对老年人口的价值缺乏研究，未能作为人力资源的一部分予以正确对待，需要从理论与实践的结合上讨论清楚。

所谓价值观，就是对价值的看法、所持的观点。老年人口价值观，就是对老年人口价值的看法、所持的观点。迄今为止，关于价值概念的阐释，价值内涵、价值外延的界定近百种，可谓见仁见智，存在不同观点的争论。笔者以为，价值可从经济学意义和一般意义上去考证。前者可称之为狭义的价值论，后者可称之为广义的价值论，前者寓于后者之中。

一 经济学意义上的价值观

价值作为专业用语,首先或主要应用在经济学中。经济学中的价值理论,主要有三种观点或流派:

一曰劳动价值论。这是马克思在古典经济学劳动价值论基础上创立的完整经济学说。概括起来说,任何商品都有一定的使用价值;但是商品是生产者为了满足他人需要而生产的产品,它的价值要通过交换价值——价格来实现。为什么不同的商品能够交换呢?是因为它们有着同样的属性——价值。具体劳动创造使用价值,抽象劳动创造价值,商品二重性是由劳动二重性决定的。所以各种汉语词典都将价值解释为体现在商品中的必要劳动①。

二曰效用价值论。以19世纪60年代与70年代之交为界,前期主要表现为一般效用论,以英国经济学家 N. 巴本为代表;后期主要表现为边际效用论,先驱是德国经济学家 H. H. 戈森,后分成奥地利学派和洛桑学派,基本观点是价值由效用决定,效用是各种财富的内在价值的基础和源泉;价值由劳动对象、劳动工具、劳动者生产三要素生产;价值由价格衡量,价格是测量价值的尺度,价值则是测量效用的尺度。

三曰货币价值论。说明货币价值怎样决定,怎样变动的理论。可分成不同学派:包括 W. 配第、A. 斯密、D. 李嘉图在内的古典学派的劳动价值论认为,货币的价值及其变动,取决于生产它的必要劳动及其变动;以 A. 马歇尔、A. C. 庇古和 M. 弗里德曼为代表的货币数量论,阐述货币数量、货币价值、一般物价之间的因果关系及其变动;以 R. 坎蒂隆为代表的生产费用论,认为货币的价值及其变动,取决于生产它所需要的生产费用及其变动;此外还有货币名目论,边际效用论等。

---

① 参见《现代汉语词典》,商务印书馆1996年版,第610页。

二 一般意义上的价值观

经济学意义上的价值观——无论劳动价值论、效用价值论还是货币价值论，可视为价值论的基础，是一般价值论的基础。我们谈论事物的价值、人的价值，不仅离不开经济意义上的价值，相反，归根结蒂都要以经济价值作基础。但是仅有基础是不够的，还要区分经济意义上的价值和一般意义上的价值，二者不能等量齐观。何谓一般意义上的价值呢？笔者以为，所谓一般意义上的价值，是自然界和人类社会一切有效用的事物和有意义的活动，包括已经展现和潜在的效用和活动。它的基本特征是：一为价值的目的特征。经济价值有着一定的目的特征，这是由其效用性决定的；除经济价值外，一般的价值展现或价值活动，也有着明显的目的性，从而形成不同的价值观。二为价值的人本特征。自人类社会诞生480万年以来，价值取向逐步过渡到以人为本位、以人为核心上来。评价客观事物的价值，以客观事物对人的效用和意义为转移；评价不同年龄、性别、文化、职业、社会阶层的具体人口组群的价值，即人作为主体的价值，则要以这部分人口组群或个人对总体人口以及相关的社会经济发展的效用和意义为转移，体现价值的人本特征。

三 老年人口价值观

基于上述认识，老年作为总体人口中的一个有机组成部分，可从以下几个方面阐述其价值：

1. 作为人口再生产的阶段价值。人口学粗略地将总体人口区分为0—14岁少年人口、15—59岁（一般为发展中国家）或15—64岁（一般为发达国家）成年人口、60岁（一般为发展中国家）或65岁以上（一般为发达国家）老年人口三部分。显然，人生道路上的这三个阶段缺一不可，不可能设想某总体人口只由少年和成年人口组成，而没有老年人口群体。如果把人生比作一台大戏，经过少年序幕、成年轰轰烈烈达到高潮之后，老年则是关乎全剧成败的最后一幕，这出大轴唱得好坏至关重要。老年人口作为人生的最后阶段,已经完成了人口生产和物质资料生产双重任务,卸下了肩负的家庭、社会两副重担,进入一个新的阶段。这个阶段的基本特征,一方面表现为衰减和失去:身体健康的衰减和失去,体力和精力越来越不济,总体上由健康期步入带病期、伤残期,最后过渡到死亡期;社会职责的衰减和失去,原来担负的社会工作让位给后来人,成为退休养老的自由人;行为观念的衰减和失去,过去从事的是社会需要的工作,退休后更多从事的是自己需要的活动,观念上由我为社会转变到我要为我,以减少社会为我。另一方面表现为增进和拥有:自由的增进和时间的拥有,老年人口由原来的岗位退居下来,不再担任任何职务,有官者变成"无官一身轻",无官者也用不着早上班晚下班的匆忙赶路,24小时全由自己自由支配;活动的增进和拥有,由原来以单位为主的活动,变成以社会社区的活动为主,相对说来拥有一个更大范围、更多社会接触的舞台;观察评论的增进和拥有,如果说成年时期生活以干为主,退休后则变成以看为主,拥有更多思考、评说的机会,因而有时间提升自己的知识和经验。可见,老年作为人生最后特殊阶段的人口,由于衰减和失去、增进和拥有并存,一方面使他们脱离原来固有的关系,越来越自由,似乎与社会渐行渐远;另一方面他们又不能太自由,并且对社会的依赖程度会越来越强烈,成为必须得到社会关怀的弱势群体。尽管是弱势群体,但又是人口再生产中不可或缺的一个有机组成部分,由此才构成生、老、病、死人口再生产完整的循环。

2. 作为有一定劳动能力的经济价值。人口年龄结构"三分法"的经济学意义,在于区分出不同组群人口的经济价值。一般说来。少年人口是消费者,尽管少年人口中也有小部分从事某些生产劳动的人口;成年人口为劳动年龄人口,是生产者和消费者的统一,尽管有5%左右的成年人口可能会因丧失劳动能力而无缘生产劳动;老年人口是纯消费者,尽管其中小部分人口可能从事现实的生产劳动。然而调查表明,我国60岁以上老年人口中,大约有1/4左右仍在从事力所能及的劳动,农村老年人口从事劳动和养活自己的比例要更高一些。在这点上,东西方之间存在一定差异:包括日本等东方国家,从事不同性质劳动的老年人口仍占到相当的比例,他们把劳动仍视为生存和发展的一种需要,是社会有用之人的一种标志。一般西方老年人口则认为，已经劳动一辈子了，应该休息了，应该旅游了，继续从事劳动的比例很低。老年人口过去受过不同程度的教育，一般劳动不需要再进行专门的职业教育，有些则是该行业的专门人才，因而成本低；但是工资待遇却不高，因为他们的劳动具有再就业的性质。改革开放以来就业政策大为宽松，许多老年人口再就业创造出丰富的社会财富，就是有力的证明。

3. 作为经验积累的历史价值。第二次世界大战后，以微电子技术为前导包括新材料、新能源、激光技术、宇航技术、海洋工程等在内的新技术革命方兴未艾，当前又发展到以生命科学为主导学科，包括基因技术、克隆技术、纳米技术等更新的技术革命，科学技术一日千里，毫无疑义要大力发展先进的科学技术，占领科学和技术的制高点，否则就要永远处于落后于别人的尴尬局面。正因为如此，我国才确立了科教兴国战略，党的十七大强调把教育放在优先地位。但是任何一个国家的经济技术结构都是立体的，分作不同的层次，既有处于领先地位的先进的技术，又有大量处于一般水平的中间技术，还要有处于比较落后的技术，再先进的国家技术也不可能"一刀切"。在我国由农业国向工业国转变过程中，先进技术是逐步发展壮大起来的，所占比例是逐渐提高的；中间技术占据很大比例，成为一般比较实用的技术；落后技术逐步为比较先进的技术所取代，但是所占比例的减少有一个比较长的过程，这是由我国的基本国情决定的。无论哪种技术都有一个熟练的过程，都有一个应用的经验问题；只是相对说来，技术越落后，经验可能显得更为重要而已。经验是实践知识的积累，同年龄成正比例增长，年龄是人生经验的象征，在这一点上说来，老年人口具有其他年龄人口组群无法比拟的优越性。社会发展要高度重视老年人口在经验方面具有的优势，把开发利用老年人力资源作为建设人力资源强国的重要组成部分，作为投资少、收效显著的人力资源。

4. 作为文化传承的社会价值。文化成为当今世界关注的热点，人们从哲学、经济学、史学、地理学、民族学、人类学、法学、政治学甚至军事学角度解读文化，界定文化概念，结果五花八门的定义应有尽有，不一而足。除了所站角度不同之外，还有方法上的不同，或倾向内在性、心理性，或倾向外部性、生成性；时代感的不同，有的定义偏重过去、偏重历史，有的定义注重现实，有的定义注重未来。目前搜集到的关于文化的定义，已达100种以上。界定文化概念，首先要明确界定的是哪一个层面上的文化，笔者将其概括为三个层面的文化。即广义的文化，代表着一定历史发展时代的物质文明和精神文明总和，是用物质形式凝聚起来的文化；一般意义上的文化，包括思想、观念、传统、信仰、宗教、道德、伦理、习俗以及政策、法律等的意识形态；狭义的文化，指人所具有的科学知识和人文教育水平。老年人口作为接受历史文化遗产最丰富又经过当代文化洗礼的人口组群，是现实社会文化的富有者，比少年人口富有，也比成年人口富有。同时，由于总体上老年人口属于退出劳动年龄的人口，有时间也有能力担当起传授优秀文化的重任。站在文化视角，少年人口是已有文化的接受者，成年人口是接受者加创造者，唯有老年人口是文化的成熟者和传播者，尽管传播中也有学习和创造。早在1982年联合国37届大会通过的《老龄问题维也纳国际行动计划》指出：童年和老年共同承担人类文化价值承传任务，但是童年主要是承接，老年主要是传播；老年人口的文化传播，保障了人类的生存和进步；老年人口组群的这一作用具有不可替代的性质，成为一种"人类课堂"。不难发现，传统文化中的优秀因子在老年人口中得到充分体现，当代文化经过老年人口在成年时期的亲身实践有所发展，因此老年人口天然为传授文化价值的最合适的群体。他们的人生观、价值观、道德观、伦理观、宗教观、生活方式、交往方式、思想、感情、情操等，无时无刻不在影响着成年人口和少年人口，在家庭、社区以至整个社会发挥着文化传承的作用。

参考文献

1. 国家人口和计划生育委员会编：《中国人口和计划生育史》，中国人口出版社2007年版。

2. 田雪原、王金营、周广庆：《老龄化：从"人口盈利"到"人口亏损"》，中国经济出版社2006年版。

3. 田雪原等：《21世纪中国人口发展战略研究》，社会科学文献出版社2007年版。

4. 《中国老龄事业发展"十五"计划纲要2001—2005》，《中国老年报》2001年8月8日。

5. 中国老年学学会编：《21世纪老年学与老龄问题》，中国劳动社会保障出版社2000

年版。

6.［日］长谷川和夫、霜山德尔:《老年心理学》,车文博等译,黑龙江人民出版社1985年版。

[本文为提交少子高龄化学术研讨会论文"人口老龄化与老年价值观"第二部分（第一部分"老龄化趋势"从略）,2002年]

《人口学"十五"发展调研报告》(节选)

一 总报告

自 1662 年被誉为"人口学之父"的约翰·格兰特（John Grant）《关于死亡的自然的和政治的观察》一书发表，揭开人口学作为独立学科的篇章，其后的人口科学发展呈"双轨道"推进：一方面，在格兰特具有统计意义的轨道上推进，人口学作为独立学科逐步完善和成熟起来；另一方面，人口学在与其他学科交叉研究中发展起来，形成某些边缘和交叉学科。前一个方面的研究，形成规范化的人口学（Demography）；后一个方面的研究，逐渐演变成某些边缘、交叉和综合学科，形成人口经济学、人口社会学、人口地理学、老年人口学等分支学科，以及诸多交叉研究领域。中国作为世界第一人口大国，人口问题格外突出，更注重后一个方面的研究在情理之中；在很大程度上，由于后一个方面研究深入的需要，人口学基本理论和方法研究才得到重视和一定程度的发展，也是很自然的事情。虽然"十五"期间的人口科学研究并没有打破这种基本格局，然而由于坚持以马列主义、毛泽东思想、邓小平理论和三个代表重要思想为指导，去年以来认真贯彻落实中央关于繁荣和发展哲学社会科学《意见》，学科组在规划办的直接领导和帮助下，开拓进取，积极工作，人口学科研和教学取得明显成绩。一方面人口学实证研究的视野大为拓宽，研究的广度和深度都跃上一个新的台阶；另一方面基本理论研究也有所前进，出版了具有前沿性的新著。总的评价是：人口学已从"九五"的低潮中走出来，"十五"期间获得的较大进步为未来的发展打下了良好的基础。

(一)"十五"取得的主要成绩和成果

人口学科组在"九五"的学科调研报告中,对当时的人口学科发展状况作出了被后来的实践证明是符合实际的估计。即由于自20世纪80年代以来因受联合国人口基金资助等原因,人口学科研究和教学的迅猛发展并不都是健康的,或者说本来就存在某种"泡沫";1996年在联合国人口基金停止对华人口学研究和教学资助等情况下,人口学研究和队伍出现一定程度的"萎缩",或者说正经历一段低潮,是正常的,甚至挤一挤"泡沫"也是有益的。如果经过一定的震荡和调整,能够实现研究重点、结构和队伍的某种转变,预料很快将迎来新的发展。现在看来,这一估量是实事求是和具有一定远见的,"十五"期间人口学研究取得的新成绩,就是最好的证明。主要表现在:

1. 关系国家发展的重大人口问题的研究取得新的进展

"十五"期间这方面的科研成果是很多的,质量也是比较高的。以下几项研究成果,特别值得提出:

一是人口与可持续发展研究取得显著成绩,出版了数部有影响的论著。自20世纪90年代以来,中央在每年的人大和政协"两会"期间,都要召开先是计划生育、环境保护座谈会,后来演变为人口、资源、环境座谈会,相关部门和省、区、市领导作汇报,总书记和国务院总理发表重要讲话。为了推进这方面的研究,国家社科基金资助立项"人口与可持续发展研究",出版了《人口、资源、环境可持续发展》、《人口、经济、社会可持续发展》等专著;与此同时,为了提高这方面学术研究成果效益,在可持续发展实践中发挥更大功效,由相关三部门三位部长,即国家人口计生委主任张维庆、国土资源部长孙文盛、国家环保总局长解振华出任主编,三部门有一定实践经验的资深学者担任副主编的《人口、资源、环境与可持续发展干部读本》,出版并公开发行。该书首次公开发表胡锦涛总书记2003年在中央人口、资源、环境座谈会上的重要讲话,全书贯穿以人为本的可持续发展观,全面阐发了人口、资源、环境的形势,当前的现状,存在的主要问题,未来发展战略和相应的决策选择,在实践中发挥了很好的作用。

二是全面建设小康社会人口与发展研究，提供有创新意义的成果。党的十六大提出全面建设小康社会发展目标，中国人口学会立即组织学术界开展研究，计划每年推出滚动科研成果，第一部成果《全面建设小康社会中的人口与发展》，由原全国人大常委会副委员长、中国人口学会会长彭珮云担任名誉主编，学会常务副会长田雪原、王国强担任主编，集合学术界主要力量完成是书。该书以全面、协调、可持续的科学发展观为指导，构建了全面小康社会指标体系，做出 2020 年以及更长远一些时间的人口变动与发展预测，描绘了 21 世纪前 20 年人口发展的目标、图像、发展战略和决策选择，受到人口学界和各界的普遍赞誉，起到了良好的科研成果为实践服务的作用。

三是国家于 2004 年启动中国人口发展战略研究，人口学界学者积极参与并做出了相应的贡献。该项研究由国务院有关领导亲自挂帅，动员了 300 多位各方面的专家参加，设立了 40 多个子课题，人口学界同志分别参加了不同层次的研究。有的参加全国人口发展战略总报告的起草，有的承担不同的分报告；更多的学者参加环渤海、长三角、珠三角以及一些省、区、市等的人口发展战略研究，承担其中主要的研究任务。目前总报告和各个分报告初稿已经完成，这是人口学界和相关各界广大科学工作者，为 21 世纪的中国人口和经济、社会发展，做出的一项具有实际意义的贡献。

四是 2003 年春我国部分地区 SARS 流行，由此引起对人口健康的普遍关注和研究的广泛开展。北京大学人口所承担的国家"973"人口健康项目，对出生缺陷干预等做出深入研究；在人口健康理论和方法、生殖生育健康、健康老龄化、人口质量——出生缺陷干预、艾滋病和性病等的调查研究中，取得某些突破，郑晓瑛、宋新明《健康人口学定义界定和内涵研究》的发表有一定代表性。在国务院国领导亲自主抓的国家中长期科技发展战略规划中，有人口专家参与作为 20 项规划之一的"人口与健康科技发展战略规划研究"，人口学界有关专家积极配合开展学术咨询，起到了不可替代的作用。当前，围绕人口健康方面的研究已形成新的"热点"，研究领域的拓宽和重点、难点的不断攻克，开辟了人口学研究新的领域。

五是人口与劳动就业研究，取得滚动式研究成果。进入 21 世纪以后，适应市场经济和人口变动与发展的新形势,一方面肯定我国在解决劳动就业方面取得很大成绩,每年安排的就业人数不断增加,就业压力有所减轻;另一方面必须看到,直到2020年劳动年龄人口每年有增无减,就业形势不容乐观。在这种情况下,学术界开展与时俱进的研究,具体分析劳动力供给与需求的矛盾,探索解决的途径,为政府解决就业问题献计献策,发挥了应有的作用。由中国社科院人口与劳动经济研究所蔡昉主编的《中国人口与劳动问题报告》(绿皮书),每年编辑出版一本,受到政府有关部门的关注。

六是民族人口研究有新的起色,系列研究成果引人瞩目。"五普"为少数民族人口研究提供了难得的资料,进入21世纪以后少数民族人口研究重又活跃起来。由首都经济贸易大学、国家民委经济司共同承担的"五普"国家级重点课题《20世纪90年代中国各族人口的变动》研究,完成《报告》,已由民族出版社出版。该书全面地总结了自1990年以来各民族的人口变动,做出全面的阐释。列入国家社科规划和国家社科基金重点项目的《中国少数民族人口研究》,由彭珮云任名誉主编、田雪原任主编和高春燕任常务副主编的《中国民族人口》第一、第二、第三部,包括近30个少数民族,每个民族自成一卷,内容涉及民族起源和人口数量、质量、结构等主要方面的专著,已由中国人口出版社出版,并获得第六届中国民族图书奖一等奖;后三部书稿(初稿)也已基本完成,全书总字数在1000万字左右,是一部工程浩大的民族人口专著。

此外,在人口年龄结构老龄化、人口迁移与城市化、人口统计与信息化、人口研究国际比较等方面,也发表了若干较有影响的论著。如在北京召开的中国第五次人口普查国际学术讨论会,集国内外知名专家分析报告于一体的《文选》,即将由中国统计出版社出版发行;列入国家社科基金特别委托项目由路遇研究员主编的《新中国人口五十年》,已由中国人口出版社公开出版发行;辜胜阻、刘传江的《人口流动与农村城镇化战略管理》,王桂新等的《区域人口预测方法及应用》,中国社会科学院人口研究所国际人口比较研究室的《中国、印度、印度尼西亚、孟加拉国人口政策演进的比较研究》等,从不同的方面丰富了人口科学的研究成果。

2. 科研、教学机构和队伍得到恢复并且有了新的发展由于"九五"期间联合国人口基金不再资助中国人口科学研究和教学等原因，人口学科研、教学机构和队伍受到冲击，先后有几个人口研究机构撤销或合并了，人才流到相近学科，感到整个学科人气不旺。经过几年的震荡和调整，不仅留下来的机构和队伍巩固了、发展了，而且还增加了一些新的科研、教学机构，科教人员也显著增加。特别是国家计划生育委员会更名为国家人口和计划生育委员会之后，中央把人口发展战略研究作为人口计生委的一项工作职能确定下来，对人口研究的指导和支持增强了，从国家人口计生委到各省、区、市人口计生委，调整和重新组建了必要的人口研究机构。如北京市人口计生委，成立了5个相关的研究室；湖南省则在原有基础上，调整和重新组建了10个人口研究所，分布在科研院所、高等院校和有关党政机关，人口科学研究和人才培养受到高度重视。

与人口学科研和教学的发展相适应，研究生培养取得较大进展。原来全国人口学博士点只有10来个，"十五"期间新增加了华东师范大学、南开大学、浙江大学3个博士点；硕士点增加更多一些，增加了10来个。一方面具有博士、硕士授予权单位增加较多，另一方面原来的博士点和硕士点的规模在扩大，招收的研究生数量逐年增加。以中国人民大学为例，2003年硕士生入学人数为17人，博士生为8人；2004年硕士生入学人数达到28人，比上一年增加了60%以上；博士生入学人数10人，比上一年增加了20%。如果说，受市场需求影响纯人口学研究生增长还相对有限的话，那么同市场经济关系密切、具有较大需求量的人口、资源与环境经济学研究生的发展，堪称速度惊人。2000年年初，全国人口、资源与环境经济学博士点仅有4所高校（人大、南开、复旦、武大）；据不完全统计，目前已增加到包括吉林大学、新疆大学、青岛大学等14所；拥有人口、资源与环境经济学硕士点的高校，则已接近30所。值得注意的是，虽然人口、资源与环境经济学学科点列在理论经济学科，但是大部分学科点主导教师来自人口学，多数博士点、硕士点就设在人口研究所。人口、资源与环境经济学博士和硕士点的迅速增加，既同市场需求密切相关，同这几年科学发展观、可持续发展研究升温有关；也同人口学科研和教学机构寻求新的发展空间，从事人口学科研和教学队伍谋求交叉学科的新的发展相关联，更体现人口学具有交叉、边缘和综合学科的特点。

在科研、教学机构和队伍不断壮大情况下，人口研究成果数量明显增加，质量也有一定程度的提高。如20世纪90年前期，国家社科基金批准的人口学立项课题仅有四五项，后来增加到10项左右，2004年则达到17项，增长的幅度很大。又据统计，2001年全国主要报刊杂志发表的人口学论文数量为1123篇，2003年增加到1461篇，增长了30%。论文质量提高的一个显著标志，是人口学杂志发表的文章的规范性显著提升了。现今主要的人口学杂志发表的论文，包括内容摘要、关键词、脚注、参考文献、作者介绍等，都有较大改进，更加规范和符合国家标准要求了。一些杂志注意降低差错率，并在开本、纸张、印刷等环节上加以改进，杂志的质量得到全面提升。

3. 各科研单位逐渐形成自己的研究特色，比较优势逐渐明朗

20世纪70年代特别是改革开放以来人口学的恢复和迅速发展，在相当大的程度上同国家对人口问题的重视，大力控制人口增长和实施计划生育基本国策有关。其结果，大量的研究都集中在中国人口问题的严重性、控制人口增长的必要性、人口政策的可行性和未来的决策选择等问题上来。毫无疑问，一定时期这样的集中研究推动了中国人口科学的发展；然而也产生了新的问题，主要有，一是研究人员、研究问题和研究成果的大量重复，有不少是低水平的重复；二是另有一些重要的人口问题却得不到相应的研究，或者虽有研究也不够深入。这两种情况不仅造成人口学研究重复劳动和效率不高，妨碍着研究的深入；而且形成各科研单位没有自己比较擅长的领域，研究趋同至少是研究特色不明显的缺陷。面对这种缺陷，结合"九五"期间的人口学科研和教学调整，一些单位开始思考研究方向、重点和建立本单位学科优势，进行有计划的科研和人才结构调整，取得较大进展。一些较大的人口研究所明确，除了应具备一般的人口学基础理论研究力量外，重点应向本单位擅长的领域进军，培养和树立学科优势。经过几年的努力，收到比较明显的成效。如人大人口研究在具有统计意义的人口学、人口城市化、老年人口学等方面，逐渐建立起一定的学科优势；社科院人口与劳动经济相结合研究显现自己的特色，在农村劳动力转移、劳动年龄人口变动与经济发展、劳动就业等方面，取得积极成果；

北大人口研究所在加强传统人口学研究的同时，更侧重生殖健康、人口健康方面的研究，承担国家重大研究项目，在出生缺陷干预等方面取得突破性成果。共性寓于特殊性之中。"十五"期间在人口科学日益发展壮大情况下，一些比较主要的人口研究和教学机构如何办出特色，如何强化和发展学科优势，不仅对这些机构说来至关重要；而且对中国人口科学的总体发展产生并将继续产生重要影响。

4. 基本理论研究取得新成绩，提出并论证了某些新学科建设的理论框架

尽管"十五"期间人口学基本理论建设还不令人满意，有待加强；不过还是获得较大发展，取得新的成果。

一是结束了近20年没有系统的、包括可用于教学在内的人口学专著的局面。集学术界17位学者科研和教学研究成果于一体的《人口学》，于2004年公开出版并发行。该书由田雪原主编，翟振武、李竞能副主编，最早为列入《中国现代科学全书》中的一卷；然而《全书》总编委会并未对该书给予更多帮助，全凭主编、副主编积极运作，学界有关学者艰苦奋斗3年写成是书。《人口学》在吸取西方科研成果合理成分基础上，结合中国实际进行创新，构建了以人口学对象与方法、人口过程、人口结构与特征、人口与发展"四大支柱"为支撑的理论体系。各章节内容注意吸收当今国际研究的最新成果，力求站在学科前沿；同时也考虑到我国人口科学恢复和发展的历史，结合以往的研究作出有一定自己特点的阐发。并结合目前我国仍为世界第一人口大国的人口基本国情、基本国策实际，尽可能做出理论联系实际和通俗一些的阐述。该书不仅作为学术专著解决了人口学教材缺乏的困难，已被许多高校指定为攻读人口学博士和硕士研究生的教材；而且为实际部门提供了较为规范化的蓝本，起到推动人口学科向规范化前进的作用。李竞能编著的《人口理论新编》，在以往研究成果基础上，较系统地评价了不同历史时期各学派的人口学以及与人口学相关的理论，阐述了某些新的观点。此外，张文贤的《人口经济学》，西南财经大学人口所编著的《人口与经济发展研究》等，也阐发了具有一定理论体系和某些新的学术观点。

二是提出和论证了一些新的人口学交叉和边缘学科。前面提到，自

SARS在我国部分地区流行以来，人口健康备受重视，从引进健康定义——健康不仅是没有疾病，而且包含生理健康、心理健康和社会状态完好三个基本的方面；到承担国家重大项目，对出生缺陷进行大规模的调查研究，当前已形成发展为健康人口学学科之势。近年来，作为一门新兴学科的人口、资源与环境经济学发展很快，如杨昌明主编的《人口、资源、环境经济学》、张象枢的《人口、资源与环境经济学》等相继出版，为学科建设提供了一定的理论支持。围绕生育文化、人口文化研究，将生育和人口纳入文化视野，或者反过来说将文化纳入人口学研究范畴，近年来推出了一批较有分量的论著。如潘贵玉主编的《中华生育文化导论》2001年由中国人口出版社出版；《婚育观念通论》，2003年由中国人口出版社出版。人口文化研究取得很大进展，推出《人口文化通论》等几部新著，向着可能成为独立分支学科方向发展。

（二）目前的状况和存在的问题

人口学科从"九五"低潮中走出来，迎来"十五"比较迅速和健康的发展，目前的形势是好的，甚至是历史上最好的时期。同时在科研成果质量、队伍建设、规范化研究等方面存在的问题也是不容忽视的，需要认真加以研究和解决。

其一，虽然科研成果的数量年复一年的往上增加，但是质量却不能随着"水涨船高"，真正高质量的精品力作不够多，存在某些浮躁情绪，对外学术交流也有待加强。论科研成果数量，无论专著、论文还是研究报告，每年都有较大幅度的增长，表面看起来相当繁荣。不过对成果进行一下分析，就会发现，无论基本理论研究还是实证研究，学术质量较高或者对策研究针对性强、分析有力、政策建议可行性强并能产生预期成效的成果不很多。这几年，重复研究的低水平成果有所减少，可喜可贺；但远没有绝迹，部分研究主要是对策性研究仍旧有许多是大同小异，给人以低水平重复之感。"精品"出版了一些，可是一为"精品"数量还不够多，二为"精品"精到何种程度也颇值得推敲。有的被专家鉴定或通讯评审推荐的"精品"，实则很一般，甚至是错误百出的平庸之作。社会上炒作之风也波及包括人口学在内的学术领域，随意拔高，不负责任的吹捧，助长了急功近利、急于求成的心理，滋长了不做调查研究、闭门造车、不求甚解、粗制滥造的学风，在部分青年学者中造成的影响尤其严重。此外，由于联合国人口基金停止对华科研和教学资助等原因，这些年派出留学、合作研究和参加会议、访问交流等有所减少，从长远发展看，有待改进和加强。

其二，虽然近年来科研和教学队伍不断壮大，然而脱颖而出的中青年学者却不多，这同市场需求有着密切的关系。"十五"期间，无论人口学科研还是教学队伍均有不同程度的扩大，为以后的发展奠定了一定的基础。但是由于人口学不招生本科生，只招收研究生，人才来源受到一定限制。更为重要的是，纯人口学研究生毕业市场需求有限，除各级国家机关有一定数量的需求，高校和科研单位有一些需求外，与专业对口单位不多，就业受到限制。这就形成了部分在校人口学研究生选择职业时，向着相关甚至不大相关的部门和单位流动的现象。而留下来从事人口学研究或从事人口事业的研究生，有的并不十分安心，有的虽比较安心但鉴于工资等待遇上的差别，也不心甘情愿地去坐"冷板凳"。这种情况严重地妨碍着青年人才的脱颖而出，也妨碍着人口科学健康和可持续的发展。

其三，虽然近年来人口学基本理论研究有所加强，但是还比较薄弱，对广大科研、教学和人口计生工作者说来，应用的规范化还是一个需要解决的问题。前已叙及，20世纪70年代特别是改革开放以来人口研究的发展在很大程度上同国家大力控制人口增长、切实加强计划生育有关，相当多数的科研和教学人员是从原经济学、社会学、统计学甚至是数学、外语等专业转业过来的。俗话说"隔行如隔山"，有的到国外攻读人口学博士、硕士学位，有的利用出国访问、合作研究和作访问学者机会，较好地补上人口学这一课；而多数人并没有机会补上这一课，而是凭借原来同人口学相近学科知识，进行人口学研究和教学的。这就从根本上铸成科研和教学的某些非规范化。从事人口计生以及其他相关部门实际工作的同志，有的经过一定的人口学培训，有的至今尚没有进行过比较系统的训练，规范化更谈不上了。在某些新闻媒休上和一些重要场合，常常听到和看到对人口学概念、方法和基本理论的随意解释，造成误解，使人"一头雾水"。就是在人口学界，至今也还存在某些非规范化的研究和教学。因此，学科组同志建议全国社科规划办,能够单独立项,加大资助力度,推进这方面的研究。

其四,虽然人口学内外交流不断,但是国际交流有所减少。这有多方面的原因:一是20世纪80年代和90年代前期,各研究单位接受联合国人口基金援助时,规定选送留学生、合作研究以及出国考察交流任务,专款专用,国际交往频繁;二是那时人口学在中国尚处在创建阶段,引进、消化和吸收需要较多的往来,来华专家定期讲课也比较多。现在情况有所不同,一是西方国家关于人口学的基本理论和方法,国内学者已经掌握,有的在结合中国实际应用中还有所创新,以学习和吸收为主要目的的交流积极性有所减弱;二是没有了联合国人口基金的专项费用支持,无论是走出去的学术交流,还是请进来的国际交往,都受到经费的限制。这说明,尽管国际交流一定程度的减少有着主客观方面的原因,对中国人口科学的发展影响不是很大;但是毕竟有着某种影响,不利于及时把握国际上人口学学科前沿和学科建设的最新动向。

(三) 未来发展趋势和"十一五"选题建议

"十五"期间人口学科研和教学取得的显著成绩,有的人士称为人口科学发展史上扎实推进的最好时期,为未来特别是"十一五"的继续发展打下基础,有望把这种良好发展势头继续保持下去。这是因为:

首先,从人口科学发展的外部环境看。一是来自政府方面的有利影响会不断增强。自1994年《中国21世纪议程——中国21世纪人口、环境与发展白皮书》发表以来,一般认为,可持续发展主要涉及人口、资源、环境、经济发展、社会发展五个方面,人口居其首,中国又是目前世界第一人口大国,首先受到重视理所当然;全面建设小康社会提出以来,任何一个发展目标都同人口状况密切相关,同人口的数量、素质和结构有着千丝万缕的联系,人口变动和发展情况备受重视;以胡锦涛为总书记的党中央提出以人为本的科学发展观和构建和谐社会,发展的目的是为了满足人的全面发展的需要,现代化建设主要驱动力来自人力资本,和谐社会要充分体现以人为本宗旨等基本思想的确立,提出了许多亟待解决的人口问题;国家计生委更名为国家人口计生委后,将人口发展战略研究等人口科学研究位列其中，也为人口科学的发展营造了客观的有利环境。

二是全国哲学社会科学领导小组和办公室的高度重视。自1997年人口学作为全国社科规划和国家社科基金的一门独立学科以来，领导小组和办公室的同志给予了很多具体的指导和实际的帮助，对促进人口学科的发展起到了良好的作用。不仅立项的项目大为增加，而且有可能从时间和空间上全面考虑人口研究和学科建设的布局，以及在发挥比较优势下的尽可能平衡的发展，有力地促进、扶持了中西部人口研究和人口学学科建设。实践证明，全国哲学社会科学领导小组和规划办，从中国人口多、底子薄、生产力不发达基本国情出发做出的这一决策，是完全正确的和及时的，对中国人口科学的发展起到实际的推进作用。

其次，从人口学科内部环境看。一是经过"九五"期间的调整和"十五"期间比较健康的发展，科研机构和教学队伍有可能呈稳定发展和逐步上升的趋势。目前，全国各类人口研究机构超过100所，虽然人数多少、素质高低、结构是否合理存在较大差异，但在总体上比过去大大加强了，科研和教学能力大大提高了，结构不合理状况也有较明显的改善，则是毫无疑义的。而且前已叙及，规模比较大一些、人才素质相对高一些、影响力相对大一些的研究机构，已经逐步形成自己的特色，学科优势开始得到发挥，为未来的健康发展打下良好基础。

二是随着广义人口转变向纵深发展，研究重点和研究空间的扩展将更加明确。前面提到，由于历史的原因，长期以来，中国人口科学研究的中心或重点，主要围绕控制人口数量增长和人口战略、人口政策决策选择进行，无疑这是必需的也是有效的。但是进入21世纪以后，一方面控制人口数量增长仍然不能放松，开展实现人口零增长和将来全方位适度人口目标的研究仍是重要的课题。另一方面在20世纪90年代中期中国进入低生育水平国家行列，生育率继续下降的空间变得狭小了；世纪之交年龄结构步入老年型，人口增长势能减弱许多；人口流动和迁移增长迅速，人口城乡结构大致达到"四六开"；20世纪80年代以来出生性别比持续攀升，当前已经到了非解决不可的地步；同时还要考虑到经济、社会发展水平达到原来提出的"小康"水平（对照"全面小康"笔者称之为"前小康"），并且要加快向全面小康社会和基本实现现代化过渡，人口问题的全面解决必须深思熟虑地考虑到这诸多方面的制约和影响，将其纳入国家总体发展战略之中。既要强调人口主要问题的解决，又要兼顾人口数量、素质、结构相互之间的制约和渗透；既要考虑到人口自身各方面的协调和良性发展，也要高度重视人口与经济、社会发展以及资源、环境之间协调发展和可持续发展，服从于全面建设小康社会发展目标和奔向现代化，构建和谐社会总的发展目标。如此，进入21世纪以后的人口科学研究领域大为扩展了，边缘和交叉研究要求更高了，借鉴发达国家人口变动和发展正反两方面的经验的迫切性更强了，可以预料，21世纪的中国人口科学研究和学科建设是大有作为的。

基于上面的认识，人口学科"十一五"研究，提出以下19个选题：

1. 人口与构建和谐社会研究。中央提出构建和谐社会，同人口有什么关系？特别是我国未来人口数量变动、城市化进程、不同年龄结构和收入群体、代际关系等的新变化，对构建和谐社会会产生什么样的影响，会引起哪些新的矛盾和问题，如何应对等，需要在进行广泛社会调查基础上，做出深入的研究。

2. 人口变动与经济增长方式转变研究。以前这方面的研究取得了积极成果，今后需要结合全面建设小康社会和现代化建设实际，深入探讨在资源短缺、环境污染加剧情况下，人口的变动和发展如何与经济由高耗、低效向低耗、高效转变相适应，如何实现广义的更深层次的人口再生产的转变和人口文化教育素质的提高。

3. "人口红利"与"人口负债"关系研究。目前关于人口年龄结构变动"黄金时代"带来的"人口红利"研究较多，发表不少成果；关于"红利"过后的"负债"研究刚刚提及，然而该项研究直接关系到21世纪中叶及以后人口对经济发展的制约和影响，需要做出超前一步的研究。

4. 人口转变与人口健康研究。我国已经成功地实现了由高生育率向低生育率的转变，并且这种转变还将进行下去，人口的年龄结构将进一步趋于老龄化和高龄化，发达国家已经经历过的"少子高龄化"也要在我国发生，甚至可能比某些发达国家还要严重。在这种情况下，我国人口发病和死亡的疾病谱正在发生变化，医药、卫生、保健、社会保障等有关部门，必须将人口健康纳入这样的视野，做出更符合实际的超前研究。

5. 流动人口聚居社区与城市贫困问题研究。联合国人居署2003年发布了《贫民窟的挑战：2003年全球人类居住状况报告》。特别强调发展中国家由于从农村迁移到城市的人口猛增而使贫民窟与城市贫困问题越来越突出的问题。这在拉丁美洲和亚洲某些国家，已成为社会发展中的一大难题。我国在加速人口城市化过程中，这一问题已开始显露出来，需要借鉴国际社会正反两方面的经验，开展与时俱进的研究。

6. 人口迁移与区域经济协调发展研究。人口迁移本来就是一种发生在不同区域之间的经济现象，人口迁移的发生将影响两相关区域（迁出地、迁入地）的"人地关系"及经济发展。在近年中国区域发展差异明显扩大的情况下，开展本选题研究具有迫切的现实意义。本选题要考察影响人口迁移的区域因素、人口迁移的区域流向及规模分布、移民属性特征，分析人口迁移对不同区域的影响后果，探讨并提出人口迁移与区域经济的协调发展机制以及促进人口迁移与区域经济协调发展的政策建议。

7. 独生子女及其父母的家庭关系研究。独生子女政策下的第一代子女已经步入成家立业的年龄，父母与子女的两代家庭内部关系成为婚姻家庭的主要内容。独生子女家庭有其特殊的家庭结构，是传统家庭结构模式的转变，随之而来的是由此产生的社会资源分配、人际关系的变化。以往研究显示当今社会离婚率较高、单亲家庭增多、孙子女与祖父母组成的家庭新特征等问题；本课题在这些已有成果基础上，重点研究由独生子女增多引起的父母及整个家庭发生的变化，对家庭结构和社会发展的影响，以及应对的决策选择。

8. 人口城市化与城市体系发展研究。随着中国城市化的加速发展，未来二三十年将有超过上亿农村人口转变为城市人口。如此巨大规模的农村人口，要通过何种途径转变为城市人口，他们将主要流向哪些城市，中国的城市系统怎样才能容得下这些未来新增加的城市人口，目前农村转移人口在城乡之间以及向城市体系不同层次城市的集聚是否合理，如何使中国的城市体系适应加速发展的城市化等关系到城市化的健康、持续发展及小康社会、和谐社会的全面建设，迫切需要深入研究、合理规划、科学应对。

9. 新时期生育政策研究。人口再生产类型转变引起的人口老龄化，在一些发达地区已经引起了政府的注意,有些地方法规也修改了生育政策。但是,全国性的人口政策不仅针对的客体更加复杂,而且产生的后果也将是更长远的,需要很好把握生育政策的长期性、稳定性和科学性。本课题主要研究生育政策研究的理论框架;中国生育政策的制订、实施、控制和评估理论分析;中国生育政策调整与否的理论阐述和实证分析;已经调整生育政策地区的政策效果评估;未来生育政策的合理选择等。

10. 低生育水平下的人口素质研究。人口再生产类型转入"三低"阶段以后,标志着我国人口增长跨过了一个分水岭,具有里程碑意义。目前在人口控制较好的地区,人口和计生工作重心开始向提高人口质量转移,如果城镇和经济发达地区的人口增长步伐放慢,而农村和落后地区人口的增长速度过快,势必对人口素质产生某种影响。在稳定低生育率的基础上来提高我国人口素质,特别是有针对性地提高农村出生人口素质、文化教育素质,这在当前医药、卫生、教育等资源分配存在较大差异情况下,提高农村/贫困人口素质的研究具有攻坚的性质。

11. 人口迁移、流动对农村养老保险的影响研究。目前,全国流动人口超过1.4亿,其中农民工进城务工经商者达到1.2亿左右。数量如此庞大的以青年和成年为主体的农村剩余劳动力流入城镇,导致农村人口老龄化累进式加深,出现大量的农村老年留守群体,给农村养老保险等诸多老龄问题的解决带来新的困难,需要适时开展研究。这项研究既涉及农村"三农"问题的解决,又关系到人口城市化的进程,是关系到构建城乡和谐社会的一个重要问题。

12. 人口性别比问题研究。20世纪80年代以来出生性别比升高引起广泛重视,也进行了较多研究。然而这方面问题的解决却不尽如人意,需要开展从出生性别比到总人口性别比,从城市到农村、从东部到西部人口性别比更广泛、更深入的研究。

13. 振兴东北老工业基地的人口与资源、环境问题研究。东北地区凭借着相对较好的工业基础、丰富的资源和邻近前苏联的优势,较早地建设成以重化工业为主的工业基地。经过几十年的开发,目前东北地区的资源优势已经基本丧失,环境破坏严重,人口也增加许多。在振兴东北老工业基地过程中,如何发挥人口数量、素质和结构方面的优势,避免和克服某些方面的劣势；在产业结构调整和技术升级换代过程中，如何谋求人口与资源、环境的可持续发展，是一个具有现实意义的课题，需要进行综合性较强的研究。

14. 西部开发与人口、资源与环境承载力研究。实施了西部大开发战略，但是西部地区总体上较低的人力资本积聚，相当脆弱的生态环境，是开发和发展的"瓶颈"。因此，深入研究西部省、区、市的土地、森林、淡水等可再生和石油、矿产等非再生资源和环境的人口承载力，科学确定西部各省、区、市的人口规模和结构，促进西部地区人口、资源与环境的可持续发展，是一个具有现实和长远意义的课题。

15. 人口统计方法与问题研究。目前人口学专业使用的人口统计学教材，大都是十几年前编著和出版的。期间国外人口统计分析方法有不少发展，我们需要及时更新，吸取最新研究成果，编著和出版新的人口统计学教科书。人口统计中出现一些新的问题，特别是数据资料的准确性问题等，需要进行探讨和研究。

16. 重大人口问题的跨学科研究方法和应用研究。第二次世界大战后，边缘、交叉学科发展迅速，这在人口科学中得到充分的体现。不但哲学、文化、政治等过去很少涉足的社会科学某些学科涌入人口学领域，而且数学、医学、生物学等自然科学相关学科，也大举向人口研究发起"攻击"，并且取得前所未有的成绩。开展重大人口问题的跨学科研究，不仅是研究和解决我国现实人口问题的需要，而且也是学科建设发展的必由之路，需要大力加强。

17. 人口学术语使用规范研究。中国人口科学经过近30年的比较迅速的发展，前已叙及，无论在普及还是在提高方面，均取得较大成绩；当前的问题是，由于从事人口和计生工作的理论和实际工作者学科背景不同，对人口学掌握的程度不同，在理论和实际工作中，规范化的人口学的应用存在某些问题。可考虑在人口学教科书、辞书等方面做出高质量和实用性强的基础研究，推动人口学术语的使用，进一步走向规范化。

18. 人口、资源与环境经济学理论与方法研究。人口、资源与环境经济学涉及人口经济学、资源经济学、环境经济学、生态经济学、可持续发展理论等多个学科领域，体现了各门科学的相互渗透与融合。作为一门独立的学科，人口、资源与环境经济学需要有独特的研究对象、完整的基础理论和独特的研究方法。因此，人口、资源与环境经济学的建立需要在基础理论方面取得突破性进展，将有关学科贯穿到统一的理论体系之中。

19. 人口社会学研究。和谐社会的提出，推动着全面建设小康社会和社会学研究的深入，人口学研究也应适应这一发展趋势，做出深入一步的人口社会学研究，推出既具有实证研究价值，又有基础理论研究意义的新著。当前崭露头角的，是制度人口学研究。

二 分报告之二人口经济学"十五"发展调研报告

（一）"十五"取得的主要成绩和成果

人口与经济之间关系研究，为人口科学研究最早关注并且是研究最多的交叉学科之一。众所周知，马尔萨斯在《人口原理》中提出的"两个级数"，就是论证人口在恒常状态下是怎样超过生活资料增长的一般规律的；其后的人口与经济关系研究围绕这一命题展开，发表了一系列论著。第二次世界大战后一度出现的"婴儿高潮"，使人口与经济关系研究再度升温，出现了"人口压力论"、"人口危机论"、"人口爆炸论"等悲观学派，催生着多种形式的家庭计划的出台和实施；20世纪70年代以来全球生育率的下降使马尔萨斯人口论的反对者找到依据，提出生育率下降会导致有效需求不足和滞缓经济发展，因而要使人口适当增长的乐观学派，使两种观点的争论一直延续下来。这中间较有代表性的学派和学术论著，主要有F. 皮尔逊（Frank A. Pearson）和F. 哈伯（Floyd A. Harper）合著的《世界的饥饿》，W. 福格特（William Vogt）的《生存之路》，G. 泰勒（G. Taylor）的《世界末日》，J. 西蒙（Julian Simon）的《人口增长经济学》，G. 贝克尔（Gary S. Becker）的《生育率的经济学分析》，S. 库兹涅茨（Simon Kuznets）的《人口再分布和经济增长》，D. 麦多斯（D. H. Meadows）等合著的《增长的极限》等。

中国从春秋战国开始的众民与寡民之争，其实质是人口与经济的关系问题。尽管在2000多年的发展史中众民主义一直占据主导地位，但是两种观点的争论始终不断，直至清朝洪亮吉先于马尔萨斯提出经济落后于人口增长，用类似马尔萨斯的方法抑制人口增长的主张。20世纪二三十年代马尔萨斯人口论在中国传播开来，节制主义主要也是从中国经济落后于人口增长提出限制人口增加的种种主张的。1949年中华人民共和国成立后，1957年马寅初发表《新人口论》，论证的核心是人口增长太快，拖了经济建设的后腿，使人民生活水平的提高受到限制。改革开放以来迎来人口科学发展的春天，第一批有分量的文章也集中在人口与物质资料两种生产上，从人口要适应经济发展角度阐明控制人口增长的必要性，提出利用经济手段控制人口增长的各种主张。首先从马克思、恩格斯那里找到人口与物质资料"两种生产"的依据，大量的研究是结合我国人口与经济发展实际进行比较研究，阐述控制人口增长和经济要上去、人口要下来的基本思想。而从事人口科学研究的第一批学人，多数也是从原来研究经济学转过来的，造就了我国人口科学研究比较坚实的经济学基础。20世纪八九十年代可持续发展理论兴起，人口与经济发展研究领域大为拓展，从"两种生产"到"三种生产"、"四种生产"，将资源、环境纳入人口与经济发展研究之中，推动着人口与经济发展研究的不断深入。人口与经济发展研究领域颇宽，论著也很多。近十多年来特别是"十五"以来，重点研究的问题和代表作主要有：

1. 人口与经济增长比较研究。将20世纪50年代以来人口变动与经济发展加以比较，分析不同历史时期人口与经济之间的关系。杨魁孚等主编的《中国计划生育效益与投入》认为，自20世纪70年代初至1998年，全国累计少出生人口3.38亿，从而大大减少了用于未成年人口的抚养费用，支持了经济建设，扣除计划生育投入后的净经济效益，也是极其显著的。

2. 孩子社会附加成本—效益理论。H. 莱宾斯坦（H. Leibenstein）创立的孩子成本—效益学说，后经贝克尔等人的丰富和发展，形成从家庭支付孩子成本和得到效益比较上，阐释生育行为和生育子女数量的理论。田雪原将这一理论应用到中国，并且结合计划生育对独生子女奖励和征收计划外生育费实践，在《论孩子社会附加成本—效益》中，提出并论证了孩子社会附加成本—效益理论和计算方法，突破西方仅在家庭范围内讨论孩子成本—效益的局限，为运用经济手段调节人口生产提供了有力的理论支持。

3. 人口年龄结构变动对经济发展影响研究。早在20世纪80年代前期，有的研究成果便阐发了未来三四十年将出现老少被抚养人口比例较低、劳动年龄人口所占比例较高的人口年龄结构变动的"黄金时代"。在此基础上，结合2000年人口普查所做的预测和研究，不少论著进一步论述了要重视这一"黄金时代"和"人口红利"、"人口视窗"机遇期，加快经济的发展；同时也要高度重视"人口红利"过后，就是以老龄化加速到来为主要标志的"人口亏损"、"人口负债"期的影响，必须在此之前做好应对准备，尤其是建立和健全全方位的社会保障制度。

4. 人口与就业研究。改革开放以来就业规模迅速扩大，就业结构发生很大变化，也出现新的下岗、失业问题。近年来，对这些问题的研究取得了新的进展，由蔡昉主编的《中国人口与劳动问题报告》对此做了分析，论述了失业、下岗、女职工和农村劳动力转移的特点，提出旨在加快增加就业机会的经济增长、提高劳动力资源的人力资本含量、完善社会保障帮助脆弱群体的建议。

5. 人口与经济可持续发展研究。在可持续发展研究中，人口与经济的可持续发展具有举足轻重的作用，研究有所创新。曾获得"五个一"工程奖的《论人口与国民经济的可持续发展》，从总体人口与生活资料、劳动年龄人口与就业、老龄化与社会保障、城市化与产业结构、人口素质与技术进步、人口地域分布与生产力布局6个方面，比较全面系统地阐发了人口与经济可持续发展的基本问题，提出相应的改革建议。

（二）目前的状况和存在的问题

目前人口与经济发展研究仍然比较活跃，每年都发表相当多的论著，一般说来，质量也比较高一些。由于改革开放以来我国确立了以经济建设为中心的发展战略和决策，工作重心转移到经济建设上来，人口科学研究在很大程度上围绕经济建设展开，是顺理成章的事情，今后相当长时间也会如此。与此同时，人口经济学基本理论研究也获得较大发展，奠定了比较好的基础。存在的主要问题：

一是尽管人口与经济发展中的诸多问题都做了不同程度的研究，有些研究也比较深入，然而有些与现实经济发展关系密切的人口问题，研究得还不够深入和到位。如人口城市化研究，对传统的"重小轻大"的方针如何评价，历史发展到21世纪应该采取什么样的方针，要不要走大力发展超大城市组带，搞类似纽约、伦敦、东京超大城市圈战略；这种超大城市组带对GDP的贡献率能否在中国重演，人口如此高度集中的利弊是什么等，并没有研究清楚，行动上却已经出现超大城市急于扩张的倾向。又如，面对未来一二十年内劳动年龄人口还要继续增长的态势，扩大就业面与提高就业效益、提高劳动生产率的矛盾怎样解决，应当建立什么样的劳动就业结构与经济技术结构，人口的变动与发展怎样融入中国特色的现代化一类难点和"热点"问题，都有待做出有厚重理论支撑、符合中国发展实际的研究。

二是人口经济学作为一门独立的分支学科，尽管学科建设取得较大进展；然而学科理论体系的构建，研究对象的确定和研究方法的创新，该学科与人口学、经济学的关系等，都有进一步研究和深入探讨的必要。值得注意的是，由于20世纪七八十年代人口学理论研究多从马克思和恩格斯著作中寻找依据，物质资料生产和人口生产"两种生产"理论盛行，一方面在当时推动了人口经济学学科体系的建立和发展；另一方面这一学科体系是否科学，是否需要不断的丰富和发展，则研究和交流不够。近年来，随着国内外交流的不断扩大，西方人口学、经济学新研究成果的涌现，建立更科学的人口经济学呼声渐高。

三是面对21世纪知识经济时代的到来，创建新的理论与实践相结合的人口经济学，尚是一个需要探讨的课题。目前，经济学界关于知识经济的讨论还没有形成定论和较为一致的认识，循环经济业已提了出来，经济科学发展很快。在这种情况下，人口经济学的建立和发展，要走更新、更长的路。

（三）未来发展趋势和"十一五"重大选题建议

中国生育率经过30多年的持续下降后，当前正面临总量高峰、劳动年龄人口高峰、流动人口高峰、老龄化高峰和出生性别比高峰相继来临的时期，人口与经济研究要把握"五大高峰"走势，结合全面建设小康社会发展目标，以取得最佳经济、人口和社会效益为重点展开；同时，在进行实证研究中谋求理论创新，推进人口经济学学科建设。特别是以下一些选题：

1. "人口红利"与"人口负债"关系研究。目前关于人年龄结构变动"黄金时代"带来的"人口红利"研究较多，发表不少成果；关于"红利"过后的"负债"研究刚刚起步不久，而该项研究直接关系到21世纪中叶及以后人口对经济发展的制约和影响，需要深入探讨。

2. 人口与经济可持续发展研究。以前的研究取得积极成果，需要结合全面建设小康社会经济发展实际，进行深入一步的研究，尤其是在坚持以经济建设为中心和在资源短缺、环境污染加剧情况下，人口与经济协调发展的研究。

3. 新形势下的人口与就业研究。面对劳动年龄人口在未来的10多年中还要继续增长趋势，同时科技进步、经济增长方式转变使经济发展更多地依靠劳动生产率的提高，而不是依靠劳动者数量的增加，就业问题将长期存在，形势颇为严峻。研究全面建设小康社会新形势下的人口与就业问题，是一个需要开展与时俱进研究的题目。

4. 人口城市化与产业结构调整研究。目前我国城乡人口结构呈"四六开"格局，随着经济和社会发展，人口城市化步伐有望加快，产业结构也要随之进行有效的调整。当前，对大城市组带的发展持有不同观点，特别是珠三角、长三角、海三角（环渤海）超大城市组带的发展及其产业结构，有待做出科学的估量和前瞻性较强的研究。

5. 移民经济效果研究。长江三峡移民和实施西部开发战略某些移民后果，特别是移民者本身以及移出地、移入地经济后果怎样，需要在深入实地调查基础上，做出实事求是的研究；对于西部某些贫困地区村寨式环境移民，其脱贫致富效应怎样，也有必要做进一步的调查研究。

（《人口学"十五"发展调研报告》是全国社科规划办委托项目。这里选录其中由田雪原负责并撰写的"总报告"和分报告之二"人口经济学'十五'发展调研报告"。其余7个分报告由各负责人组织撰写，学科组长负责修改和定稿，故均未收入本文。）

生育文化的人口学视野

近年来，关于文化的课题被炒得沸沸扬扬，一时间，茶文化、酒文化、糖文化、烟文化、休闲文化、度假文化……扑面而来，相应的各种文化协会、学会也应运而生。国际上，"文化冲突"论与"文化融合"论争论不休，甚至出现以文化来解读政治、军事、外交决策的"文化中心"论，掀起一股"泛文化热"。难怪人们要问：文化怎么了，21世纪真的是什么"文化世纪"吗？

20世纪90年代初，中央曾号召干部读两本书，一本叫作《社会主义市场经济》，另一本叫作《现代科学技术基础知识》。笔者曾参与后一本书的部分审稿工作，当时该书对人类进化的估计，还是200多万年的历史。然而后来非洲、亚洲等的考古发现，将人类的起源推进到距今400多万年，翻了一番，因而人类文化发展的历史也大大向前推进了。有人说"人是文化的动物"，显然这话有些失于偏颇；然而从一个特定的视角观察，也有它的一定的道理。人和人的本质是什么？古希腊哲学家亚里斯多德（公元前384—前322年）曾给人下过多种定义，被说成是"政治的动物"、"社会的动物"、"两栖两脚的动物"等，从道德、理性、求知上探讨人的本质。马克思和恩格斯则从现实和历史上，即从人的社会属性和创造性劳动上将人从动物界分离出来，揭示了人的本质。摩尔根在《古代社会》一书中指出，人类是"通过经验知识的缓慢积累，才从蒙昧社会上升到文明社会的"。这些论述的一个共同点是，按照传统的进化论解释，在从猿到人的形成过程中，有思维的创造性劳动首先是最初制造出来的简单的劳动工具，构成人类诞生的最主要标志。而这种最简单的木棒、石块一类劳动工具，就成了人类最早的文化的象征。从这个意义上说，人创造了文化，文化帮助人类脱离了动物界，人类与文化在历史发展的长河中携手并进,"人是文化的动物"也有它一定的道理。其中最能说明这种"携手并进"历史进程的,当属决定人类繁衍子孙后代融入生育行为之中的文化,即生育文化。

"生育文化"是一个新的概念,作为人口学以及人口学与生物学、经济学、社会学、历史学、政治学、人类学、民族学、语言学、文化学、哲学等交叉形成的一个特定研究领域,在人口再生产中占有特殊的地位和某种决定性的作用。为了弄清生育文化概念的内涵和外延,有必要从人口学视野对生育文化作出某种考证和界定。

一 生育与文化

提起生育,人们不仅联想到《圣经》中亚当与夏娃的故事,也会联想到国人关于女娲补天和造人的传说。然而故事和传说都不能取代现实,现实生活中人的生育行为还要回到人口的生产和再生产中来。据科学家考证,地球的存在有47亿年的历史,地球上有生物的历史也有23亿年以上,在人类长达400多万年的漫长的历史长河中,高生育率曾经帮过人类的大忙。试想在人类诞生的早期和中期,如果不是高生育率而是生育率过低的话,那么说不定人类早被自然淘汰了。但是经久不衰的高生育率,特别是到了20世纪尤其是近半个世纪以来的高生育率,造成人口数量的巨大增长,不断加大着对资源、环境的压力,才给社会带来新的人口数量增长的威胁。

什么是生育,国际人口科学联盟编著的《人口学词典》解释为:"人口学对生育的研究,系考察同人类生育或再生产有关的某些现象","系指生育行为,而不是指生育能力"[①]。中国社会科学院语言研究所词典编写组编写的《现代汉语词典》,简单地将其定义为"生孩子"[②]。《辞海》则有

---

① 参见国际人口科学联盟编著《人口学词典》,杨魁信、邵宁译,商务印书馆1992年版,第71、78页。
② 中国社会科学院语言研究所词典编辑室编:《现代汉语词典》(修订本),商务印书馆1997年版,第1131页。

两种解释：一为"生长，养育"；一为"生孩子"①。还可再作一些推敲，"生育"原本由"生"和"育"两个词组成，每个词都有多个层次意义。《辞海》列举"生"有"生长"、"出生"、"活"、"性"等12种涵义；"育"有"生育"、"生存"、"培育"、"抚养"等涵义②；《现代汉语词典》大都吸纳了这些涵义，并对"育"增加了包括德育、智育、体育在内的教育的涵义③。笔者以为，我们探讨的生育文化中的"生育"，不应限于狭义的"生孩子"，还应包括广义一些的养育、教育方面的内容。

界定"文化"概念，学术界可谓见智见仁，五花八门的定义应有尽有。一是由于人们立足的学科不同，站在历史、哲学、文学、艺术、宗教、经济、政治、法律等不同学科给出不同的定义；二是由于人们所下定义方法不同，或倾向内在性、心理性，或倾向外部性、生成性，从而给出不同的定义；三是由于时代感不同，有的定义偏重过去、偏重历史，有的定义注重现实，有的注重未来。目前搜集到的关于文化的定义，已达100种以上。总起来看，关于文化的界定，可从三个层面上去把握：

第一个层面，广义的文化。古埃及人建造了金字塔，金字塔既是古代人类社会建筑的伟大创举，又是埃及科学和文化发展的象征，代表着尼罗河文化；中国的长城，北京的故宫、颐和园、明清皇家陵寝等被联合国列入世界文化遗产，因为这些建筑代表着历史发展时代的物质文明和精神文明财富，是用物质形式凝聚起来的文化；同样，14—16世纪以意大利留下来的大批建筑为代表，显示着以人为中心反对宗教和中古时期经院哲学，倡导科学研究的文艺复兴精神，也是一个时代的文化。在当代，有人将信息技术归并到文化，各种高科技产品是现代文化的结晶。因此，作为一定历史时期所创造的物质财富和精神财富总和凝聚起来的文明，可视为该时代广义的文化。

第二个层面，一般意义上的文化。希腊作为文明古国，其文明发祥地——爱琴海中的克里特岛，那里的居民很早便与居住在地中海沿岸的部

---

① 《辞海·语词分册》（修订稿），上海人民出版社1977年版，第1852页。
② 同上书，第338页。
③ 《现代汉语词典》，商务印书馆1997年版，第1541页。

落发生商业往来，正是这种公平的商业往来筑造了早期的一般意义上的文化，即一定社会的意识形态。包括思想、观念、传统、信仰、宗教、道德、伦理、习俗以及政策、法律等的"平等"观念和"民主"思想。中国受三面环山和沙漠阻碍，加上根深蒂固的封建思想的影响，虽然也有丝绸之路、郑和航海下西洋等发展商品贸易的壮举，一时间传为佳话；但是封闭环境和封闭式的文化则占据着绝对的优势。长期以来，形成孝、悌、忠、信、礼、仪、廉、耻一整套君臣父子封建社会特有的文化，即一般意识形态意义的文化。

第三个层面，狭义的文化。狭义的文化，指人所具有的科学知识和人文教育水平。如人们填写履历表时，常常要填写"文化程度"一栏，指的是所受的大学、中学、小学教育程度或文盲半文盲一类的狭义的文化。

二 生育文化概念

在界定上述生育概念和文化概念基础上，便可以来讨论生育文化概念了。笔者以为，生育文化就是围绕生育产生和形成的思想、观念、伦理、道德和行为规范，即反映生育变动和发展的意识形态，以及这种意识形态变换的物质形态。这样的定义包含以下几层涵义：

第一，"生育文化"中的"生育"，定位于生育的过程、生育的变动和发展。生育从最早的生育动机、精子和卵子的结合、胎儿发育到婴儿降生、围产期保健、新生儿成长等，是一个完整的过程。而且，考察400多万年人类发展的历史，"生育"同其他事物一样，也是不断变动和发展的。如随着社会经济的发展和生活水平的提高，妇女的育龄期在延长；目前国际上规定15—49岁为育龄期，但是随着健康的增进和预期寿命的延长，超过49岁还能生育者在增多，我国已发现一批50岁以上妇女还能生育的人群。与此相反的是，受孩子成本—效益变动驱使，人们的选择偏好正由追求孩子的数量向追求孩子质量转变，遂使家庭生育的孩子数减少；生育观念则由原来的多生多育，逐渐转变到少生优育上来。在历史推进到21世纪以后，生育的变动和发展更值得重视。因为以生命科学为主导学科的新技术革命的兴起，正推动着生育革命向前发展。试管婴儿的诞生对于传统的生育方式来说是一场革命，闹得满城风雨的"克隆人"的争论，这样的无性繁殖算不算生育？即使算作生育，也不是原来意义上的生育了。需要提及的一点是，"生育文化"中的"生育"，应当纳入人口变动和发展之中考察，而不仅仅是个人的行为。人的生育与一般动物的繁殖不同，它不仅是生物行为，更主要的是社会行为，应纳入社会范畴，同人口的变动和发展紧密联系在一起考察。

第二，"生育文化"中的"文化"，定位于观念形态上的文化。即在生育过程、生育的变动和发展中形成的相关思想、道德、传统、观念、宗教、伦理和行为规范，取"意识形态"一般意义上的文化。如果取狭义的人文和自然科学知识意义上的文化，显然过于窄了一些，难以反映人口变动和发展中形成的观念形态上文化的本质。当前值得注意的一个倾向是，在论述生育文化时有将"文化"越展越宽，有"越线"之嫌，应准确地把握它的内涵与外延。上述定义也包括"这种意识形态变换的物质形态"，不过这样的"物质形态"仅限于：一是在生育过程、生育变动和发展中形成的，而不是不着边际的硬"联系"上的"物质形态"；二是生育变动和发展形成的意识形态的物质结晶，即从生育、生育变动和发展形成的意识形态中凝固出来的物质形态，能够代表特定时代生育变动和发展的思想、观念、伦理、道德、传统和行为规范的物质形态。这样的"物质形态"是大量存在的，国内外都可找到诸多原始人崇拜生育的图腾、壁画和石刻等；现代的戏剧、电影、绘画、艺术、电子网络等表现的生育文化，更是淋漓尽致且富有鲜明的时代感。

第三，"生育文化"是生育与文化之间相互作用、相互影响过程中形成的文化。生育文化≠生育＋文化，不是二者简单相加的结果；生育文化的本质在于生育变动和发展与文化变动、发展之间形成的内在联系，即生育变动与发展的文化的本质，文化发展中受到的来自生育变动与发展的影响，二者交互作用形成的某种相对稳定的意识形态。这种意识形态在生育变动和发展中不断重复出现，逐渐形成某种带有规律性的运动，从中抽象出事物的本质，集合成一种观念，一种足以支配生育行为并且对生育变动和发展产生足够影响的意识形态。"生育文化"不能理解为"生育的"文化，生育不是文化的定语；"生育文化"是一个不可分割的词组和概念，一个表达完整意义的词组概念。

三　生育文化特征

人口学关注生育文化，是因为生育文化在生育变动和发展中有着不可替代的作用，是制约人口再生产起着支配作用的要素。要充分发挥生育文化的作用，还必须对生育文化的特征和作用的特点加以研究，掌握生育文化运动的规律。我以为，生育文化的基本特征可归结为两条：一是它的规范性，二是它的历史性。

1. 规范性

生育文化或生育文化中的任何一个组成部分，都有着特定的内涵和外延，规定着应该还是不应该，提倡还是反对，善与恶、美与丑的界限，起到预规和胁迫的作用。观念、伦理、道德具有概括和综合的意义，宗教则把这种概括和综合神化起来，因而表现得更为强烈。以中国传统文化而论，从孔子"庶矣哉"众民思想、宣扬多子多福，孟子"不孝有三，无后为大"、宣扬"男尊女卑"；到程朱理学"三纲五常"、"三从四德"等文化定式，无形之中形成一条思想的锁链，规范着人们的生育行为，千百年来人们在这种规范范围之内进行着人口的生产和再生产。"多子多福"、"多生多育"对上策动着统治阶级的人口政策，即使没有明确的人口政策，也会在相关的土地、税收政策中得到体现；对下左右着广大民众的生育实践，铸成追求人丁兴旺的经久不衰的传统生育文化。与这种东方生育文化观相反，西方将生育行为纳入商品和市场经济范畴，论证了生产孩子同生产其他商品类似，先要支付一定的成本，包括可变成本和不变成本，或者数量成本和质量成本；然后才有可能从孩子身上获得经济、精神等方面的效益，通行的是商品交换和市场经济原则下的生育文化，受经济利益支配的自主型的生育文化。

生育文化规范性的实现，主要依靠社会舆论的力量和行政胁迫的力量。舆论的一大特点是民众性，造成一种思想氛围，形成一种无形的网，规范着人们的行为准则，俗话说"舌头底下压死人"。如在传统生育文化中，女子未婚先孕不可宽容，被视为伤风败俗遭到谴责；在包办婚姻制度下，女子只能"嫁鸡随鸡，嫁狗随狗"地从一而终，没有离婚的权利，只有扮演被遗弃的角色。如今有了根本的改观，许多国家专门制定法律保护未婚母亲、单身母亲；妇女同男子一样，享有婚姻自主的权利，结婚和离婚享有自由。舆论对于作为观念上的文化的传播说来，起着导向和监督的作用，维系着某种特定的文化。思想、观念、道德等意识形态方面的东西，只能靠正确的导向作引导，靠舆论监督使之规范化。生育文化也是这样，特定历史条件下的占统治地位的生育文化，有着鲜明的导向性，崇尚特定的生育观念；同时形成一定的舆论氛围，对有悖于占统治地位生育文化的思想、道德、观念及其做法，进行舆论监督，保证主流生育文化的支配地位。

行政胁迫力量在维系生育文化方面的作用同样不可忽视。生育文化作为观念上的文化，前已叙及，属于意识形态范畴。对于意识形态范畴内的事情，首先应当运用宣传的、教育的、批评的、规劝的等方法维系，宣传规范化的生育文化，摒弃同规范化的生育文化相抵触的生育文化。社会也可根据需要，用行政手段维系某种生育文化。如中国历史上许多朝代为了修养生息、增强国力和应付战争需要，都实行过鼓励人口增长的政策，规定到了结婚年龄必须结婚，不结婚就要受到处罚，甚至重奖多生多育的政策。当前，我们为了推行计划生育基本国策，一方面进行宣传教育，宣传控制人口增长和实行计划生育的道理，提高人们的认识，坚持"三为主"；同时国家颁布了《中华人民共和国人口与计划生育法》，各省、自治区、直辖市制定了贯彻实施的具体办法，通过法律法规的形式培育新型生育文化。西欧、北欧、日本等发达国家为了克服少子高龄化带来的种种问题，实行了旨在提高生育率和鼓励人口增长的政策，维系的是体现商品市场经济的生育文化。

2. 历史性

任何一种生育文化的形成，都是特定历史条件下生产力发展、社会进步的必然结果，适应不同社会生产力发展水平有着不同的生育文化。当前，对于社会发展时代的划分不尽相同，如果以"不是按照生产什么，而是按照怎样生产"的标准划分，结合生育文化基本特征，经济时代可以划分成农业及农业以前社会、工业社会和后工业化社会三个基本的时代。其中农业及农业以前社会,又可分为原始社会、农业社会;后工业化社会,亦可称之为现代社会。每个时代有着明显的属于本时代的生育文化,故不同时代生育文化区分的标准或标志,是需要讨论清楚的。只有将这个问题讨论清楚,才能比较科学地区分不同历史时代的生育文化。我以为,区分不同历史时代生育文化的标准只有一个,即生育文化变动和发展的本质特征;这个本质特征的表现,即生育的目的、形式和调解的方式。按照这样的划分标准或标志判断历史上的生育文化变迁,可以大致概括如下:

(1) 农业及农业以前社会的生育文化。前已论及,可分为原始社会生育文化和农业社会生育文化两个时期。

① 原始社会生育文化。按照传统的进化论观点,400多万年以前最早的人类从动物界脱颖而出,从他们能够直立行走和拿起第一根木棒、石块时候起,便创造了最初的文化。不过在生育上,这种最早文化的影响却姗姗来迟,最早跨进人类大门的人们在生育上与其他动物没有多少差别。建立在群婚制基础上的杂乱性交,谈不上生育的明确目的性,更谈不上对生育的调节,就其实质说来,生育主要表现为种的延续。不过原始人的生育在不断地进化着,由于劳动和大脑的慢慢发达,人类有意识活动的不断增强,在实践中人类逐渐选择着能够带来较强体力和智力的后代的生育方式。从母系氏族过渡到父系氏族,从群婚的初级形式血婚制过渡到高级形式"普那路亚"伙婚制,记录着原始人类在生育上走过的漫长道路,留下简单但却是异常生动的文化色彩。至于生殖崇拜,那是原始人对生育现象无法解释而产生的神秘感的一种偶像,毫无疑问属于原始人类生育文化的表现之一,甚至是很重要的表现;但是生殖崇拜不能说明原始人对生育渐渐萌发的目的性的认识和婚姻生育方式的选择,因而不能概括生育的本质。从原始社会作为人类发展史中最长的一个时代观察,人类生育本质是由自然生物行为向有目的生育行为的过渡,由自然婚育方式向进步婚育方式的过渡。

② 农业社会生育文化。这一时代的生育文化可用一句话概括:多子多福生育文化。多福是目的,多子是手段,多子与多福紧密相连。在农耕时代,作为整个社会经济支柱的农业,是建立在自给自足自然经济基础之上的,基本的生产工具是手工工具。虽然手工工具的使用也有技术,但是手工工具条件下的技术实为技巧而已,与机器大工业条件下的技术不能同日

而语。由于劳动工具简陋，生产主要依靠劳动者的体力就是顺理成章的事情，多子也就有了充足的理由。此外，以家庭为基本生产单位的农业社会的老年赡养，多子具有明显的优越性，是谋求老有所养、老有所终的必然选择。由于在劳动和父系家族传统中男性具有的天然优势，多子一般专指男子，女子不在其列，在中国等东方国家尤其如此。多子多福也包括追求多子生育的方式在内，尽管农业社会科学技术水平低下，但是仍有从交媾到保胎，从分娩到养育的一套生育技术。

（2）工业社会生育文化。18世纪产业革命发生后，揭开人类历史发展的新纪元。从最初的蒸汽磨取代手推磨、纺纱机取代手摇纺车到机器大工业占据支配地位，传统工业化的最后完成，社会经济发展由以自然资本为主转变到以产出（生产）资本为主，对劳动力的要求也由以体力为主，转变到体力与智力并重，生育中的"育"得到价值增值。工业社会是商品经济高度发展的社会，通行的是商品交换的等价原则，交换价值升值也波及生育文化领域。人们自觉不自觉地用商品经济一套原则来权衡生育，生育孩子的数量、质量最终取决于孩子成本—效益。在工业化初期，由于技术构成不高，需要较多数量的劳动者，刺激了生育率的上升；随后由于技术构成的不断提高，机器排斥工人作用力的增强，受孩子成本—效益作用影响，遂使生育率下降，发生由高出生、低死亡、高增长向着低出生、低死亡、低增长人口再生产类型的转变。此外，社会保障事业发展起来，孩子养老保障功能削弱，农业社会子嗣观念削弱等，都导致家庭由追求孩子的数量转变到追求孩子的质量。社会对生育的调节，主要的也是通过利益导向影响孩子成本—效益，影响家庭生育决策选择。因此，工业社会生育的目的、方式和调节的办法，通行的是利益选择和商品交换原则，是商品交换型生育文化。

（3）后工业化或现代社会生育文化。传统工业社会经过200年左右的发展达到高潮，开始步入后工业化时代。标志是以微电子技术为前导，包括新材料、新能源、宇航、海洋等新技术的兴起；20世纪末，这一技术革命又发展到以生命科学为主导包括基因、纳米、生物等技术在内的更新的技术革命。这一革命对生育文化的冲击要强烈得多、深刻得多，很可能形成新技术革命时代全新的生育文化。在英语中，生育 fertility（名词）与受精 fertilization（名词）、使受精 fertilize（动词）本属同一词根，前提是受精和母亲从怀胎到分娩、养育的过程。但是在生命科学发展起来之后，试管婴儿的诞生改变了原来生育的条件，克隆技术的发展为克隆人提供了技术支持，试想，如果试管婴儿、克隆技术都加入到人口再生产之中，那么原来意义上的生育概念还能不改变嘛！而生育观念要随着生育概念内涵和外延的改变而改变，生育文化也要随着改变。在历史发展到 21 世纪，经济、科技、社会达到高度现代化的情况下，生育的目的是促进人口与经济、社会协调发展，谋求人口与资源、环境的可持续发展已形成普遍的共识。可持续发展观的核心是以人为本，以满足人的全面发展需要为根本目的，包括满足生理、心理和发展等不同层次的需要；发展以人力资本为主要驱动力，在自然资本、产出资本、人力资本、社会资本"四大资本"中，人力资本具有决定的意义；以人为本的可持续发展理论体系，包括全方位的适度人口论、稀缺资源论、生态系统论、总体经济效益论、社会协调发展论，把人口的生产和再生产纳入可持续发展战略之中。在这种可持续发展总体框架下，现代社会生育文化呼之欲出，那就是还人类本原意义的以人为本的生育文化。

四　生育文化理论框架

由于近年来学术界对生育文化高度重视，研究成果日益增多，已有人将生育文化列为一门独立的分支学科，提出相应的理论框架结构。我以为，就目前研究的深度和广度而论，作为一门独立的分支学科尚不够成熟，可以先研究一下生育文化的理论体系和框架结构，找出生育文化主要由哪些部分构成，各构成部分之间关系怎样，即找出由生育文化内涵决定的生育文化的外延及其结构。

基于这样的考虑，笔者将生育文化划分成数量生育文化、质量生育文化、结构（主要是性别结构）生育文化、形式（主要是婚姻形式、家庭形式）生育文化四类。下面分别做出简明阐释：

1. 数量生育文化

顾名思义，围绕生育数量多寡而形成的文化。既然生育文化是在生育变动和发展与文化变动和发展中交叉形成的文化，那么围绕生育子女数量形成的思想、观念、伦理、道德以及包括生育政策在内的行为规范，就是人们首先关注的对象。生育变动，无论是生育率由高向低还是由低向高的变动，都意味着人口数量上的变动，是人口数量变动的决定性因素。最早的人口学，产生于对死亡登记的统计学分析，同统计学的发展密切相关。人口（population）是总体（universe）的意思，是总体的同义语；尽管有时指部分居民，如老年人口、劳动年龄人口等，也是指特定范围内的总体人口。人口一般用来表示具体的规模（size），即一定地域、一定时间的个体的总数（totalnumber），与不具备数量意义一般概念上的人（person）、人类（human）不同。因此人口学历来十分重视人口数量和生育率变动研究，数量生育文化在全部生育文化中起着主导的作用。数量生育文化研究的，主要是关于生育的目的、生育的数量、生育的方式等的观念形态的文化，是在生育过程和生育变动中形成的思想、观念、传统、伦理、道德和行为规范。

数量生育文化所关注的，首先是生育的动机、生育的数量和目标是什么，回答人们为什么要生育，生育多少孩子为宜这一关系生育缘起的基本问题。前已述及，在农业社会，由于社会生产力不发达，手工工具生产条件下劳动者数量具有决定的意义，家庭希望多生多育是很自然的事情；社会则把人口和劳动力数量视为基本的国力，是关乎国家强盛与否的决定性要素，客观上众民主义存在着滋生的土壤。于是上自国家下至平民百姓，上下结合衍生出多子多福、人丁兴旺、国富民强一幅幅人人皆大欢喜的"多子富贵图"。工业化特别是后工业化开始以来，科学技术日新月异，经济的发展由主要依靠劳动者的体力转变到依靠劳动者的智力，主要依靠人力资本以及与人力资本相关联的社会资本，少生优育也就成了从国家到民众寻求发展的合理选择。从多子多福到少生优育是生育观转变中的根本性转变，也是数量生育文化中的深刻的革命。考察人口的生产和再生产由高出生、高死亡、低增长向高出生、低死亡、高增长，再向低出生、低死亡、低增长的转变，大体上同农业社会及以前的数量生育文化、工业社会数量生育文化、后工业化社会数量生育文化相对应，生育子女数量多少的文化反映着人口转变或人口革命的进程。

2. 质量生育文化

质量生育文化，是围绕出生和养育孩子质量而形成的思想、观念、传统、伦理、道德和行为规范，即关于出生和养育孩子质量的意识形态及其行为规范。古今中外人人都期望生育健康活泼的孩子，并且希望培育孩子成才；但是不同的民族、种族，或者同一个民族、种族在不同的历史阶段，有着不尽相同的理念。信奉种族论者，认定有的民族天生聪明，有的民族生来愚昧，是天生种族优生主义者；期望孩子长大成才也有不同表现，农业社会质量生育文化的"望子成龙"观，对于广大民众说来，是改换门庭、光宗耀祖，寄予厚望；工业社会质量生育文化，虽然很多人"望子成龙"观没有多少改变，但是更多考虑的是孩子自身的发展，"改换门庭"淡出，谋求发展增值。在培养后代成才的方式上，东西方之间存在很大差异，东方更强调具有一定传统的规范化教育，"天人合一"式的大一统教育；西方更强调子女自身的成长和发展，进行富有个性化的教育。

3. 结构生育文化

结构生育文化，是就出生和培育过程中围绕子女结构形成的思想、观念、传统、伦理、道德和行为规范。众所周知，人口结构包括人口的自然结构，即年龄、性别结构；人口的非自然结构，主要包括人口的民族、城乡、地域、文化、职业结构等。结构生育文化大致上与人口结构类同，但是由于出生人口的特殊性，年龄对于出生人口说来没有意义，都是从零岁开始；而文化、职业等的结构是在生育以后逐步形成的，因而也不宜从出生上去考察。因此，最主要的结构生育文化，是性别结构生育文化，本书也仅从这一角度做出相应研究。所谓性别结构生育文化，就是围绕出生性别形成的观念、思想、伦理、道德和行为规范。对于像中国这样长达几千年农业文明占优势的国度说来，长期形成的性别偏好至今犹存，生育男孩子欲望强烈。1949年中华人民共和国成立以来，由于妇女在经济、政治、文化、社会生活和家庭生活中享有同男子一样的权利，妇女地位显著提高，致使50年代至70年代出生性别比降低许多；80年代以来出生性别比出现攀升，2000年全国人口普查达到116.9，高出正常值一大截，值得高度重视，需要下大力气研究解决。而且新的出生性别比升高有着某些新的特点，如经济、科技、文化比较发达的东部沿海地区比内地为高，人口控制较好的地区比较差地区为高等，表明在目前生育文化和生育政策下，性别结构生育文化仍有较明显的历史继承性。而在西方发达国家就没有这种性别偏好，甚至出现相反的性别偏好，体现着男女平等的生育文化观。

4. 形式生育文化

所谓形式生育文化，是指在生育形式上形成的思想、观念、传统、伦理、道德和行为规范。生育同其他许多事物一样，也要采取一定的形式，主要的，一是采取一定的婚姻形式，二是采取一定的家庭形式。因而形式生育文化主要考察的，一是婚姻形式生育文化，二是家庭形式生育文化。

（1）婚姻形式生育文化。一般的说，生育总是在一定的婚姻形式下进行的，生育同婚姻结下不解之缘。不过，从人类诞生的第一天起，非婚生育就一直存在，婚姻与生育并不是一成不变地结合在一起的。然而就总体上观察，婚姻与生育的关系还是异常紧密的。可以说，有什么样的婚姻，就有什么样的生育文化；反之，有什么样的生育文化，也就必然伴随有什么样的婚姻制度。母系氏族的群婚制，生下来的孩子找不到自己的生身父亲；现代社会的一夫一妻制，生育的子女从属于夫妇双方；而非婚生育的子女，从属关系为父还是为母，没有明确的定式。婚姻形式有着不同的划分，目前我国婚姻形式的划分包括未婚、初婚有配偶、再婚有配偶、离婚和丧偶5种。2003年全国15岁以上人口100 415万，其中未婚19 672万，占19.6%；初婚有配偶72 185万，占71.9%；再婚有配偶1729万，占1.7%；离婚1081万，占1.1%；丧偶5749万，占5.7%。[①] 可见，目前初婚有配偶生育仍占绝对优势，其余4项加总尚不足29%；然而作一下历史比较，则可看出：未婚生育和离婚生育所占比例均有明显上升，说明人们在生育观念上的变化。

在婚姻形式生育文化考察中，还要注意到婚姻的血缘关系。世界上多数国家和民族、种族，都有限制某种血亲结婚和生育的规定。我国自古就有"同姓不婚"的说法，后来发展到几代人之内不得结婚和生育。不同民族、种族的婚育习俗更是五花八门，有的将通婚圈限制得很小，提倡本民族、本种族内的通婚和生育；有的则限制本民族、本种族一定范围内的通

---

① 依据《中国统计年鉴2004》数据计算，中国统计出版社2004年版，第105—106页。

婚和生育。随着时代的前进，趋势是扩大通婚圈和不同民族、种族的婚育，这样有利于生育质量的提高。

（2）家庭形式生育文化。家庭作为人口再生产的基本单位，同生育有着千丝万缕的联系，家庭环境怎样，决定着人们预期生育的数量和质量，决定着人们的生育意愿。以自然经济为基础的农业社会，"四世同堂"、"五世其昌"的联合大家庭，与多生多育的生育观联系在一起；以商品经济为基础的工业社会，以夫妇与未婚子女一起的核心家庭为主体，少生优育的现代生育观占据支配地位。家庭随着社会经济生活和文化生活的改变而改变，家庭形式生育文化也是不断发展的。虽然当今社会普遍以夫妇自己家庭生育为主，但是母系氏族社会在母亲家庭生育的传统仍在许多地方保留下来，我国一些地方至今有着结婚女子在原来母亲家中生了孩子以后，才抱着孩子回到丈夫家一起生活的习惯。随着社会经济和科学技术的发展，生育技术上的进步改变着生育的形式，在时间和空间上表现出来，生育间隔的延长就是一例。生育间隔的长短，表明一代人的生育周期，对于生育率的变动有着现实的意义。历史上随着社会习俗的改变，不同民族、种族生育习俗的改变令人眼花缭乱，而每一个改变背后，都渗透着五光十色的家庭形式生育文化。其中最值得关注的，是家庭小型化在文化上的表现。根据历次人口普查得到的资料，中国在家庭小型化方面进展显著：1953 年普查全国家庭户平均 4.33 人，1964 年平均 4.43 人，1982 年平均 4.41 人，1990 年平均 3.96 人，2000 年平均 3.44 人，到 2002 年进一步缩减到 3.39 人。[①] 家庭小型化趋势同生育率的下降息息相关，同家庭形式生育文化的悄然改变密切相关。

以上立足人口学以及人口学与相关交叉学科视野，提出数量生育文化、质量生育文化、结构生育文化和形式生育文化 4 种生育文化，构建起生育文化基本理论框架结构。在这 4 种生育文化结构中，结构生育文化和形式生育文化只是重点考证了其中的主要领域，并未全部展开。本书的一个显著特点是，在阐发某个领域生育文化的时候，除了考证该生育文化的

---

① 资料来源：庄亚儿、张丽萍编著《1990 年以来中国常用人口数据集》，中国人口出版社 2003 年版，第 16、17 页；《中国人口统计年鉴 2003》，中国统计出版社 2003 年版，第 21 页。

产生、表现、主要特征和发展趋势外，特别注重理论上的分析，分析该生育文化是在什么样的社会背景下发生和发展，在广泛吸取国内外人口学、社会学、人类学、生物学、遗传学、医学、文化学等科学成分基础上，紧密结合我国实际，作出理论与实际相结合的研究，努力创建和发展具有我们自己特点的生育文化科学。

参考文献

1. 张忠利、宗文举：《中西文化概论》，天津大学出版社2002年版。
2. 潘贵玉主编：《中华生育文化导论》，中国人口出版社2001年版。
3. 田雪原等主编：《生育文化研究》，中国财政经济出版社2006年版。
4. 国家人口和计划生育委员会宣教司编：《全国生育文化理论与实践研讨会论文集》，中国人口出版社2003年版。
5. 孙熙国等：《中国传统文化与社会主义文化建设》，兰州大学出版社2002年版。
6. 联合国国际人口学会编：《人口学词典》，杨魁信、邵宁译，商务印书馆1992年版。
7. 《辞海》（修订稿），上海人民出版社1977年版。
8. 中国社会科学院语言研究所词典编辑室编：《现代汉语词典》（修订本），商务印书馆1997年版。
9. United Nations, *Population and Development*, New York, 2001.
10. United Nations, *Population Newsletter*, *December* 2002, NewYork, 2002.

（选自田雪原等《生育文化研究》，中国财政经济出版社2006年版）

"中等收入陷阱"的人口老龄化视角

一个阴影笼罩在新兴市场经济国家上空——"中等收入陷阱"阴影。考察第二次世界大战结束后不同类型国家发展的历史，只有日本、韩国等少数国家得以超越，步入高收入国家行列；绝大多数发展中国家，特别是拉美、加勒比地区和亚洲的大批发展中国家，均程度不同地落入"中等收入陷阱"，在"陷阱"中挣扎着发展。2011年中国人均GDP达到5557美元，刚刚跨进中高收入门槛，面临"中等收入陷阱"考验。能否科学应对人口老龄化挑战，就是这个考验的一个重要方面。

一 关于"中等收入陷阱"

迄今为止，在人类生活的400多万年的历史长河中，经历过许多"发展陷阱"。第二次世界大战结束以来，经历或者正在经历的主要有："贫困陷阱"——多数居民生活在贫困线以下，人均GDP不足1000美元；"人口陷阱"——与人口高出生、低死亡、高增长相伴，经济长期停滞不前；"城市化陷阱"——一些国家尤其是拉丁美洲和加勒比地区一些国家，以超大城市畸型发展为主要特征的城市化，拖住了国民经济前进的后腿；"生态陷阱"——传统工业化造成资源短缺、环境污染加剧，破坏了人类赖以生存的环境；以及更具有综合性质，当前颇具现实意义的"中等收入陷阱"。

2006年世界银行在《东亚经济发展报告》中，提出"中等收入陷阱"（以下简称"中收陷阱"）命题。该报告缘于亚洲以及拉美一些新兴市场经济国家，在人均GDP走出1000美元"贫困陷阱"以后，很快达到3000

美元以上。但此后却长期徘徊在 3000—5000 美元之间，只有日本、韩国等少数国家例外。总结这一带有普遍意义的现象，就将人均 GDP 5000 美元左右经济发展的相对停滞阶段，称为"中收陷阱"。对于这一命题，赞成与不赞成者均有之，关键要弄清两个基本问题：

第一个问题，为什么走出人均 GDP 1000 美元"贫困陷阱"以后，经济得以迅速"起飞"。结合第二次世界大战后的具体情况，可从国际背景和国内发展动力两方面做出阐释。就国际背景而言，一是有一个相对和平、稳定、有利于经济发展的环境。虽然二战后局部的摩擦和战争从未间断过，但均为局部战争，规模有限，介入的国家不是很多；产生的影响有限，除少数直接参战国外，其余国家未曾受到多少影响；战争具有打打停停、打谈交替进行特点，没有分出最后的赢家与输家，没有战争赔偿等后遗症，经济直接伤害不大。二是各国竞相推出刺激经济发展的改革。实行高度集中统一的计划经济国家，20 世纪八九十年代纷纷实行市场经济体制的改革，释放了生产力。西方国家和一些发展中国家也在不断寻求改革，既有统一货币、经济联系紧密的欧共体诞生，也有松散型但经贸往来享有更多互惠的东盟的出现，更多的则是国家内部在经济体制、管理、财政、税收、货币等的改革，适应了信息化、经济全球化发展需要。三是人口转变带来的经济效应。二战后的一二十年，迎来全球性的一次生育高潮（babyboom）。战后至 1965 年，世界人口出生率保持在 35‰以上，发达国家在 20‰以上，发展中国家在 40‰以上。如此，0—14 岁少年人口经历 20 多年迅猛增长后转而呈下降趋势，奠定了自 20 世纪 60 年代后期以来，劳动年龄人口占比持续上升、老年和少年人口之和占比呈持续下降的走势，构筑一段长达 40 年左右的人口年龄结构变动的"黄金时代"，为社会经济发展提供了相应的"人口盈利"、"人口红利"或"人口视窗"，成为经济"起飞"的重要条件。不过"黄金时代"到来的迟早和"盈利"、"红利"的高低，发达国家与发展中国家之间有很大差别；同为发达国家或发展中国家，不同国家之间也有很大差别，要做具体分析。

外因是变化的条件，内因是变化的依据，是发展的决定性力量。就内部发展动力而言，最值得重视的一条，走的都是传统工业化的道路。或从轻纺工业起步，或以重化工业开端，大都沿着资源消耗型与劳动密集型相结合的路子发展下来。这样的传统工业化，像轻工、纺织、采矿、冶炼、钢铁、机械、水泥、石化、造船、建筑业等，技术和工艺已经比较成熟，主要生产流程各国均比较熟悉，只需具备一定的资源、劳动力和资金，便可以发展起来。资源和劳动力是发展中国家的强项，而资金可以通过税收、发行债券等手段取得，还可以寻求外援和借贷。于是20世纪下半叶，许多发展中国家呈现城乡点火，处处冒烟，出现传统工业极其壮观的发展场面，以比较快的速度达到中等收入水平。

第二个问题，达到中等收入水平以后又为何陷入停滞状态。虽然各国情况不尽相同，但是仍然有着某些共同性的东西可循。主要是：

其一，跟不上科技进步、信息化、经济全球化的步伐。第二次世界大战结束后，发生包括电子计算机、新能源、新材料、激光、宇航、海洋、生物工程等新的技术革命，当前又进展到以生命科学为主导学科的新的阶段。与新技术革命相伴的，是新兴产业的迅速崛起，成为引领新一代经济发展的主导产业。作为这次新技术革命前导的微电子技术和产业得到迅速发展，信息化带动工业化成为主导发展的潮流。毫无疑问，发达国家处于引领地位，发展中国家受到某种排挤，难以运用先进的信息技术改造和武装工农业物质生产部门、服务业非物质生产部门、劳动和管理等部门，从而使劳动生产率、社会工作效率和效益的全面提高受到限制，产业结构不能迅速调整到以高端产业为主上来，经济运行不能有效转变到低耗高效轨道上来，经济发展方式长期得不到根本性转变，只能停留在承接传统产业转移为主的发展模式。这在经济全球化加速推进，全球性市场加速形成，资本在国际间流动速度加快，以及跨国公司为主体的国际合作体系加速扩张背景下，发展中国家融入国际市场难度加大，权益得不到应有的保障，常常被置于附属地位，阻碍了经济的发展。

其二，社会矛盾集中爆发。脱离"低收入陷阱"后的经济起飞，虽然事实上高收入与低收入、城市与乡村、脑力劳动与体力劳动的收入差距在扩大，但是因为经济在不断发展，居民收入总体上在稳步提高，低收入者大都忍受了。一些国家还通过若干改革措施，缩小收入差距的扩大，缓解了不同阶层和阶级的矛盾，没有爆发剧烈的社会冲突，社会秩序基本保持稳定。达到中等收入水平以后，社会资源占有不公和收入差距扩大累加到严峻程度，引发矛盾集中爆发，出现经济增长回落或停滞、贫富两极分化加剧、过度城市化负面影响显现、失业率屡创新高、社会公共服务缺失、抑制腐败失效、社会秩序混乱、财政金融体制机制难以维系等，最终止住了经济"起飞"阶段快速发展的步伐。

其三，畸型发展的城市化。落入"中收陷阱"的国家，大都首先陷入以大城市畸型发展为主要特征的过度城市化。这种城市化以拉丁美洲国家最为典型，又称城市化"拉美陷阱"。其基本特征可用三个"畸型并存"概括：一为畸型先进与畸型落后并存。一方面，这些大都市拥有先进的科学技术、现代化的产业、高档的住宅和相应的现代化设施；另一方面，存在着原始手工作坊式的生产、贫民居住区缺少最基本的公共设施、被边缘化到城乡结合部的大量贫民窟。二为畸型富裕与畸型贫困并存。大企业家、银行家、高级职员等收入丰厚，可谓腰缠万贯；而生活在贫困特别是生活在贫民窟内的居民，几乎是一贫如洗，相当多的贫民不得不以乞讨为生。三为畸型文明与畸型愚昧并存。教育、卫生、文化等资源被少数富人占有，他们的现代文明与发达国家没有什么两样；而穷人却与这些资源无缘，上不起学、看不起病，不能享受这个时代应当享受的文明生活。目前占人口10%的富人占到总收入的70%以上，贫困人口占到总人口的40%左右，其中60%以上居住在城市特别是超大城市中。这就形成了城市中大量无业和失业的人口群体，城市失业率超过10%；社会冲突加剧，治安等社会问题成为影响政局稳定的重要因素；政府财政拮据，城市治理不得不在很大程度上依赖国外援助，造成国家债台高筑；城市公共设施严重不足，交通运输和水、煤气等的供给紧张，环境污染加剧；城区地价大幅度上涨，失业人口和流入的农民纷纷向郊外转移，逐渐形成大面积的"农村包围城市"的贫民区，与现代化的城市中心区形成鲜明的对照。拉美国家人口城市化的畸型发展，不仅没有给城市的健康发展注入活力，也没有给农业经济的发展创造新的生机，反而成为国家财政的累赘，城乡经济发展的绊脚石，跌入"中收陷阱"的铺路石。

其四，人口老龄化的影响。人口老龄化是指老年人口占总体人口比例不断上升的过程，其成因是出生率的下降和预期寿命的延长。然而"下降"和"延长"并不同步，一般情况下，老龄化前期"下降"快于"延长"，老龄化后期"下降"慢于"延长"。"下降"与"延长"的这一时间差，决定着老龄化前期经历一段人口年龄结构变动的"黄金时代"（田雪原，1983），提供相应的"人口盈利"、"人口红利"；后期则转变为"人口亏损"、"人口负债"，对经济发展的负面影响逐渐显现出来。"机遇与挑战并存"时下成了一句套话，许多问题的阐述套用这句话，有的实难避免牵强附会之嫌。然而人口老龄化对社会经济发展的作用和影响，用"机遇与挑战并存"概括却是货真价实、再恰当不过了。在人口老龄化背景下，走出"中收陷阱"既要及时把握"黄金时代"机遇，也要有效应对"人口亏损"挑战。本文以下结合中国实际和国际经验，重点对这两个方面做出阐发。

把握"黄金时代"机遇期

老龄化前期出生率下降快于预期寿命延长，意味着0—14岁少年人口占比下降快于60或65岁以上老年人口占比升高，导致老少从属年龄人口或被抚养人口之和占总体人口比例下降，15—59岁或15—64岁劳动年龄人口占比升高。前已叙及，第二次世界大战结束后，先是经历了一段全球性的生育高潮，人口年龄结构出现年轻化趋势。其后，进入20世纪60年代发达国家出生率出现下降趋势，并且这一趋势一直延续下来；进入20世纪70年代发展中国家出生率开始下降，这一趋势也一直延续下来，只是下降的速度比较缓慢，一些国家还出现过反复。出生率变动的这一走势，决定着劳动年龄人口数量和占比的变动。参见图1、图2和图3[①]：

---

① 资料来源：United Nations, *World Population Prospects: The 2008 Revision*, pp. 48—52, New York, 2009。

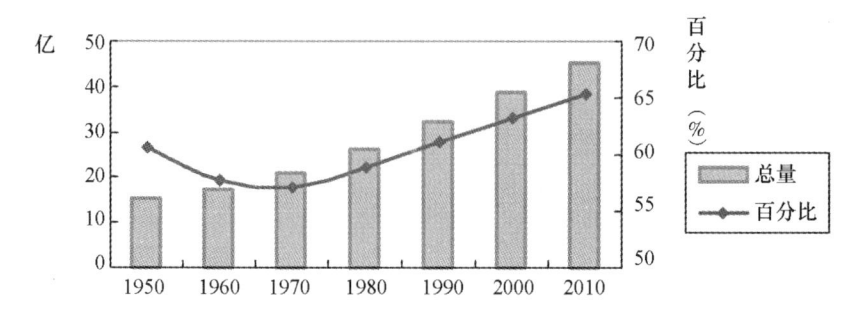

图1 1950—2010年世界15—64岁劳动年龄人口变动

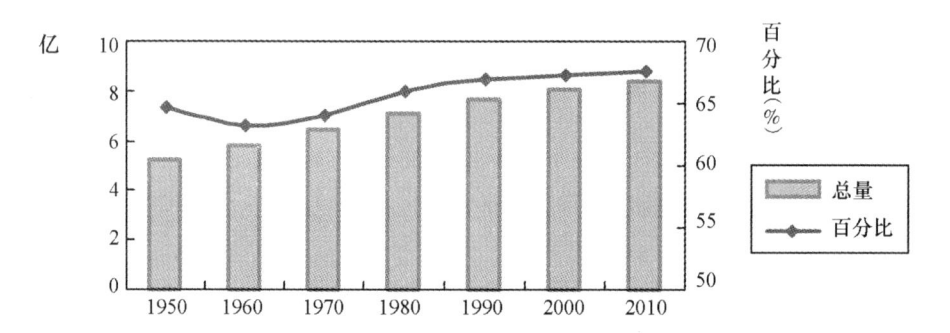

图2 1950—2010年发达国家15—64岁劳动年龄人口变动

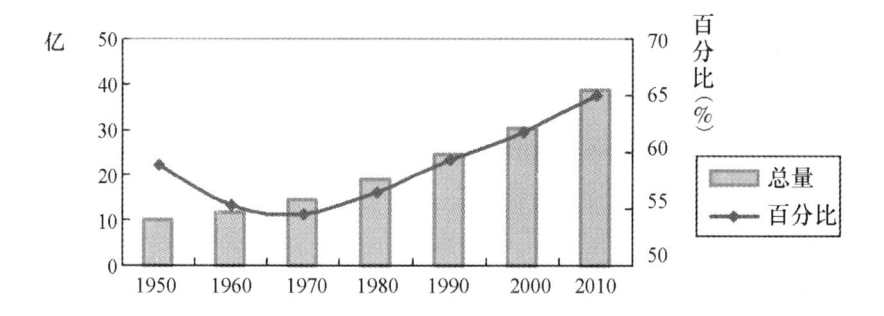

图3 1950—2010年发展中国家15—64岁劳动年龄人口变动

图1、图2、图3表明,无论是世界还是发达国家、发展中国家,15—64岁劳动年龄人口绝对数量均呈持续增长趋势,只是增长的幅度发展中国家要高出发达国家许多。然而受战后生育高潮出生率较高影响,五六十年

代劳动年龄人口占比呈下降趋势；六十年代后期和七十年代以来受出生率持续下降影响呈上升趋势，总体上呈"亚 U 型曲线"走势。所谓"亚 U 型曲线"，是指同标准 U 型曲线比较有某些修正：U 型曲线左边下降幅度较小，U 型曲线右边上升幅度较大，呈"√"状而非标准 U 型。与此相对应的是从属年龄比（dependencyratio，$0-14+65^+/15—64$），呈倒 U 型曲线走势。参见表 1：

表 1　　　　　　　　　　1950—2010 年世界从属年龄比变动　　　　　　　单位：%

年份	1950	1960	1970	1980	1990	2000	2010
世界	64.7	73.3	75.1	70.1	63.7	58.2	52.9
发达国家	51.7	57.0	56.0	51.7	49.5	48.6	47.9
发展中国家	70.1	80.8	83.5	77.0	68.4	62.1	53.8

表 1 显示：世界和发展中国家从属比以 1970 年前后为最高，因为第二次世界大战后世界和发展中国家出生率下降始于 20 世纪 70 年代；发达国家生育高潮结束较早，1960 年前后即迎来从属比峰值，此后则出现逐步降低走势。换句话说，第二次世界大战后发生的一段生育高潮，曾使世界和发展中国家经历 20 多年，发达国家经历 10 多年的劳动年龄人口占比下降、少年和老年被抚养人口占比升高，于社会经济发展不利的时期。这一时期过后，便是劳动年龄人口占比持续上升，从属年龄比持续下降的人口年龄结构变动的"黄金时代"。"黄金时代"的贡献，一是提供比较充裕的劳动力，满足经济"起飞"对劳动力的需求，并使活劳动成本变得廉价，有利于商品竞争力的提升；二是少年和老年人口之和占比下降，社会总抚养比经历长达 40 年左右下降的最佳时期，提供有利于经济发展的"人口盈利"、"人口红利"，起着不可替代的作用。众所周知，战后日本、韩国经济遭到很大破坏，恢复起来困难很多。然而他们却迅速发展起来，步入高收入国家的成功经验之一，就是紧紧抓住人口年龄结构变动的"黄金时代"，充分利用这一时代带来的"人口盈利"、"人口红利"加快发展。无独有偶，新中国成立后人口变动走过的轨迹证明，情况与日、韩两

国有着很大的相似之处。参见图4：

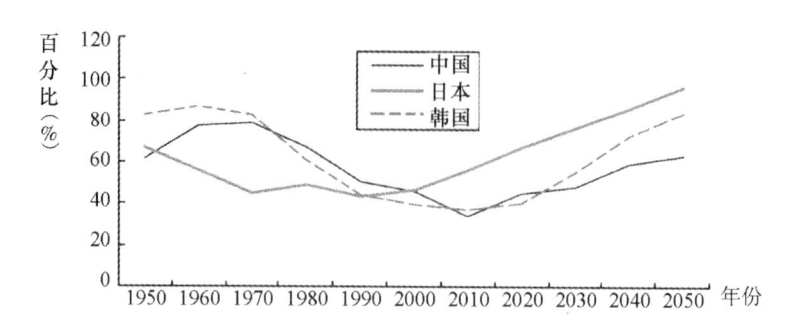

图4 1950—2050年中日韩从属年龄比变动比较

资料来源：日本、韩国资料参见 United Nations：*World Population Prospects*：*The 2008 Revision*。中国资料参见相应年份《中国人口统计年鉴》和《21世纪中国人口发展战略研究》一书中位预测。

如果划分"黄金时代"的标准定在从属年龄比在0.5以下，日、韩和中国都经历在从属年龄比下降击穿0.5分界线以后，继续下降并触底反弹回升到0.5以上，时间在40年左右。不过由于三国生育率和出生率下降有先有后，三国跨入和走出"黄金时代"的时间也有所不同。日本最早进入，1963—2005年从属年龄比保持在0.5以下，经历42年的"黄金时代"；韩国于1986—2026年，经历40年的"黄金时代"；中国于1990—2030年，"黄金时代"为40年。三国比较，日本进入"黄金时代"早于韩国23年，早于中国27年；结束早于韩国21年，早于中国25年。联系三国的经济发展，上述三段时间正是各自经济发展最快的时期，充分展现了人口年龄结构"黄金时代"的巨大推动力。当前国内外关于中国经济高增长还能持续多久，引起热议。从人口年龄结构变动角度观察，可以给出比较明确的答案：大致可以支持到2030年从属年龄比回升至0.5以上之后。在未来20年中，设计三种国内生产总值增长方案：①如果保持年平均7.0%的速度增长，2030年可达1552525亿元；人口以14.65亿计算，则人均GDP可达105974元；再以目前人民币对美元639∶100不变比价计算，则人均GDP可达16584美元。②如果保持年平均5.0%的速度增长，届时可达1064508亿元，人均GDP可达72663元，折合11371美元。③如果保持年平均3.0%的速度增长，届时可达724615亿元，人均GDP可达

49462 元，折合 7740 美元。① 当前，对"中收陷阱"上限，有人均 GDP6000 美元、8000 美元、10000 美元不等，如以 10000 美元作上限，方案①超过很多，方案②也有超过，而方案③则有较大差距。据此，中国要想脚踏实地的跨越"中收陷阱"，未来 20 年国内生产总值增长速度不应低于 5%。可能有人认为 5% 的增长率过低，这样的预测与当前的现实不对称；然而在经过改革开放 30 多年的持续高速增长之后，在未来的 20 年中保持 5% 的年平均增长率，为中外发展史上所不多见、并且不低。如能实现，将是中华民族伟大复兴的重要里程碑。

那么能否实现呢？取决于政治的、经济的、社会的等诸多因素，其中重要的一点是能否抓住人口年龄结构变动"黄金时代"的机遇。目前，学术界称刘易斯拐点已经到来，"人口盈利"、"人口红利"结束，"人口视窗"关闭，"人口负债"已经开始者有之；劳动力不足已经显现，"民工荒"将会越来越严重者有之；主张继续收紧人口生育政策，让劳动力向卖方市场转变，从而倒逼产业结构升级者也有之。观点不同与对"黄金时代"的判断，"人口盈利"、"人口红利"走势及其延续时间的估量有关。笔者以为，要具体区分劳动年龄人口占比和劳动年龄人口绝对数量两种变动。2010 年普查 0—14 岁人口占比下降到 16.6%，65 岁以上老年人口占比上升到 8.9%，15—64 岁劳动年龄人口占比上升到 74.5%，按照年龄结构推移，当处于"黄金时代"峰顶位置，从属比下降到 34.2% 最低值，可视为刘易斯第一拐点。其后转而上升，至 2030 年以后上升到 50% 以上，"黄金时代"结束。15—64 岁劳动年龄人口绝对数量，将于 2017 年上升到 10 亿峰值，此可视为刘易斯第二拐点，此后出现劳动年龄人口绝对数量的减少，2050 年可减至 8.5 亿左右。目前处在刘易斯第一拐点与第二拐点之间，虽然处于弧顶阶段增长缓慢，但是态势上还在增长，劳动年龄人口总体上不存在短缺问题。存在的是相对短缺或结构性短缺，如东南沿海等一些地方，一方面"劳工荒"有蔓延之势，另一方面大学生就业难成为普遍存在的社会问题。2017 年以后劳动年龄人口绝对数量逐步减少，至

---

① 资料来源：以 2010 年国内生产总值 401202 亿元为基期计算，参见中华人民共和国国家统计局《2010 年国民经济和社会发展统计公报》。

2050年年平均减少四五百万，值得重视；尽管总体上不至于发生严重的劳动力短缺，但是新的结构性短缺会逐步加剧。这就为工资率的大幅度提升、劳动生产率的大幅度提高和产业结构提高到以高端产业为主导的发展轨道上来，创造了必要的条件。

二　应对"人口亏损"挑战

以上分析表明，在走向人口老龄化过程中，从属比一般都要经历由下降到上升的转变，即笔者称之为刘易斯第一拐点的转变。只要上升不超过一定的界限，例如本文定义为从属比不超过0.5，即可认定处在人口年龄结构变动的"黄金时代"。立足人口老龄化视角，能否顺利跨越"中收陷阱"，关键在于能否充分运用"黄金时代"加快社会经济发展，在"人口亏损"、"人口负债"期到来之前，实现成功超越。不过，即使在"黄金时代"期间，也面临诸多挑战，越过刘易斯第一拐点之后挑战增强，越过第二拐点之后挑战变得更为严峻。联系中国实际，主要是：

其一，从属年龄比不断攀升。越过刘易斯第一拐点即进入"黄金时代"后期，从属比转呈上升趋势，"人口盈利"、"人口红利"呈递减趋势。图4显示，中国在2010年刘易斯第一拐点时，从属比下降到34.2%最低值，其后便步入上升轨迹。2017年刘易斯第二拐点从属比可上升到42.5%，至2030年"黄金时代"结束时可上升到49.0%。其后呈加速上升态势，2040年可上升到59.0%，平均每年升高一个百分点，为上升最快时期；此后上升速度趋缓，2050年可达63.4%。那么，是何原因使从属比由下降转而上升呢？少年人口占比稳中有降，主要是老年人口占比升高的结果。65岁以上老年人口占比可由2010年8.87%，上升到2017年10.6%，2030年16.2%，2040年22.0%，2050年23.1%。由此决定着老年退休金的大幅度增长，几乎成为一种定势。国际社会一般将支付老年退休金占国民收入10%或工资总额29%定为"警戒线"，超过这一"警戒线"，将使国家的财政经济陷入困境。预测表明，中国将在2025—2030年上升到逼近这一"警戒线"，而此时距离老龄化和从属比峰值的到来，尚有20多年的时间。如何破解这一难题，一方面要总结我们自己的经验，在经济不断发展中满足老年退休金增长需求；另一方面要吸取老龄化严重国家，尤其是经济、人口、文化等同我国有着诸多相似之处的日本、韩国的做法和经验，推动养老保障制度的改革和创新。

其二，劳动年龄人口相对高龄化。虽然中国在越过刘易斯第一、第二拐点之后，劳动力市场将发生根本性转变，完成"供大于求——供求平衡——供不应求"三个发展阶段的转变；然而由于长期以来人口和劳动力过剩严重，笔者并不担心劳动力供给的总体短缺，因为可以通过提高劳动生产率来替代劳动力的数量短缺。笔者担心的是劳动者素质的提高。因为劳动生产率的提高取决于技术进步，而技术进步取决于劳动者科学、文化和技术水平的提高，取决于人力资本积聚的增强。中国人口问题的症结所在，是人口数量增长较快和人口素质提高较慢的矛盾。虽然改革开放以来这一矛盾获得很大改善和一定程度的解决，但是还没有从根本上解决。恰在此时，人口老龄化列车高速驶来，给这一根本性矛盾的解决增加了新的困难。老龄化不仅提高了老年人口在总体人口中的比重，而且劳动年龄人口中相对较高年龄组所占比例也在增高。预测表明，未来劳动年龄人口中25—49岁较年轻组群所占比例长时间处于下降状态，50—64岁较高年龄组群所占比例处于上升状态，呈现劳动年龄人口相对高龄化态势。年龄不饶人，50岁以上劳动年龄人口体力和精力都不及年轻人口群体，知识更新、技术创新和发明创造能力减退，最终影响到劳动生产率的提高。

其三，工资率上升和边际投资效益下降。老龄化过程中劳动力市场转变，自然而然的推动工资率上涨。长期以来，国民收入首次分配中劳动报酬占比偏低，近二三年来才稍有提升，欠账较多。现在情况发生变化，一是如前所述，发生了劳动力供给由过剩向平衡、将来再由平衡向短缺的转变，工资率上行有了坚实的基础；二是随着市场经济体制改革的不断深入和完善，一个由买方主宰的劳动力市场正向买卖双方共同主宰、博弈，自由竞争的劳动力市场转变，新的体制机制正在形成之中。如此，工资率稳步提升已成为必然。工资率和其他生产要素成本上升，导致生产总成本上升，致使边际投资效益下降，依赖投资拉动经济增长传统发展模式，遇到越来越大的困难。

其四，老年消费乏力。从长远看，主要依赖投资拉动的经济增长难以为继，转变经济发展方式已成为寻求可持续发展的当务之急。转变经济发展方式的一个重要支撑点，是变以外需为主为内需为主、以投资和出口拉动为主为消费为主。西方主流经济学认为，生育率下降可引起有效需求不足，这给老龄化背景下的扩大消费蒙上一层阴影。人口经济发展预测表明，无论在怎样的消费函数下，人口老龄化通过影响消费间接影响经济增长，都以生育率越低、老龄化越高，对经济增长的负面影响为大；反之，生育率越高、老龄化越低，对经济的负面影响为小。以中国为例，2020年低、中、高三种人口预测的经济产出之比为1.00∶1.35∶1.35，2040年可能变动到1.00∶2.20∶2.24，中位预测和高位预测经济产出要比低位预测高出许多。[①] 不过，随着人口老龄化的加速推进，老年人口消费将与日俱增，市场潜力将逐步显现。如果能使老年人口收入逐年有所增长，适合老年人口需要的消费品能够满足市场需要，老年消费在社会总消费中占比将显著提升，经济发展方式转变到以内需消费为主上来，也就有了希望。

参考文献

1. 《中华人民共和国国民经济和社会发展第十二个五年规划纲要》，《人民日报》2011年3月17日。
2. 田雪原等：《21世纪中国人口发展战略研究》，社会科学文献出版社2007年版。
3. 田雪原：《"中等收入陷阱"的人口城市化视角》，《人民日报》2011年5月5日。
4. 蔡昉：《人口转变、人口红利与刘易斯转折点》，《经济研究》2010年第4期。
5. 王一鸣：《调整和转型：后金融危机时期的中国经济发展》，《宏观经济研究》2009年第12期。
6. 吴愈晓：《劳动力市场分割、职业流动与城市劳动者经济地位获得的二元路径模式》，《中国社会科学》2011年第1期。
7. 李子联：《中国经济增长的动力、约束条件与机制突破》，《社会科学》2011年第2期。
8. 王宁：《中国低成本发展模式的演进、困境与超越》，《学术研究》2010年第10期。

(本文为在2001年"第13届中日社会经济发展学术研讨会"上的主题发言稿)

[①] 参见田雪原等著《21世纪中国人口发展战略研究》，社会科学文献出版社2007年版。

《人口学"十一五"研究状况与"十二五"发展趋势报告》(节选)

一 当前学科发展状况

(一) 总体评价

经过调研和广泛交换意见,对当前我国人口科学研究状况的基本估计是:在改革开放以来特别在"十一五"研究基础上,继往开来,扎实推进,实证研究和基本理论研究均取得明显成绩,推出了一批有创新性的研究成果,为全面建设小康社会、构建社会主义和谐社会和各项事业发展对人口研究的需求提供智力支持,发挥了应有的作用。科研和教学队伍在基本稳定中略有扩大,队伍质量明显提高,主要科研和教学单位已基本上实现博士化或正在博士化过程中。中央和国家相关部门对人口科学研究至为关心,全国社科规划办和国家社科基金对人口学科给予的大力支持、指导和帮助,对学科发展起到了不可替代的作用。目前存在的主要问题是:科研工作中存在某种浮躁情绪,一些成果质量不够高;在交叉研究中,人口学特点不够突出;某些重大人口问题研究,相对比较薄弱;人口数据资料搜集难度增大,资源共享存在一定的障碍等。

关于"十一五"期间人口学科取得的成绩,已如第一部分所述。这些成绩的取得,是广大科研和教学工作者(包括部分实际工作者)前仆后继、开拓进取的结果,同时同中央和国家相关部门的领导、支持分不开,特别是全国社科规划办和国家社科基金的大力支持和指导。1986年全国社科基金成立时,人口学在经济学科组,后转到社会学科组,每年立项仅三五项，支持力度有限，发挥导向作用有限。1996年联合国人口基金停止对华人口研究和教学资助，给人口科学发展带来较大影响。借1997年国际人口科学联盟（IUSSP）第23届大会在北京举办之机，相关同志经过多次努力，最后全国社科规划办和国家社科基金做出决定：自1998年起将人口学与统计学、体育学单列出来，成为独立学科组，有力地支持了这几个学科的发展。不仅立项数量不断增加，资助力度不断增大；而且导向作用也得到良好地发挥，尤其是青年项目的设立对人口学青年学者的鼓励和培养，起到莫大的作用。

（二）研究特点

从总体上观察，当前人口科学研究具有以下几个明显的特点：

1. 紧紧围绕国家发展中的重大人口问题，立项和展开研究。这是全国哲学社会科学规划办和国家社科基金反复强调的研究重点，人口科学研究较好地体现了这个要求。举几例说明：

作为"十五"立项的国家人口发展战略研究，延续到"十一五"完成，学术界和一些省、直辖市也开展了相应的人口发展战略研究。国家社科基金专门立项中国人口发展战略研究课题，完成专著、报告最终研究成果，论文等中期成果。省市的人口发展战略研究动员了大量的人力和物力，一般由省市主管领导牵头，本省市人力不足还从北京等地请来专家指导帮助，推出颇有分量的研究成果。成果初稿出来后，邀请著名专家学者进行审稿和鉴定，验收比较严格。这一批成果受到相关省市领导的重视，许多内容被吸收到政府工作报告中去，成为当地社会经济发展战略和发展计划的有机组成部分，发挥了重要的作用。

为迎接改革开放30周年和中华人民共和国成立60周年，各行各业相继组织了一些大型的纪念活动。人口学界也不例外，2007、2008年召开改革开放以来人口科学发展座谈会、学术报告会，通过回顾30年来人口科学发展走过的路子，对取得的成绩、存在的问题和未来发展趋势加以总结和提炼，起到推动的作用。迎接中华人民共和国成立60周年，中宣部、新闻出版总署组织新中国成立60周年重点书系，《中国人口政策60年》被选入，带动一股人口政策研究热。也有学者对60年来的人口科学发展做出回顾和展望，发表《中国人口政策60年》研究成果。有的省、自治区、直辖市对本地区的人口研究、人口工作做出总结，留下了有历史意义的研究成果。

中央做出全面建设小康社会重大部署后，人口学界围绕全面建设小康社会中的人口问题开展研究，"十一五"取得新的研究成果。对2020年以前的人口变动和发展做出新的预测，一些研究成果描绘出全面建设小康社会20年人口变动和发展的目标、图像和发展战略决策选择，提供给相关决策部门。从提供的成果来看，多是围绕国家发展中的重大人口问题开展研究，值得称赞的一点是，这种研究不是诠释性的跟风式研究，而是既有理论阐释，又客观地提出分析存在的问题和可能面临的风险，具有理论联系实际，较强针对性和较强可行性的研究。

2. 人口与其他学科交叉研究，获得较快发展。人口学具有边缘、综合学科性质，开展交叉研究、在交叉研究中丰富和发展人口科学由来已久。然而"十一五"期间人口学与其他学科交叉研究范围之广、成果之多，为其他时期所未有。举几例说明：

在人口经济学研究中，结合市场经济体制的确立和深化改革过程中所暴露出来的深层次问题，诸如人口年龄结构变动与劳动力供需关系调整、劳动力市场建设与经济的持续增长、收入分配与贫困人口、人力资本与经济增长、人口迁移与城市化、人口承载力与区域经济发展、金融危机与我国经济增长、就业等，从多学科、多层面进行交叉研究，发表了大量质量较高的论文和专著。

在人口与可持续发展研究，在对可持续发展概念做出阐释后，提出和论证了由"五大支柱"交叉形成的理论框架体系。即稀缺资源论，无论自然资源还是社会资源都是稀缺的；全方位适度人口论，包括人口数量、素质、结构同资源、环境、经济发展和社会发展的全面适度；生态系统论，可持续发展最早由环境问题引起，最终的目的是创造有利于人的全面发展的环境，将人类活动纳入生态系统；总体经济效益论，包括狭义投入产出效益和广义空间效益，近期效益和长远效益；社会协调发展论，发挥社会整合、调节功能，促进人的全面发展和社会进步。结合我国实际，强调要摆正和处理好经济发展与社会发展之间的关系，妥善解决效率与公平、城乡差距拉大、贫困与失业；摆正和处理好三次产业之间的关系，使三次产业结构调整建立在可持续发展基础之上；摆正和处理好发展内外之间的关系，在重视自身发展的同时，力求塑造可持续发展的良好国际形象。

在民族人口研究中，既有人口专业研究者，又有计划生育的实际工作者，许多社会学、民族学、以及经济学、历史学、地理学的研究者也积极参与。从最近几年看，硕士生和博士生论文，包括许多位于东部的大学的毕业论文，选择少数民族人口作为研究主题的论文增多。由于不同学科的人的参加，也带来了不同理论、不同方法的应用，开阔了研究视野。

3. 研究工作不断深入，成果质量有不同程度的提高。"十一五"期间人口研究成果数量与"十五"不相上下，质量则有比较明显的提高。如在自然科学与社会科学相结合研究中，遥感应用、地理信息系统（GIS）等现代技术方法的引入，推动研究水平不断提高，缩小了发达国家该项研究的差距。又如在人口健康研究中，在科学定义基础上，确定了人口健康研究 8 个优先领域；在调查基础上，建立起儿童健康、残疾人、老年人口健康、出生缺陷、以及人口、环境与健康 GIS 等数据库，运用第一手材料进行定性与定量相结合的分析，不仅为人口健康相关决策提供智力支持，而且使学科建设建立在坚实基础之上，发表了一批质量较高的研究成果。2007 年年底，中国人口学会公布了第四届全国人口科学优秀成果奖，评出优秀成果一等奖专著 8 项、论文 12 项、报告及其他 6 项，共计 26 项；二等奖专著 11 项、论文 21 项、报告及其他 7 项，共计 39 项；三等奖专著 14 项、论文 36 项、报告及其他 10 项，共 60 项。经国家人口计生委审定，一、二、三等奖为部委级获奖项目。此外还有 121 项优秀奖。一些成果还在教育部、中国社科院等所列奖项中，获得不同等级奖励，得到广泛的社会认同。

4. 主要研究单位主攻方向日渐明朗，学科优势逐步形成。"十五"人口学学科调研报告曾指出，20 世纪 70 年代特别是改革开放以来人口学的恢复和迅速发展，同国家对人口问题的重视，特别是同大力控制人口增长、加强计划生育基本国策密不可分，研究成果也大都集中在中国人口问题的严重性、控制人口增长的必要性、人口政策的可行性和未来的决策选择上。结果研究机构设置和研究成果大量重复，有不少是低水平的重复；

另有一些重要的人口问题,却得不到相应的研究,或者虽有研究也不够深入。这两种情况不仅造成人口学研究重复劳动和效率不高,妨碍着研究的深入;而且形成各科研单位没有自己比较擅长的领域,研究趋同,至少是研究特色不明显突出。"九五"期间由于联合国人口基金停止对华科研和教学资助等原因,人口科学研究一度陷入萎缩,并进行了某些调整。经过"九五"和"十五"的调整,研究所数量略有减少,研究方向重新定位,"十一五"期间一些实力较强的研究所,逐渐形成自己比较擅长的研究领域,学科优势开始显现。有的人口研究在具有统计意义的人口学、老年人口学等方面,逐渐建立起一定的学科优势;有的研究所在人口变动与经济发展、农村劳动力转移与城市化等的研究中,发表了影响力较大的研究成果;有的研究所在人口健康、人力资本等方面的研究走在前列,形成自己的特色。主要研究单位逐渐形成自己的学科优势,进而形成一定的学派,是繁荣和发展人口科学的需要,也是希望之所在。

5. 科研和教学队伍趋于年轻化,素质有所提高。"十五"人口学科调研报告也指出,"九五"期间的萎缩也使人口学科研、教学机构和队伍受到冲击,先后有几个人口研究机构撤销或合并了,人才流到相近学科。经过几年的震荡和调整,人口学研究和教学从低谷中走出来,"十五"和"十一五"经历了调整、巩固和提高的过程,出现了新的面貌。不仅原有的研究机构和队伍巩固了、发展了,有的还大大扩展了;而且更主要的是,科研和教学队伍出现了年轻化、博士化趋势,素质有所提高。不仅京、沪等主要人口研究和教学机构已基本实现了年轻化、博士化,而且一些地方人口研究和教学单位也加快了这一进程。如山东省社科院人口研究所,年老一代基本退下来以后,新上来的是清一色的国内外博士,少数为在读博士,年龄结构和知识结构更为合理。

(三)存在的问题

"十一五"人口科学研究和队伍建设取得显著成绩,同时也存在着不容忽视的问题。主要是:

1. 存在某种浮躁情绪,一些成果质量不够高。这不仅在人口学科,其他学科也不同程度的存在,可以说,是当今学术研究的一个通病。抄袭、造假且不论，仅凭感情、想当然、非规范研究的文章，便常常充斥于学术报刊杂志，有的还被当作高水平推荐。究其原因，一是受到某种利益诱惑，急于求成，粗制滥造，随意发表。二是受现行科研和教学体制制约，或应付考核，或为了晋职晋级，赶快拿出"短平快"成果。这种浮躁之风不屑于基础研究，因为基础研究耗费时间较长，短时间拿不出有分量的研究成果；同时基础研究课题申请困难，经费资助又少，相关政府部门不愿意投入很多经费于基础研究。可见，浮躁之风既有主观原因，又有客观因素，纠正起来困难颇大。

2. 在交叉研究中，人口学特点不够突出。前面提到，"十一五"人口科学研究交叉特点显著，带动着人口科学的繁荣和发展，起到积极的作用。另一方面，在诸多交叉研究中，许多从事人口科学研究的学者却忘记了自己的专业特长，没有坚持立足于人口学的规范化研究，倒是陷入就事论事的交叉阐述。另有一部分从事非人口研究的学者，自然很难进入人口学规范研究范畴。因此，虽然人口学与其他学科交叉研究在增加，但是有相当数量的研究成果看不出人口学特点，失去交叉研究的人口学意义。

3. 某些较为重要的人口问题研究，相对比较薄弱。近年来，虽然女性人口、西部大开发、振兴东北老工业基地等方面相关人口论著发表了一些，但是相对其他人口研究来说，一是发表的数量有限，对相关人口问题阐释不够全面；二是阐释的力度和深度不够，未能展示人口研究在其中的不可替代作用，因而也未能引起有关方面足够的重视。

4. 人口数据资料搜集难度增大，资源共享存在一定障碍。由于市场经济体制的建立和交换价值升值，也由于人们法治观念和捍卫自身权利意识的增强，无论人口普查还是人口抽样调查、人口登记，都遇一部分居民不配合的问题，加上有 1.5 亿左右经常在外的流动人口，使人口数据资料的获取遇到前所未有的困难。另一方面，取得的不够完整的数据资料，由于条块分割、部门或单位所有并未完全打破，资源共享存在一定障碍，妨碍着人口科学研究的深入。

此外，少数民族人口研究缺少专门的研究机构和队伍，人口健康研究缺乏有效的合作机制和平台，人口经济学、人口社会学等学科定位和规范化研究还不够明确，分城乡的人口老龄化预测和研究较少等，都需要在未来的科研和教学中加以改进、增补和提高。

二 "十二五"展望

(一) 形势

当前与人口相关的国际、国内形势，为"十二五"和更长一些时间的人口科学发展提供了比较有利的外部环境。从国际环境考察，自1972年联合国人类环境会议在斯德哥尔摩召开并提出可持续发展问题，特别是1994年在开罗召开的联合国人口与发展大会，会议通过的《行动纲领》将"可持续发展问题的中心是人"列入行动计划，人口在可持续发展中所处位置和作用，人口与资源、环境、经济发展、社会发展之间的关系备受关注。2009年12月在哥本哈根召开的全球气候变化大会，人口问题再一次吸引人们的眼球，半年来已有若干文章发表。有研究认为，全球气候变暖主要是工业化的结果，而工业化的动力，归根结蒂在于人口消费，在于人们追求高质量生活的无限欲望。因而控制全球人口增长，提倡适度消费，又成为热议的话题。不过也有研究提出，发展中国家实行计划生育、控制人口增长，对全球气候变暖并不产生直接的影响，主要影响来自于消费方式。另有研究认为，不管认识有何异同，低碳经济时代已经来临，节能减排同控制人口数量、提高人口质量休戚相关，人类必须重新科学安排自己的生产和生活方式，对自己和子孙后代负责。

国内改革开放30多年来，发生的变化可归结为"三转"：经济转轨，包括由高度集中统一的计划经济体制向市场经济体制转轨，经济发展方式由外延式扩大再生产为主向内涵式扩大再生产为主转轨；社会转型，由政府主导型向社会服务型转变；人口转变，由高出生、低死亡、高增长向低出生、低死亡、低增长转变，当前已步入"转变后人口"阶段。"三转"相互作用和影响，"十二五"、全面建设小康社会余下的10年和在本世纪中叶基本实现现代化期间，这种相互作用和影响将继续存在，只是影响的方面和重点随着形势的变化而有所改变。人力资本成为决定社会经济发展和现代化建设的关键，变人口大国为人力资本强国这项历史性的任务，正落在当代人的肩上。因而必须时刻关注人口数量、素质、结构的变动和发展，依据变化了的情况，制定相应的战略、方针和政策。当前和"十一五"面临的人口态势，可概括为以下几点①：

一是人口再生产类型发生根本性转变，人口增长势能减弱许多。中国生育率长期持续的下降，不仅减少出生人口3亿左右，而且从根本上改变了人口的年龄结构，完成由年轻型向成年型、成年型向老年型的转变，增长势能或增长惯性大为减弱。1970年与2008年比较，全国0—14岁少年人口比例由39.7%下降到19.0%，15—64岁成年人口由56.0%上升到72.7%，65岁以上老年人口比例由4.3%上升到8.3%，人口年龄中位数由19.7岁上升到33.8岁，标志着人口年龄结构已跨进老年型中前期；总和生育率（TFR）由6.0下降到1.7左右，在更替水平以下已有10多年。国内外大同小异的预测表明，2030年全国人口增长到14.65亿左右时，即可实现零增长。

二是劳动年龄人口增长趋缓，当前处在波峰阶段。从20世纪80年代开始，15—64岁劳动年龄人口便急剧上升，逐渐达到现在的波峰阶段。预测劳动年龄人口绝对数量，可由1980年的6.44亿、2000年的8.67亿，增加到2017年峰值时的10.01亿，分别增长55.28%和15.34%；其后呈减少趋势，2030年可减至9.88亿，2050年可减至8.58亿，相当于本世纪初的水平。劳动年龄人口所占比例，可由1980年的64.47%、2000年的68.70%，上升到2009年峰值时的72.35%，分别升高7.9个百分点和3.7个百分点。其后转而下降，2020年可下降到69.00%，回落到2000年的水平；2030年可下降到67.42%，相当于20世纪90年代初期水平；2050年可下降到62.96%，相当于20世纪六七十年代的水平。

三是老年人口增长迅速，21世纪上半叶人口老龄化呈加速推进趋势。预测表明，65岁以上老年人口数量可由2000年的0.87亿，增加到2010年的1.17亿，2020年的1.74亿，2050年的3.23亿。分别比2000年增长34.48%、100.00%、271.26%。与此相适应，65岁以上老年人口比例可由2000年的7.00%，上升到2010年的8.59%，2020年的12.04%，2050

---

① 参见田雪原主编《全面建设小康社会人口与可持续发展报告》，中国财政经济出版社2006年版。

年的 23.07%。虽然这一水平与发达国家 2050 年 25.9% 比较尚有 2.83 个百分点的差距，但是与世界 15.9%、发展中国家 14.3% 水平比较①，分别高出 7.17 个百分点和 8.77 个百分点，居于世界较高水平和发展中国家最高水平之列。

四是流动人口居高不下，目前已临近峰值状态。改革开放初期，全国有流动人口二三百万。2000 年人口普查，现住地与户口登记地不一致的流动人口为 14439 万，扣除 2707 万本市区内人户分离的其他街道人口，其余 11732 万可视为跨省和省内的流动人口。其中流入市镇的流动人口占 78.6%，流入农村的占 21.4%，农村人口流入城镇扮演着流动人口主力军的角色。② 随着人口城市化的加速进行，"十一五"期间 1.5 亿左右流动人口很难削减下来。"十一五"过后，城镇人口比例达到 50%—60%，流出人口从源头上减少了，才能出现跌落的走势。

五是出生人口性别比经过持续攀升后，当前已达到新的高峰。出生性别比是指一定时间（一般为一年）活产男女婴之比，以活产女婴为 100 活产男婴多少表示，正常值在 103—107 之间。20 世纪 80 年代以来我国出生性别比持续攀升，90 年代攀升尤甚。依据"五普"和近年的抽样调查提供的数据资料回推，1990—2000 年的出生性别比在 111—123 之间，目前在 120 左右，在世界各国中属较严重偏高国家。

上述五个方面的人口态势，决定着"十一五"和更长一些时间的人口变动和发展趋势，也决定着需要加强研究的重大人口问题基本范畴。除总体人口五个方面的态势外，有的研究还要注意到某些特殊的情况。如应对西方金融危机冲击，需要寻求新的经济增长点和维持经济持续增长的推动力，需要适当加快人口城市化进程。2009 年 12 月中央经济工作会议提出、2010 年中央一号文件再次强调"积极稳妥推进城镇化"，改革现行户籍制度已经启动，预计都市圈特别是珠三角、长三角、海三角（京津冀）三大都市圈城市化，将有一个较快推进的阶段。又如少数民族人口也处在人口

---

① 参见 United Nations, *World Population Prospects: The 2002 Revision*, pp. 38—42。
② 依据国务院人口普查办公室、国家统计局人口和社会科技统计司编《中国 2000 年人口普查资料》，中国统计出版社 2002 年版，第 726 页数据计算。

转变中，然而计划生育政策在少数民族中全面实行的时间，大约比汉族和内地地区晚 10 年，因而人口转变也要晚 10 年左右等。

（二）任务

在邓小平理论和"三个代表"重要思想指引下，认真贯彻落实科学发展观和《中共中央关于进一步繁荣发展哲学社会科学的意见》，人口科学研究要扎实推进，稳步发展；围绕党和国家需要解决的重大人口问题展开研究，提供经得起历史检验的研究成果；在理论与实践相结合研究中，建立和发展具有中国特色的人口学理论和学科体系。

1. 扎实推进，稳步发展。尽管 20 世纪 90 年代中期我国生育率下降到更替水平以下，人口增长势能大为减弱，然而迄今为止仍是世界第一人口大国。根据联合国的预测，2030 年印度将取代我国坐上第一人口大国的交椅，我国将心安理得地退居次席。次席也还是数一数二的人口大国。同人口大国的地位相称，人口科学研究和教学保持一个较大的规模应在情理之中。当前的状况怎样呢？全国各类规模不等的科研和教学单位在 100 个以上，科研和教学队伍人数之众，每年发表的人口学论著数量之多，在世界各国中名列前茅，同人口众多、人口转变提速、人口影响增强等的变动和发展相适应。回顾新中国成立 60 年尤其是改革开放 30 年来人口科学研究的发展和队伍的建设，值得一提的是"九五"的某些调整，"十五"和"十一五"的巩固和提高，现在的研究和教学规模、队伍人才数量和结构、发表的科研成果，基本是适当的、能够满足各方面需要的。问题主要是科研成果和队伍的质量。虽然低水平重复的成果有所减少，但是阐述深刻、分析透彻、实用性强、迫切需要的重大研究成果还比较少；虽然科研和教学队伍有所充实和提高，但是高素质人才所占比例仍然偏低。因此，"十二五"人口科学发展的重点，主要不是规模的扩张，而是科研和教学质量的提高，队伍素质的提高。应当明确提出"扎实推进、稳步发展"的方针。

2. 围绕重大人口问题，提供经得起历史检验的研究成果。"扎实推进、稳步发展"方针是总的要求，要将提高成果和人才质量放到首位。研究的方向和重点，要把握住围绕党和国家提出的重大人口问题展开，提供经得起历史检验的研究成果。围绕重大人口问题展开研究,过去、现在做得比较好,全国社科规划办和国家社科基金一直这样要求,"十二五"仍需坚持。之所以提出"经得起历史检验的研究成果",一是在过去的研究中,包括有的重大问题研究成果中,并非都能经得住历史的检验;二是鉴于前面提到的人口态势,当前人口问题的复杂性,适当强调人口科学研究的长期性、超前性特征,有着现实的意义。人口作为一个总体,它的生产和再生产是一个周而复始的变动过程,有着很强的积累效应。有的政策的出台,可能短期内有着比较明显的正面效益,但是时间一长,其弊病和负面效益就会逐渐显露出来,需要及时做出调整。人口研究成果注重短期性与长期性相结合,提倡出"经得起历史检验的研究成果",既有一定的现实针对性,也是人口研究的立本之道。

3. 建立和发展具有中国特色的人口学理论和学科体系。人口学特别是具有统计意义的狭义人口学,是一个比较成熟的规范化学科。从总体上观察,目前我国规范化的人口学理论及其学科体系已经基本形成。然而需要看到,这一学科及其理论体系,主要是西方人口学家、经济学家、社会学家、地理学家、生物学家、数学专家等,研究发达国家、第二次世界大战后某些发展中国家的人口变动和发展,加以理论抽象和量化分析取得的成果。有些现象,例如莱宾斯坦、贝克尔等在创立孩子成本—效益理论时,是以市场经济为前提并且不受任何外来因素干扰下,做出的分析和得出的结论。事实上,"不受任何外来因素干扰"是很难做到的。今天,许多国家尤其是许多发展中国家受到人口增长和贫困、失业等困扰,往往求助于降低生育率的计划生育政策,一定的人口生育政策便以社会附加的形式,转化为孩子的成本或效益。中国是当今世界人口最多、人口转变加速、经济发展最快、社会转型加快的发展中国家,人口以及社会经济环境的变动极其丰富和复杂,为人口科学研究提供了广阔的舞台,人口科学有理由发展更快一些。通过理论与实践相结合的研究,合理吸取西方人口学的合理成分;同时从大量、生动的人口变动中,总结和抽象出一定的理论,建立起相应的理论模型,形成具有中国特点的人口学理论及学科体系,是有可能和比较现实的。成熟的人口学也要向前发展,中国人口科学工作者有义务在这种发展中做出应有的贡献。

（三）选题

面对上述人口学发展的形势和任务，围绕"十二五"国家发展中需要解决的重大人口问题，考虑到人口学基础学科建设和学科前沿，提出以下重点选题：

1. 人口与经济增长方式转变研究。自 20 世纪 90 年代中期生育率下降到更替水平以下已有十五六年，劳动年龄人口增长临近峰值。在这种情况下，人口变动对经济增长会产生怎样的影响，人口变动与经济增长方式转变之间关系怎样，有哪些有利和不利影响，需要深入研究。

2. 人口素质、人力资本投资与经济持续增长研究。人口素质是人力资本的体现，是现代经济竞争的重要源泉。我国劳动年龄人口增长和劳动力数量优势减弱后，实现劳动力质量对数量的替代是继续保持经济具有竞争优势的关键。为此，需要研究人力资本投资、物质资本投资对经济增长的不同影响，实现劳动力质量与数量替代的理论与途径。

3. 人口城市化理论前沿研究。包括国内外城市化理论、方法前沿研究，人口学、经济学、社会学、地理学、城市规划学等交叉研究取得的最新成果，从理论与实践的结合上，探索具有中国特点的人口城市化理论和道路。

4. 农民工融入城市问题研究。侧重农民工就业平等、户籍制度改革、城市公共资源共享、收入差距缩小、子女受教育以及政治、文化生活融入等问题的分析，结合个案调查。

5. 城乡统筹发展的人口城市化研究。由单纯注重城市发展到统筹城乡发展的城市化，是消除城乡对立、实现均衡发展的一个飞跃。重点研究统筹城乡发展的涵义、统筹的内容、统筹的方法和步骤，并配以个案阐释。

6. 人口老龄化的社会学研究。随着老龄化的加深，老龄社会雏型日益显现，老年健康、生活照料、老年婚姻、老年家庭、代际关系等出现新的特点。借鉴国际社会经验并从中国实际出发，探讨解决这些老龄社会问题的思路和模式。

7. 治理出生性别比升高的对策研究。在深入分析出生性别比升高的社会因素、政策影响和当前新的走势基础上，研究为什么治理措施收效不显著，从实际出发提出行之有效的决策选择。

8. 生育政策决策选择研究。提倡一对夫妇生育一个孩子已过去一代人，人口生育政策又走到历史的十字路口。比较保持现行生育政策不变与不同调整方案的利弊，不同生育政策对人口数量、素质、结构可能产生的影响，提出和分析最佳选择方案。

9. 家庭结构与婚姻关系研究。重点讨论当前和"十一五"期间家庭规模和结构可能发生的变化，尤其是"80后"一代独生子女陆续进入婚育年龄以后可能带来的变化。

10. 边境地区少数民族人口调查研究。沿着三北和西南漫长的边境线，居住和生活着以少数民族为主体的疏密不等的人口。对这些少数民族人口进行数量、素质、结构等人口基本情况调查研究，不仅为少数民族人口研究需要，而且对边疆地区社会经济发展和国防的巩固，有着现实的意义。

11. 自然灾害多发地区人口分布与迁移研究。考察地震、洪涝、暴风雪等自然灾害高发地区的人口分布状况，人口数量、素质、结构基本特征，受灾前后人口变动比较，组织向外移民的经验。通过研究，为防灾减灾提供人口研究支持。

12. 老龄健康研究。活得长不等于活得健康。随着人口老龄化加深和疾病谱的变化，老龄健康问题越来越受到人们尤其是老年人口的关注。从个人、家庭、社区、社会不同角度进行研究，有效增进老龄健康的思路、分工与合作。

13. 人口普查数据质量评估研究。由于受到流动人口数量巨大和计划生育政策等的影响，2010年"六普"数据出来以后，需要进行认真的分析和评估，增强其可信性和权威性。

14. 人口分析方法与统计分析方法相结合研究。"五普"大多数调查项目被列入"长表"，通过抽样调查取得。在对省级以下单位进行数据分析时，需要做统计差异的显著性检验，运用统计学模型进行分析。为此，开展人口分析方法与统计分析方法相结合的研究，有着现实的意义。

15. 当代女性人口新问题研究。结合改革开放不断深入，研究妇女在社会和家庭中地位的新变化，妇女就业面临的新问题，流动人口大量增加后的农村留守妇女问题，以及婚姻和家庭关系中的新问题。

16. 西部大开发人口变动研究。重点研究西部开发战略实施以来，人口数量、素质、结构变动怎样，未来变动和发展趋势怎样，怎样在开发中实现西部人口的合理分布，如何增强西部人力资本积聚。

17. 东北老工业基地下岗失业问题研究。改革开放以来，东北老工业基地职工下岗、失业问题突出。振兴计划实施后，面貌有所改观，但形势仍较严峻。重点研究下岗、失业的深层次原因，寻求解决的出路。

18. 大学生就业问题研究。近年来，大学生就业遇到难题。主要研究适合我国人口和社会经济发展的教育规模、结构和体制，劳动就业体制和机制的改革，结合"十一五"和全面建设小康社会发展目标，提出解决大学生就业难的对策建议。

19. 人口与气候变化关系研究。目前国际社会有相关论与无关或基本无关论之争。联系我国实际，提出并论证气候变化与人口变动有无关系，如有，是怎样的关系，人口的变动和发展如何适应气候变化的规律。

20. 国际人口迁移及其影响研究。伴随信息化、经济全球化和对外开放的进一步发展，国际人口迁移增长迅速。研究迁出人口流量、流向、素质结构等的变动，对我国经济、科技、文化、社会发展产生怎样的影响，为政策制定提供科学依据。

参考文献

1. 国家人口发展战略研究课题组：《国家人口发展战略研究报告》，《人口研究》2007年1月。
2. 全国老龄工作委员会办公室：《21世纪中国人口老龄化发展趋势预测与对策》，《社会福利》2006年。
3. 张车伟：《劳动供求关系与就业政策》，中国人口出版社2006年版。
4. 钟水映、简新华：《人口、资源与环境经济学》，科学出版社2005年版。
5. 田雪原主编：《全面建设小康社会与可持续发展报告》，中国财政经济出版社2006年版。
6. 田雪原：《中国人口政策60年》，社会科学文献出版社2009年版。
7. 邬沧萍等：《人口学科学体系研究》，中国人民大学出版社2006年版。
8. 曾毅、顾宝昌、郭志刚等：《低生育水平下的中国人口与经济发展》，北京大学出版社2010年版。

9. 蔡昉：《城市化与农民工的贡献——后危机时期中国经济增长潜力的思考》,《中国人口科学》2010 年 1 月。

10. 蔡昉主编：《中国人口问题报告 NO.7——人口转变的社会经济后果》,社会科学文献出版社 2006 年版。

11. 彭希哲、赵德余、郭秀云：《户籍制度改革的政治经济学思考》,《复旦学报》(社会科学版) 2009 年 3 月。

12. 郑晓瑛、宋新明、陈功：《论中国人口健康研究的优先领域》,《人口研究》2006 年 6 月。

13. 郑晓瑛：《人口健康与社会可持续发展》,《中国人口、资源与环境》2002 年 6 月。

14. 王跃生：《社会变革与婚姻家庭变动》,生活·读书·新知三联书店 2006 年。

15. 翟振武、段成荣、毕秋灵：《北京市流动人口的最新状况与分析》,《人口研究》2007 年 2 月。

16. 乔晓春：《关于出生性别比的统计推断问题》,《中国人口科学》2006 年 6 月。

17. 黄荣清：《地理分析方法》,中国人事出版社 2009 年版。

18. 黄荣清：《中国各民族文盲人口和文盲率的变动》,《中国人口科学》2009 年 4 月。

19. 杨书章、王广州：《生育控制下的生育率下降与性别失衡》,《市场与人口分析》2006 年 4 月。

20. 郭志刚、李睿：《从人口普查数据看族际通婚夫妇的婚龄、生育数及其子女的民族选择》,《社会学研究》2008 年 5 月。

21. 王春光：《农村流动人口的"半城市化"问题研究》,《社会学研究》2006 年 5 月。

22. 杨菊华：《胎次—激化双重效应：中国生育政策与出生性别比关系的理论建构与实证研究》,《人口与发展》2009 年 4 月。

23. 王金营等：《中国人口残疾发生风险估计及生命表分析》,《人口研究》2009 年 3 月。

24. 张鸿雁、张登国：《城市定位论——城市社会学理论视野下的可持续发展战略》,东南大学出版社 2008 年版。

25. 童玉芬、王海霞：《中国西部少数民族地区人口的贫困原因及其政策启示》,《人口与经济》2006 年 1 月。

26. 刘传江：《中国农民工市民化进程研究》,人民出版社 2008 年版。

27. 王桂新：《应对人口老龄化挑战的几点战略思考》,《学习月刊》2009 年第 23 期。

28. 杜鹏、杨慧：《"未富先老"是现阶段中国人口老龄化的特点》,《人口研究》2006

年6月。

29. 马戎：《中国人口跨地域流动及其对族际交往的影响》，《中国人口科学》2009年6月。

30. 桂世勋：《关于调整我国现行生育政策的思考》，《江苏社会科学》2008年2月。

31. 马正亮：《中国信仰伊斯兰教的十个民族人口发展分析》，《人口与经济》2007年1月。

32. 梁中堂：《我国五个民族自治区经济发展和人口变动研究》，《人口学刊》2008年4月。

33. 朱雅丽、原新：《人口健康：从生物医学模式到生态系统途径》，《人口研究》2008年6月。

（《人口学"十一五"研究状况与"十二五"发展趋势》是全国社科规划办委托项目。这里选录其中由田雪原负责并撰写的"二、当前学科发展状况"和"三、'十二五'展望"两部分，选录时序号有变更。第一部分"'十一五'取得的新进展"，分别由8个分报告负责人组织撰写，学科组长负责修改和定稿，故均未收入本文。）

人口政策研究*

——基于人口学立场

我们面前放着五本论著：彭珮云主编的《中国计划生育全书》，张维庆主编的《新人口礼赞——人口和计划生育工作回顾与展望》，杨魁孚等主编的《中国计划生育效益与投入》，易富贤的《大国空巢——走入歧途的中国计划生育》，以及美国学者J.艾尔德（John Aird）的《屠杀无辜》。这五本论著从不同角度对中国的人口和计划生育政策做出阐释，却得出截然不同的结论。总体上说，前三本持肯定的态度，后两本持否定的态度，只是肯定或否定的方面、重点、程度和方法有所不同而已。

其实，除个别人由于所站立场不同外，对中国人口和计划生育政策持有不同的观点本属正常。他们或者对中国人口和计划生育政策基本不知或知之甚少，看到或听到某些违法违纪现象的报道，或听信反对派理论"权威"的宣传，感到不理解、不赞同甚至得出主要靠强迫命令推行的结论。但是一旦了解事情真相和看到实事求是的理论阐发之后，便很容易转变他们的观点，甚至成为这一政策的宣传员。举个例子。1980年5月，首次以中国人口学家代表团名义一行五人出席在美国东西方中心举办的中国人口分析会。在那次会上，J.艾尔德便手拿两份地方报纸，提出异义和质问。一是某省某村一农户因拒交计划外生育费被当地干部拿走犁、锄等农用工具的报道，质问没有了农具农民如何生产？没有办法只好变卖家当交费，证明中国推行人口和计划生育政策是政府强迫命令的结果。二是说中国的人口统计数据不可靠，认为是政府导演、为了维护国家形象人为编造出来的。关于后一点，

---

* 本文及后面五篇文章，除最后一篇发表在《人民日报》以外，其余为列入庆祝新中国成立60周年重点书系《辉煌历程》之一《中国人口政策60年》节选，社会科学文献出版社2009年版。

出席会议的中国代表当即指出：中国人口数据基本上是可信的，因为中国有延续几千年比较严格的户籍制度，每个家庭都有一本"户口簿（本）"，登记全家人口，包括姓名、性别、年龄、民族、受教育程度、职业以及与户主的关系等基本内容。此外，在过去二三十年计划经济条件下，还有按年或按月发放的粮票、布票、肉票、油票、购物券（工业券）等生活必需品票证，每个人都不能遗漏，遗漏了，维持吃穿等基本生活资料的供给就失去保障，客观上起到人口统计的佐正作用。中国这样的人口统计和管理办法，在美国和其他西方国家是找不到的，中国的人口统计质量至少不比美国差。我们的发言赢得与会者的赞同，也引起人们对美国人口统计准确性的议论，纷纷对他们电话访谈一类调查的可靠性提出疑问。关于前一点，会议中间休息喝咖啡时，一位对中国人口问题颇感兴趣的在读博士生问我：J. 艾尔德讲的是不是事实，有没有发生那样的事情？我向她解释三点：第一，中国推行人口和计划生育政策历来强调把宣传教育放在第一位，讲清中国人口多、底子薄，进行现代化建设必须大力控制人口增长的道理；第二，中国是一个拥有960万平方公里陆地面积、将近10亿人口（1980年大陆人口9.87亿）的国家，且城乡之间、地区之间发展很不平衡，因此发生点儿这样那样的事情不足为怪。J. 艾尔德列举的事情可能是有的，还可能再找出第二个、第三个，但是再多能占到全国1.7亿农户多大比例？恐怕连万分之一也占不到吧！为什么要用个别代替一般呢？这种以点盖面的做法是不严肃的，也是不科学的；第三，即使是个别的现象，中国政府和从事人口计生工作的干部也十分重视，强调各级政府要下大力量纠正。这位博士生听了我的话后，觉得很有道理，就找到J. 艾尔德辩论，弄得J. 艾尔德无言以对。从此她对中国的人口政策有了自己的理解，后来她到中国来学习考察一年有余，用她亲身的感受讲述中国的人口政策，起了很好的宣传作用，可谓由不知论者转变到知之论者的典型一例。

  基于这样的认识，实事求是地阐发中国人口政策提出和制定的社会背景、理论依据、主导思想、基本要求和实施的效果，开展不同观点的讨论和争论很有必要。因为讨论和争论，对推动真理探讨和学术进步是有益的，真理总是越辩越明嘛！可悲的是，以往包括人口在内的许多社会科学问题的讨论、争论和争鸣，实质性问题的讨论很不够，相反动辄就扣帽子、打棍子，以至于学术进步需要的学派难以形成，个人之间的偏见和成见却不少。为了扭转这种不利于学术发展的局面，老一辈经济学家孙冶方与于光远先生之间，曾经相约进行过关于价值论窄派与宽派彼此指名道姓的争论，用自己的行动带动百花齐放、百家争鸣方针的贯彻实施；然而不幸的是，争论刚刚进行一个回合，孙冶方先生便与世长辞了。笔者以为，这个问题一直没有很好解决，而不解决好这个问题，就会妨碍到学术的自由讨论、发展和繁荣。总结以往的经验教训，笔者主张，讨论和争论一要有一个明确的目的，为了探讨真理、推动学术进步，重点不在谁对谁错，更不在谁"左"谁"右"之争；二要有一种实事求是精神，所言应建立在客观实事基础之上，不赞成在既不了解情况又不占有充足资料的情况下，就凭"想当然"大发议论；三要有一个科学的态度，勇于坚持真理、修正错误，以对方之长补己之短。这"三要"似乎是题外的话，但是在以往的中国人口政策讨论中，确实存在着既不了解情况又没有充足资料而大发议论的情况，以致形成某些问题上的以讹传讹。这种不知而无畏的精神不可长，因为它违背了科学就是实事求是的基本原则，容易误导和走进误区。

众所周知，早在20世纪50年代中华人民共和国成立后不久，政府便提出了节制生育的主张，50年代后期有一场关于人口问题的大辩论，60年代前期主要在城市开展了不同程度的计划生育，1966年"文化大革命"开始后受到无政府主义冲击而处于停顿和半停顿状态，到70年代全国人口突破8亿以后，才有较大的起色，中国的人口政策在起伏跌宕中艰难起步和向前推进。1978年党的十一届三中全会重新确立了实事求是的思想路线，迎来了包括人口科学在内的科学事业发展的春天。以为马寅初先生新人口论翻案为契机，揭开人口理论拨乱反正新的篇章，人口研究空前活跃起来。不仅一批研究经济学、社会学等社会科学工作者转入人口研究，有见地的一些自然科学工作者也捷足先登加入进来，对人口变动和发展趋势做出多种方案的预测。中央对当时人口研究提出的问题和未来人口变动发展趋势研究很重视，1980年3—5月中央书记处委托中央办公厅召开人口座谈会，连续开了五次，定下中国人口发展的战略、方针和政策，这是理解和研究中国人口政策的关键和枢纽。本人作为该座谈会参与者和会议报告起草者，经历座谈会全过程，尤其对提倡一对夫妇生育一个孩子会不会引起智商下降、年龄结构老龄化、劳动力短缺、"四二一"家庭结构等敏感问题，在《报告》和《附件》中做了专门的阐发。然而笔者对于这些，28年来却始终守口如瓶，恪守"研究无禁区，宣传有纪律"准则。其间学术界和社会各界不断发表一些内部或公开的论著，说当年没有考虑人口老龄化严重影响者有之，说没有考虑长远劳动力供给短缺者有之，说没有考虑独生子女家庭"四二一"结构者也有之，把当时的人口决策说成过于草率，甚至是"拍脑袋"的结果。如果真的是没有考虑，那么"过于草率"的指责就是合理的、应该的；问题在于当时不是"没有考虑"，而是考虑得比提出的问题还要多，可以说，今天提出的各种问题当时几乎都有所涉及，因而用"过于草率"、"拍脑袋"定论是不符合实际的。如今，一是人口和计划生育政策实施的效果已经显现，人口素质和结构方面的各种问题相继浮出水面，许多问题牵涉当年的决策，需要弄清历史的本来面目。二是时间已经过去将近三十年，当年讨论的问题已无秘密可言；而且，越是弄清楚当年讨论的情况和为什么做出那样的决策选择，越是有利于对人口政策的全面了解，更好地把握未来人口变动和发展的趋势。三是参加当年座谈会的学者本来就不多，如今几位老先生已相继离开我们；而且参与核心工作的学者更少，有时少到只有一两个人。本人作为参与核心工作的学者之一，有责任也有义务将当时的情况原原本本地公之于众，提供给学术界和社会各界研究参考。

"三十年河东、三十年河西"，说的是在60年一个甲子循环中，前30年与后30年可能呈现截然不同的情况。我以为，一部中国现代史可用三个30年概括：第一个30年，以1919年发生在北京（当时称北平）的"五四运动"起至1949年中华人民共和国成立时止。这一时期的主要矛盾是民族矛盾和阶级矛盾，中国人民用30年时间推翻了帝国主义、封建主义和官僚资本主义"三座大山"，建立了人民当家作主的共和国。第二个30年，从1949年中华人民共和国成立至1978年党的十一届三中全会召开时止。这一时期，经济上在高度集中统一的计划经济体制下，艰难地推进工业化；政治上突出以阶级斗争为纲，在不断革命论指导下进行社会主义革命和社会主义改造。第三个30年，从1978年党的十一届三中全会实行改革开放以来至今。这一时期经济上摆脱计划经济束缚，逐步建立和完成市场经济体制改革；政治上强调民主法治建设、开辟构建和谐社会发展新阶段。以第二个30年和第三个30年比较，前者强调的是计划经济、阶级斗争，后者强调的是市场经济、和谐社会，"河东"与"河西"泾渭分明。这里，最重要的是要弄清楚从"河东"到"河西"转变的背景、原因、过程和效果，注意转变过程中中间环节的不可替代性。举个例子：改革开放初期经济学界有的同志率先提出发展社会主义商品经济、实行计划调节与市场调节相结合，应当说，这在当时是一个很大的突破；后来发展到经济体制改革的目标是建立社会主义市场经济体制，当然是更具长远意义上的突破。我们在总结改革开放30年的时候，就不能用后来确定的市场经济体制改革目标，要求前期的改革一步到位、早就应该提出市场经济，需知那时提出商品经济和"两种调节"是何等艰难、需要何等的理论勇气！我们不能割断历史，要用历史的眼光看待历史，评价改革开放的历史。对以往人口政策的评论也应如此，要用历史的眼光、发展的眼光，而不能运用"倒过来"的眼光和方法论。

作为曾经参与过去人口战略和人口政策工作，现今仍关心和研究当前和未来人口发展趋势和人口政策走向的一名学人，平心而论，二三十年前还没有哪一项政策有过如此开放式的民主讨论，如能将讨论的情况和做出选择的原委再现出来，对于澄清事实，促进人口政策研究的深入，总可以起到正本清源、弄清政策来龙去脉的作用。笔者这样说，并不等于当年一切问题都讨论得尽善尽美、做得天衣无缝，不是的。人口同世间任何事物一样，总是不断变化和发展着的，再好的人口政策，再准确的人口预测，也要在实践中验证和不断修正完善。对以往人口政策的阐发，笔者遵循尊重历史、实事求是准则，反映当年讨论和决策之原貌；重点在如何决策、怎样决策研究上。对当前和未来人口政策的阐发，主要是本人研究和本人主持的研究课题取得的成果，特别是站在人口学立场上做出的学术性阐发，属学术性质的研究和探讨。这样的分析和探讨是否科学，能否经得住历史的检验，随着时间年复一年、日复一日的流转，答案也就自然地流淌出来。

（原载《中国人口政策60年》，社会科学文献出版社2009年版）

历代人口政策的自然导向

在人类诞生400多万年的历史长河中，中华民族曾经创造过光辉灿烂的古代文明，做出过杰出的贡献。支撑这一文明和支持做出贡献的力量源泉之一，是她拥有数量举世无双的人口；而这既是农耕社会的产物，也是历代封建王朝推行庶众人口政策的结果。

中国是世界第一人口大国。但是起于何代，止于何时？目前止于何时有了说法，根据联合国的预测，2030年中国人口达到14.46亿左右零增长时，印度将达到14.49亿取代中国成为世界第一人口大国，我们将心安理得地让出这把交椅[1]；至于起于何时，很难考证，至少从公元元年开始中国人口达到近六千万之众，就已经坐上了世界第一人口大国的交椅，并且一坐就是两千多年。那么，为什么中国得以坐上第一人口大国的位置并且坐得如此稳固？久坐两千多年积淀下来什么样的人口文化？对当代和未来的人口变动与发展产生怎样的影响？这正是寻找中国人口政策源头的入口处。

一 理念——从生殖崇拜到多子多福

（一）生殖崇拜

20年前，笔者赴荷兰作学术交流。双休日，一位在当地颇有影响的教授邀请外出观光，我欣然应诺。于是我们驱车沿着莱茵河畔信马由缰而上，穿山越岭，风景如画，不久进入德国境内。过埃森、杜塞尔多夫等知名城市，中午在科隆停了下来。简单用过午餐，便急着去看向往已久的科

---

[1] 参见 United Nations, *World Populatilon Prospects The 2004 Revision*, pp. 154、246, New York 2005.

隆大教堂。我曾看过一点儿资料，科隆大教堂于1248—1880年兴建，历经7个世纪共632年，耗时恐列各国教堂建筑史之首；它是世界最高的教堂之一，与巴黎圣母院、罗马圣彼得大教堂并列为欧洲三大教堂，规模之大在世界上也是屈指可数的。来到跟前，果然百闻不如一见：一座长145米、宽86米、主体高135米的大教堂，全部采用磨光大理石建造，再配上两侧比主体高出二十多米的尖塔，5座巨大的响钟，在彩绘镶嵌画玻璃窗掩映下，显示出耶稣"东方三圣王"基督教的威严和肃穆，典雅、秀丽和轻盈。参观完毕临上车前，同来的教授问我有何感想，我说："不虚此行。不仅中国有长城，埃及有金字塔、狮身人面像，欧洲的大教堂令人赞叹不已！"他问："还有一个与人口有关的建筑细节，你注意到没有？"我一下子丈二和尚摸不着头脑，忙问他什么细节。他说："你看一下教堂门的设计和建筑，有什么特别的地方吗？"我还是不得要领，追着请问其详。他告诉我说："教堂的门与中国门的建筑不同，中国的门一般是两根柱子上面搭一条横木，方方正正；这里和欧洲许多基督教教堂的门上面呈人字状，向内雕进几层，好像一个去掉桃仁裂开的桃核"——说到这儿，他放慢了说话的速度，带有点儿解释性的继续说道："也像女性的阴门，上面是绽开的阴蒂，下面是洞开的阴道口——这不是低俗，而是生命之门，神圣之门，由人们对生殖的崇拜演进而来。"我感到很惊诧，有关欧洲生殖崇拜的雕像，过去在意大利、法国、奥地利等国看到一些，基本上都是赤裸裸的；欧洲比较有名的教堂也看过十个八个，还没有听到如此一说！然而闭上眼睛一回忆，过去看过的那些教堂特别是耶稣教堂的门和高大的窗子，大都同科隆教堂相类似，原来这里边还深藏着鲜为人知的生殖崇拜文化呢！

与德、法、意等欧洲国家相比，中国作为世界文明古国之一，生殖崇拜源远流长。生殖崇拜理念或生殖崇拜文化，可追溯到三皇五帝时代。据科学家考证，地球形成大约已有47亿年，最早的生物出现在距今23亿年以前，人类诞生的历史也在400万年以上。中国作为人类最早或较早诞生和繁衍生息的地域之一，究竟生殖崇拜产生于何时，没有可供考证的确凿的证据；但是根据现已发现的相关雕塑、岩画、壁画等证明，至少在三皇五帝时期，生殖崇拜已经发生并且形成一定的理念或文化。

中国可以考证的历史，一般认为已有五千年，常说"上下五千年"。然而司马贞所著《补三皇本记》，将司马迁《史记》记载的历史向前推进了两三千年。史书关于三皇五帝的记载不一，《吕氏春秋》、《史记·秦始皇本记》、《春秋纬》、《白虎通》、《通鉴外记》、《礼纬·含文嘉》等多部著作，提到三皇者共为六人：燧人、伏羲、神农、女娲、共工、祝融。其中伏羲和神农得票最多，各书均提到；其余四人各得一票，难分伯仲。后人研究取得较多共识的是天皇燧人，因为他发明打击燧石取火（一说钻木取火），故称天皇；人皇伏羲，因为他研究天、地、人之间的关系创造绘制八卦图，并发明了刻划符号记事、俪皮为礼婚嫁、作力度、定节气等当时人类生活中最重大的事情，故称人皇；地皇神农，因为他发明并推广了最初的农耕技术，成为开发大地之神，故称地皇。五帝的版本也不少，取得较多共识的是《史记·五帝本记》所载，为黄帝、颛顼、帝喾、唐尧、虞舜。一般认为，五帝在距今4300—5000年，三皇距今5000—8000年。三皇中天皇燧人和地皇神农留下来的传说和发现的器物有限，人皇伏羲的传说和发现的古物最多，影响也最大，最值得研究。于是三年前笔者曾到甘肃省天水市调研，看了当是伏羲故里的大地湾文化、传说中伏羲创造绘制八卦图的卦台山和女娲故乡，所得教益颇多。就生殖崇拜和生育文化而论，伏羲有两大杰出的贡献：

一是绘制的八卦图中，蕴含着生殖崇拜的内涵。《易系辞》说：古者包牺氏之王天下也，仰者观象于天，俯者观法于地；观鸟兽之文，与地之宜；近取诸身，远取诸物；于是始作八卦，以通神明之德，以类万物之情。伏羲创制八卦，力图揭示天、地、人相互依赖万物变化的规律，重点在揭示人类自身生产和人与自然之间发展变化的规律。决定这种发展变化规律的，首先是人的种的繁衍，因而生殖崇拜被置于八卦的中心位置。郭沫若先生曾认为，八卦图中阴 -- 与阳 — 的排列组合，象征着男女之间的结合，是生殖崇拜；我非常赞同，而且认为是高度抽象、貌似简单实是涵义更为深刻的生殖崇拜。其实八卦图中那一对阴阳鱼不就是活生生的生殖崇拜吗？阴阳鱼首尾交合在一起占据八卦中心，八卦的演变，无论是按照乾、兑、坤、离、坎、艮、震、巽排列组成的二十四卦，还是由这二十四卦变化而来的六十四卦、五行八卦、阴阳八卦、太极八卦、先天八卦、后天八卦等，无穷的变化皆由中心阴阳鱼互动而生，由阴阳不同的结合排列而成。与中外其他那些生殖器官、生育行为的雕塑、雕刻、画像等赤裸裸的生殖崇拜比较起来，八卦的生殖崇拜更富有原生、推动、核心性，是将含蓄性、深刻性、全面性与科学性融合在一起，是由具体升华到抽象更高境界的生殖崇拜。

二是以俪皮为信物和证物的嫁娶制，开中国最早优生之先河。伏羲处于由母系氏族向父系氏族过渡阶段，在此之前为氏族内的群婚制，近亲结婚其生不繁，严重阻碍着人口的繁衍和健康。伏羲看到群婚制的危害，就想办法改革。据考证，当时伏羲氏族活动的天水地区为疏林带，俪（鹿）很多。于是他们规定：将俪皮由中间一分为二切开，左边的一半留在氏族内，右边的一半分给新出生的子女。结婚时男女双方都要出示各自的俪皮，如果与氏族留下的一半对得上，证明他（她）们都是本族的兄弟姐妹，就不得结婚；只有俪皮对不上或根本没有俪皮者，方才可以结婚。久而久之，以俪皮为信物和证物的婚姻，形成了只能与族外通婚的礼俗。这一礼俗推行开来，逐渐演变为族内与族外通婚、男婚女嫁的制度——尽管还不是一夫一妻制的婚姻制度，但是也足令本氏族人种兴旺起来，遂为打败吞并周围一些氏族部落奠定基础。伏羲率本部落由西向东征战，一直征战到河南，最后伏羲本人也葬于河南。伏羲是后来倡导"同姓结婚，其生不繁"的始祖，生殖崇拜加上禁止本族内婚嫁最早的优生，造就了伏羲氏族部落的强大。

为什么原始社会尤其在原始社会新石器时期，生殖崇拜会发生而且淋漓尽致地表现出来呢？人们会说，原始人愚昧，科学不发达，看到孩子从女人肚子里生出来无法解释，感到女性能生育很伟大，就对女性及其生殖器官崇拜起来，生殖崇拜最先是对女性的崇拜。这样的诠释无疑有它的道理，如果全然知晓结婚生育是怎么一回事儿，也就不必那么神密和顶礼膜拜了。但是这样的诠释还不足以使人完全信服，试问：人类脱离愚昧、科学进步以后，就没有生殖崇拜了吗？不是的，这点下面还将做出分析；那么根本的原因在哪里呢？必须将生育置于那时人口生产、经济和社会发展之中，做出符合人口学、经济学、社会学规范的解释。

迄今为止，原始社会是人类进化发展中占据时间最长的时期，占据

99%以上。原始社会人类由使用简单的石块、木棒旧石器时代，过渡到打磨石器、有了最初的陶器和饲养动物、懂得农耕的新石器时代，是一个艰难的巨大进步。通过对伏羲故里的考察证明，这种进步的程度超出以往的估计。最紧要的一点，是将人置于天地宇宙之中，探索相互运动变化的规律，创造绘制出包括生殖崇拜八卦在内的文化。为什么八卦将象征男女两性结合的图像置于中心位置，八卦的演变以阴阳互动排列组合的方式为转移？可以说，这是作为人皇的伏羲以人为中心的宇宙观的体现，是他强盛本氏族的立足点。尽管新石器时代生产工具和战争所用武器比旧石器时代有了不小的进步，但是基本的力量就是赤条条的人的力量格局没有改变。而人的力量，一是由人口的数量决定，人口越多，氏族的力量就越大；二是由人口的质量决定，人的身体越强壮，氏族的力量也越大。哪个氏族部落人口数量多、身体素质好，这个氏族部落就会强大起来，就会战胜吞并其他氏族部落。我们从伏羲氏族部落强盛、吞并其他氏族部落，直至征战到河南史诗般的传说中，看到一幅怎样由八卦图阴阳鱼发动、运转和决定命运的壮丽画卷，以生殖崇拜为驱动力的画卷。当地还传说，伏羲氏族部落的图腾是人面蛇身，在由天水向东征战过程中，吞并一个部落就在自己的图腾上加上被吞并部落图腾最有代表性的部分。久而久之，吞并的部落多了，自己图腾头上身上加满了一个又一个五花八门的小图腾，这就是被后人称为"龙"的由来，"龙的传人"也由此而生。

伏羲处于母系氏族向父系氏族社会过渡阶段，伏羲以后遂演变为对男性的生殖崇拜。这一转变很重要，它对后来中国封建社会的婚姻、生育乃至整个人口变动产生莫大影响。各地发现和出土的男性生殖崇拜雕塑、雕刻、绘画等，数量不断增多，文字、天文、历法等隐含的生殖崇拜也陆续被发现。文字上的表现，如"祖"字，原本没有左边的"示"，只有右边中间向上鼓起的"且"字，形同男性生殖器。在西方社会，许多国家信奉上帝创造人，上帝是人类的始祖；在中国，自从进入父系氏族社会以来，女性在种的繁衍中被排斥在主流之外，生殖崇拜演变成对男性祖先的奉先行孝，发生第二次升华——逐步升华为封建社会多子多福、符合封建伦理道德的生殖崇拜。

(二) 多子多福

(1) 孔孟庶众人口思想

说到封建伦理道德,自然离不开儒家学说和儒家学说创始人孔子(孔丘,前551—前479)。孔子的人口思想,人口学、历史学、社会学、经济学界已有不少论述,认为他承继远古生殖崇拜,主张人口庶众,并且积极吸引外国(诸侯)移民,是众民主义的先驱。但是孔子人口思想在儒家学说中占有怎样的地位,如何融入儒家学说体系,却缺少有说服力的阐发。笔者以为,孔子人口思想在儒家学说中占据着不可替代的位置,是他周游列国讲学教化民众、推行立国安邦主张的一个基本的出发点和立脚点。

众所周知,儒家学说的核心是"仁"。"仁"如何同人和人口联系起来,孔子人口思想在"仁"字一盘棋上处于怎样的位置?《论语》中说,颜渊问"仁",孔子曰:"克己复礼为仁。一日克己复礼,天下归仁焉。"就是说,要想"为仁",就要按照"礼"进行"克己",遵循"非礼勿视、非礼勿听、非礼勿言、非礼勿动"① 原则。"礼"是什么呢?齐景公问政于孔子,孔子对曰:"君君、臣臣、父父、子子。"② 亦即要按照君、臣、父、子规范去"克己",才能走向"复礼"。"礼"既包括生前,也包括死后:"生,事之以礼。死,葬之以礼、祭之以礼。"③ 孔子不仅看重生前的"事",还特别看重死后的"葬"和"祭",这是孔子"孝"的时间涵义。那么怎样才能不废祖祭、保持"香火"持续呢?只有人人留后,不断子嗣,子子孙孙一代又一代地把"香火接力棒"传下去。孔子生活在距今2500年前,不言而喻,那时人口再生产处于典型高出生、高死亡、低增长阶段,加上春秋战国时期诸侯之间征战连年不断,人口死亡率始终居于很高水平,要不废祖祭、保持"香火"延续,只有多生多育,生得越多子嗣延续的概率越高。至此,孔子的人口思想已经呼之欲出:"庶矣哉。"④ 庶,一般解释为众多之意,庶民百姓;但在宗法制婚姻家庭概念中,庶特

---

① 参见孔子《论语》,孔子中国画院《金龙阁》荣誉出品,第94页。
② 同上书,第99页。
③ 同上书,第10页。
④ 同上书,第107页。

指有别于"嫡出"的家庭的旁支，称妾为"庶母"，称妾所生之子为"庶子"。孔子"庶矣哉"人口思想赞美庶众，没有异义；是否为了人口庶众而鼓励纳妾？还不能断言。除此之外，孔子立足于广施仁政，达到"近者说，远者来"①的目的。这里"说"音悦，是说仁政可使本国国泰民安、百姓心悦，有利于人口增殖；仁政同样可以吸引外国（诸侯）的人前来，增加本国的人口。虽然孔子所处的时代不知人口学为何物，但是他的人口思想却暗合两千年后的人口迁移"推——拉"理论！孔子人口思想比较清晰的脉络，可用下式概括：

仁——礼——孝——庶——仁

这里，"仁"既是出发点又是终点，是儒家学说的核心；怎样才能达到和实现"为仁"的目的呢？只有按"礼"行事，非"礼"莫属；"礼"在家庭和代际关系上，表现为生前和死后的"孝"；要想使"孝"代代相传下去，就要保证"庶"——人口的增加；"庶"是伦理和对内对外施仁政取得的结果——从"仁"出发又回到"仁"。

孟子（前372—前289）对孔子人口思想的发展，主要有两处：一处是大家非常熟悉并且至今尚耳熟能详的"不孝有三，无后为大"思想。孔子讲"事"、"葬"、"祭"生前和死后的"孝"，要使这样的"孝"有保证，就要人人生子传后。于是将生子传后提到"孝"的首位，视不娶妻生子或娶妻不生子断了祖祭的人为最大不孝。娶妻不生子列为"七出"之一，将个人淹没在家庭伦理道德之中，成为尽孝守孝、传宗接代的工具。孟子的这句经典影响至为深刻，它唤起每个家庭对列祖列宗的怀念，每个家庭每个人都要对号入座，续上在家族家谱中的排位，以使世世同堂的大家庭经久不衰。它激起人们对生育男孩子的渴望，娶妻生子感到十分荣耀；如果断子绝孙则要被骂成"绝户"，并且认为一定是做了什么缺德的事情得到的报应。时至今日，各种统计、调查资料表明，计划外生育中为了再要一个男孩子所占比例甚高，已有一个女孩还想要一个男孩所占比例更高。

另一处也是大家所熟知的，即"天时不如地利，地利不如人和"。孔

---

① 参见孔子《论语》，第109页。

子从"仁"的思想出发,通过"近者说,远者来",达到人口庶众的目的。孟子将其发扬光大,在"天时"、"地利"、"人和"成功三条件中,视"人和"为最重要的条件。他结合战国时期土地大片荒芜实际,解释说:土地广而人口少,常常有被吞并的危险;通过施仁政吸引"民归",士归则可聚集人才,农归则可开垦土地,商归则可带来市井繁荣,"人和"是一个国家国力强盛最重要的条件和标志。孟子的"人和"思想也有很大影响,他阐述的实现"人和"的某些独到见解,至今仍被人们称道、传颂和应用着。

春秋战国孔孟前后思想家中涉足人口思想的,还有管仲(？—前645)、墨翟(前468—前376)、商鞅(前390—前338)、韩非(前280—前233)等。他们的人口思想,或赞同孔孟的庶众理论,如墨翟认为只有增加人口才能"财用足",主张早婚、节葬并废除蓄妾过多等妨碍人口增殖的制度;或另成一派,如法家韩非在《五蠹》中说:"古者,丈夫不耕,草木之实足食;妇女不织,禽兽之皮足衣也。人民少而财有余,故民不争。是以厚赏不行,重罚不用,而民自治。今人有五子不为多,子又有五子,大父未死,而有二十五孙。是以人民众而货财寡,事力劳而供养薄,故民争。虽倍赏罚而不免于乱"。似乎"货财寡"、"供养薄"和"乱",皆由"人民众"而生;或其学说介于孔孟与韩非之间,如管子认为地大而不为"土满"、人众而不理"人满"和兵威而不止"武满"均需整治,其中整治"人满"不是减少人口,而是通过设置"掌幼"、"掌媒"等官吏加强管理解决。孔孟之外的这些人口思想具有历史的价值,但在当时影响甚微,与孔孟人口思想比较起来,可谓小巫见大巫了。

(2) 封建多子多福人口思想

春秋战国以下,自西汉至清道光二十年鸦片战争(前206—1840)两千多年,是中国封建社会最主要的时段。不管史学家对中国封建社会分期有何不同,怎样断代,这两千多年的意识形态最具封建代表性,则是没有疑义的。人口思想也一样,历经封建社会无数次改朝换代的洗礼和磨砺,更加凝聚和集中到多子多福上来。

这一时期主要的人口思想家,有西汉的贾谊(前200—前168)、晁错(前200—前154)和董仲舒(前179—前104),东汉的荀悦(148—209)

和徐干（170—217），唐朝的刘晏（715—780）和杜佑（735—812），北宋的苏轼（1036—1101），南宋、金时期的叶适（1150—1223），南宋、金和元初时期的马端临（1254—1322），明末的徐光启（1562—1633），明末清初时期的冯梦龙（1574—1646），清朝的洪亮吉（1746—1809）和汪士铎（1802—1889）等。他们继承春秋战国时期的不同人口思想，结合所处的具体历史环境，做出多视角、多领域、多层面的阐述。包括人口数量多和寡、人口规模和分布、人口迁移和流动、劳动力和兵源供给、人口素质和教育、人口统计和税收、户籍管理和田赋、生育和性别等的阐发，并且针对当时存在的突出人口问题，提出相应的改革建议。然而通观这两千多年的人口思想，称得上人口专门论著一类却很少，大都散落在其他论著之中，在论述国富民强、富国强兵、田赋税收、商贾通衢、变法改革等时，做出一定的论述。长篇大论、分析较为透彻的论述，实不多见。立足人口论著视角，值得提及的，当数杜佑在《通典》"历史盛衰户口"中，在整理唐朝以前的户口典章基础上，对夏禹以来至唐天宝年间的人口变动所做的系统分析，阐发不同历史时期人口增减的原因，借以抒发他的人口观点，对考察唐以前的人口变动有较高价值。马端临将以往的人口调查汇总编纂起来，成为《文献通考》"成丁通考"中的"户口考"，可谓中国最早的人口统计。他将户籍与赋税结合起来考证，揭示田赋对于人口统计的影响，往往人们为了逃避田赋而少报户口，给后来研究历代人口变动一大警示。洪亮吉主要生活在清朝"乾隆盛世"，汪士铎则主要生活在清朝道光以后，然而二者均处在康（熙）、雍（正）、乾（隆）中国人口空前膨胀时期，这对二人的人口思想产生深刻的影响。他们依据观察和掌握的史料，得出人口增长超过粮食、布匹、房屋等生活资料的增长，人口增长与土地短缺矛盾难以解决，以及人口加倍增长是贫穷、世乱根本原因的结论。洪氏人口思想的集中表现，可参见所著《意言》"治平"和"生计"篇；汪氏人口思想主要搜集在《汪梅村乙丙日记》中，他甚至主张用杀戮、溺婴、晚婚、多生征税等消极和积极办法限制生育、减少人口。读起洪、汪二氏的人口文章来，果然与英国马尔萨斯的《人口原理》有异曲同工之妙。只是洪氏谱曲虽早，却远不及马氏影响为大。马氏《人口原理》居然能连出六版，是何等的风靡一时；而包括洪、汪在内的中国人口节制主义，在孔孟庶众主流人口思想奔腾喧嚣之下，几乎被淹没得无声无息。

孔孟庶众人口思想之所以影响中国两千多年，成为主流思想，与整个孔孟学说同步，得益于两次历史的机遇——西汉董仲舒的"独尊儒术"和宋朝程朱理学规范。

西汉武帝（前156—前87）继位后，经过较长时间的休养生息，社会经济获得很大发展，国防巩固，国力强盛。但是地方诸侯王公割据势力强大，地主商人兼并农民土地严重，边界匈奴进犯骚扰不断，迫切需要加强中央集权统治。在这种情况下，董仲舒提出：现行的诸子百家学说观念不同，影响到政令的统一和国家的强大，需要用推崇君、臣、父、子之礼，维护皇权和大一统思想的儒家学说取而代之，用官只选取儒学之人。汉武帝采纳了他的建议，立儒学为官学，只讲授《诗》、《书》、《易》、《礼》、《春秋》五部经典，将主张清虚自守的道家黄老学说等一律排斥在外，以优礼录用儒生在太学和郡县学校任职，官府中不治儒学五经的太常博士一概免职，即历史上有名的"罢黜百家，独尊儒术"。从此，确立了儒家的正统地位，开创儒家学说统治中国封建社会两千多年的历史。

另一次机遇，是宋朝程朱理学规范。一般认为，北宋周敦颐开创理学，他的弟子程颢、程颐加以发扬光大，二程是理学的奠基者。他们从永恒不变的"理"或"天理"出发解释万物，认为自然界和人类社会都是按照一定的"理"运行和发展的，君臣父子就是通行于社会的"天下之定理"，是永远不可改变的。南宋朱熹（1130—1200）集北宋以来各派理学成果之大成，建立了比较完整的理学体系。他认为，天、地和人间一切事物的变动和发展，都是由先天存在、一成不变的"天理"支配的，我们的任务就是要"去人欲，顺天理"。朱熹举一个通俗的例子说：饥饿要吃饭是天理，追求美味就是人欲了。换句话说，就是要人们放弃个人的私欲，达到通行于自然界和人类社会的"天理"的要求。在人类社会，树起"三纲五常"（三纲：君为臣纲、父为子纲、夫为妻纲；五常：一般指仁、义、礼、智、信）等"天理"道德标杆。像"三纲五常"以及其后的"三从四德"（三从：未嫁从父、既嫁从夫、夫死从子；四德：妇德、妇言、妇容、妇功）等封建道德伦理规范，具有一种无形的、舆论的、社会的约束力，不仅对后来中国社会政治、文化的发展有很大影响，而且对人口数量、性别结构、教育素质、人口政策取向等的影响是相当深远的。

经过"罢黜百家、独尊儒术"和程朱理学规范的儒家学说，成为封建社会居统治地位的意识形态，孔孟庶众人口思想也随着演变为封建多子多福人口观。封建社会多子多福人口观与孔孟庶众人口思想同属于众民主义，本质上没有什么不同；但是历经两千多年的封建洗礼，在不断深化、完善和广泛传播过程中，"多子多福"人口观逐步深入民众心中，成为多生多育的精神支柱，其升华和发展主要表现在：

其一，将"多子"与"多福"联系起来，明示增加人口的目的性。人们为什么追求"多子"？归根到底是为了"多福"，把"多子"与"多福"作为因果关系联系起来，深入民心。这一理念之所以被广大民众接受，有其客观的经济基础。众所周知，经济时代的划分不是依据生产什么，而是依据怎样生产、用什么样的生产工具进行生产。马克思曾经说过，手推磨产生的是封建主为首的社会，蒸汽磨产生的是资本家为首的社会。封建社会建立在农耕经济基础之上，在长达两千多年的漫长历史长河中，生产工具无疑有不小进步，也有不少发明创造；但是基本上是手工工具这一点没有改变，发明创造都是小打小闹，没有发明制造出任何机器工具。驱动力也主要来自人、畜的力量，少许借助水、风等的自然力量。手工工具可以看作是人体能有限度的延长、外在化和物质化，在劳动力、劳动资料生产要素中，劳动力始终居于主体和支配的地位。建立在男耕女织基础上的农耕家庭经济，劳动力主要是男性劳动力数量多少、质量高低，成为家庭致富的决定性要素；打造建立在农耕经济基础上的封建帝国，人口和劳动力数量和质量怎样，则是国家强弱的决定性力量。因此，无论从微观家庭还是从宏观国家角度讲，多生多育、人丁兴旺都是国富民强的基本要素，最重要的力量。"多子"同"多福"密切相关，二者可以等量齐观。

其二，纳入封建伦理道德规范，"多子多福"成为一种富有震撼力的文化。孔孟将庶众人口思想置于以"仁"为核心的思想体系，仁——礼——孝——庶——仁清晰地表明一条合乎逻辑思维的路线图；孔孟之道经过董仲舒和二程、朱熹等的整理、补充和系统化，变成封建社会正统思想教条,"多子多福"人口观也演变为"三纲五常"、"三从四德"一类封建礼教,成为不可逾越的伦理道德界限。封建地主阶级大力渲染这一伦理规范,通过续家谱、建祠堂、建贞节牌坊以及小说、戏剧等形式,烘托"多子多福"人口思想的感染力,提升约束力,增强聚合力,久而久之成为一种宗教式的人口文化。"多福"不仅指家庭父母物质利益上的"福",还指精神荣誉感上的"福"——只有多做好事、善事、多积德,才能修来多子的福分;如果德行不好或积德不够,就要无子绝后,成为不孝之人。这种观念一旦树立起来,就在无形、无声、无息之中,唤起民众强烈的生育欲望,主要是生育男孩子的欲望。

其三,拓宽人口庶众视野,涉足更多相关领域。孔孟庶众人口思想,主要从人口数量、性别、教育、流动等方面阐发;"多子多福"人口观涉及婚姻、生育、家庭、家族、职业、健康、伦理、道德、户籍、统计、天文、地理、土地和人丁税收等诸多领域。有些论著,如"三通"(《通典》、《通治》、《文献通考》)中有关人口户籍等篇章,已成为人口文献中的经典;有些论著虽然够不上人口专著,但是针对当时比较尖锐的人口问题展开的论述,体现了人口学具有的边缘、交叉学科性质,提升了人口在社会经济发展中的不可替代的地位。人口问题总是同封建社会的基本矛盾交织在一起,特别同土地、田赋、丁税、战争等交织在一起,成为改朝换代、兴衰交替中的一个突出问题。

(3)近代改良人口思想

1840年的鸦片战争轰开了中国闭关锁国的大门,敲响了两千多年封建统治的丧钟,包括人口在内的传统观念也受到一定的震动。笔者以为,从鸦片战争至1949年中华人民共和国成立,具有代表性的人口思想,主要是改革派的人口思想、革命派的人口思想和社会学派节制主义的人口思想。

① 改革派人口思想

鸦片战争后,随着帝国主义列强侵略日益加深,中国近代资产阶级思想家在向西方寻求真理的过程中,接触到西方人口思想并联系中国实际,阐发他们的人口主张。严复作为启蒙思想家代表,从达尔文进化论优胜劣汰自然规律中受到启发,在《原强》《保种余义》中说:中国人口虽众，但是"文化未开"，人口素质低和生育繁盛并存，是必须解决的人口问题。提出"开民智"，限制婚配，学习西方"择种留良"，学习西方优生学并倡导优生。梁启超作为近代资产阶级改良派代表人物之一，将人口纳入改良新政视野，在《禁早婚议》、《饮冰室合集》中，也阐述了倡导晚婚、禁止早婚的主张。他指出早婚有"五害"：一害于养生，有碍父母身体健康；二害于传种，有碍后代的成长；三害于养蒙，有碍子女的教养；四害于修学，有碍子女后代的学习；五害于国计，有碍国计民生。他从东西方对比中发现，愈是野蛮之人，其婚姻愈早；愈是文明之人，其婚姻愈迟的普遍规律，主张用晚婚提高人口质量。但他反对马尔萨斯人口论，认为人口按几何级数增长"实属杜撰"；积极和消极预防之法，"亦不可行"。

② 革命派人口思想。

与严复、梁启超同代和稍迟一些时候的革命家，在寻找革命真理过程中，同样涉及人口问题，抒发了他们的人口观。民主革命先驱孙中山先生，十分重视中国人口变动。认为西方殖民主义者之所以不能吞并中国，"是由他们的人口和中国的人口比较，还是太少。到一百年以后，如果我们的人口不增加，他们的人口增加很多，他们使用多数来征服少数，一定要吞并中国。到了那个时候，中国不但是失去主权，要亡国，中国人并且要被他们所消化，还要灭种"①。但是孙中山并不主张大量增加人口，有时还对中国人口过多产生某些忧虑；他更看重解除帝国主义的政治压迫和经济侵略，通过外驱鞑虏、内图富强来实现三民主义。

作为中国共产党创始人之一的陈独秀和李大钊，他们结合中国革命，陈独秀曾发表《马尔塞斯人口论与中国人口问题》，李大钊曾发表《战争与人口问题》、《新纪元》等。在这些著作中，他们的见解惊人的相似。首先，两人都反对马尔萨斯人口论，例举中外人口增长事实加以反驳，指出人口按几何级数、食物按算术级数增长本不存在，只能成为掩饰侵略者对外扩张的借口。其次，指出中国人口问题的根源在于腐朽的社会制度。他们认为，中国人口问题的存在，不是人口超过生活资料的增长，而是生

---

① 参见《孙中山选集》下卷，人民出版社1956年版，第610页。

活资料分配不均，封建地主阶级占有土地、资本家占有工厂生产资料的制度造成的。再次，强调革命是解决人口问题的根本出路。解决饥饿、贫困、失业、疾病等人口问题，根本的出路在于推翻旧有的制度。揭露和抨击马尔萨斯不在解决失业等问题本身上寻找办法，却用限制人口来解决，是"用石条压平驼背"十分可笑办法的实质。

③ 社会学派节制主义

随着鸦片战争后中国被迫开放并且步步扩大，西方各种思想、学说、流派的不断流进，其影响尤其是在学术界的影响也与日俱增。就人口思想而论，20世纪二三十年代则掀起一股社会学派节制主义热潮。1918年陈长蘅发表《中国人口论》一书，后又发表《三民主义与人口政策》；接着许仕廉发表《中国人口问题》、《人口论纲要》；陈达在《北平晨报》上创办《人口副刊》，后又发表《人口问题》一书；还有吴景超、李景汉等，也纷纷发表文章，一股社会学派人口节制主义兴盛起来。在一二十年内接连发表一连串人口专论，这在过去是从未有过的。他们的基本观点可归纳为：一是赞同马尔萨斯人口超过生活资料增长论断，认为我国人口已经超过"适中人口密度"，甚至达到"人满"的程度[①]；二是限制人口数量和改善人口品质。认为"生存竞争与成绩竞争成反比例，人口数量与人口品质处于反对地位"，[②] 人口数量增长过快，必然导致人口品质降低。主张少生和优生，发展教育和科学，实行一男一女"一枝花"最多"两枝花"制。三是实行节育。认为解决中国人口问题有治标与治本两种办法，发展工农业生产、移民、公共卫生事业等，属于治标一类；提倡迟婚和节制生育，才是最有效的治本的办法。不难看出，社会学派人口节制主义受马尔萨斯人口论影响很大，他们著作的相继发表，起到了传播作用；同时有些观点，如适中人口密度、限制人口数量和改善人口品质等，具有一定的科学价值。然而与改良派人口思想、革命派人口思想最大的不同，社会学派节制主义主要局限在学术领域，作用和影响要更小一些。

---

① 参见陈长蘅《中国人口论》，商务印书馆发行，第54页。
② 参见陈达《人口问题》，商务印书馆发行，第307—308页。

二 政策——直接的干预和间接的干预

我们之所以花一点儿篇幅讨论历史上的人口思想，是因为古往今来任何社会政策，均是该社会占统治地位的主流思想的反映。弄清两千多年中国封建社会"多子多福"人口思想的来龙去脉，如何深入民众，博得民心，才能摸准封建帝国人口政策的脉搏。尽管从战国起就有韩非等反主流人口思想异样声音存在，但是从这种"小国寡民"到清朝洪亮吉和汪士铎，以及20世纪前期社会学派人口节制主义，对两千多年的中国人口政策说来始终未能进入主流，只不过是主流直击而下荡起的一个个漩涡和迴流而已。近代改良派、革命派人口思想的出现，应得着"时势造英雄"这句话，他们是中国闭关锁国大门被打开之后，在向西方学习寻找救国救民方略过程中，涉猎人口问题时对传统观念所做的若干修正，带有一定的过渡性质。即使这样，也没有脱离庶众和多子多福传统人口思想的束缚，相反这种人口思想还顽强地渗透到他们的理想和学说中去。

儒家庶众人口思想及其后来规范化的封建多子多福人口思想，是驱动历代人口政策的主导思想，无论直接还是间接的人口政策，都始终围绕这条主线制定和实施下来。本书不想按照历史的顺序评介一个朝代一个朝代的人口政策，那样的论述前已有之，吴希庸先生的《人口思想史》就是较好的范本。本书重点在阐发当代的人口政策，只不过"当代"是既往开来的结果，为了说明"当代"必然涉及古代和近代。因此，对当代以前长达两千多年人口政策的阐述，只需弄清形成的脉络、基本的观点、政策的实质就够了。

本书阐发当代以前的人口政策，按照这样的逻辑顺序进行：第一层面，将人口政策分为直接的人口政策和间接的人口政策。第二层面，分别阐发直接、间接的人口政策。直接的人口政策又分为作用于出生、死亡人口生产，以及同人口生产相关的婚姻、家庭、劳动、教育、赡养等人口政策；作用于人口移动，吸引外来人口迁移和流动的人口政策。间接的人口政策，主要是体现在田赋、丁赋、徭役等政策中与人口相关部分。立足于人口学视野，重点阐发直接的人口政策，特别是直接作用于人口生产的人口政策。

1. 直接干预的人口政策

所谓直接的人口政策，顾名思义，指直接作用于人口变动过程的人口政策。人口学对人口变动过程的诠释，包括出生、死亡人口的自然变动，迁移、流动人口的机械变动两个方面。以下就这两个方面，分别对当代以前的人口政策做出阐发。

（1）干预自然变动的人口政策

迄今为止，干预出生、死亡自然变动的人口政策，列各国各项人口政策之首，当代以前的中国人口政策也不例外。

① 鼓励多生多育

这是古代和近代诸多人口政策的一条主线。所谓主线，一是贯穿始终，两千多年始终不渝；二是渗透到各个方面，其他各项政策归根到底都要回到多生多育、人口增殖上来。早在春秋时期，越王勾践被吴王夫差打败，回到越国便卧薪尝胆，制定了"十年生聚，十年教训"韬光养晦之策。"生聚"包括"生"——鼓励人口自然增长，"聚"——吸引外来迁入人口两层涵义。就"生"而论，勾践做出三条规定：一是年轻男子不得娶年老女子，年老男子也不得娶年轻女子，婚龄相当以利生育；二是丈夫二十不娶，其父母有罪；女子十七不嫁，其父母有罪。三是生一男孩，奖二壶酒一犬；生一女子，奖二壶酒一豚；生二人给予补助，生三人给予照顾。越国这些奖励生子、限制婚龄、晚婚、不婚的政策实施后大见成效，终于迎来人丁兴旺、国力强盛的一天，举兵打败吴王夫差。

到了汉代，鼓励多生多育的人口政策，在奖罚两方面都有了新的章法。在奖的方面：汉高祖时规定，"民产子"免徭役二年[①]；公元85年东汉章帝降诏，产子者免三年人头税，怀孕者奖谷三斛、其夫免一年人头税。[②] 在罚的方面：公元前189年汉惠帝下令，十五至三十岁女子不嫁"五算"[③]，即征收五倍人头税。对女子不嫁开征人头税，恐怕此前没有先

---

① 参见《汉书·高帝记》。
② 参见《后汉书·章帝纪》。
③ 参见《汉书·惠帝记》。

例。而从人口学视角观察，这一法令抓住了生育的主体——育龄妇女这一关键，无疑对提高生育率至为重要。如此看来，女子不嫁要征人头税，产子即获免征，甚至怀孕也可免征一年且有奖励——这一奖一罚的人口政策，在当时说来力度已经够大，对促进人口增长起到相当重要的作用。自汉章帝开始，历代征收人头税被合法化，而如何征收人头税，也成为调节人口政策的一颗运用自如的砝码。

人头税成为封建统治阶级主要税收后，一方面人口的增加就是税收的增加，希望人口快些增长；另一方面征收人头税又妨碍着人口的增长，发生人丁漏报现象。到了清朝，由于明朝末期土地兼并严重，对政权建设和国家发展造成相当不利的影响，遂对土地赋税制度进行改革。康熙时即实行"滋生人丁永不加赋"的政策，把税收总额固定下来，以减轻人民负担。但是由于地方官僚豪绅常钻人口流动的空子，把赋税转嫁到平民百姓头上，人头税必须改革。经过多年试验，1723年雍正皇帝下令实行"摊丁入亩"的政策，即取消按人头征税的制度，而将一县的丁役银钱总数分摊到田亩中去，以田赋名义征收。这是封建税收制度的重大改革。它废除了沿用1500多年的按人头征税办法，将添人加丁从加税的桎梏中解放出来，对清朝康（熙）、雍（正）、乾（隆）人口总量接连翻两番，以及其后的人口增长起到莫大的作用。

② 奖励生育男性孩子

前面例举的汉朝奖励生育的政策，不是生育就奖，而是"产子"——生育男性孩子才给予奖励。这种性别歧视由来已久。众所周知，孔子讲唯女子与小人为难养也，孟子讲"不孝有三，无后为大"，"后"指的是男性孩子。到了南北朝时期，公元497年齐明帝降诏："民产子者，蠲其父母调役一年。"[①]"调"即"赋"，这里已将奖励的范围扩大到父母双方，力度也加大到"调"和"役"两个方面。同时还有实物奖励，产子者奖励米十斛。唐太宗登极，曾下令："妇人正月以来生子者粟一斛"[②]，可见生子之吉祥和荣耀。一些封建王朝还对产子贫困家庭予以生活补助，对一

---

① 参见《南史》卷6《梁本纪》。
② 参见《新唐书》卷2《太宗纪》。

产三子家庭给予特殊奖励。元对一产三子家庭曾免税三年,明曾按例给粮至八岁。到了清朝,则规定"一产三男俱存者,给布十匹,米五石";"若男女并产及三女,不准行"①。可见,封建帝王鼓励多生多育的出发点是多生育男性孩子,女性一般不在其内,性别歧视的形成非一日之寒。

③ 提倡早婚早育。提到婚姻年龄,最早有文字记载的应为《周礼·地官司徒》关于"令男三十而娶,女二十而嫁"的说法。然而对这句话的诠释却不尽相同:一说是允许结婚的下限年龄,那样这句话便成为晚婚的根据了,显然与当时的社会状况不符;一说为结婚的上限年龄,从孔子开始比较权威的诠释大都取向于此。但是《周礼》对此没有明确说明,因而也就难以定论。不过封建社会提倡早婚早育,则是没有异义的。《墨子·圣王篇》说:"昔者圣王为法曰:'丈夫年二十,毋敢不处家;女子年十五,毋敢不事人。'此圣王之法也。"这里的年龄,无疑是男女结婚的最晚年限。为什么"毋敢"呢?自然是有法令的约束。前面提到的越王勾践"十年生聚"中"女子十七不嫁,其父母有罪;丈夫二十不娶,其父母有罪",亦可见是用法令的形式,将结婚定在女子不得超过十七岁、男子不得超过二十岁。直至唐朝初年,大都沿用这样的规定。到唐开元二十二年,将允许结婚的年龄下调至男十五岁、女十三岁。② 明朝调整为"凡男年十六、女年十四以上,并听婚娶"③。其实,既然多生多育上合天理,封建统治阶级把人口众多视为国力强盛的标志;下合民意,平民百姓在多子与多福之间用等号连接起来,那么早婚早育就是合理的、必然的。剩下的问题是早到什么时候,则要看现实的可能了。决定这一现实可能性的,是男女生理发育成熟的程度。在这一点上,古人"男子十六精通,女子十四而化"的判断是比较科学的,因而也就成了男女结婚自然的起始年龄;按照"十月怀胎,一朝分娩"推论,男子十七、女子十五左右开始生育也是顺理成章的了。这是一般的情况。特殊的说,封建时代讲究门当户对,男婚女嫁听从父母之命、媒妁之言,童婚、娃娃婚、指腹为婚作为补充形式

---

① 参见萧奭《永宪法录》卷1。
② 参见王溥《唐会要·嫁娶》。
③ 参见万历《明会典》卷69。

大量存在，成为早婚早育的插曲。

④ 倡导规模大的家庭

家庭是社会的细胞，在男耕女织的封建时代，既是经济也是人口再生产的基本单位。因而家庭类型、规模和结构怎样，家庭功能能否得到有效的发挥，构成人口政策的一个侧面，为社会所关注。同鼓励人口增长、多生多育人口政策宗旨相适应，封建社会维系的是多代同堂、几世其昌的大家庭。因为只有大家庭，才能更好地突出孔孟"孝"的理念，维护"父父、子子"伦理道德，体验人丁兴旺带来的天伦之乐。

人们常说：国有国法，家有家规。然而家规与国法是相通的，封建制度下的家规，常常要仰仗国法的保护来运行。前已论及，儒家学说在"孝"的旗帜下将"我"的存在泯灭在伦理道德之中，变成仅仅是我父母的儿子或女儿；落实到家庭，就是维护父母的核心地位，把儿女子孙都笼络在父母、祖父母膝下尽孝，建立起以父母为绝对权威的大家庭。孔子有"父母在，不远游"的训教，似乎子孙后代只有留在父母身边行孝才为本分，自然与父母同在一个家庭。封建统治阶级强化这一理念，将其纳入封建法典固定下来。如公元742年唐玄宗降诏："如闻百姓之内，有户高丁多，苟为规避，父母现在，乃别籍异居，宜令州县勘合，一家之中，有十丁以上者，放两丁征行赋役；五丁以上者，放一丁。即令同籍共居，以敦风教。"[①] 这里放丁赋役同家庭规模成正比，用现代统计学解说，奖励是带有加权累进性质的。尽管其目的是"以敦风教"，维护封建宗法制度；但是大家庭有利人口增长蕴含其中，也是不说自明的道理。不仅有奖，而且也有罚："诸父母在而子孙别籍异财者，徒三年"；"诸养子所养父母无子而舍去者，徒二年。"[②] 唐朝以后，历代封建统治者大都沿用这一制度性规定，有的稍做一些修正。久而久之，四世同堂、五世同堂联合式大家庭不断日渐繁盛，家族势力也逐渐扩大。

⑤ 禁止弃婴溺婴

封建王朝出于增加人口，同时出于维护封建伦理道德，历朝历代大都

---

① 参见杜佑《通典》卷6《食货》6。
② 参见《唐律疏议》卷12。

制定了禁止弃婴、溺婴和支持官民收养的政策。历史上，人口稠密、经济比较发达的浙江、福建、广东、江西、江苏、山西等省，弃婴、溺婴比较严重。究其原因，家庭经济贫困、无力养活是根本；同时受重男轻女毒害较深，弃女婴和溺女婴母亲断奶较早，一是可以提前下一次受孕时间，使生育男孩子的愿望早日变为现实；二是可以省去抚养女儿的费用，包括出嫁时的嫁妆费用。针对这种情况，上述地方的一些州县官府曾经出台某些条令，处罚弃婴、溺婴者。宋代以前主要是这些地方性的条款；1205年南宋颁布"严民间生子弃杀之禁"①，但缺少具体规定；元代则制定了比较明确和比较严厉的条令："诸生女溺死者，没其家财之半以劳军；首者为奴，即以为良；有司失举者罪之。"② 对溺死生女者没收家财一半，举报者为奴的提为良民，失职官员要治罪，不算不严厉。明朝沿续下来，还加上"五家连坐"处罚，收到较好效果。到南宋理宗时，还专门设置了官办机构慈幼局，负责收养遗弃婴儿事宜。清朝康熙曾责成"五城司坊官严行禁止，违者照律治罪"。还设置育婴堂，"凡旗民有贫穷不能抚养其子者，许送育婴儿之处，听其抚养"③。据《文献通考》等史书记载，京师广渠门内育婴堂经营有道，全国普遍推广；江西育婴堂每年收养女婴多则千余口，少则数百口，对保持人口增长起到一定的作用。

⑥ 注重人口素质

在提高人口健康素质方面，前文提到，早在七八千年以前，伏羲氏便以鹿皮为信物和证物，规定结婚时凡出示鹿皮能够对得上者，证明是本氏族兄弟姊妹，就不得结婚，开中国优生之先河，帮助了该氏族部落的崛起。不言而喻，当时并不知道优生为何物；就是后来孔子说的"同姓为宗，有合族之义，故系之以姓而弗别，缀之以食而弗殊，虽百世，昏（婚）姻不得通，周道然也"④。这里，孔子不主张同姓结婚也不知道"同姓为婚，其生不繁"的道理，而主要是"重人伦也"。但是，人们从长期的实践中，却看到"同姓为婚，其生不繁"的现象重复出现，于是秦以前

---

① 参见嵇璜等《续文献通考》卷12。
② 参见元《通制条格》卷4。
③ 参见《大清会典事例》卷1036。
④ 参见何孟春注《孔子家语》。

就有"娶妻不娶同姓"的习俗,是否有禁止同姓结婚的规定,没有充足的证据可考。到公元483年,北魏孝文帝下诏:"夏殷不嫌一族之婚,周世始绝同姓之娶,斯皆教随时设,政因事改者也。皇运初基,旧不暇给,古风遗朴,未遑厘改。自今悉禁绝之,有犯者以不道论。"① 自此以下各朝代,对同姓结婚的处罚严格起来。唐代规定:"诸同姓为婚者,各徒二年,缌麻以上以奸论。"②。明代规定:"凡同姓为婚者各杖六十,离异。"③ 清代除沿袭明朝的规定外,增加同姓结婚"妇女归宗,财礼入官"的条款④。这一切表明,历代封建统治阶级在禁止同姓结婚问题上态度鲜明,政令不为不严厉,对促进和保证中华民族子孙后代的健康繁衍的作用可大书一笔,功不可没。只是由于张、王、李、赵、刘等大姓人口过于集中,同姓结婚者仍占到一定的比例。不过五代以内同姓为婚者比例很小。从优生和遗传学观点看,超出五代人的同姓为婚,其不良影响便大大减退了。

与禁止同姓结婚相关联的,是禁止近亲之间的结婚问题。唐朝规定:"娶同母异父姊妹,若妻前夫之女者,各以奸论。"且处罚很严:"若妻前夫之女及同母异父姊妹者,徒三年;强者,流三千里;折伤者,绞。"⑤ 唐以后诸朝代,差不多都沿用类似条文,限制近亲结婚生育。这样的政令实施起来有一定难度,特别是限制娶前夫之女不容易做到。从总体上看,几千年封建社会能够颁布这样的禁止近亲结婚生育条令,对种的繁衍和人口身体素质提高的作用不可低估。

在提高教育素质方面,早在战国时墨子的一席话至今为国人传颂:"一年之计,莫如树谷;十年之计,莫如树木;终身之计,莫如树人。一树一获者,谷也;一树十获者,木也;一树百获者,人也。"孔子重教,号称学生满天下,有弟子三千人、贤人七十二人。经过汉"罢黜百家,独尊儒术"和宋程朱理学规范两次升华,儒学被确定为官学,"四书"(《大学》、《中庸》、《论语》、《孟子》)和"五经"(《易》、《书》、《诗》、

---

① 参见《北史》卷3《魏本记》。
② 参见《唐律疏议》卷14。
③ 参见《明会典》卷14。
④ 参见《大清会典事例》卷756。
⑤ 参见《唐律疏议》卷26。

《礼》、《春秋》)被指定为教材,使孔孟学说包括后来发展了的"三纲五常"、"三从四德"成为深入民众、占绝对统治地位的意识形态。孔子被尊为"圣人",成为一种宗教,孝、悌、忠、信、礼、义、廉、耻成为束缚广大民众的精神枷锁,其中包含的人口思想影响至深至远。从政策层面考察,历代封建统治阶级无不利用舆论的、宗教的、宗法的、行政的等手段,千方百计维护这一套封建礼教,起到与多生多育人口政策相呼应、相配合、相辅相成的作用。特别是隋唐实行科举制度以后,文举考的是儒家经典,做官做事行的是孔孟之道,儒家学说及其规范成为衡量人口教育素质的唯一标准,直接与为官挂起勾来。

(2) 干预机械变动的人口政策

人口变动包括出生、死亡、迁移三个基本的要素,出生、死亡称之为自然变动,迁移称之为机械变动。反映庶众和多子多福思想直接干预的人口政策,也包括直接干预人口自然变动的人口政策和机械变动的人口政策两个方面。直接干预自然变动的人口政策,如上所述;直接干预机械变动的人口政策,主要通过迁移、流动吸引人口增加,构成历代封建王朝人口政策不可或缺的一部分。尽管历代运用的手段有所不同,但是围绕多生多育人口政策主线贯穿始终,一般都实行人口机械增长与人口自然增长并行的政策。前面提到的越王勾践"十年生聚"政策中,"聚"即是吸引外来移民,通过吸引外来移民增加本国人口,增强基本国力和军事力量。在这方面,商鞅变法是一个成功的例子。秦孝公任用商鞅实行变法,进行编制户籍、废除世禄、奖励军功、设置郡县、鼓励耕织、统一度量衡等改革,使秦成为战国中脱颖而出的强国。就吸引外来移民政策而论,商鞅看到周围韩、赵、魏等国"土狭而民众",秦国则"人不称土",就想把这些国家特别是三晋的人口吸引过来。他讲,吸引三晋的人口来秦有很大好处:一是可以使其从事农耕,发展农业生产,巩固后方,供给军需,支援战争。二是可以"捐敌"。即三晋的人口来秦安家落户,敌国人口和军队数量必然随之减少,无形之中削减了敌国的国力和军事力量,增强了秦国的国力和军事力量,这同打了胜仗一样卓有成效。怎样吸引三晋人口迁移来秦从事农业生产呢?主要通过"废井田,开阡陌"改革。废除旧的井田制,招募移民开垦荒地,为他们提供多种便利,允许土地自由买卖,为吸引外来移民创造了最重要的条件，也是当时比较优厚的条件。同时，商鞅变法中奖励办法规定，凡是农民生产的粮食、布帛超过一般产量的，免除本人的徭役和赋税；而弃农从事工商业或不务正业致贫者，全家罚做官奴。这样的奖罚并用政策，调动了本国和外来移民从事农业生产的积极性，为战胜并统一其他六国打下经济基础。

秦以后除小国封建割据时期外，汉、唐、宋、明、清等建立了中央集权的封建帝国吸引移民，主要表现为区域性的人口政策。如东汉以后，北方地区经历魏晋南北朝、安史之乱、五代十国长期战乱，人民流离失所，纷纷举家南迁，黄河流域田园荒芜严重。明朝建立后，朱元璋实行在北方"召民耕，人给十五亩，蔬地二亩，免租三年"，"额外垦荒者永不起科"的政策①，促使江苏、浙江、安徽、江西等省人口回迁，引导人口合理分布。更能体现封建帝国人口迁移政策的，是戍边屯田。类似今天新疆、内蒙古、黑龙江生产建设兵团的屯田，历代早已存在，无疑以军队为主体，同时也吸引内地移民前往，给与不同的优惠政策，对促进人口增长和边疆的巩固，起到一定的作用。

2. 间接干预的人口政策

作用于人口自然变动和机械变动的人口政策，称之为直接干预的人口政策；经济、社会政策中包含的对人口具有调节作用的政策，则称之为间接干预的人口政策。就中国漫长的封建社会而言，这种间接干预人口变动政策的作用不可小视，因它把人口的变动和发展纳入经济、社会发展之中，具有长期、稳定和累进增长的特点。主要是休养生息政策、土地政策和税收政策。

（1）休养生息政策

所谓休养生息政策，是指一个朝代在经历战争和社会大动荡之后，为了恢复元气，发展农业生产，减轻人民负担和维持安定生活、稳定社会秩序而采取的一种让步政策。考察两三千年中国封建社会朝代更迭的历史，基本上是三段论：初期由乱而治——经过战乱而产生的新的封建王朝，实行一定程度上的让步政策，轻徭薄赋，适当减轻农民负担，恢复和发展生

---

① 参见《明史·食货志》。

产，以期达到国富民强、安居乐业的目的；中期由盛转衰——土地兼并逐渐严重，农民负担逐渐加重，社会秩序逐渐混乱，封建统治阶级内部矛盾逐渐尖锐；晚期由衰至亡——丧失土地农民越来越多，赋税徭役越来越重，国家财政越来越入不敷出，战争和农民起义越来越频繁，直至这一代封建王朝覆灭。在这种世代更替过程中，人口也随着呈有规律性的变动：初期由减少到增加，中期由增加到停滞，晚期由停滞到减少，随着朝廷由盛转衰而增减，总体上呈波浪式缓慢增长态势。弄清这一点非常重要，中国历史上人口增长主要在每个朝代中前期，主要是实行休养生息政策的结果；减少发生在由衰转亡期，是封建地主阶级腐败加剧和战乱不断的结果。

考察秦以后主要朝代的封建帝王，如汉高祖刘邦、唐高祖李渊、宋太祖赵匡胤、明太祖朱元璋等，他们本身或为农民起义领袖，或与农民起义关系密切，深知农民为什么要起来推翻原来的封建朝廷，因而在夺取皇位后，一般都要实行程度不同的休养生息政策。如汉高祖取得政权后，出台一系列休养生息政策：承制定令，在秦法基础上修改成新的法令，保证人民有一个战乱后的安静环境；广招贤士，网络人才，使人力资源得到比较充分的利用；轻徭薄赋，实行按粮食产量"十五税一"，开荒耕种头几年免赋，号召战乱流民返回本土从事农耕；军队复员按功劳分给土地房屋，其中关东兵复员留在关中的免徭役十二年，回关东则免六年等。这些休养生息政策给农民松了绑，调动了广大农民生产劳动的积极性，缓解了农民同地主阶级的矛盾，也为人口增长创造了必要的条件。

（2）土地政策

土地是农业生产之本，是农民维持生计的命脉，土地政策怎样，关系到包括人口变动在内的方方面面。按照前面封建王朝盛——衰——亡"三段论"模式，一个朝代初期最重要的政策，就是解决前一个朝代衰亡期遗留下来的土地兼并问题。封建统治阶级应对的主要办法，自北魏至宋主要为均田，宋以后则实行土地买卖制度。

公元485年北魏孝文帝下令，将田分为桑田和露田两种。桑田为"世业"，不得买卖；露田及岁而受，年老则免，身没则还，并且超过部分可以卖，不足部分可以买。男子十五以上受露田四十亩，妇人二十亩；奴婢依良丁，许受田、牛。唐朝效仿魏均田办法，实行租庸调制。公元624年唐高祖下令：丁男十八以上，给田一顷，其中二十亩为"永业"，余为"口分"；田少不足人的"狭乡"，较田多足其人的"宽乡"受田减半；工商宽乡减半，狭乡不受；对迁移人口的受田，也作了具体规定。受田的丁，每年缴粟二石，称为"租"。依地方出产，或缴绢、绫、缯各二丈，绵二两；或缴布二丈四尺，麻三斤，称为"调"。每年服役二十天，遇闰月加二天，不服役每天折缴绢三尺，称为"庸"。自北魏至唐的均田制的实施，在一定程度上满足了农民对土地的要求；特别是新的均田办法多在改朝换代之初发布实施，当时土地荒芜严重，人口减少许多，实行起来比较容易。经过初期由乱而治的发展，人口大量增加，土地兼并逐渐加剧，到了由衰至亡的晚期，土地高度集中到封建地主阶级手中，均田的成果便不复存在了。

唐朝租庸调均田制，经过安史之乱和唐末农民大起义，被彻底冲垮。宋以后，土地买卖规模越来越大，遂成为一种制度。一方面，土地买卖有利于封建地主阶级对土地的兼并，强化了这一阶级的统治力量；另一方面则摆脱了农民对地主的人身依附关系，使农民可以迁移流动到其他地方从事垦殖或租佃。

无论是均田还是土地买卖制度，都有利于人口的繁衍和增殖。均田制使农民在失去土地之后，有可能在新的封建王朝建立初期得到某些土地，有一个相对安定的环境从事农业生产劳动，为人口增殖创造条件。土地买卖制度可使失去土地的农民另辟出路，或到边远地方开荒种田，或成为小工商业者，全社会完成向真正意义自耕农的过渡，完善了建立在个体自耕农基础上的小农家庭。即所谓"三十亩地一头牛，老婆孩子热炕头"，封建自给自足的小家庭。这种小家庭，最能体现多生多育、多子多福的真正涵义，是封建时代人口增长的温床。

（3）税收政策

直接干预人口自然变动和机械变动的税收政策，前文已做了概括的阐述；这里的税收政策，指除直接干预人口变动以外的税收政策，尤其是变法改革形成的新政策。

考察中国历史上的税收政策，汉以前主要是田赋、身役，没有同人口的变动挂起勾来，同人口增长关系并不密切，但是也没有妨碍人口的增长。到了西汉，在征田税的同时开征人头税，无论生子的奖励还是大龄女子不嫁的处罚，都具有人头税性质。最主要的，是汉律将人头税分为7—14岁口赋、15—56岁算赋，20—56岁男丁的力役等不同档次。口赋、算赋的年龄和缴纳的赋税额，不同年代是有变化的；不过与田赋比较起来，远比田赋为多，成为主要的税收来源，直至清康熙五十一年推行"滋生人丁，永不加赋"赋税改革，长达1900年。按人丁征税，"小民逃亡，官吏隐匿"弊端严重，不利于人口增殖，封建朝廷税收也受到影响。于是公元1723年清世宗下令推行"摊丁入亩"新的税收政策，结束了长期按人丁征税的历史。虽然"摊丁入亩"不是直接的人口政策，但是它使纳税与人口脱勾，人口增加可以不再缴税，其对多生多育、人口增长的作用，比任何一项直接的人口政策来得还要大。清朝从康熙到道光150多年里人口接连两个倍增，就是最好的证明。

三 遗产——人口大国和人口文化

自三皇五帝以来七八千年的历史，以孔孟庶众和封建多子多福为核心的人口思想不断深入民众之中，以促进多生多育和人口累进增长为主线的人口政策经久不衰，给我们留下了什么呢？留下两份最重要的遗产——世界第一人口大国和打上鲜明封建传统烙印的人口文化。

1. 世界第一人口大国

中国自何时成为世界第一人口大国，无确切的考证，因为古代社会无论中国还是外国，都不可能有健全的人口统计。然而至少从纪元开始，中国已成为世界第一人口大国当没有疑义。联合国估计，公元前7000—6000年世界人口为500万—1000万，纪元开始时在3亿左右①；美国学者多认为不可能超过1000万，如约翰·威克斯（John R. Weeks）估计，公元前8000年世界人口为800万，人口年平均增长率只有15/1000000，如

---

① 参见 United Nations, *Population Yearbook Historical Supplement*, New York 1979.

此，公元元年则仅为901万，与联合国的估计大相径庭；① 苏联乌尔拉尼斯认为，纪元开始世界人口有2.3亿②。我国学者估计，一般在1.5亿—2.3亿之间。对纪元开始的中国人口数量，学术界取得较多共识，依据是《汉书·地理志》所载：西汉平帝元始二年（公元2年），人口59 594 978人。虽然这一数字也有值得商讨的地方，总的说来可信程度较高。如此，公元开始时，中国人口当占到世界人口1/4左右，已是世界第一人口大国。

纪元开始以后的中国人口又是怎样变动和发展的呢？可供研究的资料不少，然而一是中国历史版图变动很大，统一与割据交替进行，人口不能不随着国土疆域的扩大或缩小而增减。二是虽然中国很早就有了一套比较完整的户籍制度，为人口统计创造了良好的条件；但是自汉开征人口税以来，人们为了逃避按人头征收的苛税而少报、不报户口时有发生，直至清朝实行"摊丁入亩"取消人头税时止。三是汉朝开征人口税，即将人口分为7—14岁口赋、15—56岁成年男女算赋、按户缴纳用于祭祀的献费和20—56岁男丁按规定服劳役的力役等多种，算赋是主要的税赋。以后各朝代征收人头税也多以丁为主要，这就造成户口统计中丁数与人口数相混杂的情况，有的人口统计数实际是丁数。四是封建割据战乱不断，封建王朝末期的农民起义成为推翻没落封建王权的动力，加上水旱等自然灾害不断，人口死亡和逃亡严重，给人口统计带来很大困难，形成一个朝代后期人口大量减少的现象。因此，对于中国历史人口变动存在许多有争议的地方，人口史对此应进一步做出研究。本书不拟对此做更多推考，只是想把握基本的人口变动和发展的趋势，意在说明人口态势的继往开来，人口政策的历史背景。

有关史料记载的主要朝代人口较多年份的人口数量，如下表1所示：

对于历史上的人口数据资料，曾有过不少的考证，特别是杜佑《通典》、郑樵《通志》、马端临《文献通考》——俗称"三通"所做的考证。

---

① 参见 John R. Weeks, *Population*, Wadsworth Publishing Compny Belmont, California A Division Wadsworth, Inc, 1994.

② 参见［苏］乌尔拉尼斯《世界各国人口手册》，魏津生、孙淑清、张恺悌译，四川人民出版社1982年版。

表1　　　　　　　主要朝代人口较多年份的人口数量

朝　　代	年份（公元）	人口（千人）	来　　源
夏禹初期	前21世纪	13554	《帝王世纪》
西周初期	前11世纪	13715	《帝王世纪》
西汉元始二年	2	59955	《汉书·地理志》
隋大业五年	609	46020	《隋书·地理志》
唐天宝十四年	755	52919	《通典·食货七》
宋绍熙四年	1193	27845	参见梁方仲
金泰和七年	1207	53532	《中国历代户口、田地、田赋统计》
合计	1193—1207	81377	
元至元二十八年	1291	60278	《元史·世祖本纪》
明成化二十二年	1486	65443	《宪宗实录》
清康熙二十三年	1684	101703	《清圣祖实录》卷118
乾隆二十七年	1762	200472	《清高宗实录》卷677
道光十四年	1834	401009	《清宣宗实录》卷261
民国三十八年	1949	541670	《中国统计年鉴》1986

表2　　　赵文林、谢淑君对主要朝代人口较多年份人口数据的修订和推测

朝　　代	年份（公元）	人口（千人）	来　　源
夏禹初期	前2140	13554	《帝王世纪》
周成王初期	前1063—前1057	13715	《帝王世纪》
西汉元始二年	2	59955	《汉书·地理志》
隋大业五年	609	51396	《中国人口史》
唐天宝十一年	752	60060	《中国人口史》
宋嘉定三年（金大安二年）	1210	108178	《中国人口史》
元至正十一年	1351	87587	《中国人口史》
明天启六年	1626	99873	《中国人口史》
清康熙二十四年	1685	100294	《中国人口史》
乾隆二十四年	1759	203168	《中国人口史》
道光十年	1830	400715	《中国人口史》
民国三十七年	1948	474033	《伟大的十年》

当代的考证更多一些，应用的方法也多一些。如梁方仲《中国历代户口、田地、田赋统计》，葛剑雄《中国人口发展史》，赵文林、谢淑君《中国人口史》，姜涛《人口与历史》，王跃生《中国人口的盛衰与对策——中国封建社会人口政策研究》，张敏如《简明中国人口史》，陆遇、滕泽之《中国人口通史》等，分别做出分析并提出自己的见解。下面例举赵文林、谢淑君在《中国人口史》中对主要朝代人口较多年份的人口数量所做出的修订和推测。参见表2[①]：

赵、谢二位的修订和推测，与表1相近，趋势相同。主要不同之处，一是对隋唐的推测高了一些，但是出入不是很大；二是对南宋嘉定三年（金大安二年，公元1210年）人口超过1亿的修订和推测，学术界不大认可，歧义多一些；三是元明两代的人口数量估计也高了一些，学术界也有一些歧义。不过赵、谢二位的修订和推测并非空穴来风，而是将历史文献和当时社会政治、经济、军事等的变动结合起来，做出认真考察后得出的结论，至少是有根据、有分析、有一定说服力的。由于本书重点不在历史人口变动考察上，这里不多加评论；本书需要弄清的，是中国人口变动和发展的大的趋势、这一趋势形成的势能及其对后来人口变动的影响。立足于这一视角，我们看到，中国人口与奔腾不息的长江、黄河相似，遇到高山挡住去路，便切开一道又一道峡谷，暂时缩身急转而下；一旦冲出高山峡谷，就抒展胸怀，把水面扩展到最大限度，犹如千军万马浩浩荡荡涌向大海。不是吗？秦始皇统一中国时，全国有人口2200万；然而随即修长城人口减少40多万，修阿房宫、骊山灵墓减少70多万，戍五岭减少50多万，并进行大规模的人口迁移，推行酷政严刑，人民颠沛流离，无法忍受繁重的赋税和徭役，没过多久即暴发了大规模的农民起义。六国复辟，楚汉相争，战乱不断，饥荒频发，结果"民失作业，而大饥馑，凡米石五千，人相食，死者过半。"[②] 至西汉初年，全国人口减少一半以上，仅存1000万左右。可是经过200年的休养生息和一系列有利于人口增殖的政策——中间也包括连年征战人口数量的急剧减少——到公元2年恢复并增长

[①] 参见赵文林、谢淑君《中国人口史》，人民出版社1984年版。
[②] 参见《汉书·食货志》。

到近 6000 万左右新的高峰。其后的 750 年，历经东汉、三国、晋、南北朝、隋至唐天宝十一年（公元 752），全国人口仍在 6000 万左右；只是每个朝代初期人口增长较为迅速，中期步入停滞状态，后期大量减少，呈现不同程度的倒 U 型曲线变动。此后历经唐朝后期、五代、宋、辽、西夏、金、元、明至唐初共 932 年，各朝各代人口变动的倒 U 型曲线未变，但是倒 U 型曲线的峰值不断提高，直至清康熙二十三年（1684 年）始突破 1 亿大关。可见从纪元开始的 1684 年中，前 752 年的人口变动处于高出生、高死亡、低增长的简单再生产状态；后 932 年处于死亡率有所下降、增长率开始升高，人口年平均增长率为 0.07%，可视为由简单人口再生产向扩大人口再生产起步和过渡阶段。由康熙二十三年至道光十四年（1684—1834 年），全国人口由 1 亿多增加到 4 亿多，150 年中接连翻了两番，年平均增长率达到 0.92%，为 1684 年以前一千年年平均增长率的 13 倍，出现中国人口史上前所未有过的长期高增长，奠定了中国人口众多的坚实基础，积累了巨大的增长势能。

  依据有关资料计算，纪元开始后第一个千年，世界人口年平均增长率只有 0.03%、1000—1500 年只有 0.07%、1500—1650 年只有 0.15%、1650—1800 年只有 0.54%、1850—1900 年只有 0.57% 左右。[①] 总的趋势是逐步升高的，较快的增长发生在 18 世纪中叶产业革命以后。产业革命亦称工业革命，以 18 世纪 60 年代蒸汽磨取代手推磨、纺纱机取代手摇纺车为标志，大批农民被剥夺土地成为无产者，人口城市化加速，遂由高出生、高死亡、低增长步入高出生、低死亡、高增长，发生人口再生产类型的转变。世界人口进入高增长，起源于工业革命，这是由社会生产力发展水平和生产关系的性质决定的。中国没有经过完整的资产阶级革命和资本主义工业革命，只是在 1840 年鸦片战争帝国主义列强敲开中国闭关自守的大门，被迫开放，才一步步地沦为半殖民地、半封建的社会。然而中国人口却在西方工业革命前一个世纪提前"起飞"了，原因何在？笔者以为，可以归结为"四说"：

[①] 依据〔苏〕乌尔拉尼斯《世界各国人口手册》，魏津生、孙淑清、张恺悌译，第 6 页提供的数据计算。

一为社会稳定说。努尔哈赤和皇太极经过多年征战，统一了东北各部的满族，进行了多项改革，建立了巩固的后方。从1644年清军入关到康熙继位，树立了亲政的绝对权威，又先后平定了平西王吴三桂、靖南王耿精忠、平南王尚可喜的"三藩之乱"，收复了台湾，驱逐了沙俄在东北的入侵，征服并平定噶尔丹叛乱，建立起中央集权疆域广阔的封建帝国。同时整顿吏治，消除满汉之间的民族矛盾，实行休养生息政策，形成康熙、雍正、乾隆、嘉庆、道光长达一个半世纪以上的太平盛世。稳固的中央集权、安定的社会秩序、安居乐业的和平发展环境，为人口的较快增长提供了有利的条件。

二为食物丰盛说。上述"康乾盛世"延续一个半世纪，加上封建统治阶级推行减轻赋税徭役等让步政策，鼓励发展农业生产，使社会经济很快得以恢复并获得新的发展。尤其是粮食生产取得很大突破，水稻的大面积耕种和较高的产量，给人口长期持续的增长提供了必要的食物保障。此时正值西方工业革命兴起，虽然中国没有适时掀起工业革命，但是明末清初已有了资本主义萌芽，康乾时期进一步发展，却成为当时世界上最富有的国家之一，估计财富总量占到世界的1/4—1/3。

三为政策调整说。前已叙及，康熙亲政即实行"滋生人丁，永不加赋"，后雍正又颁布"摊丁入亩"政策，一改按人丁征税为按田亩征税，使人口变动与赋税脱钩，使增人不增征税成为现实，有利于人口的增加。而且从根本上消除了漏报、瞒报人口的动机，使户口登记更接近实际。早在唐朝，便鼓励男女适时结婚生育，并将人口增减作为考察地方官员政绩的标准之一："刺史县令以下官人，若能婚姻及时，鳏寡数少，量准户口增多，以进考第。如导劝乖方，失于配偶，准户减少附殿"①；鼓励收养外来人口，吸纳少数民族人口；加强户口管理，严格人户登记造册等，都对人口的增加起到一定的作用。与之相比，康熙、雍正不过实行了更为明确的政策而已。

四为医学进步说。自宋以来，我国药物学有了比较大的发展，明末1578年李时珍完成他的巨著《本草纲目》，将中医药学提升到新的高度。

---

① 参见《唐会要·县令》。

到了清朝，中草药应用已经相当广泛，尽管还不能有效预防和治愈各种传染性疾病，但是治疗的效果普遍提高了，日常性疾病治疗效果的提高更为显著，从而大大降低了人口的死亡率，特别是婴儿死亡率和老年人口死亡率。死亡率的降低，就是预期寿命的延长，人口存活率提高和人口总量的增加。

2. 独具特色的人口文化

中国人口之所以经过数千年增长——减少——增长倒U形曲线变动，周而复始地螺旋式上升而呈越积越多之势，除了客观上自给自足的自然经济是滋长人口的土壤，封建王朝总是实施有利于人口增长的直接的或间接的政策外，还有观念上的原因，那就是深深扎根于民众之中的人口文化。

要想说明人口文化，首先必须弄清文化概念。可从三个层面去把握：一是广义的文化，指一定历史时期所创造的物质财富和精神财富的总和。如古埃及创造了包括金字塔、狮身人面像等在内的尼罗河文化，中国创造了包括长城、兵马俑、故宫等在内的列入世界文化遗产的文化，14—16世纪意大利留下大批建筑反映倡导科学精神的文艺复兴文化等。二是一般意义上的文化，即作为意识形态或观念意义上的文化。美国是移民国家，是商品经济、对外贸易和殖民主义扩张的产物，又经过北美独立战争洗礼，形成以个人为核心，推崇人权和自由、平等、博爱的西方文化。中国则三面环山，加上根深蒂固的封建主义思想束缚，遂形成封闭式以儒家学说孝、悌、忠、信、礼、仪、廉、耻为信条的传统文化。三是狭义的文化，即反映所受教育程度的文化水平。我们讲的人口文化，主要指第二种意义即作为意识形态或观念上的文化。

前面的分析表明，有什么样的主流人口思想，就会有什么样的人口政策；反过来一定的人口政策作为一面旗帜在人民大众面前飘舞，又会在长期实施中巩固、强化这种主流人口思想，甚至成为某种精神枷锁。自秦以来的两千多年封建社会，在这种人口思想和人口政策相互依托、交互作用的长期磨砺中，铸造了具有鲜明中国特色的人口文化。说它"鲜明中国特色"，是与国外尤其与西方人口文化比较具有的不同质的特点。近年来，随着"文化研究热"的掀起，人口文化研究也相继升温，出版了《人口文化通论》、《中华生育文化导论》、《生育文化学》等多部论著。笔者以为，中国特色人口文化可用六句话二十四个字概括：奉先承孝，传宗接代，养儿防老，男尊女卑，读书作官，多子多福。核心是多子多福，其余五句是五根精神支柱，好比手掌的五指托起多子多福的托盘。

多子多福。简单的四个字，概括了人口生产和再生产的目的和手段，是封建社会人口文化的核心和灵魂。一些宗教在教义中告诉我们：人生下来发出的第一个声音就是哭——来到人间就要准备受苦受难。但是谁都不愿意痛苦地活着，希望获得多一些的幸福。怎样才能获得多一些的幸福呢？中国人口文化告诉我们：办法是多生育孩子，主要是多生育男性孩子。我们可以用革命的人生观对多子多福加以批判，用雷锋的话说："我活着是为了别人活得更美好"；或者用革命的语言，我活着是为了推翻一切剥削阶级，解放全体劳动人民，实现共产主义远大理想。"别人活得更美好"是什么？是我以外的别人的幸福；"共产主义远大理想"是什么？是全体人民共享的幸福。可见，革命并不是不要幸福，而是不要建立在劳动人民痛苦之上剥削阶级的幸福，革命者追求的是全人类的解放和幸福。我们也可以批判多子多福抽象掉了阶级性，劳动人民与封建地主阶级的多子多福有着天壤之别；然而对于同一个家庭而言，多子与少子、无子却大不一样，可以说多子多福、少子少福、无子无福。正因为如此，这个被抽象掉了阶级性的观念才能被普遍接受。穷人可以接受，企求通过多子摆脱贫困、带来幸福；富人可以接受，希望多生贵子福上加福；被剥削被压迫阶级家庭可以接受，寄希望于子孙后代能够改变家世的逆境；统治阶级家庭可以接受，多生多育、人财两旺有利于维护他们的剥削压迫制度。正因为这样，这个被抽象掉了阶级性的理念，却能为社会各阶级、阶层所接受，从各自不同的家庭情况出发，寻求多子多福的发展道路。

奉先承孝。大凡中华儿女，不论信奉何种宗教，还是是否信教，都将自己的祖先视为神灵，焚香上供，顶礼膜拜。对父母，要存孝心，做孝事，尽孝道，所谓"父叫子亡子不亡为不孝"是也。仁是儒家学说的核心，孝是儒家学说的灵魂，一个人如果不孝敬父母，那就是大逆不道了，一定要遭到社会舆论的谴责，有的还要治罪。从儿童识字教育开始，就讲授历史上大孝之人的故事，不孝之人的悲惨下场，使孝文化深入人心。一方面，孝文化有它合理和可取的一面，成为连接父母与子女之间的情感纽带；另一方面，它抓住人口生产从幼年、童年、成年到老年成长变化规律，让每一个人从小就懂得人人皆有老的一天，以自己的实际行动尽孝，给下一代做出榜样，也是自己为平安度过晚年打下的另一种基础。中国孝文化渗透到经济生活、政治生活、文体生活各个方面，就连"孝"字本身也是一个象形字：犬子跪伏在地，上面背着的是一个上了年纪的老子。

传宗接代。要使奉先承孝代代相传，就要使人口再生产不间断地进行下去，谁家也不能断了"香火"。在父系氏族取代母系氏族以后，"香火"很自然地转到儿子、孙子手中，于是乎没有儿孙者就成了大不孝。夫妻自己不能生育儿子、又不想戴这顶大不孝的帽子，怎么办呢？只好向别人——首先向本家族兄弟讨要，将其儿子"过继"到自己门下成为养子，延续"香火"的传递。这种传递不仅是人口再生产代际的传递，还是财产继承的传递，因而被人们格外看重。时至今日，传宗接代生育观仍顽强地表现出来，尤其在经济、社会、文化发展比较落后的农村，断了"香火"简直就是一件不可理喻的事情，宁可遭受再大的处罚，也要拼命生育一个儿子。

养儿防老。建立在封建自然经济基础上的农耕社会，没有社会养老保险，家庭子女养老是主要的甚至是唯一的养老方式。"男大当婚，女大当嫁"，养老重任自然落到男性孩子身上，养儿防老成了天经地义。由于中国没有经过完整的资产阶级工业革命，商品经济不发达，家庭养老一直延续下来，其影响同样是相当深刻的。1949年中华人民共和国成立后，率先在城市建立起退休养老制度，打破了传统家庭子女养老一统天下格局；但是由城乡二元经济结构和二元社会结构体制决定，遂发展演变成为城市以社会养老为主、农村仍以家庭养老为主的二元结构养老保障体系。近年来国家加快了城乡一体化养老保险改革步伐，不过养儿防老仍在一些人的头脑中占有相当的位置，支配着人们的生育行为。

男尊女卑。孟子"不孝有三，无后为大"中的"后"，指的是男子而不是女子；"多子多福"中的"多子"，自然指的是男子而不是女子，男子多了方能带来幸福。女子只能消耗父母的财富，出嫁前靠父母养活，出嫁后到丈夫家生儿育女，父母还要陪上一笔嫁妆。封建时代男尊女卑达到顶点，最明显的表现是"三纲五常"、"三从四德"：不仅把女子摆在丈夫之下，遵循"夫为妻纲"、"既嫁从夫"准则；甚至摆在自己的儿子之下，"夫死从子"赫然成为封建礼教信条之一。国外一些国家也存在重男轻女倾向，但是远没有中国那么强烈，没有发展到成为精神枷锁的地步。

读书做官。封建人口文化重视人口质量的提高，重视"教好儿孙在读书"。孔子本人即是一位大教育家，被人们尊为"圣人"。孔子主张"学而优则仕"，将读书与做官联系起来，产生深刻影响。隋唐以后实行科举制度，读书之路直通升官阶梯，取得两方面效果。一方面，只有读书才能做官，给读书人以希望、激励和出路；另一方面，做官必须读书，必须有知识，促使为官者不断学习进取。无论哪一个方面，都对人口教育素质的提高产生过积极的影响。民众中众学子为了改换门庭、考取功名，忍受"十年寒窗苦"而秉烛夜读甚至映雪读书；封建官吏中不乏饱读诗书、满腹经纶者，有些人则成为某个领域的专门家、学问家。更为重要的一点，是倡导了一种勤奋学习的社会风气，留下尊师重教的社会传统。当然，学习的内容是《四书》、《五经》一类儒家经典，学人经过熏陶进入官场，成为封建制度的维护者；同时绝少学习科学技术知识，形成自然科学举步不前和文史等人文学科片面发展的情况，阻碍了科技进步和社会生产力的发展。

参考文献

1. （春秋）孔子：《论语》，孔子中国画院《金龙图》荣誉出品。
2. （唐）杜佑：《通典》，商务印书馆万有文库本。
3. （元）马端临：《文献通考》光绪十三年刻本。
4. 吴希庸：《人口思想史》，北平大学出版社 1936 年版。
5. 梁方仲：《中国历代户口、田地、田赋统计》，上海人民出版社 1980 年版。
6. 张敏如：《简明中国人口史》，中国广播电视出版社 1989 年版。
7. 葛剑雄：《中国人口发展史》，福建人民出版社 1991 年版。
8. 王跃生：《中国人口的盛衰与对策——中国封建社会人口政策研究》，社会科学文献出版社 1995 年版。
9. 姜涛：《人口与历史》，人民出版社 1998 年版。
10. 路遇、滕泽之：《中国人口通史》，山东人民出版社 2000 年版。

11. 林之满主编:《新编中华上下五千年》,中国戏剧出版社 2002 年版。

12. 田雪原主编:《人口文化通论》,中国人口出版社 2004 年版。

13. 柳祥麟、姬广武:《羲皇故里寻根记》,甘肃人民出版社 2005 年版。

14. 吕思勉:《中国通史》,新世界出版社 2008 年版。

15. [苏] 乌尔拉尼斯:《世界各国人口手册》,魏津生、孙淑清、张恺悌译,四川人民出版社 1982 年版。

16. United Nations, *Population Yearbook Historical Supplement*, New york, 1979.

17. John R. Weeks, *Population*, Wadsworth Publishing Compny Belmont, California A Division Wadsworth, Inc, 1994.

18. United Nations, *World Population Prospects*, *The 2004 Revision*, Volume 1: Comprehensive Tables, New York 2005.

(原载《中国人口政策 60 年》,社会科学文献出版社 2009 年版)

"提倡一对夫妇生育一个孩子"始末

当代中国人口政策的基调,是 1980 年中央召开五次人口座谈会后定下来的。"提倡一对夫妇生育一个孩子"这一中外人口政策史上破天荒的创举,引起形形色色的猜测和议论:会不会导致人口智商下降、老龄化和劳动力不足、家庭"四二一"结构?然而有所得必有所失,只能做出得大于失和尽可能少失的抉择。

1978 年年底召开的党的十一届三中全会,犹如平地上一声春雷,唤醒了表面喧闹实际上异常沉闷的中华大地,给各条战线、各项事业送去生机和活力。安徽省凤阳县小岗村党支部,率先举起农业联产承包责任制旗帜,迅速形成"农村包围城市"的改革热潮;第一批扩大企业自主权改革试点的起动,拉开政企分开的序幕;而科学大会和教育大会的召开,科技是第一生产力的提出和恢复高考,送来了人力资源开发和人才强国的信号。客观形势的发展已经向人口科学研究发出挑战:中国存不存在人口问题,如果存在,症结在哪里?怎样研究、怎样解决?怎样才能适应改革开放和现代化建设的要求、为实现国家和民族的繁荣富强做出贡献?

一 翻案——人口理论拨乱反正的关键

20 世纪 70 年代以来国家切实加强计划生育、努力控制人口增长,取得明显成绩。人口科学研究也试图有所突破,开始触动原来"禁区"内的某些问题。然而,直至党的十一届三中全会以前,可以讲,坚冰尚未打破,航线尚未开通。大家还心有余悸,发表的屈指可数的文章,还时不时的不忘记大批判,在批判马尔萨斯时不忘记捎带上马寅初的新人口论。党的十一届三中全会恢复了实事求是的思想路线,人口科学战线能不能恢复、怎样恢复这条路线，为马寅初的新人口论翻案成为全部问题的关键。如前所述，马寅初经过实地调查研究，实事求是地分析了我国存在的人口问题，提出符合实际的解决的方略和主张，最后却遭到不应有的批判，被罢官革职，影响所及，此后十多年人口研究无人再敢触及。因此，不为马寅初新人口论翻案，人们的思想禁锢就不能打破，从事人口研究就心存疑虑，害怕有一天会成为马寅初第二、第三；不为马寅初新人口论翻案，就不能正视中国人口问题的性质，人口理论拨乱反正就是一句空话；不为马寅初新人口论翻案，就不能在人口科学研究中贯彻实事求是的思想路线，开创"双百"方针要求的学术繁荣新局面。因此，三中全会后，为马寅初的新人口论翻案，成为人口科学拨乱反正、正本清源的关键，改革开放后繁荣和发展人口科学的新的起点。

提到为马寅初新人口论翻案，不能不牵涉《光明日报》1979年8月5日发表我的"为马寅初先生的新人口论翻案"一文。有一位学术界同事，对本人写这篇文章和重新编辑出版马寅初《新人口论》一书，摸不着头脑。在互联网上发文猜测说：当时中央要为马寅初评反，任务落实到中国社会科学院经济研究所（此时本人在经济研究所）。可能田雪原过去在教育部门工作、北京大学毕业，也可能加上他本人对这个问题具有独特、敏锐的认识，为马寅初评反的一些工作就落到他的头上①。看到这段文字，很能理解这位朋友的心情和他猜想时的推理判断；只可惜，他没有猜对。前已叙及，1959年笔者作为初入北大的一名学子，一踏进校门便赶上第二次批判马寅初新人口论。当时知少识浅，利用课余时间找来马老的几篇文章和批判他的文章读了起来，感到马老讲得颇有道理，那些批判文章大都千篇一律，空喊政治口号，由此心中有些愤愤不平。后来马老无名"蒸发"，心中的不平又平添几分；再看看马老誓死为真理而战，铮铮铁骨掷地有声，便有意搜集一些相关资料，并且一直保存下来。还时不时地想到这桩公案，难道事情就这样了结了吗？甚至想到会有翻案一天的到来。1976年粉碎"四人帮"后，笔者曾动笔撰写为马老翻案文章，但是当时的形势是"两个凡是"当道，自然不得发表。十一届三中全会恢复了实事

---

① 参见 http：//www.creaders.org/，《天下论坛》，2006.10.24。

求是的思想路线，经过几易其稿，最后定名"为马寅初先生的新人口论翻案"，送到《光明日报》。为什么送《光明日报》？一是因为《光明日报》是教育科学方面的"当家报"，比较适合刊载这方面的理论文章；二是因为当年《光明日报》充当了批判马寅初新人口论的急先锋，理应对过去的批判有一个交待。报社收到稿子后很重视，告诉我准备作为"重头文章"刊用。在这一期间，曾有两篇为马寅初"鸣不平"短文发表，报社领导告诉我说，是"下毛毛雨"，我的文章准备作为报社当年对马寅初错误批判的总清算发表。后来发表时，报社加了"编者按"，表达了这样的意思。所以，那篇为马寅初新人口论翻案的文章，不是"奉命"之作，而是我"蓄谋已久"——长达20年磨一剑的结果。附带说一句，虽然是20年磨一剑，但是发表时，由于报社的上述考虑，却不是最早的一篇。有同事称之为"为马寅初平反第一篇文章"，不是事实；是第一批中的一篇文章，因为篇幅较长、阐发比较深刻，因而影响大一些而已。

为马寅初新人口论翻案，开创了人口理论拨乱反正新的一页，也为新时期的人口政策提供了理论支持，必要的社会舆论准备。这种新的理论支持和社会舆论准备，主要体现在以下几个方面：

其一，关于"人口论"与"人手论"。前面提到，批判马寅初新人口论和其他人口节制主义，常常祭起理论上的一面旗帜，就是"见口不见手"，批判别人只看到人有一张吃饭的口，没有首先看到有一双万能的手。以致于有人主张将"人口"改为"人手"，将"人口论"改为"人手论"。众所周知，对于一个正常的人说来，"口"和"手"是不可分的，将一个人分开"口"和"手"来阐述，本身就是不科学的。然而就批判者的"人手论"本意说来，他们所要强调的，无非是人作为生产劳动的价值，人作为消费的意义是次要的、无足轻重的。他们的逻辑是，既然人有一双万能的手，就可以创造无限的财富，因而人口越多，创造的财富就越多，人口越多越好。为马寅初新人口论翻案，纠正了批判"见口不见手"以后形成的"见手不见口"，扫除了这种形而上学理论的影响，还人作为生产者与消费者统一的理念和价值观。从理论层面上说，如果人口的变动与发展同经济、社会发展，以及资源、环境的状况相适应，无论作生产者还是作为消费者，稳定型人口就是适宜的；如果人口和劳动力处于不足状态，不管作为生产者还是作为消费者，人口的增加都是必要的和有益的；如果人口和劳动力处于过剩状态，从而生产者和消费者的增加，都是不利于经济、社会发展，不利于人口与资源、环境协调发展的。结合中国人口过剩实际，必须在看到人作为生产者或生产力中最活跃因素的同时，看到人口增加引起消费增加，在生产力不发达情况下，社会负担增加的不利影响。由于人口再生产具有周期长和稳定增长的特点，一个人从出生到成长为劳动力需要一二十年的时间，增加人口首先是增加消费的作用，需要有明确的认识。而且，人作为生产者要求与之相适应的生产资料、相应的就业岗位，没有相应的生产资料和就业岗位，人不能成为现实的生产者。立足于我国人口和劳动力过剩实际，不可一味强调人是生产者一面，而忽视消费者一面。

其二，关于人口与"四个现代化"。实现工业、农业、科技和国防"四个现代化"，是鸦片战争以来全国各族人民的梦想，与人口的变动和发展有什么关系？按照"大跃进"劳动力不足理论，加快实现现代化，人口和劳动力就要不断增加。为马寅初新人口论平反，将这种颠倒的理论重新颠倒了过来。认识到在不同历史发展阶段，由于生产力发展水平不同，对人口数量和质量的要求也有所不同。我们进行社会主义现代化建设，要尽量采用先进技术，提高劳动者的技术装备和生产的有机构成，实现生产的机械化、自动化、电气化，大幅度地提高劳动生产率，必然会减少对劳动力的需求。有些部门如服务行业等，对劳动力的需求在总量上会有所增加；但是许多部门，尤其是直接从事物质资料生产的主要部门，对劳动力的需求会相对减少，并且有绝对减少的趋势。70年代末我国劳动力相当于第一、第二世界劳动力数量总和，而现代化水平却相去甚远。所以，我国现代化对人口最基本的要求，就是控制人口和劳动力的数量增长，同时要大力提高人口的质量，尤其是人口的科学、教育、文化素质。

其三，关于人口与物质资料"两种生产"。由于刚刚为马寅初新人口论平反，心有余悸问题还没有完全清除，人口理论研究还不得不求助于马克思主义经典作家的论述。于是从马恩《德意志意识形态》、《家庭、私有制和国家的起源》等著作中，寻找理论根据，特别是恩格斯的这一段话常被引用："根据唯物主义观点，历史中的决定性因素，归根结蒂是直接生活的生产和再生产。但是，生产本身又有两种。一方面是生活资料即食物、衣服、住房以及为此所必需的工具的生产；另一方面是人类自身的生产，即种的蕃衍。"① 据此，提出并论证了物质资料生产是基础，人口生产必须与物质资料生产相适应；同时人口生产也不是消极的，它可促进或延缓物质资料生产的观点。结合我国实际，提出和论证了总体人口与生活资料，劳动年龄人口与生产资料，人口科学、教育、文化素质与经济、技术进步，人口城乡结构与产业结构等"两种生产"不相适应的情况，提出在大力发展物质资料生产同时，努力控制人口数量、提高人口质量、调整人口的结构，使人口生产同物质资料生产相适应。

其四，关于适度人口论。适度人口（Optimum Population）或译为适中人口论，是19世纪末期英国经济学家坎南（Edwin Cannan）提出的，认为在一定生产发展条件下，存在一个适宜的人口数量，能够保证按人口分配的收入最大化；超过或低于这个适度人口数量，按人口分配的收入就要减少。在此基础上，道尔顿（Hugh Dalton）还提出一个数学公式：$M = (A - O) \div O$，其中O代表适度人口，A代表实际人口，M代表人口失调的程度。若M为正值，表示人口过剩；若M为负值，表示人口不足；若M=0，则为适度。后来法国人口家索维（A. Sauvy）发展了适度人口学说，提出和论证了经济适度人口和实力适度人口：经济适度人口，是取得最大经济利益的人口；实力适度人口，是国家获得最大实力的人口，是更高一级的适度人口。尽管学术界对适度人口存在不同的观点，但是该理论在人口学理论中仍占有一定的地位。长期以来，我们把适度人口理论当作资产阶级理论、为资本主义制度涂脂抹粉加以批判，阻碍了这方面研究的开展。为马寅初新人口论和人口节制主义翻案，肯定了适度人作为一种人口学理论的意义，推动了这方面的研究。20世纪80年代初期，曾经掀起一股适度人口研究热，推出从不同学科研究取得的一批成果。

其五，关于社会主义人口规律。批判马寅初新人口论之后，苏联《政治经济学教科书》关于"人口不断迅速增长是社会主义人口规律"的教条，统治理论界一二十年。粉碎"四人帮"后有所修正，演变为"人口有

---

① 参见《马克思恩格斯选集》第四卷，人民出版社1972年版，第2页。

计划地增长是社会主义人口规律",“不断迅速增长"演变为"有计划地增长"。总而言之，社会主义同"人口增长"结下不解之缘，社会主义事业的发展必然伴随人口的增长。通过为马寅初新人口论翻案，重新认识人口转变理论，研究人口再生产由高出生、高死亡、低增长——高出生、低死亡、高增长——低出生、低死亡、低增长的必然性，一般的发展规律，冲破社会主义人口只能不断增长的束缚。提出人口变动和发展的规律，不但受到生产关系和社会制度性质制约，还受到自然的生物规律的制约，受到社会生产力发展水平、资源稀缺程度、食物供给能力以及环境状况的制约。因此，社会主义人口规律的实质，是人口的变动和发展同社会经济的发展相适应，以促进社会的进步和发展。具体的相适应，主要体现在总体人口同生活资料相适应，劳动年龄人口同生产资料相适应，人口老龄化同社会保障相适应，人口质量同科技进步相适应，人口城市化同产业结构变动相适应，人口地区分布同生产力布局相适应等方面。因此，在推动生产发展和社会进步过程中，要对人口的数量、素质、结构进行调节，不断提高适应的程度。

也许从一般或狭义人口学（Demography）视角观察，除适度人口论以外，其余还不属于人口学范畴。然而这是历史，是 20 世纪 70 年代末 80 年代初中国人口学恢复和起步发展阶段走过的一段历史。在这些关系人口与发展重大问题认识上的转变，理论上的拨乱反正，一反过去存在的诸多教条，明确了我国人口问题属于人口压迫生产力，即人口过剩性质，才能在其后做出进一步控制人口数量增长，提倡一对夫妇生育一个孩子等战略决策。更清醒地认识到人口数量过剩与素质不高的矛盾，必须在控制人口数量增长的同时，大力提高人口健康、教育和文明素质。为马寅初新人口论翻案，带动了人口理论的拨乱反正；人口理论的拨乱反正，开启了实事求是认识和分析我国人口问题的大门，为 80 年代以后的人口战略和人口政策的提出和实施，做了必要的理论准备。

二 预测——提供多种可供选择的方案

人口理论的拨乱反正，明确我国人口问题的过剩性质非常重要，使人口发展战略、方针和政策，立于可靠的理论基础之上。20 世纪 70 年代末 80 年代初，全国人口已接近 10 亿，这时人们普遍感到人口确实太多了，控制人口增长的呼声日渐高涨。而且，未来人口变动趋势怎样？还要再增长多长时间？将来理想的人口数量是多少？能否达到、怎样达到？这就要求对未来的人口变动做出预测，提供人口发展战略需要的选择。

现在说起人口预测来，是一件比较容易做到的事情。不仅许多人口研究所能够做到，而且相关政府部门也可以做得到，做出几十种方案并不困难。然而在人口研究刚刚恢复不久的 70 年代后期，能够做出人口预测的单位却是凤毛麟角。听说有的人口研究所在做人口预测，使用的方法是"年龄移算法"——将每年出生的人口加上每年扣除年龄别死亡人口后的存活人口，如此一年一年的移算下去。在没有计算机使用手算或使用计算器进行计算的条件下，可想其工作量之大。又听说七机部（航天部前身）、西安交大等也在做人口预测，还有一些单位和个人，用"蚂蚁大搬家"办法做粗略的人口预测。

近年来，有同志问到我是怎样与宋健等同志合作的，也有朋友在互联网上发表言论，对这种合作研究表示不解。了解情况的同事知道，本人向来不大提及合作研究一事，在我的学术生涯中也不多着这一笔。因为是宋健同志领导并且是他亲自动手进行的一项研究工作，要说也应由他出面阐释比较合适。但是，既然有同志点到名下，只能站在我所经历的角度，再现某些当时的情况。那是在一次会议上，遇到七机部二院的李广元同志，我们攀谈起来。这位年轻的山东小伙子很豪爽健谈，思维敏捷，虽然是从事计算工作的，谈起人口来却头头是道。他说，他们的计算工作主要是计算导弹飞行弹道的，以使导弹准确击中目标。导弹飞行中形成的抛物线，与生育分布曲线（年龄别生育率曲线）相似，利用计算导弹飞行曲线办法，也可以计算出人口出生、死亡（倒过来的弹道曲线）变动情况，进行人口预测。也谈了他们已经取得的预测成果。他说，他看过我在《光明日报》上发表的"调整是目前国民经济全局的关键"、"为马寅初先生的新人口论翻案"等文章，非常赞同我的观点，希望得到我等经济学家、人口学家的指导。我说，指导谈不上，我也称不起经济学家、人口学家，只是过去有过一些积累，发表几篇文章，表达长期蓄积于胸的一些观点而已；

不过我们可以进行学术交流，互相学习；我也从人口学角度，对他们的预测提了点儿意见。他告诉我说，他们有一小组，领导这项工作的是宋健副院长（七机部二院）。几天后，他打电话来说，他回去以后，向宋健副院长做了汇报，能否约个时间，一起交谈一下。于是，约好在一个星期天上午我们相见。这天上午，我在月坛北小街中国社科院经济研究所恭候。九点将近，宋健和李广元各自骑着自行车准时来到。七机部二院在永定路，到我所在的经济所有相当长的一段距离，见到他们脚踏自行车远道而来，颇为感动。特别是宋健同志已近天命之年，放弃星期天休息，精神难能可贵。于是在我办公室，我们讨论起来。宋健同志也是山东人，讲起话来开门见山、干净利落。他说，广元同志向他介绍了我的情况和研究的课题，我们是否可以探讨一下合作研究问题，当前主要是人口预测。他概要地介绍了一下他们已经做的研究工作，取得的研究成果。他说，一是缺少来自实际的真实人口数据，主要是生育分布（年龄别生育率），死亡分布（年龄别死亡率）；二是他们查阅并研究了凯菲兹（N. Keyfitz）、柯尔（A. J. Coale）等的著作，从中受到启发，应用控制论进行人口预测是可行的。然而隔行如隔山，他们毕竟与人口学有距离，需要人口学家参与并提出意见，开展符合人口学规范的研究，成果也应纳入人口学视野。他认为，我们可以进行自然科学与社会科学的合作研究。我觉得，宋健同志的话是诚恳的、实事求是的，于是我们开始了紧锣密鼓的合作研究。由于我们各自均有自己的本职工作，分头的研究利用业余时间进行，讨论研究成果一般均在星期天，个别时候占用晚上。我则按照宋健同志提出的两个方面的问题进行工作。那个时候，人口数据是不分开的，不是轻易可以得到的。为了取得真实可靠的年龄别生育率和出生率材料，跑到公安部、民政部、国家统计局、国务院计划生育领导小组办公室等单位"游说"，费了不少周折。最后拿到认为是可以代表城镇和农村的一个市和一个县的材料，真的是如获至宝！然后一起讨论，对材料的优缺点进行鉴定。再同国外这方面的研究成果进行比较，特别是柯尔的模型生命表比较，进行年龄别生育率和死亡率论证，再做出必要的修正和处理，得到比较可信的预测需要的数据资料。1979年第四季度，差不多每个星期天，我们都要在一起讨论一次。一般情况下，都是宋健、李广元同志等骑自行车前来，中午就买来几个馒头，就着咸菜、白开水充饥。七机部二院于景元、孙以萍、宫锡芳等同志中，也有人来过一起讨论。讨论结果，由我撰写成文，并经宋健同志审定后，最后选择五种方案作为合作研究的最终成果。这一成果由著名科学家钱学森和著名经济学家许涤新，也是我们合作研究两个单位的直接领导，推荐给时任中央政治局委员、国务院副总理、国务院计划生育领导小组组长陈慕华同志，陈慕华同志回信称"已转报中央政治局"。1980年2月，新华通讯社发出电稿，报道了合作研究预测成果；1981年人民出版社出版宋健、田雪原、于景元、李广元合著《人口预测和人口控制》。关于这一段合作研究，笔者不愿更多提及；前已说明，要提及也应由领导合作研究小组的宋健同志来做，笔者没有什么可以书写之处。只是觉得这种合作研究很有必要，对促进人口科学的发展是有益的。对此，我在《人口预测和人口控制》一书"后记"中说："进行人口预测，可以有多种方法，我国许多学者过去在这方面做了不少有益的工作。为了揭开未来我国人口发展之谜，为国家制订人口政策和人口规划提供科学依据，著名控制论科学家宋健等同志长期以来做了大量工作，进行了创造性的探索……作为一个人口学工作者，我在这种合作研究和合作撰写本书过程中，向他们学到不少东西，受益匪浅。从我的切身体验中，感到积极吸收来自自然科学方面的营养对研究人口问题是不可缺少的。它不仅能使我们从繁重的手工劳动状态下解放出来，实现研究手段的现代化，大大提高工作效率，更重要的是现代自然科学最新成果的运用，客观上起了带头学科的作用，促进了研究工作的深入和研究水平的提高。我相信，自然科学工作者跨进社会科学领域，同社会科学工作者合作研究社会科学中的若干问题，具有广阔的前景，一定会取得更大的突破。本书不过是这种合作研究的一个序幕，未来自然科学和社会科学合作研究之花，一定会开得更加绚丽多彩，把科学的春天装点得更加壮观夺目。"[①]

新华通讯社记者余振鹏，就上述研究成果发出电讯报道。1980年2月14日，《人民日报》摘要刊登，《光明日报》全文登载。报道选择五种预

[①] 参见宋健、田雪原、于景元、李广元《人口预测和人口控制》，人民出版社1981年版，第187—188页。

测方案,说明未来100年中国人口变动趋势:

1. 如果从1980年起平均生育率(定义为每个育龄妇女平均生育子女数)为3.0,到2000年全国人口将达到141400万(台湾省数字暂缺,下同),2050年将达到292300万,2080年将达到426000万。

2. 如果从1980年起平均生育率为2.3,今后我国人口也将长期持续增长,2000年将增长到128200万,2080年将增长到211900万。

3. 如果从1980年起平均生育率为2.0,全国人口还要再增长72年,2000年将增长到121700万,2052年达到峰值时将增长到153900万;从2053年起转而减少,2080年可减少到147200万。

4. 如果从1980年起平均生育率保持为1.5,2000年全国人口将增长到112500万,2027年达到峰值时将增长到117200万;从2028年起转而减少,2080年可减少到77700万。

5. 如果从1980年起平均生育率显著降低,到1985年降低到1.0并且长期保持下去,则2004年达到峰值时全国人口将增长到105400万;从2005年起转而减少,2060年可减少到61300万,2080年可减少到37000万。

新华社在向国内发出这一报道同时,还发了英文稿,在国内外产生一定影响。最主要的,它揭示了由于当时人口年龄结构比较轻的基本特点所决定,人口增长的势能比较强,即使实行比较严格的控制人口增长的政策,全国人口还要再增长较长一段时间;同时,由于我国人口基数大,号称世界第一人口大国,1980年98705万,占世界444230万人口的22.2%,每年增加的绝对人口数量相当可观,增强了人口问题严重性和控制人口增长任务艰巨性的印象。时光流逝,岁月辗转,如今30年过去,上述人口预测揭示的我国人口变动的基本趋势是可以肯定的。

三 热议——提倡一对夫妇生育一个孩子

1980年,中国人口政策走到历史的关键时刻。这一年3月下旬至5月上旬,中央书记处委托中央办公厅,连续召开五次人口座谈会。第一、第二次会议在中南海西楼会议室举行,正式出席会议人员,包括国家计委、民委、卫生部、民政部、公安部、农业部、劳动总局、团中央、妇联等部委负责同志 25 人，从事神经、妇产、泌尿、遗传、避孕和控制论等方面的自然科学家 19 人，从事人口、经济、社会等来自社科院、高校和部委研究部门的社会科学家 19 人，共 63 人。这两次会议，由中央办公厅副主任冯文彬同志主持。他开宗明义，说明中央准备研究人口问题，书记处委托中央办公厅召开有各方面专家和负责同志参加的座谈会，广泛征求大家的意见，讨论今后 20 年和更长远一些时间的人口政策。他简要地回顾了人口和计划生育走过来的路子，政策上经历了"晚、稀、少"，"一个不少、两个正好、三个多了"，以及"最好一个，最多两个"等发展阶段，现在则提出提倡一对夫妇生育一个孩子。到底我们应该制定什么样的人口政策，特别是提倡一对夫妇只生育一个孩子怎么样，可能遇到哪些问题，如何应对等，请大家畅所欲言，敞开发表意见。四月，座谈会转到人民大会堂安徽厅和广西厅召开，参加人员有所减少，社会科学界仅剩下几位同志，自然科学界也减少一小半的样子，中央和国务院有关政府部门负责同志没有多大变动。这次会上，问题的讨论要更集中一些，更深入一些，专业性也更强一些。第四次讨论回到中南海第二会议室，人员减少到 20 来人，带有总结的性质，讨论座谈会取得哪些共识，人口政策的核心内容和表述，对可能遇到的问题的估计，应对的政策措施等。散会前，陈慕华同志就如何向中央书记处报告，谈了她的想法，与会同志也谈了一些意见，并把撰写座谈会向中央书记处的报告（以下简称《报告》）的任务，压到本人头上。报告初稿写出后，陈慕华同志又召集两次小型会议，讨论和修改报告稿。最后一次会议在中南海勤政殿举行，中央和国务院有关部委领导同志 20 多人出席，讨论座谈会向中央书记处的报告稿，提出进一步修改的意见。根据这次在书记处办公室讨论提出的意见，我对报告做最后一次修改。5 月初，陈慕华同志办公室将准备 5 月 12 日向中央书记处汇报的《人口问题汇报提纲》（草稿，以下简称《汇报提纲》），通过内部交换寄给我，此后再没有做过其他改动。在向中央书记处《报告》的基础上，又起草陈慕华副总理关于我国人口问题准备向五届人大三次会议的报告稿，精神与向书记处的《报告》一致。同时，宋健同志做了许多重要的工作，但知之有限，只知道他在起草《中共中央关于控制我国人口增长问题致全体共产党员、共青团员的公开信》等工作。至此，由中央办公厅主持召开的1980年人口座谈会，以及座谈会后产生的《报告》和《汇报提纲》全部完成。《公开信》则迟一些时候，于1980年9月25日正式发表。

1980年3—5月由中央办公厅主持召开的人口座谈会，经过与会领导、专家学者的反复讨论，定下提倡一对夫妇生育一个孩子大计，起到为控制人口增长和加强计划生育一槌定音的作用，这对后来人口政策的形成和发展至关重要。笔者亲历座谈会并担负《报告》的起草工作，平心而论，这不是如同有的文章或网上贴子所说的那样，是"草率"和"不负责任"的决定；相反，对提倡一对夫妇生育一个孩子的必要性、可能遇到的问题、如何应对等，均做了当时能够做到的最大限度的民主讨论，尽可能科学的分析。这里，就当时讨论的一些主要问题，特别是《报告》和《汇报提纲》对主要问题的阐述，历史地再现出来。这种再现，不仅是简单的情况描述，还想结合近30年来的实践，做出理论与实践相结合的阐释，给出实事求是的公正评价。

1. 要不要提倡一对夫妇生育一个孩子

这是座谈会提出的一个前提性质的命题，只有这一命题成立，才有必要探讨生育一个孩子可能带来的种种问题。座谈会对这一点形成的共识，主要基于三个方面的原因：

第一，人口现状和未来变动发展趋势。前面提到，1980年全国人口接近10亿，具有人口基数大、年龄构成比较轻、增长势能较强的显著特点。这一年的总和生育率，国家统计局的数字是2.24，联合国的数字是2.55，均在2.10更替水平以上。即如果保持当时的生育水平，人口将要一直增长下去；就是下降到更替水平，由于人口年龄构成较轻所决定，也要增长相当长一段时间才能达到零增长。预测表明，如果一对夫妇平均生育两个孩子，20世纪中叶全国人口也要突破15亿，然后才能缓慢下降，到21世纪结束时，人口总数仍将在14亿以上。座谈会上发言的人，异口同声地说：中国人口太多了，住房困难，生活必需品的供应紧张，粮食、棉布等生活必需品均按计划凭票供应；劳动就业困难，经济发展不能为新增劳动年龄人口就业提供必要的就业手段，"三个人的活五个人干"严重地阻碍着劳动生产率的提高，知识青年上山下乡也不是长久之计；人口多，消费大，每年国民收入中很大一部分被新增长人口消费掉了，妨碍着积累的增加和现代化建设事业的发展；人口增长快，学校、医院等公共事业的发展跟不上，人口教育、健康素质的提高受到限制，造成数量过剩而素质不高的被动局面等。与会者从不同部门不同角度讲述人口问题的严重性，认为应当加大控制的力度。对于这些人口问题，座谈会向中央的《报告》和《汇报提纲》进行了梳理和归纳，是这样反映的：

一是人口基数大。目前全国总人口已经达到 98000 多万（包括台湾省 1700 万），占世界 434000 万人口（1979 年中数）的 22.7%。人口基数如此庞大，出生率和自然增长率即使降低很多，每年出生和净增人口的绝对数量，仍旧维持在一个相当大的数目。

二是增长速度快。虽然 70 年代以来人口自然增长率下降很快，但是 30 年平均的自然增长率仍然高达 20‰，比旧中国高 1 倍，比 1979 年发达国家平均 7‰高 1.9 倍，全国人口在 30 年的时间里净增 43000 万。

三是人口年龄构成轻。根据抽样调查推算，1978 年 15 岁以下人口占 35.6%，15—29 岁人口占 27.8%，两项合计即解放后出生的人口占 63.4%。而 30—64 岁人口仅占 31.8%，65 岁以上人口仅占 4.8%。这种年轻型的人口年龄结构，使已经进入或即将进入婚育年龄的人口特别多，未来人口增长的势头比较强。

人口的这种状况，同国民经济和四个现代化建设之间，存在着比较尖锐的矛盾。主要在以下几个方面：

其一，总体人口同生活资料的增长不相适应。1953—1979 年，全国居民消费总额增长 2.8 倍（按当年物价计算），然而由于同期人口增长 66%，按人口平均的消费额只增长 1.3 倍。每年新增加的消费额中，约有 58% 被新增加的人口消费掉了，用于提高原有居民消费额部分只占 42%，使居民生活水平的提高受到限制。20 多年来，全国每人平均占有的粮食一直在 600 斤上下。1979 年我国粮食总产量比 1957 年增长 70% 以上，而每人平均占有量只增长不到 6%。棉花、油料的平均每人占有量，则有不同程度的降低。1977 年，全国城镇每人按人口平均的住房面积也比解放初期减少 0.9 平方米；大、中学校的发展跟不上青少年人口的增长，升学率比较低；医疗卫生、公共交通等事业的发展，也不能满足人口增长的需要。

其二，劳动年龄人口同生产资料的增长不相适应。解放以来，安排劳动力就业一直是一个"老大难"问题，迄今尚末很好解决。1979年国家下大力量解决就业，安排了800多万人，成绩很大，但是仍有待业人员400多万。由于大量安排待业人员就业，严重影响了劳动生产率的提高。在农业方面，则遇到人口多、耕地少的矛盾。解放初期，全国每人平均占有耕地2.7亩，现在已降到1.6亩。目前，世界人均耕地5.5亩，比我们多2倍以上，我国已属于人多地少的国家。

其三，人口质量同四个现代化建设发展需要不相适应。实现"四化"，就要尽量采用先进技术，大幅度地提高劳动生产率，这就需要大量专业人才和熟练劳动力。然而，目前我国只有520万大学生，占总人口的0.5%左右；只有21000万中学生，点总人口的22%；在青少年和成年人口中，却有1亿左右的文盲和半文盲。我国每万人中在校大学生人数为9人。此外，由于我们没有注意优生，每年出生大量遗传病儿，现在全国有遗传疾病的总人数约2000多万，仅智障人士不少于四五百万。如果不注意这方面的问题，就会增加社会和国家的负担。

上述人口问题如何解决？座谈会上的发言和《报告》、《汇报提纲》均指出，经济的发展和社会的进步是基础，加快四个现代化建设，就是为人口问题的解决奠定必要的基础。但是经济发展和社会进步不可能一蹴而就，必须在大力发展经济，加快现代化建设的同时，努力控制人口的数量增长和提高人口的质量，贯彻落实各项计划生育政策。也有的同志颇为激动，讲全世界不到五个人就有一个中国人，我们为什么要这么多人口？应该来一个"急刹车"；会下也有的同志问我：搞一个"无婴年"行不行？大家的愿望可以理解，尽快将人口出生率和增长率降下来，使国家摆脱人口多的困扰，集中力量加快现代化建设；但是操之过急也不行，"无婴年"恐怕属操之过急一类。

第二，政策和要求逐渐明确。实行计划生育和节制人口，是毛泽东、周恩来等中央领导同志号召，认识和政策逐渐明确的一项进步事业。前面提到，20世纪70年代以来，随着生育政策的逐步收紧，自上而下逐渐将一对夫妇生育一个孩子提到国民面前。1978年7月，河北省制定的计划生育规定中，提出"鼓励一对夫妇生育子女数最好一个，最多两个"；同年

10月，中共中央批转的《国务院计划生育领导小组第一次会议的报告》，提出"提倡一对夫妇生育子女数，最好一个，最多两个，生育间隔三年以上"；在此前后，上海、北京、天津、江苏、吉林、山西等省市发出的关于计划生育文件中，都提出一对夫妇只生育一个孩子的要求或规定。座谈会召开前一年，国务院副总理陈云、李先念，先后提出要求一对夫妇最好只生育一个孩子，并对生育一个孩子的实行奖励，如优先安排工作等。国务院副总理陈慕华多次提到一对夫妇生育一个孩子，称之为计划生育工作的重点转移。1979年6月，五届人大二次会议通过的《政府工作报告》，提出"要订出切实可行的办法，鼓励只生一个孩子的夫妇"。中央领导同志认识和要求的进一步明确，政策不断向收紧方向推进，距离普遍提倡一对夫妇生育一个孩子，已经只有一步之遥了。[①]

第三，来自基层自愿生育一个孩子的呼声日益高涨。1979年3月，山东省烟台地区荣成县农民鞠洪泽、鞠荣芬（女）等136对夫妇，向全公社、全县育龄夫妇发出《为革命只生一个孩子》的倡议书。《倡议书》说："我们这136对夫妻，通过学习党中央的指示，决心听党的话，只生一个孩子，不再生二胎。我们少生一个孩子，就是为'四化'多做一份贡献。因为，我们个人的幸福是和整个社会联系在一起的。只有实现了四个现代化，我们的晚年生活才有保障。"天津医学院44位职员工，也发出一对夫妇只生育一个孩子的《倡议书》[②]。这说明，人民群众中的一些先知先觉者，对一对夫妇生育一个孩子已经有了一定的认识，并且开始行动起来，提倡一对夫妇生育一个孩子有着一定的群众基础。

【讨论】30年之后回过头来看，提倡一对夫妇生育一个孩子的政策对不对呢？本书开端即摆出不同的观点，有赞成者，有反对者，有不置可否者。笔者是赞成者。为什么？从根本上说，一个国家、一个民族人口多寡并不是目的，目的是让这个国家、这个民族发展更好，全体居民生活得更好。中国封建社会庶众人口观和形形色色众民主义，都把人口多寡作为目的本身，而将人口的生存和发展反倒列为其次，这就难免本末倒置。从这

---

① 参见《中国人口和计划生育史》，第95—97页。
② 同上书，第96页。

一见地出发,一是20世纪80年代伊始中国人口问题确实已经相当严重,不采取果断的政策措施加以解决,人口盲目增长下去,就要妨碍现代化建设事业的顺利推进,就会影响人口再生产健康地发展。二是中国漫长封建社会滋长起来的多子多福观念,是传统文化中一个相当顽固的"堡垒",没有一个大的震动和持之以恒的艰苦努力,是难以撼动和改变的。提倡一对夫妇生育一个孩子,是打破传统多子多福观念,爆发在意识形态领域里的一场深刻革命,是改革开放和思想解放的一部分。攻破这个传统文化的"堡垒",对推动改革开放和思想解放,对加快实现"四化"进程,有重要的现实意义。

但是,笔者向来不赞成"生育一个孩子就是好"的说法。20世纪90年代初,本人应邀到某省直机关做人口发展战略学术报告。上午讲完后,下午到省城附近一个有五个独女户自愿生育一个孩子的村庄,做了一点儿调查。该村人口和计生工作确实搞得不错,人口出生率和增长率达到较低水平,人民物质文化生活也比较丰富,是"少生快富"的典型。我对独女户自愿生育一个孩子的五户人家,逐一进行了访问。令我奇怪的是,她们对为什么要生育一个孩子的回答几乎一样。对生育一个孩子有什么好处的回答,都说"生育一个孩子好";问她们好在哪里,却说不上来,只是说"就是好","好就是好呗!"吃晚饭时,主管人口和计生工作的副省长问我,今天下去怎么样,有收获没有。我说:"很有收获,工作做得不错,学到不少东西;不过,那五个自愿只生育一个孩子独女户的回答,从头至尾几乎就是一句'生育一个孩子好','一个孩子就是好'。"停了一下,我接着说:"这使我想起文革时期有一首歌,叫做'文化大革命就是好'。这首歌从头至尾就这一句话,唱到最后,再用这句话喊上一句口号结束。"同桌吃饭的人都笑了,省人口计生委主任则有点儿不好意思,他"不打自招"地说:"我们的同志给她们打了招呼,说田老师下午来调研,问到生育一个孩子时,说不上来更多的,就说生育一个好就行了。"那位副省长打趣的说:"好啊,你们搞攻守同盟,哄骗我们的大教授!"真相大白后,晚上即请这五户人家来开了一个小型座谈会,讲明我不是政府官员,大家不必有顾虑,很想听到她们的真实想法,可以敞开思想谈一谈。于是她们谈到只生育一个女孩子,没有男孩子在劳动上遇到的困难,被个别人看不起,视为"绝户"被歧视,以及同"传宗接代"做斗争思想上承受的压力等。听了她们的发言,很是感动。我接着她们的发言说:"我向来不赞成说生育一个孩子就是好。不错,生育一个孩子对国家好,对民族好,对现代化建设好,因为可以减轻国家的负担;对个人和家庭说来,就那么好吗?你们家里没有男性劳动力,重活没有人干好吗?小孩子没有兄弟姐妹好吗?被思想陈腐的人说'绝户'好吗?对家庭和个人说来,生育一个孩子好并不一定符合实际。对提倡生育一个孩子,我们要进行科学地宣传教育。提倡一对夫妇生育一个孩子,对于家庭和个人说来,不是最好的办法,而是国家为了控制人口增长,没有办法的办法。如果生育一个孩子对家庭和个人也是那么好,那还给予奖励干什么呢?好事你都占了,还要给奖励?!不是,对家庭和个人说来,是一种损失,是为了国家和民族的利益而承受的一种损失。因此,大家为了国家的利益而牺牲家庭和个人的利益,是牺牲小家顾大家的一种光荣的举动,国家也应该给予一定的补偿。"这样实事求是地讲了以后,农民群众心里服气,受到安慰和鼓舞,对政策也有了更深一层的理解。

2. 会不会引起智商下降

座谈讨论中,卫生部的一位领导同志在发言中,例举民间的一种说法,叫作老大憨、老二聪明,但是最聪明、最机灵的要数老三,俗话说"猴仁儿,猴仁儿的"。那么,提倡一对夫妇生育一个孩子只留下老大,老二、老三都没有了,会不会引起儿童以至整个人口的智商下降呢?此话一出,语惊四座,一些同志交头接耳议论开来:是不是这样?如果真的是这样,就不能提倡生育一个,老二、老三都不可少。否则人口智商下降,谁能负得起这个责任!于是会议主持者赶紧组织力量查阅资料,进行分析和论证。经过一番努力,最后拿出两点结论性意见:

第一,生育孩子次序同聪明不聪明没有必然的联系,无论是"老大憨"还是"老二聪明"、"猴仁儿"等说法,都拿不出有力的科学依据,最多只是有些地区群众中有这样的一些说法而已。群众的说法,同过去多生多育有很大的关系。因为生育的子女多,第一个孩子(老大)率先长大,自然担负着协助父母照料比其小的弟弟、妹妹的义务,往往表现出宽容大度,带有一些憨厚的劲头儿;后来出生的弟弟、妹妹常常围着大哥、大姐转，显得要更调皮一些、更活泼一些，给人以"老二聪明"和"猴仨儿"更聪明的印象。记得当时有的同志例举美国飞行员的材料，美国空军飞行员中约有 40% 为第一个孩子（老大）。众所周知，空军飞行员对身体素质、科学教育素质以及反应能力要求很高，而所占比例高达 40% 的"老大"都能适应，说明"老大憨"不能成立。座谈会还举出其他一些例子，证明生育胎次同智商不存在必然的联系。

第二，要放到商品经济中去分析。虽然 1980 年改革开放处在"摸着石头过河"初期，但是经济学界已有一个共识，过去高度集中统一的计划经济再也不能继续下去了，要走发展商品经济的路子。而要发展商品经济，交换价值升值，势必冲击人们的传统观念，婚姻和生育观念将要随着发生某些改变。可以预料的是，诸如婚前性行为、未婚先孕、离婚率升高，以及买卖婚姻增多等，发生的可能性增加了。婚姻和生育行为的这种变化，会改变怀孕和实际生育的孩次。作为留下来的"老大"，并不一定都是所怀的第一个孩子，聪明的老二甚至是"猴仨儿"的老三所占的比例会增多起来。今天看来，当时这样的估计并不过分，实际情况有过之而无不及。一些调查表明，婚前性行为和未婚先孕、先育，远比人们估计的要严重得多。综合以上两点认识，得出提倡一对夫妇生育一个孩子不会降低人口智商的结论，有力地支持了这一决策的出台。

【讨论】提倡一对夫妇生育一个孩子会不会引起儿童智商下降，的确是一个事关国家和民族前途命运的大事。如果会下降，就不能实行这一政策：人口数量下来了，人口智商也下来了，那对我们的民族和国家来说，就是一场灾难。何谓智商？智商（intelligence quotient，IQ）就是智力商数。智商＝智龄÷实际年龄×100。如果一个儿童的智龄与实际年龄相等，智商即为 100，智商处于中等水平。一般认为，智商超过 120 为聪明，低于 80 为愚钝。智商是相对稳定的，它是决定智能的先天因素；但是决定智能的还有后天因素，因而不是唯一的因素。1982 年下半年笔者在美作访问学者和从事合作研究时，一天早晨，发现我所住的公寓隔壁来了一位陌生的美国人，经过一番交谈，得知他是一位智商专家。一天，他神秘地对我说，他研究了世界各国不同民族、种族的智商，绘制了一张智商表，问我要不要看；但是要有一个君子协议：不能外传，起码排名三位以后的民族不能外传。我接受了他提出的条件。那张智商表前三位的排序是：（1）犹太人。我心中想，没的说，从马克思到爱因斯坦，犹太人出了一批大师级科学家和学者，为人类的进步和文明做出过卓越的贡献。（2）日尔曼人。他们在科学技术上的贡献，也没的说。（3）日本人和中国人。我认真想了一下，就智商意义上说，也是可以认可的。再往下，本人信守承诺，不加赘述。他的智商表排列是否科学另当别论，但是有一点是明白无误的：他没有国家或种族偏见，没有把自己所在的民族、种族排到前边。如果我们提倡一对夫妇生育一个孩子把中国人的智商拉下来，那就成了历史的罪人，造成愧对先人无法挽回的罪过。因此，论证生育一个孩子不会导致智商下降非常重要，今天看来当时的论证也是靠得住的。敢于做出这样的决策，也是需要几分勇气的。

3. 会不会发生人口老龄化

座谈会上的讨论，向中央书记处的《报告》和《汇报提纲》，对提倡一对夫妇生育一个孩子会不会引起人口年龄结构老龄化，回答是肯定的：生育率和出生率的持续下降，必然带来人口年龄结构老龄化。《报告》写道：座谈会上有人"担心人口'老龄化'和劳动力不足，不是没有理由的。在西欧、北欧人口较少的一些国家，当他们的人口自然增长率降低到接近零以后，确实出现过这个问题。我国由于人口数量多，年龄构成轻等特点所决定，情况与那些国家有很大的不同"。在《报告》提出的低、中、高三种预测中，即使以生育率下降最快、老龄化最严重的低方案而论，"2000 年 65 岁以上老年人口仅占全部人口的 8.9%，2017 年占 16.2%（相当于现在世界人口老龄化最严重国家的水平），2021 年每 5 个人中有一个 65 岁以上老人，2027 年每 4 个人中有一个 65 岁以上老人"。怎样应对和解决老龄化问题呢？《报告》提出，要采取防患于未然的办法。即到一定的时候通过对生育率进行必要的调整，适当抬高生育率和出生率，将老龄化控制在一个合理的范围之内。《汇报提纲》浓缩了《报告》的基本观点，指出在本世纪余下的二十年时间里，不用担心人口老龄化问题；20 年以后，也可以通过出生率的适当调整，加以解决。

【讨论】大力控制人口增长、切实加强计划生育，特别是提倡一对夫妇生育一个孩子以后，会不会引起人口老龄化、老龄化进程怎样、可能带来哪些问题、如何解决等,成为座谈会热议的焦点之一。《报告》和《汇报提纲》,对此做了相应的分析和阐述。

① 有没有考虑人口老龄化。上述情况表明,无论《报告》还是《汇报提纲》,均考虑了随着生育率和出生率的下降,预期寿命的不断延长,人口年龄结构老龄化是不可避免的发展趋势,合乎规律的发展。1980 年 9 月发表的中共中央关于控制我国人口增长致全体共产党员、共青团员的《公开信》,也将"人口的平均年龄老化",列为"有些同志担心"的问题之一,作出必然发生但是不用担心的诠释。因此,说 1980 年提倡生育一个孩子时根本没有考虑人口老龄化,没有考虑由老龄化引起的劳动力供给短缺、社会负担难以承受等问题是不符合实际的。

② 对老龄化的估计和预测。座谈会和《报告》曾经具体地讨论和论述了人口老龄化趋势和问题。关于老龄化发展趋势,当时提出三种预测方案:

一是从 1980 年起一对夫妇平均生育 2.3 个孩子,即相当于 1978 年的生育水平,2000 年 65 岁以上老年人口比例为 7.2%,2020 年为 12.3%,2030 年为 16.6%。

二是从 1980 年起一对夫妇平均生育 1.5 个孩子,即一半育龄妇女生育一个孩子,另一半生育两个孩子,2000 年 65 岁以上老年人口比例为 8.3%,2020 年为 16.2%,2030 年为 23.9%。

三是从 1980 年起生育率大幅度下降,1985 年一对夫妇平均生育一个孩子并继续保持下去(简称"一胎化"方案),2000 年 65 岁以上老年人口比例为 8.9%,2020 年为 19.0%,2030 年为 29.6%。

《报告》和《汇报提纲》是按照生育率下降最快的第三方案提出老龄化可能达到水平的严重程度,即对老龄化可能达到的水平做了最高的估计。回过头来看,已经过去近 30 年的实际情况,要比这一预测低许多。以《报告》和《汇报提纲》与实际统计数据相比较,65 岁以上老年人口比例,1990 年分别为 6.66% 和 5.57%,《报告》和《汇报提纲》高出实际 1.06 个百分点;2000 年分别为 8.95% 和 6.96%,《报告》和《汇报提纲》高出实际 1.99 个百分点;2005 年分别为 10.26% 和 9.07%,《报告》

和《汇报提纲》高出实际 1.19 个百分点①。这说明，1980 年中央在做出提倡一对夫妇生育一个孩子时，对由此造成的人口年龄结构老龄化的估计预测，只有过之而无不及，是留了一定余地的。

③ 应对人口老龄化的基本方针。基于上述对人口老龄化趋势和可能达到的最高水平的认识，《报告》和《汇报提纲》一方面指出，在 20 世纪余下的 20 年时间里不存在老龄化问题，下一个世纪头 20 年也不严重；另一方面指出老龄化可能带来的主要问题，一是会不会发生劳动力供给不足问题。这个问题下面专有分析，这里不赘述；二是会不会发生社会和家庭老年负担过重问题。对于这个问题，主要提出两项应对的策略和措施：

一是在对老年负担系数做出比较可靠预测基础上，通过对生育率的调整，将老龄化从而将老年人口负担系数控制在一个合理水平。《报告》和《汇报提纲》以及以笔者受命以个人名义撰写的《附件：提倡一对夫妇生育一个孩子多长时间为宜》，提出提倡一对夫妇生育一个孩子是今后二三十年，主要是本世纪内的事情，进入 21 世纪以后生育率应该做出适当的调整，以避免人口年龄结构过度老龄化，超出社会和家庭的负担能力。而这一点，是可以通过生育政策的及时调整，合理提高出生率办法加以解决的。

二是有计划地实行社会保险。《报告》和《汇报提纲》在肯定继续发扬我国家庭养老传统的同时，必须大力发展社会养老保障事业，有计划地实行社会养老保险。《汇报提纲》说："鼓励一对夫妇最好生育一个孩子，从现在起就应有计划地对老年人实行社会保险，解决老有所养的问题。目前，全民所有制单位职工实行退休制度，绝大多数集体所有制单位和农村人民公社还没有实行这一制度，老无所养，'养儿防老'还是一个客观事实。这个问题一定要解决。保险公司已提出了三个方案，应按什么原则考虑，需要明确下来，以便进一步研究具体办法。独生子女大量增加以后，需要各有关部门积极配合，大力支持，使各项政策和有关规定能够适应计划生育的要求。在住宅建设、生活服务设施、看病住院等社会服务方面，都要考虑'老有所养'的问题，使无子女照顾的老人幸福地度过晚年。"

---

① 实际数字参见《中国人口统计年鉴 2006》，中国统计出版社 2006 年版，第 102、104 页。

应当说，这在将近30年以前提倡生育一个孩子人口决策时，能够对人口老龄化和解决老龄问题做出如此考虑，明确基本的方针和应当采取的措施，已经是非常难能可贵的了。不过笔者以为，当时对老龄化问题阐发还不够深入，偏重于宏观的老龄化发展趋势和一般性的老龄问题，没有也不可能结合我国人口、经济和社会发展实际，做出深入一步的阐发。正因如此，笔者在20世纪80年代中期，承担国家社科重点项目"中国老年人口调查和老年社会保障改革研究"，在时任中共中央政治局委员、国家计委主任宋平同志的指导和支持下，在国家统计局城乡调查队帮助下，完成中国1987年60岁以上老年人口抽样调查，出版抽样调查数据汇总资料、报告和《中国老年人口》、《中国老年人口经济》、《中国老年人口社会》专著三部，算是补上这一课。此是后话。当时最主要的，是提倡一对夫妇生育一个孩子和生育率长期持续下降以后，老龄化会出现怎样的情况，能不能够承受得了，老龄问题怎样解决。笔者以为，这里的核心问题，是提倡一对夫妇生育一个孩子要搞多长时间。座谈会领导同志在审阅《报告》时，提出让我以个人名义写两个《附件》，因为《报告》不可能很长，长了不便于领导同志审阅。以《附件》形式对某些重要问题做深入一些的阐述，可以起到咨询和备用的作用，为领导想要进一步了解准备。我只能应允，《附件》之一就是《提倡一对夫妇生育一个孩子多长时间为宜》。基本的观点是：提倡一对夫妇生育一个孩子主要是要控制住一代人的生育率，因为控制住一代人的生育率，也就自然地控制了下一代作父母的人口数量，因而可以起到有效控制人口增长的作用。为什么不能搞两代人、三代人？如果实行两代人生育一个孩子的政策，人口年龄结构就会发生向着"倒金字塔"方向转化，而"倒金字塔"的年龄结构没有先例。理论上没有立论，实践上"倒金字塔"结构必然导致劳动力供给不足，社会负担过重等问题，是不能开此先例的。控制好一代人的生育率，是未来二三十年特别是本世纪（20世纪）内的事情。亦即提倡一对夫妇生育一个孩子既非权宜之计，搞上三年五载见到效果就赶紧收兵，那样要不了多久，其效果就会自然消失殆尽；也非永久之计，半个世纪甚至一个世纪的长期搞下去，结果人口数量控制可能成效显著，然而人口年龄结构过度老龄化、"倒金字塔"就会发生,是必须避免的。因此,提倡一对夫妇生育一个孩子是既非权宜之计、也非永久之计,而是一段时间,具体说是未来二三十年特别是本世纪内的事情。这样的时间概念,其真正的涵义,就是控制住一代人的生育率,从而达到既使人口的数量增长受到有效地控制,又使人口年龄结构老龄化限制在一定范畴之内,不至于过于严重的目的。

④ 会不会出现劳动力短缺

劳动力是劳动年龄人口中,扣除因伤残等原因失去劳动能力的人口。劳动年龄人口有15—59岁或15—64岁两种口径,是从人口学年龄角度定义的,与实际能否劳动不是一个概念。由于劳动年龄人口是劳动力供给的源泉,劳动力供给的变动主要取决于劳动年龄人口的变动,因此提倡一对夫妇生育一个孩子是否会发生劳动力短缺,实际上是劳动年龄人口怎样变动,是否会出现劳动年龄人口数量减少过快、所占比例下降过低的情况。

座谈会对此也很关注。因为从人口学角度观察,总体人口粗略地分成0—14岁少年人口、15—59岁或64岁成年人口、60岁或65岁以上老年人口三个组成部分。前已叙及,少年是消费人口,最多是潜在的生产劳动人口;老年则是退出劳动年龄,成为事实上的纯消费人口。我们说人是生产者和消费者的统一,现实中只有劳动年龄人口才能名副其实地做到。劳动年龄人口不但要生产自身需要的消费,还要生产满足少年人口和老年人口需要的消费,是生产满足全部人口消费需要的担当者。劳动年龄人口是总体人口中的主体,是处于支配和主导地位的人口。从经济角度观察,在社会生产和再生产过程中,生产、交换、分配、消费是相互联系、相互制约的整体,任何一个环节均不可缺少。但是生产同交换、分配、消费比较起来,不能不居于首位,不能不处于主导的地位。生产不仅决定着可供交换、分配、消费对象的数量和质量,而且生产的性质决定着交换、分配、消费的性质和形式。因此,一端是总体人口中处于核心和主导地位的劳动年龄人口,另一端是物质资料生产中处于主导和支配地位的生产,任何社会对劳动年龄人口变动给予格外的关注,是理所当然的。然而,在1980年人口座谈会上,与会者对这个问题却是没有太大的不同意见,也许是当时每年安排新劳动力就业压力太大的缘故,劳动年龄人口减少一点儿,是大家巴不得的事情。《报告》和《汇报提纲》按照当时的人口发展规划,对未来劳动年龄人口从而对劳动力的变动趋势做出的估计和预测是这样的:"劳动力在未来的32年时间内一直是上升的,从1979年的54 000万上升到2012年的79 000万。2013年以后开始下降,但直到2046年才能降回到目前的水平。"认为在此期间内,不存在劳动力不足的问题。这一估计和预测,与后来的实际情况比较,大的变动趋势不错,具体变动上有一些出入:已有的统计数据和预测表明,15—64岁劳动年龄人口绝对数量,2000年增加到88 793万,2017年达到峰值时可增加到100 005万;其后逐渐减少,2030年可减少到98 797万,2050年可减少到85 752万。占总人口的比例,2000年已上升到70.15%,2009年达到峰值可进一步上升到72.35%;其后转而下降,2020年可下降到69.00%,相当于1990年水平;2030可下降到67.42%,相当于1980年水平;2050年还有一定程度的下降。①

【讨论】《报告》和《汇报提纲》在分析劳动年龄人口变动趋势,会不会出现劳动力短缺中提出:"与此同时,老年人口虽然增长比较快一些,但未成年人口减少也比较快,两项相抵,抚养指数(每个劳动力负担的抚养人口数)在1998年以前一直是下降的,1999年以后开始上升,但要回到目前的水平,需要到2035年。所以,在本世纪余下的20年时间里,不存在老龄化和劳动力、兵源不足,抚养指数增大等问题。"这里,已经将提倡一对夫妇生育一个孩子和出生率下降以后,将经历较长一段时间劳动年龄人口比例大幅度上升、老少被抚养人口比例大幅度下降——1998年以前持续下降;1999年以后有所上升,但直到2035年才能回升到1980年水平——即后来称之为人口年龄结构变动的"黄金时代"或"人口视窗"、"人口红利"、"人口盈利"等提了出来。几年以后,笔者完成老龄化研究的一项课题,即撰写了"利用人口年龄结构变动,促进现代化建设"的实证研究论文,发表在2003年6月15日《人民日报》,是对此观点的进一步阐发。这是一件很有现实意义的事情。当时改革开放刚刚起步,大家都

---

① 统计数据参见《中国统计年鉴2001》,中国统计出版社2001年版,第95页。预测数据参见田雪原、王金营、周广庆《老龄化:从"人口盈利"到"人口亏损"》,中国经济出版社2006年版,第106—107页。

在寻找机遇,提出这样或那样的多种机遇;然而立足于我国人口变动实际,即将经历一个社会抚养比长期持续下降的人口年龄结构变动的"黄金时代",则是已成定局、即将到来的机遇,是从人口变动角度来说"机不可失,失不再来"千载难逢的一次机遇。我们应当抓住这一机遇,充分利用劳动力比较充裕、社会负担比较轻的比较优势,尽可能加快社会经济发展的步伐,提升综合国力。

⑤ 会不会形成"四二一"家庭代际结构

座谈会上,有一位领导同志提出:如果一对夫妇生育一个孩子,等到孩子结婚后再生育一个孩子,这个家庭不就成了老年人为四、成年人为二、少年人口为一的"四二一"家庭结构了吗?!一时间,他的话引来一股热议:有的说,四个老人怎么养活?有的说,这一代独生子女的责任太重了,承担不起啊,等等。看来,这个问题也必须澄清,结合家庭规模的演变予以澄清。

其一,"四二一"家庭结构中的老年人"为四",是不可能普遍存在的。假定25岁结婚并生育一个孩子的父母,35年后都活到60岁,40年后都活到65岁以上,就个案而论,这种假定某些家庭是可能的;就全社会而言,则不可能,不具有普遍性。因为每一个年龄组人口均要按照一定的年龄别死亡率通过其生命期,每年均有一定数量的人口死亡,四个25岁成年人口不可能全部活到60岁、65岁以上。这可由1982年的全国人口普查得到印证。根据该普查数据计算的1981年的年龄别死亡率、死亡人数和预期寿命,如表1、表2、表3和表4所示:

表1　　1981年人口生命表中部分年龄死亡率、死亡人数、预期寿命

年龄(岁)	死亡率	死亡人数	预期寿命(岁)
0	0.038802	3468	67.876
1	0.007032	676	69.303
10	0.000758	71	61.851
20	0.001433	134	52.341
25	0.001494	139	47.685

续表

年龄（岁）	死亡率	死亡人数	预期寿命（岁）
30	0.001669	154	43.020
50	0.006868	593	24.950
60	0.018199	1414	17.001
65	0.026888	1873	13.593
70	0.046581	2727	10.552
80	0.116810	3320	5.925

表2　1981年市人口生命表中部分年龄死亡率、死亡人数、预期寿命

年龄（岁）	死亡率	死亡人数	预期寿命（岁）
0	0.024866	2197	70.871
1	0.003442	336	71.456
10	0.000548	53	63.299
20	0.000957	92	53.681
25	0.001027	94	48.938
30	0.001068	101	44.172
50	0.005342	484	25.633
60	0.015759	1300	17.476
65	0.025401	1892	13.983
70	0.041843	2645	10.899
80	0.106337	3386	6.162

表3　1981年镇人口生命表中部分年龄死亡率、死亡人数、预期寿命

年龄（岁）	死亡率	死亡人数	预期寿命（岁）
0	0.024020	2251	71.404
1	0.002844	278	72.041
10	0.000549	53	63.771
20	0.000974	94	54.144
25	0.001013	97	49.330
30	0.001111	106	44.621
50	0.005385	488	26.117
60	0.016036	1323	17.989
65	0.024121	1806	14.512
70	0.039742	2550	11.392
80	0.100251	3422	6.130

表 4　　1981 年县人口生命表中部分年龄死亡率、死亡人数、预期寿命

年龄（岁）	死亡率	死亡人数	预期寿命（岁）
0	0.041477	3702	67.169
1	0.007771	745	68.740
10	0.000800	75	61.421
20	0.001640	152	51.937
25	0.001650	162	47.315
30	0.001854	170	42.680
50	0.007337	627	24.754
60	0.018780	1438	16.861
65	0.027303	1870	13.471
70	0.047839	2745	10.441
80	0.119987	3300	5.842

其二，同样的道理，"四二一"家庭结构中的成年人"为二"，因为受到年龄别死亡率的影响，也要打一点儿折扣。20 世纪 80 年代初的年龄别死亡率大致是：0 岁组为 0.03880、1 岁组为 0.00703、5 岁组为 0.00172、10 岁组为 0.00076、12 岁组为 0.00068（最低值）、20 岁组为 0.00144、30 岁组为 0.00167、40 岁组为 0.00290、50 岁组为 0.00687、60 岁组为 0.01320、70 岁组为 0.04658、80 岁组为 0.11681、90 岁组为 0.27888，90 岁以上年龄死亡率要更高一些，呈典型 U 形曲线分布。中国人口年龄别死亡率的 U 形曲线分布，同世界人口年龄别死亡率分布基本类同。成年人口 35 岁以前处于年龄别死亡率较低阶段，存活率相对较高，不如老年人口减少为快是事实；但是年龄别死亡率再低，每年也总要死亡一定数量的人口，不可能全部都活到 60 岁和 65 岁以上。

其三，"四二一"家庭结构中第三代人"为一"是否存在呢？取决于我们的生育政策。只有独生子女结婚后再生育一个孩子，"为一"才有可能成立。要想不出现第三代"为一"的家庭结构，生育政策就要明确规定独生子女结婚允许生育两个孩子。事实上，相关省、市在提出一对夫妇生育一个孩子时，差不多都申明双方均为独生子女者结婚，可以生育二个孩子的政策。

由此可见，提倡一对夫妇生育一个孩子，没有也不可能出现全社会的"四二一"结构。按照 21 世纪人口发展战略，将来也不可能出现。参见图 1、图 2、图 3 人口年龄结构变动"金字塔"[①]：

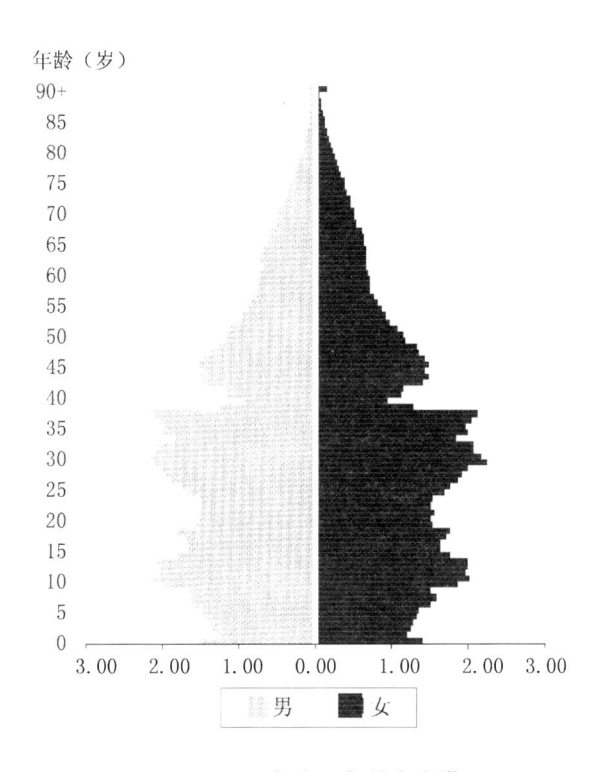

图 1　2000 年人口年龄金字塔

【讨论】独生子女概念是指一对夫妇或一个育龄妇女终生所生育的唯一的一个孩子。按照这样的定义，要等到这对夫妇死亡或该育龄妇女通过她的全部生育期以后，才能最终确定。显然这样的判断和统计过于滞后，不能促进相应政策的出台和对实践的指导作用，也无法进行日常管理。中

[①] 参见田雪原、王金营、周广庆《老龄化——从"人口盈利"到"人口亏损"》，中国经济出版社 2006 年版，第 47—48 页。

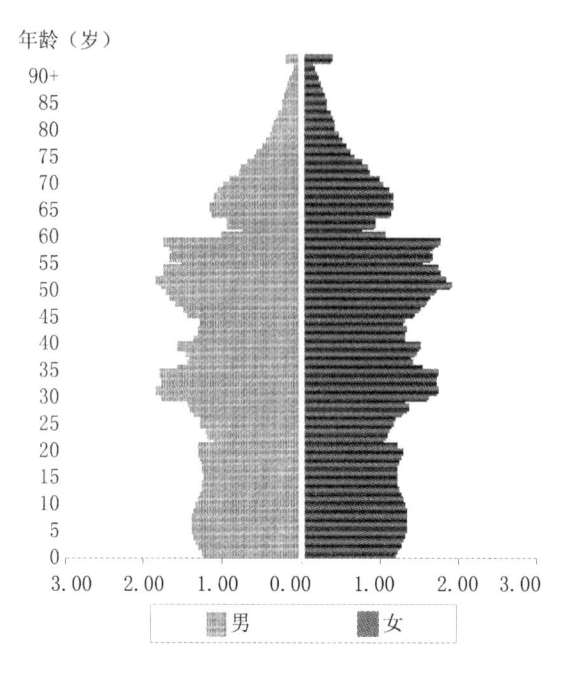

图 2　2020 年人口年龄金字塔

国的实际做法是给有志终生生育一个子女的父母发放"独生子女光荣证"，用契约形式保证终生只生育一个孩子。实践证明，绝大多数父母或育龄妇女均能履行契约保证，违约生育发生率不高；不过总是还有发生，从"领证率"到"独生子女率"要打一点儿折扣。当然也还有生育一个孩子未申领"独生子女光荣证"者，或者已有两个或三个孩子中间夭折后，成为事实上的独生子女者。因此，独生子女领证率并不等于独生子女率，只能概括地反映出生育一个孩子的大致情况。借助国家人口计生委 2006 年全国人口和计划生育抽样调查提供的生育一个孩子分布等资料，对该抽样调查反映的全国、城镇、农村独生子女状况，做如下计算①：

（1）生育一孩的独生子女领证率（ROD_1）。即育龄妇女生育一孩（NOC_1）中，领取"独生子女光荣证"者（NOD_1）所占比例。计算公式为：$ROD_1 = NOD_1 / NOC_1$。则：

---

① 依据《2006 年全国人口和计划生育调查数据集》第 65、67 页提供的数据计算。

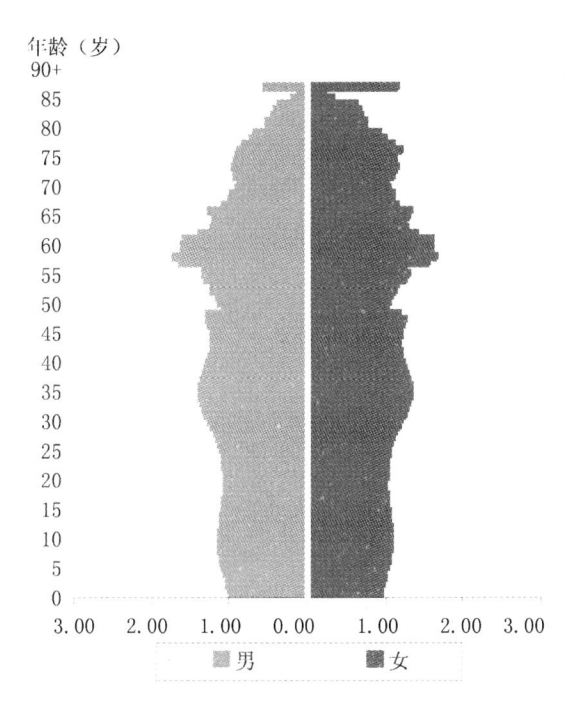

图3　2050年人口年龄金字塔

全国生育一孩独生子女领证率：ROD_1（全）= 8713/14234 = 0.6121
城镇生育一孩独生子女领证率：ROD_1（城）= 5126/6941 = 0.7385
农村生育一孩独生子女领证率：ROD_1（农）= 3587/7293 = 0.4918

（2）一孩所占比例（ROC）。即育龄妇女生育一孩总数（NOC）占全部生育孩子数（NCT）的比例。计算公式为：$ROC = NOC/NCT$。则：

全国生育一孩比例：ROC（全）= 14065/29162 = 0.4923
城镇生育一孩比例：ROC（城）= 6934/9599 = 0.7224
农村生育一孩比例：ROC（农）= 7131/19563 = 0.3645

（3）领证独生子女率（ROD）。即领取独生子女证者占全部生育孩子的比例。计算公式为：$ROD = ROC \cdot ROD_1$。则：

全国领证独生子女率：ROD（全）= 0.6121 × 0.4923 = 0.2952
城镇领证独生子女率：ROD（城）= 0.7385 × 0.7224 = 0.5335
农村领证独生子女率：ROD（农）= 0.4918 × 0.3645 = 0.1793

(4) 2007 年 0—27 岁组存活人口数：

依据《中国人口统计年鉴 2008》提供的人口年龄构成资料，相加得出 2007 年 0—27 岁人口之和（NCT_{0-27}）为 43 603（万）。

(5) 2007 年 0—27 岁领证独生子女数（NOD）。计算公式为：$NOD = NCT_{0-27} \cdot ROD$，则：全国领证独生子女人数：$NOD$（全）= 43 603 × 0.2952 = 12872（万）

城镇领证独生子女人数：NOD（城）= 12 872 × 0.5335/0.5335 + 0.1793 = 9635（万）

农村领证独生子女人数：NOD（农）= 12 872 × 0.1793/0.5335 + 0.1793 = 3237（万）

家庭（Family），不同国家的诠释不尽相同，一般指两人或两人以上由血缘、婚姻、生育或领养关系结合起来共同居住的一种形式，基本的关系是通过婚姻形成的夫妻与子女之间的结合。从这个意义上说，一对夫妇（2 人）与双方父母（4 人）及一个孩子（1 人）一同居住生活在一起的家庭所占比例很小，可谓凤毛麟角；然而，不属于同一个家庭却有着这种"四二一"代际结构关系，本人称之为"亚家庭"的代际结构，却占到一定的比例，由此产生的社会问题不容忽视。上述计算结果表明，目前全国领证独生子女人数接近 1.3 亿，如果去掉一点儿"水分"，也在 1 亿以上；领证独生子女率接近 30%，去掉"水分"也在 25% 以上。数量如此庞大、比例如此之高的独生子女，由此带来的家庭和社会问题，需要引起足够的重视。在城镇，领证独生子女去掉"水分"仍在 8000 万左右，领证独生子女率达到 50% 左右，问题显得更为突出。虽然农村领证独生子女仅一两千万，领证独生子女率在 13% 左右，然而由于城乡二元经济和二元社会结构的客观存在，问题并不比城镇逊色多少。这表明，进入 21 世纪以后双方均为独生子女结婚组成的家庭将迅速增多，一方为独生子女的家庭也将随着增多起来，必须认真研究解决。更多的家庭和社会问题且不论，从人口再生产角度观察，最重要的就是要解决"四二一"亚家庭结构中"为一"的问题。尽量避开"四二一"亚家庭结构陷阱，是制定人口发展战略和制定人口政策应当遵循的一条原则。办法是回归到 1980 年提倡一对夫妇生育一个孩子时指出的，主要是控制一代人的生育率，独生子女再结婚允许生育两个孩子。

⑥ 其他相关人口政策

1980年中办主持召开的人口座谈会，除了上述按照中央领导的要求规划2000年全国人口不超过12亿，大力提倡一对夫妇生育一个孩子，对独生子女家父母养老保险等政策措施外，《报告》和《汇报提纲》吸纳座谈会有益的意见，还提出下列一些人口政策建议：

落实"奖一罚三"政策。参加座谈会的领导和专家学者，一致赞成奖励只生育一个孩子的家庭，处罚除政策允许外生育三个以上孩子的家庭。但是各省、自治区、直辖市制定的奖罚办法很不统一。奖励独生子女的年限，从1岁至10岁、14岁不同；奖励的金额，城镇从年奖励30元至四五十元不等，农村从年奖励300工分到500工分，最高达到700工分参差不齐。"罚三"的办法也很不统一。从扣父母工资或工分的5%—10%，扣的年限从10—16年都有，差别很大。其他如超生子女父母不评奖、不调级，超生子女不发布票，口粮按议价供应等，均出入较大。建议中央拿出一个统一的办法，尽早制定计划生育法。

少数民族的计划生育政策。现在少数民族中普遍结婚较早，生育子女数量较多。这样，一是影响全国控制人口增长任务的完成，二是某些少数民族地区已经出现同汉族相类似的人口问题。因此，需要考虑对少数民族分别情况，区别对待。对少数民族中人口比较少，或者人口虽多但人稀地广的地区，可宣传生理卫生和计划生育知识，做好妇幼保健工作，以生育三至四个子女为好；对居住在城市或人口稠密地区的少数民族，原则上应同汉族一样实行计划生育，但政策可以灵活一些，奖励一个，最多不超过三个。

积极提倡优生。据国外有关资料统计，目前已发现的遗传性缺陷和遗传性疾病约有2000多种。据我国10省、市对30万7岁以下儿童健康检查发现，仅先天性畸型就占受检查儿童总数的8%，先天性心脏病和先天愚型患者的比例也比较高。日本在法律上规定，男女结婚时除交换健康诊断书外，还要确认有无遗传性疾病，有者不能结婚和生育。他们在中学教科书中，就介绍遗传学和优生学，强调优生是对后代应尽的义务。我们鼓励一对夫妇生育一个孩子，更要大力提倡优生，提高中华民族的素质。要宣传近亲结婚的害处，普及遗传学知识，开展遗传性疾病的检查和咨询门诊，使畸型、呆傻等低能儿占的比例迅速降下来。同时还要加强妇女怀孕期和围产期的保健，普及新法接生，加强新生儿喂养等方面的卫生指导，做到生得好、生得少、养得好。科学和教育部门要加强心理学和教育学方面的研究，针对独生子女容易产生的各种弱点进行教育，使他们健康成长，为国家培养高质量的合格人才。

加强节育技术指导。提倡一对夫妇最好生一个孩子，主要方法应该以避为主，不能依靠人工流产。卫生部门要定期对县以下从事计划生育技术工作的医务人员组织培训，提高技术水平；要加强科学研究，尽快生产出新的、高效、安全、经济、方便的避孕药具来；要改进避孕药具分送办法，方便群众。

此外，《报告》和《汇报提纲》还对经费问题做出初步估算，指出实行独生子女奖励政策所需费用"是一笔庞大的支出"，需要考虑；但是"与因此而少生人数节约的费用相比，这还是一个小数"。提倡一对夫妇生育一个孩子会不会引起性别比升高，也作为"值得注意"的一个问题提了出来。"大力提倡一对夫妇生育一个孩子以后，可能有的人子嗣观念比较浓厚，要男不要女，溺女婴、弃女婴的情况可能产生"，"应在法律上加以禁止"。应当说，这些政策反映了上自中央领导、下至庶民百姓的愿望，集中了包括专家学者在内的各方面的智慧，是比较符合实际和切实可行的。作为一名学人，我本人参与讨论并承担相应的文件起草等工作，受到很大教育和鼓励，也向各界同事学习到许多过去不熟悉的东西。这样说，并不意味着政策的尽善尽美，只表明当初的决策是慎重的，经历自上而下和自下而上的反复讨论，尽量吸收优秀成果的产物。尽管这样，不言而喻，也会有不当之处，需要依据新的变化了的情况，在实践中不断修正和完善。

参考文献

1. 彭珮云主编：《中国计划生育全书》，中国人口出版社1997年版。
2. 国家人口和计划生育委员会编：《中国人口和计划生育史》，中国人口出版社2007

年版。

3. 国家统计局人口统计司翻印：《中华人民共和国第二次人口普查统计数字汇编》，1986年。

4. 国务院人口普查办公室、国家统计局人口统计司编：《中国1982年人口普查资料》，中国统计出版社1985年版。

5. 张维庆主编：《2006年全国人口和计划生育调查数据集》，中国人口出版社2008年版。

6. 杨魁孚、梁济民、张凡：《中国人口与计划生育大事要览》，中国人口出版社2001年版。

7. 宋健、田雪原、于景元、李广元：《人口预测和人口控制》，人民出版社1981年版。

8. 《田雪原文集》，中国经济出版社1991年版。

9. United Nations, *World Population Prospects*, *The* 2006 *Revision*, New York, 2006.

10. Nathan Keyfitz and Wilhelm Flieger：*World Population*, The Uinversity of Chicago Press, 1968.

（原载《中国人口政策60年》，社科文献出版社2009年版）

论"孩子社会附加成本—效益"

在中国，计划生育被称为"天下第一难"。为什么？归根结蒂，由孩子成本—效益决定：要一部分人放弃多生育孩子可能给家庭带来的边际效益，无疑是一件非常困难的事情。这一难点同时也成为政策的一个切入点，通过调整孩子对家庭的成本—效益，使生育率下降。笔者在借鉴莱宾斯坦（H. Leibensteia）等的孩子成本—效益理论基础上，通过调查研究，经历实践—理论—实践多次检验，提出并论证了孩子社会附加成本—效益理论。这一理论最早成文为"论孩子社会附加成本—效益"，发表于《中国人口年鉴 1993》；后经修改并通过科学实验，2009 年作为《中国人口政策 60 年》其中一章发表。

一　西方人口经济学孩子成本—效益理论

生育（fertility）和生育率（fertilityrate）的变动，在本原上，是由妇女生育子女生理的能力—生育力—决定的。但是在一般情况下，妇女的实际生育水平达不到生育力的上限，这可从妇女的终身生育率、总和生育率、一般生育率、年龄别生育率等看得出来。发生这一情况，一方面有人类自身的原因，特别是妇女自身有无妨碍生育的疾病，体质的强弱，以及环境等的因素的影响；另一方面随着经济、科技、社会的发展和进步，避孕药具的大量生产和质量的不断提高，使人们愿意生育子女数量的选择成为轻而易举的事情，开辟了通向自己决定生育子女数量的自由道路。正因为这样，才在经历了第二次世界大战后的一段小小生育高潮之后，迎来世界生育率长期、缓慢、持续下降的过程。这一过程反映的本质，是人们逐渐由追求孩子的数量，转变到追求孩子的质量。关于中国 20 世纪 70 年代以来的生育率和出生率下降，人们可以随口说出：这是经济发展、社会进步的结果。不是吗？社会经济发展越快、达到水平越高的国家，生育率和出生率下降就越快，有些已经实现零增长或负增长；相反，低收入国家至今仍处于高出生、高增长阶段，世界人口的继续增长，主要是发展中国家特别是低收入国家人口过快增长的结果。然而，为什么经济发达国家人口出生率和增长率很低，忧虑的是人口老龄化、人口和劳动力不足问题；而经济不发达的发展中国家尤其是低收入国家，人口出生率和增长率长期居高不下，忧虑的是人口和劳动力过剩呢？显然，从经济、科技、社会发展水平到生育水平、人口变动之间，有着一根连接的链条，这个连接的链条就是孩子的成本—效益理论及其实践。阐述和寻求中国生育率下降之路，需要研究和借鉴这一理论，特别在改革开放市场经济体制基本建立之后，应合理借鉴这一理论，结合中国实际探索和发展这一理论。坚持实践—理论—实践认识论发展路线，不断改革创新，这对 21 世纪中国人口政策研究和人口发展战略研究，有着现实的意义。

　　人口与社会经济发展之间的关系，是经济学等研究中很早引为重视的交叉学科之一。从古典学派威廉·配第（William Petty）的《赋税论》，至庸俗经济学马尔萨斯（Thomas Robert Malthus）的《人口原理》，都对人口与经济之间的关系做过许多阐述。马克思和恩格斯则对当时的一些相关研究做出不同的评价，阐述了人口与经济之间"两种生产"的唯物辩证关系。然而受到时代的限制，特别受到缺少生育率长期持续下降实践的时代限制，不可能做出生育率下降以后更深入一步的分析。历史推进到 19 世纪末 20 世纪初，一些发达国家率先实现了生育率下降，迎来一次死亡率下降之后生育率长期下降的新的生育革命，为人口科学发展提供了新的实践，西方人口学尤其是人口经济学蓬勃发展起来，创立了新的学说。主要是关于生育率、死亡率、人口迁移、人口转变、家庭、适度人口以及社会学派、数理学派的人口学说。人口增长经济理论，主要有英国经济学家凯恩斯（J. M. Keynes，1883—1946），分析资本需求取决于人口、生活水平和资本技术三因素，人口增长率下降会导致资本有效需求不足和经济危机。美国经济学家汉森（A. H. Hansen）等人，将经济的停滞归结为人口增长的停滞，人口和劳动力的变动成为决定经济增长的直接因素。发展经济学家刘易斯（W. A. Lewis）、库兹涅茨（S. Kuznets）、舒尔兹（T. W. Schultz）等，都十分重视人口变动对经济成长的影响。然而在上述研究中，人口与经济发展的宏观研究居多，微观相对不足。有的研究，如马尔萨斯人口论、适度人口论，主要限于宏观；有的研究，主要立足宏观，如人口转变理论和人口增长理论；有的同时涉及宏观和微观，如库兹涅茨、舒尔兹等的研究。大致的情况是，20世纪50年代以前关于人口与经济发展之间关系的研究，主要侧重在宏观方面，微观方面的研究有限；50年代以后，人口与经济发展微观方面的研究得到加强，某些研究取得突破性进展。在这诸多学说中，生育率学说占有突出地位。这是因为，一方面由人口学本身的特点所决定，生育是人口再生产的起点，比起死亡率变动等其他因素说来，对人口规模和结构变动更具有决定性作用；另一方面生育率变动紧紧同经济、科技、社会发展联系在一起，更充分地展现出人口学的边缘学科性质。经济、社会、数理学科的发展大大促进了生育率问题的研究，提出了新的理论框架和运行模型。20世纪马歇尔（A. Marshall，1842—1924）《经济学原理》一书的出版，在阐述生产费用和边际费用时，确立了均衡价格理论及其均衡分析方法；兰德里（A. Landry，1874—1956）和汤普森（Warren Thompson，1887—1973）在创立人口转变理论时，已将生育率转变同社会发展联系起来，这对后来的生育率微观分析产生较大的影响。不过，其中理论体系比较完整、影响比较大的，还是孩子成本—效益理论。主要代表人物和学术观点，有如下述：

1. 莱宾斯坦（H. Leibenstein，1922—　）的孩子成本—效益理论

莱宾斯坦早年就读于美国西北大学，后在普林斯顿大学获博士学位，20世纪60年代后期在哈佛大学任经济学教授，兼人口学研究客座教授。他的孩子成本—效益理论，主要体现在50年代发表的《经济—人口发展理论》和《经济落后与经济增长》，70年代发表的《超经济人》和《超经济人：经济学、政治学和人口问题》等论著中。其基本的理论观点和框架结构是：

家庭规模的确定由父母对生育子女的选择完成，而对子女生育与否的选择取决于该孩子预期的成本与效益的比较。孩子成本可分作两部分：直

接成本，即从母亲怀孕到将孩子抚养成长到生活自立时为止，在孩子身上所花费的衣、食、住、行、医疗、教育、婚姻等的费用，亦即花费在孩子身上的直接的货币支出；间接成本，即母亲因怀孕、妊娠和哺乳期间损失的工资，父母主要是母亲，因照看孩子耗费掉时间而丧失受教育、获取更有利于工作的岗位、升迁晋级等机会而损失的收入。亦即因抚育孩子花费时间而失去的带来收入的机会，因而又称之为机会成本。它是一种与直接成本货币支出不同，表现为时间支出的间接成本。

显然，家庭和父母要生育某个孩子付出一定成本必不可免，但这不能构成生育的动机，生育的动机在于从孩子那里取得预期的效益。莱宾斯坦从六个方面，阐明了孩子可能提供的预期效益：

一为劳动——经济效益。孩子经过少年阶段之后成长为劳动力，可为父母和家庭提供劳务，或者从事一定的职业劳动为家庭直接提供经济收入。

二为养老——保险效益。在经济不够发达国度，由于社会保障事业不发达，老年经济保障和生活服务不得不在颇大程度上依赖子女，子女天然具有老年保障潜在功能。

三为消费——享乐效益。孩子作为"耐用消费品"，具有满足父母感情和精神上需要的功能，可以给父母家庭带来天伦之乐。

四为承担家业兴衰的风险效益。孩子不仅一般地具有劳动—经济效益，而且该预期效益大小同未来家庭经济风险相关联。一般说来，孩子预期效益越大，承担风险的能力就越强；孩子预期效益越小，承担风险的能力就越弱。

五为维系家庭地位的效益。大多数发展中国家，父母将家庭的繁荣昌盛同生儿育女"多子多福"联系起来，包括继承父母遗产，长期将家庭地位维持下去并使家业得以扩大；也包括承担家族和社会的义务，使家庭在这类活动中占有应有的地位。

六为家庭安全保卫的效益。立足于众多家庭之林，一个家庭人丁兴旺、人口众多，是一个带有基础性的条件。家庭人口和子女多一些，这个家庭安全保障的系数就高一些；相反家庭人口和子女少一些，这个家庭安全保障的系数就低一些。孩子对家庭安全保障有一种接续和扩展效应，从发展上看，随着子女的多少而增减是必然的。

莱宾斯坦指出，孩子的成本同收入成正相关关系，直接成本随着收入增加而上升十分明显，间接成本或机会成本也因时间的价值增值而上升。孩子的效益呢？除消费—享乐效益变动不够明朗，与社会经济发展相关程度不高外，其余均呈大致下降的趋势。特别是边际孩子的劳动—经济效益呈下降的趋势：随着经济的发展和家庭收入的增加，技术的不断进步，孩子质量特别是受教育程度的提高，养育边际孩子的成本特别是质量成本大大提高了，相对而言，边际孩子提供给父母家庭的劳动—经济效益下降了。边际孩子提供给父母家庭的养老—保险效益呈下降趋势：由于经济的发展和收入的增加，社会和家庭储蓄增加了，社会能够举办包括老年保障在内的更多的福利事业，建立起比较完备的老年社会保障体系；劳动者也有条件在退休之前，拿出一部分积蓄作为老年保险。在实践中，这种社会的和家庭的保险往往结合在一起，形成社会与家庭互相补充的养老保障制度和养老保障体系，使孩子的养老—保险效益相形见绌，呈下降趋势。其他如继承家业兴衰的风险效益、维系家庭地位的效益和家庭安全保卫的效益等，也都程度不同地呈下降的趋势。莱宾斯坦还考察了家庭类型中核心家庭的比例上升、人口城市化、死亡率下降、妇女受教育程度的提高、父母对男孩子性别偏好的减退、传统观念的淡化、各种避孕药具的推广使用等社会因素在生育率下降中的作用，总体上是有利于孩子提供给父母家庭的效益减少和走弱趋势的；不过最基本的因素，还是经济发展的决定性作用。他依据每户的平均收入划分成不同层次的社会经济群体，总的结论是，发展中国家正由农业型向工业型转变，孩子的直接成本和间接成本随着这种转变而上升。除孩子消费—享乐效益外，其他效益随着这种转变而下降，尤其是劳动—经济效益和养老—保险效益下降最为显著。

2. 贝克尔（Gary S. Becker, 1930—　）的孩子数量与质量替代理论

G. S. 贝克尔在莱宾斯坦研究的基础上，向前发展了孩子成本—效益理论，建立起孩子数量与质量相互替代的理论。贝克尔就读于美国普林斯顿大学，后获芝加哥大学经济学博士并长期任教，与著名经济学家 M. 弗里德曼、T. 舒尔茨等一起构成颇有影响的芝加哥经济学派。他应用经济学理论和方法研究人口问题，成为独具一格的人力资本专家。20 世纪 60

年代初发表《生育率的经济分析》、《人力资本》等著作，80年代以来又发表了《家庭论》等著作，阐述了他对生育率经济分析的系统理论。他将家庭劳动力置于市场之中，运用消费需求理论阐述家庭生育决策，做出了创新性研究。

贝克尔的孩子数量与质量替代理论和替代模型，建立在消费需求理论基础之上。为此，他将消费需求中的一些观点和分析方法引入进来，主要是：

"无差异曲线"论。所谓"无差异曲线"，是西方经济学的一种理论分析方法，意指两组商品 X 和 Y 的不同数量组合，对消费者提供的效用是相对的。当一种商品 X 数量增加时，另一种商品 Y 的数量随之减少，无差异曲线呈现出一条向右下方倾斜凸向原点的曲线。

商品的互补和替代理论。无差异曲线上的两组商品 X 和 Y 在使用价值上存在着互补性，并且可以通过一组商品数量的增加，替代另一组商品数量的减少。如商品 Y 价格上涨而需求减少，就要求商品 X 的相应增加进行补充和替代。这种替代数量上的比例关系，就是边际替代率。

消费者均衡理论。即在商品价格和消费者收入一定条件下，消费者购买商品 X 与商品 Y 组合的最大效用、最佳消费行为或适度消费行为，称为消费者均衡。事实上，无论怎样的消费者均衡，均要受到家庭消费能力的制约，客观上存在一条消费者限制线。无差异曲线与消费者限制线相切之点，能够满足效用最大化的要求，即消费者均衡之点。

贝克尔及芝加哥学派，应用上述经济学理论探讨家庭对孩子的需求的突出贡献，一是提出孩子净成本概念，二是论证了孩子效用的最大化，并将其与孩子数量与质量替代理论联系在一起。

贝克尔提出并论证了孩子净成本概念。它等于家庭为某孩子预期支付的直接成本加上父母时间间接成本（通过影子价格），减去孩子提供的预期收入现值和劳务的现值。贝克尔以18岁作为抚养和孩子走向社会的分界年龄，在此期间以内为支付孩子成本期，以后则为孩子提供效益期。当然，这个年龄的确定不是绝对的，因不同国度和同一国度的不同时期、不同地域而有所不同。贝克尔指出，若孩子的净成本为正值，说明孩子对家庭父母提供的效益不足以补偿付出的成本，这样的孩子对父母说来只相当于一般的耐用消费品，父母从孩子那里取得的是心理上的效益。若孩子的净成本为负值，说明孩子对家庭父母能够提供追加的大于成本的效益，这样的孩子对父母说来是相当于耐用生产品，能够带来价值增值。

论证孩子效用最大化和孩子数量与质量替代的理论，是贝克尔及芝加哥学派的一个创新。莱宾斯坦侧重考察边际孩子的效用，贝克尔则进一步研究了孩子效用最大化问题。如以孩子作为一类耐用消费品，其他商品作为另一类消费品，π_n 代表孩子数量价格，π_z 代表单位商品价格，N 代表孩子数，Z 代表商品单位数，Y 为家庭总收入，则家庭预算限制线表示如下关系：

$$Y = \pi_n \times N + \pi_z \times Z$$

不过这里 N 仅指孩子的数量，抽象掉了用于孩子医疗、健康、教育等方面孩子质量成本的差别。如考虑到这种差别，以 U 代表家庭获得的效用，N 代表孩子的数量，Q 代表孩子的质量，Z 代表其他商品，则家庭效用函数可表示为：

$$U = u\ (N,\ Q,\ Z_1,\ \cdots,\ Z_n)$$

将以上两式联系起来，首先可以看出孩子的相对价格效应：孩子相对价格上升，对孩子数量需求减少；孩子相对价格下降，则对孩子数量需求增加。其次可以看出，随着经济的发展和人均收入的增加，劳动力特别是女性劳动力的市场工资率明显上升了，而非市场活动时间的影子价格可以近似地等同于市场工资率，因而使得孩子相对价格上升。而随着农业现代化的推进，乡村儿童就学时间延长，也直接导至孩子相对价格的上升。尽管孩子作为耐用消费品在家庭收入增加时，用在孩子身上的数量成本和质量成本都可能增加；但是由于数量弹性小于质量弹性，人们的选择偏好更倾向于孩子的质量，发生以高质量取代多数量的替代关系。而使这种替代成为现实的决定因素，是避孕技术的引入，它使人们按照自己的意愿进行生育成为可能。不仅如此，在家庭收入一定的条件下，孩子数量与质量还是一种负相关关系。家庭为了追逐效用最大化，自然选择以增加孩子质量成本替代数量成本，因而才有随着经济发展和收入增加而来的生育率的大幅度下降。

3. 伊斯特林（R. A. Easterlin）的供给需求理论

莱宾斯坦和贝克尔等主要从家庭对孩子的需求角度，运用成本—效益理论，阐述人们的生育行为和生育子女的数量。美国南加州大学 R. A. 伊斯特林教授在这样的分析基础上，加进孩子的供给和生育控制成本两个变量，发展成为生育决策的供给—需求理论。伊斯特林关于孩子需求变量的定义没有什么特殊之处，即不考虑其他变量的影响，父母期望的存活子女数。关于孩子的供给变量，是指不受外来因素影响条件下父母生育子女数，决定于父母的自然生育率和子女的存活率。关于生育控制的成本变量，包括因采用控制手段而付出的经济成本；同时包括因采取节育措施，克服精神障碍而付出的心理成本。在不考虑生育控制成本的情况下，若孩子的供给小于对孩子的需求，如农业社会那样，不发生生育控制要求；若孩子的供给大于对孩子的需求，便发生生育控制的要求。有了控制生育的要求，伊斯特林指出生育控制成本的影响是一个值得重视的变量。他认为，发达国家生育控制成本已趋于零，而婴儿和儿童死亡率大大下降后，亦即由于子女存活率的提高而加大了孩子的供给，使节育普及，生育率保持相当低的水平。相反，发展中国家生育控制成本一般相对较高，婴儿和儿童死亡率也较高。即由于子女存活率相对较低而减少孩子的供给，节育的普及程度也要差一些，生育率常常居高不下，尤其是经济和文化发展水平很低的国家和地区。

4. 考德维尔（J. C. Caldwell）的财富流理论

澳大利亚国立大学著名人口学家考德威尔教授，在吸收上述孩子成本—效益学说基础上，通过考察不同类型社会父母与子女财富的流向和流量，提出"代际财富流"理论。考德威尔所说的财富不仅包括货币和财产，而且包括提供劳动和服务，这在代际之间是不可忽视的。为了说明问题的实质，考德威尔提出净财富流概念，即父母与子女之间财富净流向和净流量。分析表明，在工业化以前的传统社会，由于养育孩子成本低廉，但是却具有明显的劳动—经济效益、养老—保险效益等，因此净财富主要是由子女流向父母。而在工业化以来的现代社会，由于必须把孩子培养成为有一定文化和专业技能的劳动力才能就业，父母对孩子投资主要是对子女的教育投资大量增加，期望以此能从子女那里获得相应的效益；然而商品和市场经济发展的结果，孩子的独立性大为增强，家庭规模日益缩小，使得净财富主要由父母流向子女。于是人们的选择偏好，便由追求孩子的数量转向追求孩子的质量，导致生育率下降。

伊斯特林和考德威尔向前发展了莱宾斯坦和贝克尔的孩子成本—效益理论。有人认为伊斯特林否定了贝克尔的理论，其实不然，无论伊斯特林还是考德维尔，尽管他们研究问题的出发点和角度不同，纳入视野范畴宽窄有别，得出的结论自然呈现某种差异；但其基本的理论框架，都离不开生产某边际孩子所花费的成本的变动趋势，即孩子成本随着家庭收入增加、技术进步和社会发展而提高的趋势。亦即家庭规模和生育率，怎样受到收入效应、价格效应、替代效应等的制约。所以可将他们的生育率理论归结到孩子成本—效益理论这一主线上来，是从不同的视角对这一理论做出的阐释。

二　来自抽样调查的启示

孩子成本—效益理论，从本源上揭示了人口再生产和生育率随着社会经济发展变动的规律，给制定人口政策提供了一个可供选择的理论思路。但是要应用到实践中去，必须清楚实际情况怎样，这就需要做出深入一些的调查研究。20世纪80年代末90年代初，在联合国人口基金援华第三周期即将开始之际，根据中国政府和联合国人口基金达成的CPR/90/P06协议，由中国社科院人口研究所牵头并协调河北省社科院人口研究中心、辽宁省计生委、上海市社科院人口研究所、杭州大学人口研究所、山东省社科院人口研究所、江西省社科院人口研究室、广东省社科院人口研究所和省统计局城市调查队、陕西省社科院人口研究所、四川省社科院人口研究室、贵州省社科院经济研究所等单位，于1992年上半年进行并完成上述10省市家庭经济与生育的抽样调查，取得第一手数据资料。依据这次抽样调查取得的结果，对中国家庭经济与生育、孩子成本—效益变动等，做出理论与实践相结合的分析和研究，推出抽样调查数据汇总资料、研究报告和专著。

(一) 抽样调查与抽样方案

中国1992年家庭经济与生育调查抽样方案设计，分作五个层次：

第一个层次，抽样总体设计。根据课题所要突破的重点，排除少数民族比较集中的内蒙古、新疆、西藏、青海、海南5个省、自治区，其余25个省、自治区、直辖市（除边远的少数民族自治州以外）为抽样总体，总户数为283 339 184户（1991年）；再除去城市郊区户，因为市的抽样不包括农业户；实际总体样本为223 908 687户。

第二层次，分层和聚类。调查分市、镇、发达县和不发达县4个层面，市调查非农业人口，镇调查非农业人口，发达县和不发达县调查农业人口。为保证4个层面的相对集中，以方便调查，先将25个省、自治区、直辖市，按照1991年人均国民收入、农业人均收入、城市人均消费、农村人均消费、城市人口比例、总和生育率（TFR）、妇女识字率7项指标聚合为5类：高发达类，北京、上海、天津、辽宁；次发达类，广东、江苏、福建；一般发达类，黑龙江、吉林、山东、山西；较不发达类，河北、湖北、湖南、四川、陕西；不发达类，安徽、江西、河南、广西、贵州、云南、甘肃、宁夏。在抽中的省、区、市内，同时进行4个层面的抽样。

第三层次，多阶段抽样。采用多阶段分层不等概率抽样方法。第一阶段在分类基础上抽取省级样本，按人口数比例不等概率不放回抽样方法，抽取2个省或市：发达类上海、辽宁，次发达类广东、浙江，一般发达类山东、吉林，较不发达类四川、陕西，不发达类江西、贵州。由于吉林不能参加调查，改换聚类比较接近且可以进行抽样调查的河北。第二阶段在10个样本省市内用 πPS 方法各抽取2个市，2个发达县，2个不发达县，并按随机抽样原则在4个县政府所在地抽2个镇。第三阶段在抽中的样本市、县中，按人口数成比例的不等概率放回抽样（PPS）方法抽取街道、乡镇。第四阶段仍用PPS方法，在样本街道、乡镇中抽取居委会、村委会。第五阶段在样本居委会、村委会中，抽取调查户。

第四层次，样本量分配。为满足课题设计要求，考虑到10省市之间的可比性，每省、直辖市抽样调查样本定为1400户，其中市500户，镇

300 户，发达县 300 户，不发达县 300 户。为便于省市自行进行加权处理，采用 πPS 和 PPS 方法时，按等分配样本。居委会、村委会抽取样本数为 20—30 调查户。

第五层次，二相调查。为提高问卷回答率，对抽中但因某种原因不能圆满回答问卷内容户，不作调查，而改作二相调查。即先在居委会、村委会中做整群调查，统计出满足调查要求的抽户数比例；然后在满足调查要求的家庭户中，抽取样本户。如此逐级推加上去，构成市、省、全国调查分析的总体。从实践看，由于各地方案设计充分考虑到抽样调查基本要求，二相调查所占比例很小。

本调查为多阶段复杂抽样，不能简单代入计算公式求其精确度。就设计效果而言，deff 等于复杂抽样实际方差与相同样本量下采用简单随机抽样方差之比。经验数据多阶段抽样的设计效果为 2 至 3，故采用简单随机抽样公式来计算精度。以本次抽样调查性别为例的计算结果，省内市和镇、县推论值精确度分别在 80% 和 75% 左右，省、直辖市一级在 92% 左右，全国在 98% 左右，自下而上代表性逐级提升。[1]

（二）家庭经济与生育水平

家庭是以婚姻、血缘或收养关系为纽带而组成的社会细胞单位，支撑这种社会细胞运动需要经济的力量，因而只要有家庭，就有家庭经济行为发生，家庭经济与家庭形影相伴。如何区分不同历史条件下的家庭经济类型，是一个有待深入研究的课题。笔者提出，可以粗略的划分成生产型家庭经济和非生产型家庭经济两类。生产型家庭经济必需拥有一定的生产资料，从事现实的生产活动，还要考虑到生产与交换、分配、消费之间的关系，有一定的营销机制。中国封建社会男耕女织的自给自足的家庭自然经济，改革开放以来农村以家庭为单位的联产承包责任制经济，城市以家庭为单位的个体经济等，均属于这一类。非生产型家庭经济，顾名思义，家

---

[1] 参见《中国1992年家庭经济与生育10省市抽样调查报告》，载田雪原主编，胡伟略、刘启明副主编《中国1992年家庭经济与生育10省市抽样调查资料》，中国经济出版社1995年版，第2—4页。该抽样方案设计主要由课题组成员高嘉陵副研究员完成。

庭本身为非生产单位，一般不占有生产资料，家庭经济来源以工资收入为主，家庭经济活动具有显著消费型特征。然而无论哪种类型，一个健全家庭的经济活动需要具备两个最起码的条件：一是有正常的收入，支持家庭的正常经济生活；二是主要家庭成员从事一定的职业劳动，无论是生产型家庭的劳动，还是非生产型家庭的劳动。中国1992年10省市家庭经济与生育抽样调查表明，这两个条件情况怎样，同生育水平有着密切的关系。

按照孩子成本—效益理论，人均收入作为家庭经济的主要指标，对生育有着莫大的作用和影响。虽然具体说对生育的作用和影响的程度尚有争论，较有影响的是所谓"临界点"论：当人均收入未达到该"临界点"时，人均收入增加对生育起刺激的作用，会引起生育率升高；当超过这一"临界点"时，会起抑制作用，引起生育率下降。对此，中国1992年10省市家庭经济与生育抽样调查结果显示，总体上家庭人均收入同生育率高低成反比，看不出明显的"临界点"及其内外的差别。即人均月收入越低，平均生育子女数量越多，初婚和怀孕时间越早；人均收入越高，平均生育子女数量越少，初婚和怀孕时间越晚。全国加权汇总的情况参见表1：

表1　　　　　　　1992年中国家庭人均月收入与妇女生育状况

人均月收入（元）	已生育子女数（个）	初婚年龄（岁）	怀孕年龄（岁）
121（平均值）	2.13	22.05	23.15
0—25	2.64	21.39	22.65
26—50	2.55	21.16	22.17
51—75	2.43	21.34	22.39
76—100	2.14	22.09	23.25
101—200	1.91	22.79	23.88
201—300	1.95	22.76	23.99
301—400	18.4	22.09	23.01
401—500	15.9	21.74	22.72
501以上	19.3	22.79	23.57

资料来源：参见《中国1992年家庭经济与生育10省市抽样调查资料》第4页。本文引用的1992年家庭经济、生育、孩子成本、孩子效益数据，除另加说明外，均引自该抽样调查资料。

人均收入水平是反映家庭经济的一项综合性指标，但不是唯一的指标。家庭主要成员从事的职业性质，就业于何种产业，既反映家庭经济产业类别，也是影响生育率变动比较敏感的指标。10省市抽样调查表明，在专业技术人员、科以上干部、生产运输工人、办事人员、商饮服务人员、个体劳动者、农林牧渔劳动者和其他劳动者8项职业分类中，计划外和多胎生育主要集中在农林牧渔劳动者一项。全国加权汇总被调查15岁以上男性人口职业构成，农林牧渔者占46.1%，但是在生育1男孩后又生育第2个孩子的所占比例却高达70.2%，比平均水平高出24.1个百分点；其余各类人员除其他劳动者基本持平外，均有不同程度的降低，尤以科以上干部下降2.6个百分点为下降幅度最大。计划生育和多胎生育集中在农林牧渔劳动者家庭，表现出农村特别是经济比较落后的农村收入和技术构成低，边际孩子成本较低和效益相对较高的现实。因此，说计划生育是"天下第一难"的工作，主要是农村这部分人的工作难做，是中国控制人口增长和开展计划生育工作的难点和重点所在。对此，本文后面还将做出进一步的分析。

（三）孩子成本与结构

莱宾斯坦将孩子成本分作直接成本和间接成本，其中间接成本主要表现为父母特别是母亲因抚育孩子耗费时间而丧失受教育、晋升或获得有利岗位而损失的收入的机会，故又称作机会成本，它是可以通过影子价格进行计算的间接的货币支出[①]。贝克尔将孩子的不变成本视为数量成本，可变成本视为质量成本，揭示出随着经济、科技、社会的发展，发生家庭由投入孩子数量成本向质量成本转移，生育率随之下降的一般规律。中国1992年家庭经济与生育抽样调查提供了比较完整的数据资料，家庭经济与孩子成本结构之间的关系，阐发如下：

1. 不同家庭经济收入与构成的孩子成本比较。孩子成本是家庭在生产孩子过程中的投入，包括货币投入和劳务时间投入，即直接成本和间接成

---

① 影子价格：对没有市场价格的产品或服务、劳务的一种替代性估价。这里指父母在养育孩子上面花费的时间，它可以通过相应的市场活动时间进行估量。

本。既然如此，它就同投入能力——经济收入水平和收入构成密切相关。中国1992年10省市家庭经济与生育抽样调查加权汇总资料显示，按农村家庭人均月收入划分的不在学分居（参军、分家、出嫁等）子女的直接货币成本，同家庭人均收入成正比例增长。如该年度加权汇总的月收入处于平均水平的农村家庭，孩子直接成本为229元。家庭人均月收入76—100元，孩子直接成本为144元，为平均水平的62.9%；家庭人均月收入301—400元，孩子直接成本上升到620元，为平均水平的271.0%；家庭人均月收入500元以上，孩子直接成本上升到1247元，为平均水平的544.5%。间接时间成本则无一定规律，一般情况下同平均水平接近。该调查还显示，孩子成本同收入来源构成也有一定关系，有非农业收入孩子直接成本平均为319元，为总平均水平的139.3%；无非农业收入的孩子直接成本平均为189元，为总平均水平的82.5%。间接成本则相反，无非农业收入比有非农业收入家庭的孩子间接成本高出40%以上。

2. 孩子质量成本比较。贝克尔的孩子可变成本或质量成本，主要包括用于孩子医疗健康方面的支出和用于教育方面的智力投资，而后者是最主要的。孩子质量成本能否随着收入的增加而相应增加，即家庭由投入孩子数量成本向质量成本转移，是决定生育率能否继续下降的关键。从调查情况看，用在孩子教育上面的质量成本偏差显著，特别是孩子直接成本偏差很大，间接成本变动不是很大，而且没有固定的规律可寻。加权汇总的全国农村在学分居子女平均直接货币成本，小学为575元，初中为677元，高中为901元，中专为969元，大专为1289元，大学为878元，研究生为503元。偏差比较，初中比小学增加不多，高中和中专比初中大幅增加，大专占据峰值；大学比大专下降许多，研究生比大学又下降许多。表面看来是一种奇怪现象，其内理在于从家庭教育成本考察，中专和大专有相当大一部分自费生，故支出大幅度增加；大学和研究生因设置奖学金和助学金，故家庭支出反而减少了。农村在校学生子女家庭教育成本这种结构性起伏变动，给我们以启示：小学升初中家庭阻力较小，升高中和中专困难最大；读完高中升大学阻力也不大，高中教育是农村攻克的难点。

3. 不同年龄和性别的孩子成本比较。由于孩子成长过程中的需要不同，家庭对孩子性别偏好不同，致使不同年龄和性别的孩子成本呈现一定偏差。从抽样调查情况看，不在学子女直接货币成本偏差较小，在学偏差较大，受孩子教育成本影响显著；间接时间成本除婴儿相差较多外，进入学龄则相差不多。孩子成本在性别上表现的偏差，男性普遍高于女性。如全国加权汇总农村不在学分居孩子直接货币成本平均为229元，男性为237元，女性为207元；在学分居子女平均为867元，男性为871元，女性为859元。间接时间成本不在学分居子女平均为11天，男性为12天，女性为10天；在学分居子女平均为15天，男性为20天，女性为11天。从总体上观察，无论是孩子直接成本或货币成本，还是间接成本或时间成本，男性均高于女性，存在一定的性别偏差，反映出家庭的性别偏好；同时也不难发现，孩子成本的性别偏差值和家庭的性别偏好程度正日益变小，有些已相当接近，从子女培养开始的男女平等意识，正越来越多地渗透到家庭细胞。

4. 孩子成本变动趋势。上述诸孩子成本偏差调查是对调查者"快照"及时记录的结果，它反映着当前孩子总体成本水平和结构的不同侧面。然而随着经济的发展，技术的进步，家庭传统观念的更新，孩子成本在不断发生变动，预期孩子成本是一个重要的变量，对未来的生育变动有着直接的影响。10省市抽样调查充分注意到这一点，从多角度取得影响预期孩子成本的数据。从这些数据资料的分析中，看出未来的孩子成本主要是直接货币成本变动的基本趋势。

其一，养育孩子周期延长的趋势。全国加权汇总数据表明，家庭养育子女周期回答在19岁以下的占15.0%，19—24岁的占65.2%，25岁以上的占16.8%，养育子女至19岁以上成为多数家庭的选择。

其二，用于提高孩子教育质量的成本呈上升趋势。全国加权汇总按将子女培养到小学、初中、高中、中专、大专、大学、研究生和不要求8个层次，所占比例依次为12.4%、5.0%、18.8%、18.4%、9.8%、6.9%、25.7%和3.0%，比例最高为培养到研究生毕业，其次为高中，再次为中专。这说明，虽然20世纪90年代初期存在着脑体分配不尽合理，白领收入偏低从而影响到部分家庭人口智力投资的积极性，出现大量中小学生辍学流失现象；但是人们仍然望子成龙心情迫切，期望子女受到包括研究生在内的高等教育；次一点儿的，也要受到高中、中等专业职业教育。这给实现由投入孩子数量不变成本向质量可变成本转移，奠定了坚实的基础。

其三，孩子完全自立趋势。最明确的调查反馈回来的信息，有两种意识比较强烈：一是立业意识，二是成家意识。全国加权汇总数据表明，在家庭预期将孩子养育到有劳动能力、参加社会就业、不考虑三个层次中，回答比例依次为18.9%、37.3%、43.9%，人们已不满足于将子女培养到有劳动能力的低标准，而要培养到子女找到合适的劳动岗位时为止；在预期将孩子养育到订婚、结婚、生孩子、更长时间和不考虑五个层次中，回答比例依次为24.6%、2.0%、59.6%、4.4%和9.5%，绝大多数要将子女养育到结婚后生儿育女，其次要养育到订婚；而养育到结婚、更长时间和不考虑三者所占比例均比较低。

（四）孩子效益与结构

中国1992年家庭经济与生育10省市抽样调查孩子效益部分，基本上按照莱宾斯坦和贝克尔关于孩子效益的理论和分类，结合中国实际，在调查问卷中列出6个方面的效益。这6个方面效益的定义性解释是：

一为劳动——经济效益。定义为：孩子成长为劳动力后，作为家庭成员为家庭从事一定的劳务，或从事一定的职业劳动为家庭提供的经济收入。

二为养老——保险效益。定义为：父母达到老年后，孩子赡养父母提供的照料性劳务、养老性财物和经济赡养资助的效益。

三为消费——享乐效益。定义为：孩子作为"耐用消费品"具有的物质商品没有的精神属性，可为父母和家庭提供"天伦之乐"的效益。

四为延续——扩展效益。定义为：孩子作为家庭承上启下具有的传宗接代的效益，以及扩展家族影响的功能和效益。

五为继承——风险效益。定义为：孩子作为代际相传继承父母遗产，并由孩子基本素质决定的下一代家业兴衰，承担发展风险的效益。

六为安全——保卫效益。定义为：孩子作为家庭成员具有的增强家庭保卫能力，增强家庭安全的效益。

本次抽样调查设计了囊括上述诸种效益的调查问卷，取得一批比较完整的数据。其中最为突出和与当前人口政策关系最为密切的孩子效益的几个问题情况如下：

1. 孩子效益构成。全国加权汇总各种孩子效益所占比例，分别是：能够提供劳动——经济效益，主要是能够向家庭提供经济收入的占 17.6%；能够提供养老——保险效益的，占 20.5%；能够提供精神——享乐效益的，占 24.2%；能够提供延续——扩展效益的，占 15.5%；能够提供继承——风险效益的，占 8.5%；能够提供安全——保卫效益的，占 13.9%。6 种效益中，以能够提供精神——享乐效益和养老——保险效益所占比例为高，二者均超过 20%。这表明，20 世纪 90 年代初期，孩子提供的效益还具有典型发展中国家特征。

2. 家庭收入效应。在全部孩子效益中，虽然孩子提供的劳动——经济效益，主要是为家庭提供劳务和经济收入不及精神——享乐效益和养老——保险效益，但仅次于二者而居于第三位，成为家庭经济收入来源之一，在农村尤为突出。全国加权汇总的农村不在学分居子女提供的家庭经济效益中，年平均提供 47 元对应的是月收入在 25 元以下家庭，提供 90 元对应的是 51—100 元家庭，提供 215 元对应的是 101—200 元家庭，提供 196 元对应的是 201—300 元家庭，提供 348 元对应的是 301—400 元家庭。总的趋势是子女提供的经济效益越高，对应的家庭收入也越高。在孩子提供效益来源结构上，同孩子成本有类似情况，即有非农收入比无非农收入要高，本调查平均高出 90 元；不同性别孩子提供的效益比较，男性要高出女性 46 元，差别比较明显。

3. 职业结构效应。抽样调查表明，不同职业孩子提供给家庭的效益具有较大差别。如全国加权汇总的农村不在学分居子女向家庭提供的经济收入效益，最多为商饮服务业，年平均提供 260 元；其次为个体劳动者，年平均提供 216 元；再往下科技人员提供 140 元，办事人员提供 125 元，干部仅提供 50 元。究其原因，固然同孩子收入水平和提供的能力有关，也与孩子自身消费水平相连，以致于收入水平不高的农林牧渔劳动者，却能够向父母家庭提供较多的经济收入效益。

(五) 孩子净成本与孩子智力投资

调查和分析边际孩子成本—效益变动的目的,是为了找出家庭在进行生育决策时的动机,谋求改革的方略。这就需要将调查得来的孩子成本与孩子效益数据放到一起分析,运用贝克尔提出的孩子净成本理论方法。前已叙及,贝克尔的孩子净成本,等于家庭为某个边际孩子预期支付的直接货币成本,加上父母耗费的间接成本(时间,通过影子价格),减去该边际孩子提供的预期收入现值和劳务的现值。若净成本为正值,则该边际孩子仅相当于一般的一件耐用消费品,家庭只能从该孩子身上获得心理上的效益;若净成本为负值,则该边际孩子可相当于一件耐用生产品,可为家庭带来价值增值。这样,家庭便可根据边际孩子净成本预估,进行生育决策选择。由于10省市抽样调查边际孩子间接时间成本与可提供的劳务性效益比较接近,故在边际孩子成本—效益比较进行净成本计算时,舍去了时间成本—效益这一层。结果显示,在城市,孩子净成本为正值已经很明显;在农村,也开始了孩子净成本由负值向正值的转变。例如,1991年全国农村分居子女家庭平均向子女提供139元,子女平均向家庭提供148元,净成本为负9元。这说明,孩子能够为家庭提供的劳动——经济效益,已经降到很低的程度。

值得提出的是,该调查全国加权汇总资料表明,农村不在学分居子女中,职业为农林牧渔者,仅以当年家庭支付的直接货币成本与该子女提供给家庭的货币收入效益相比较,效益高于成本即净成本为负50元。这说明,在农村不在学分居子女净成本为负值仍有一定空间。为什么呢?因为农林牧渔业技术构成低,因而将孩子培养成这种劳动力花费的成本也比较低;又因为技术构成同吸收劳动者的弹性成反比,技术构成越低吸收劳动者弹性越大,发挥效益越早、越显著,从而形成孩子净成本的反差。这种不利反差对生育构成足够的刺激,成为经济技术落后并以经营农林牧渔为本业地区,生育率居高不下的内在原因。改变这种状况的根本途径是发展经济,推动技术进步。一方面,经济发展起来和技术构成提高以后,对劳动者文化和技术水平的要求提高了,家庭收入的增加主要不是依靠劳动者数量而是依靠其质量,遂使边际孩子对家庭的劳动——经济效益下降;同时经济发展和劳动生产率的提高导致社会财富的增多，国家和社会有能力举办更多养老保障事业，劳动者个人和家庭也有条件为养老而储蓄，边际孩子的养老——保险效益也大大下降了。其他如孩子继承家业兴衰的风险效益等，也有不同程度的下降。另一方面，发展经济带动技术进步，技术进步推动经济发展，使家庭明确意识到只有对孩子进行必要的智力投资才能有效益，于是孩子成本主要是用在教育上面的质量成本，上升相当迅速。孩子成本—效益如此一升一降，促使家庭由投入孩子的数量成本向质量成本转移，生育模式相应由多生多育过渡到少生优育优教，生育率持续下降。迄今为止，发达国家经历的经济发展和生育率下降的轨迹，充分说明了这一点。中国改革开放以来经济发展和技术进步达到水平较高地区的成功实践，也证明了这一点。因此，发展经济是通向生育率下降的坦途，已是被中外实践证明了的普遍规律。

这样说，并不等于让经济发展"自然而然"地解决人口问题。由于中国人口多、资源相对不足、经济发展水平不够高等基本国情决定，中国人口问题特别是人口数量控制问题的解决，不允许仅仅依靠发展经济"基础解决"，而需要采取"平行作业"的策略。即在大力发展经济，不断为生育率下降创造良好基础条件的同时，认真贯彻计划生育基本国策，运用行政的、经济的、立法的等手段切实控制人口增长。立足于孩子净成本变动视角，就是要大力推进由边际孩子净成本为负值向为正值方向的转变。《中国1992年家庭经济与生育10省市抽样调查报告》依据20世纪90年代初期的实际情况，提出调整脑体分配，鼓励智力投资的建议。当时流传着"拿手术刀不如拿剃头刀"、"教授的笔杆赶不上小商小贩的秤杆"一类分配不公或"脑体倒挂"现象。这不仅对国民经济发展和现代化建设产生不利影响，而且对控制人口增长、实现孩子净成本由负值向正值转变十分不利。该抽样调查表明，全国加权汇总的农村分居子女按受教育程度划分，与家庭经济往来中，文盲和半文盲净成本为负9元，小学为负20元，初中为负48元，高中为正78元，大专以上为正227元。按照考德威尔的"代际财富流"理论，出现了初中以前净成本为负值，高中以后净成本为正值的情况，表明家庭在孩子身上智力投资越多，财富越是由父母流向子女的反常现象。这是严重妨碍生育率下降的不利倾斜，扭转这一倾斜要有一个大的政策：遵循复杂劳动是简单劳动倍加的原则，真正实现按劳取酬，提高脑力劳动所得，确保家庭用在孩子身上的教育质量成本能够带来相应或追加的经济效益。诱导人们的选择偏好，由追求孩子的数量转变到追求孩子的质量，由投入孩子的数量成本转变到质量成本。

三 "孩子社会附加成本—效益"理论创新

西方孩子成本—效益理论之所以能够比较科学地解释发达国家的生育率下降，是因为这些国家生育下降过程中有两个基本的前提：一是社会的经济体制和结构，为自由竞争的市场经济。这使得西方经济学家庭消费限制线、无差异曲线、消费者均衡理论等的实际运用，具备所需的必要条件，从而影响着人们的生育行为和家庭的生育决策；二是家庭生育行为和生育决策纯属家庭的自主行为，没有或很少受到来自社会外在力量的干扰，即很少有政府干预生育的政策出台。然而第二次世界大战后，发展中国家政府干预生育行为的政策越来越明显，许多国家制定了旨在控制人口增长的计划生育政策，并且取得一定成效。这就给西方孩子成本—效益理论出了一道难题，这些经济尚不发达国家的生育率下降难以由这一理论做出有说服力的解释。中国就是这样的典型。1971—1981年，总和生育率由5.44下降到2.63，下降幅度达51.7%，即10年间下降一半有余，这在世界人口史上实为不多见。在此期间国民经济和人均收入有所提高，按当年物价计算的人均国民收入由247元增加到396元，增长60.3%；扣除物价上涨因素影响后，实际增长46.2%，增长不很高。[①] 显然，由经济发展处于从饥馑型向温饱型过渡的低水平所决定，家庭孩子成本—效益处在净成本为负值阶段，从总体上看，多生育孩子还有着明显的效益，不可能发生有利于生育率下降的倾斜。1981—1991年，按当年价格计算的人均国民收入由396元提高到1401元，增长2.5倍；按可比价格计算增长1.1倍[②]，为此前40多年来经济和人均国民收入增长最快的10年。在人口方面，总

---

① 资料来源：《中国统计年鉴1986》，中国统计出版社1986年版，第53页。
② 资料来源：《中国统计年鉴1992》，中国统计出版社1992年版，第32—33页。

和生育率仅由 2.63 下降到 2.01，下降幅度为 23.6%，与人均国民收入的增长显得不够协调。国内外对中国生育率下降做出种种不同阐释：有的认为是社会经济发展的必然结果，与现行的生育政策没有多大关系；有的认为，既同社会经济发展有着必然的联系，也同现行的生育政策有着一定的关系，是二者交互作用的结果；较多的人认为，虽然改革开放以来中国经济获得迅速发展，但是总体发展水平还不够高，不足以引起生育率下降如此之快，达到的水平如此之低，因而主要是实施了较为严格的控制人口增长政策的结果。也有个别人由此引申到"人权"上去，认为中国没有发生孩子净成本为正值的条件，因而生育率下降主要是靠着行政强迫命令，剥夺人权中生育权的结果。

这是认识和理论上的误区。走出这一误区，需要将人口政策同孩子成本—效益理论联系起来，通过对人口政策的具体分析看其怎样影响着孩子成本—效益的变动。这就需要新的理论及结合具体实践具有说服力的分析，这就是笔者提出的"孩子社会附加成本—效益"新论。之所以称之为新论，是突破已有的西方微观人口经济学孩子成本—效益理论局限，即突破仅就家庭范畴的孩子成本—效益局限，从社会因素——主要是政策因素，引起边际孩子成本—效益变动的实践中，抽象出来的新的思维、概念和理论。概述如下：

"孩子社会附加成本—效益"概念，可以定义为按照一定的社会规范特别是生育政策规范，因超过或不足生育子女数量而增加或减少的孩子成本与效益。它相对个体家庭来说，增加的是超过生育政策规定的孩子成本，或者符合政策规定的孩子的效益；减少的是政策规定范围内生育的孩子成本，或者超过生育政策规定的孩子的效益。就当今世界现状而言，主要是前一种以控制人口增长为目的的人口政策，后一种鼓励人口增长为目的的人口政策有限，且引起的成本与效益的变动也不显著。不过在概念和理论的完整性上，后一种情况是不可忽略的，是构成孩子社会附加成本—效益不可或缺的组成部分。

结合中国实际，对旨在以控制人口增长为目的的孩子社会附加成本—效益，做出下述阐发和分析：

纵观中国实行以控制人口增长为目的的孩子社会附加成本—效益，包括减少按政策规定计划内生育子女特别是独生子女成本、增加其效益，增加按政策规定计划外子女成本、减少其效益两方面的内容。减少或增加的成本，又可分成直接的经济成本和间接的精神成本或心理成本；增加或减少的效益，亦可分成直接的经济效益和间接的精神效益或心理效益。

孩子社会附加成本—效益中直接的经济成本，是指按照生育政策生育子女数量规定，增加或减少家庭支付某孩子的货币成本和其他实物成本现值。例如，中国提倡一对夫妇生育一个孩子，一些经济发达地区实行了独生子女入托、入学、医疗等的减免政策，直接减少了家庭对孩子支付的经济成本。各地按照规定，对计划外生育子女父母征收一定数额的计划外生育费，直接增加了该孩子的经济成本。

孩子社会附加成本—效益中间接的精神成本或心理成本，是指按照生育政策能够生育子女数量规定，增加或减少父母因生育某边际孩子带来的精神上或心理上的成本。如计划外生育除向该超生子女父母收取一定数额的计划外生育费外，还要进行批评教育，情节严重者要作一定的行政处理，使超生子女父母承受一定的名誉损失，为该超生子女付出更多一些的精神成本或心理成本。

孩子社会附加成本—效益中直接的经济效益，是指按照生育政策生育子女数量规定，增加或减少某边际孩子提供给家庭的货币或实物收入现值。例如，目前普遍实行的每月5—10元的独生子女奖励费，从领取"独生子女光荣证"之日起至14岁止，即可享受此项待遇，直接增加了独生子女的经济效益。近年来，一些地区实行的对独生子女和计划内生育子女家庭养老保险，即对独生子女和计划内生育子女父母达到老年后，按月或按年领取相应的养老保险金，确保这些计划生育家庭父母平安度过晚年，起到良好的效果。又如，有些地方实行的超生计划外生育子女在户口农转非、就业等方面的滞后政策，即在同等条件下优先解决独生子女和计划内生育子女，使得该计划外生育子女可能提供家庭的经济效益受到某种影响。

孩子社会附加成本—效益中间接的精神效益或心理效益，是指按照生育政策生育子女数量规定，增加或减少某边际孩子提供家庭在精神上或心理上的价值。例如，对独生子女颁发"独生子女光荣证"，一些单位还通过多种形式进行表彰和奖励，使独生子女及其父母能够充分享受到响应政府控制人口增长号召做出贡献而获得的一种荣誉，产生足够大的精神上的效益。对计划外生育父母进行批评教育，使他（她）们认识不执行国家计划生育政策的错误，承担相应的责任。

孩子社会附加成本—效益中的直接经济成本和间接精神成本或心理成本，直接经济效益和间接精神效益或心理效益，是互相补充的并且也是可以计算的。一般地说，生育政策可以仅有直接经济成本单项规定，或者间接精神成本单项条款，或者直接经济成本与间接精神成本相结合的规定或条款；以及直接经济成本、间接精神成本、直接经济效益、间接精神效益多项组合的规定或条款。试以下两例说明它们之间的替代关系：

［例一］某地区控制人口增长的生育政策总成本为 Ct，直接经济成本为 Ce，间接精神成本为 Cm，则：

$$Ct = Ce + Cm$$

现假定该地区生育政策规定独生女户可生育第二个孩子，但无论哪种情况都不允许生育第三个孩子。如生育第三个孩子，则征收计划外生育费2000元，且对超生子女父母进行批评教育，并给予一定行政处理。经过随机抽样调查，计算出增加的直接经济成本即2000元的计划外生育费，占到放弃生育第三个孩子全部生育政策成本的40%，另外60%为间接精神成本或心理成本。这说明，人们不再生育第三个孩子的经济损失与名誉损失为"四六开"，精神成本是主要的。如此：

$$Cm = Ct - Ce = 3000（元）$$

［例二］假定某地区奖励一对夫妇生育一个孩子政策的总效益为 Bt，以独生子女奖励费为主要形式的直接经济效益为 Be，发给"独生子女光荣证"等表彰的间接精神效益或心理效益 Bm，则：

$$Bt = Be + Bm$$

经过科学调查，该地区因为放弃生育第二个孩子而获得每月10元独生子女奖励费，14年共获得1680元，在人们心理上的效应仅占1/5的分量；其余4/5主要是响应国家控制人口增长号召，以实际行动为贯彻落实计划生育基本国策作贡献，即精神上或心理上获得的效益。如此：

$$Bm = Bt - Be = 6720（元）$$

以上两例说明，精神成本和精神效益的计算并非从生育政策本身能够得到的量值，它的取得，是通过具体时点具体政策在人们精神上或心理上引起的效应，用科学调查的方法取得的。显然，这种间接的精神成本、精神效益在不同的时间和空间跨度，会有较大的差异。其估算，具有"影子成本"和"影子效益"的性质。①

四 "孩子社会附加成本—效益"改革思路

（一）理论阐释

孩子社会附加成本—效益理论的提出和阐发，为人口政策运用利益调节手段提供了新的理论支持。将上述孩子社会附加成本—效益并入上述公式之中，如以 Cd 代表生产某边际孩子的直接成本，Ci 代表边际孩子的间接成本，仍以 Ce 代表边际孩子社会附加直接经济成本，Cm 代表间接精神成本或心理成本；Bt 代表该边际孩子的劳动——经济效益、养老——保险效益等全部主要效益，并仍以 Be 代表该边际孩子生育政策直接经济效益，Bm 代表间接精神效益或心理效益，则该边际孩子总净成本 Cn 为下式：

$$Cn = Cd + Ci + Ce + Cm - Bt - Be - Bm$$

由该公式看出，这里提出的边际孩子总净成本概念同 G.S. 贝克尔的孩子净成本有所不同，贝克尔的净成本不包括孩子社会附加成本—效益部分。这里的孩子的总净成本，是在贝克尔净成本概念基础上，再加上由于生育政策原因引起的直接经济成本、间接精神或心理成本的变动，直接经济效益、间接精神或心理效益的现值。如此，上式在中国现实人口政策中，有着两方面的意义：

首先，如果人口政策以解决人口和劳动力过剩为主要目的，如 30 多年来中国提倡一对夫妇生育一个孩子那样，就要使该孩子总净成本变为负

---

① 笔者参照经济学"影子价格"定义，将孩子影子成本和孩子影子效益，定义为估算生育政策间接精神成本或心理成本，间接精神效益或心理效益的一种方法。这种间接的精神成本或精神效益，本无明确的市场标价，但可通过科学调查，找出其与生育政策直接经济成本、直接经济效益所占份额的比例，从而计算出相应的成本或效益价值量。

值，并且要尽量增大负值的绝对值量。而要使 $Cn<0$，则：

$$(Cd + Ci + Ce + Cm - Bt - Be - Bm) < 0$$

$$(Cd + Ci + Ce + Cm) < (Bt + Be + Bm)$$

结合中国实际，确保不等式成立并增大不等式绝对值，加大独生子女直接成本—效益调节分量，可以有下列考虑：

一是保证 $(Ce + Cm) < 0$。提倡一对夫妇生育一个孩子，不存在独生子女社会附加直接经济成本、社会附加间接精神成本或心理成本问题，亦即 $(Ce + Cm) = 0$ 不成问题；但使之变成负数以减少独生子女总净成本，则要采取相应的措施。一些地方对独生子女入托、入学、医疗等实行优先的政策，相比之下，使独生子女社会附加直接经济成本变为负值；同时因为减少了父母为此而奔波的时间，也使该独生子女间接社会附加精神成本或心理成本变为负值。现在的问题是，这样的规定有待规范化，更需要强有力的法律保障和管理运行机制，保证 $(Ce + Cm) < 0$ 在实践中得到贯彻落实。

二是有效增大 Be 和 Bm 的量值。作为独生子女奖励出现的孩子社会直接经济效益 Be，是每月 5 至 10 元的独生子女奖励费。改革的方向，是继续适当增大其量值，以补偿因不再生育损失的效益。但是许多地方受到经济发展和收入水平不高的限制，增大 Be 值有难度，需要广开门路。近来，有的地方在这方面已有所突破。对此，笔者曾主持过一项科研项目，在四川省做过带有试验性质的改革，在后面案例分析中还要加以阐述。

增大 Bm 值各地有不少办法，首先，除在独生子女和计划内生育子女家庭强化宣传和精神效应外，还在同等条件下对独生子女招工、就业、就学、户口农转非等实行优先和优待政策，起到一定的作用。现在的问题是，一是 Bm 值需要增大到能够明显见到效益的程度，否则不能达到应有的作用；二是要合情合理，要为当地群众所乐于接受。

其次，如果以违反生育政策计划外生育的边际该孩子为对象，例如违反政策规定生育第二个孩子，就要尽量增大该孩子总净成本值，使 $Cn > 0$，即：

$$(Cd + Ci + Ce + Cm - Bt - Be - Bm) > 0$$

$$(Cd + Ci + Ce + Cm) > (Bt + Be + Bm)$$

结合中国实际，确保不等式成立并增大不等式绝对值，加大计划外生育子女直接成本—效益调节分量，可有下列考虑：

一为增加计划外生育子女社会附加直接经济成本 Ce 和间接精神成本 Cm，使不等式成立并增大其绝对值。增大直接经济成本 Ce，主要体现在征收计划外超生子女费上面，着力解决"有钱不怕罚"，"花几千元买一个议价儿值得"；"无钱罚不怕"，反正缴纳不出罚款，由你罚去好了的问题。因此 Ce 值的确定并非越大越好，而是要适度：既能有效地增大计划外生育子女成本，又能使绝大多数计划外生育者负担得起。早在1989年，中国社会科学院人口研究所人口政策研究课题组就曾提出，征收计划外生育子女费款额，以大体上相当于当地年人均收入水平为宜，时间征收至计划外生育子女14岁止，同奖励独生子女年限取齐。由于各地人均收入水平相差较大，不要搞全国"一刀切"，由省、自治区、直辖市根据地区差别具体制定。现在看来，这一办法是比较切合实际和可行的。关于增大超生子女社会附加间接精神成本或心理成本 Cm，各地实施办法颇多，要在认真总结经验基础上，使之制度化。原则应是既要起到抑制计划外生育的作用，又要合情合理，符合法律规范。

二为减少计划外生育子女社会附加直接经济效益 Be 和间接精神效益或心理效益 Bm。主要是在相同情况下，对计划外生育子女就业、农村责任田分配等实行滞后政策。所谓相同情况下，主要指计划外生育生子女与计划内生育子女在身体素质、文化素质等处在同一水平线上，离开这一点搞滞后政策是不利于发展，也是不利于人口问题的最终解决的。

三为增大计划外生育子女一般的直接成本 Cd 和间接成本 Ci，减少其对父母的一般效益 Bt。所谓一般的成本—效益，即西方微观人口经济学中的孩子成本与效益。前已述及，实现这一成本—效益的转变，在于经济的发展水平以及由此决定的生育观念的转变。就利益导向而论，关键是真正实施复杂劳动是简单劳动倍加的按劳分配原则，确保个人和家庭用在教育上面的人口智力投资能够带来相应和追加的效益。只有从根本上解决脑力劳动与体力劳动的合理分配，才能诱导家庭由投入孩子的数量成本向质量成本转移，生育偏好由追求孩子数量向追求孩子质量转移，生育观念由多生多育向少生、优生、优育、优教转变。

上述由孩子总净成本公式引发，通过调节孩子成本—效益促使生育率下降的思路，满足了公式理论完整性上的要求。然而这些思路不是平列的，当前尤应引为重视的是：在市场经济条件下，孩子直接成本—效益特别是生育政策中直接的经济成本—效益，其地位和作用呈增强的趋势；在过去 30 多年生育率大幅度下降过程中，孩子间接成本—效益尤其是孩子社会附加间接的精神或心理的成本—效益，通过以行政手段为主的卓有成效的运用，其作用得到充分地发挥。虽然当前仍要继续坚持行之有效的一套办法，但是就发展趋势而言，其地位和作用的强度不可避免地呈减弱之势。因此，上述思路中增大独生子女社会附加直接经济效益 Be，增大计划外生育子女社会附加直接经济成本 Ce，包括效益支付方式和成本征收方式的改革，是关键之所在。不过这两个"增大"都离不开一个共同的基础，即经济的发展、技术的不断进步和家庭人均收入的提高，促使家庭由投入孩子数量成本向质量成本转移。虽然就全国而论这个基础既有刺激人口增长的一面，又有抑制人口增长的一面，正处在由以刺激为主向以抑制为主的转变阶段；但是由于市场经济体制的确立，企业和商品竞争背后是人才的竞争，科技的竞争，驱动人口智力投资的杠杆正被强有力地拉动起来。在改革开放和经济比较发达的地区，已经涌现出一批由投入孩子数量成本向质量成本转移，集少生、优生、优育、优教于一体的典型。这是全面解决中国人口与发展问题最终希望之所在，是使孩子成本—效益转变到有利于生育率下降的治本的方略之所在。我们理应运用孩子社会附加成本—效益理论，加大政策调节的分量，加快这一转变的进程。

（二）改革探索

1980 年中央决策提倡一对夫妇生育一个孩子，其结果必然加剧人口年龄结构老龄化进程，第一位的问题，是相当数量家庭的老年人口赡养受到威胁，如何妥善地解决老有所养，是座谈会后长期缭绕人们心头的重要问题。在实践中，各地不断探索解决养老的新路子，有不少经验。就笔者亲身所做的努力和所进行的研究，主要有两项探索：

其一，进行全国老年人口抽样调查，摸清中国老年人口现状、问题和解决的思路。为了弄清提倡一对夫妇生育一个孩子，生育率持续下降后人口老龄化发展趋势、特点和问题，妥善解决老有所养等老龄问题，笔者承担并主持"七五"国家社科重点项目"中国老年人口调查和老年社会保障研究"，得到党和国家领导人宋平、李铁映等同志的指导，中国社会科学院梅益等领导同志的指导和支持，在国家统计局城乡调查队的具体协助下，完成中国1987年60岁以上老年人口抽样调查。这是中国老年人口史上规模最大、项目最多、对全国以及省一级有较好代表性的抽样调查，取得第一手完整系统的抽样调查资料，完成《中国1987年60岁以上老年人口抽样调查报告》，《中国老年人口》、《中国老年人口经济》、《中国老年人口社会》三部专著，并公开出版了《中国1987年60岁以上老年人口抽样调查资料》，提供给政府和学术界参考使用。有了如此规模的全国老年人口抽样调查，首先将中国老年人口现状分为老年人口年龄、性别和文化构成，老年人口的婚姻和生育，老年人口家庭规模和类型，老年人口收入和经济地位，老年人口就业和职业，老年人口供养和医疗，老年人口健康和生活料理八个方面，做出分析和概括。其次，阐发了未来人口老龄化发展趋势，归结为人口老龄化的速度比较快，达到的水平比较高，城乡和地区分布不平衡的特点。在此基础上，对如何解决中国的老年人口问题，特别在生育率下降和老龄化日益严重的情况下最棘手的老年人口赡养问题，提出改革的思路和建议。即建立"三位一体"养老保障体系：积极发展社会供养，继续提倡家庭子女供养，适当组织老年劳动自养，实行社养、家养、自养互相结合、互相补充，集"三养"于一体的养老保障体系。不过"三养"一体的结构性养老保障体系，每一部分的分量是不一样的：社养是"积极发展"，家养是"继续提倡"，自养是"适当组织"。为什么呢？笔者依据中国1987年60岁以上老年人口抽样调查提供的数据资料，分别做出的阐释是：

积极发展社会供养。从人口再生产角度讲，老年是人生的最后阶段，是在度过少年和成年时期之后，退出劳动年龄进入需要照料和供养的特殊阶段。从社会角度讲，除伤残等丧失劳动能力之外的老年人口，均在成年时期为经济和社会的发展贡献了全部的体力和脑力，是社会财富积累的创造者，老年退休后，理应得到社会的供养和照料。这里有一个"谁养活谁"的问题。1986年中国老年学学会成立时，这个问题曾引起颇大争论：

老年人口退休后领取的离退休金，是他（她）们在成年时期创造的积累中的一部分，还是下一代成年人口的劳动创造？经过讨论，基本上统一了认识，老年人口的离退休金，主要是他（她）们在成年时期劳动积累中的一部分。生老病死是正常人口再生产必经的过程，社会必须对老年人口负起供养的责任，积极发展社会供养是大势所趋。结合我国实际，一是要不断扩大养老社会保障覆盖面，逐步实现包括城乡老年在内的全方位社会保障；二是要随着经济的发展，适当提高老年保障水平，尽可能地避免和延缓老年贫困化的发生。从实践上看，随着经济的发展和社会的进步，发达国家普遍实行了全方位的社会养老保险制度，他们应对人口老龄化冲击最主要的办法，就是实行全方位的社会保障。我国也要这样做，只是由于中国社会经济不够发达，走的路子会有自己的某些特点而已。

实际上，不管我们意识到与否，中国已经走在社会养老保障的路上。自1949年中华人民共和国成立以来，老年社会保障事业有了很大发展，受保险的人数逐年增加，保险金额增长很快。1978年与1987年相比较，全国支付的离休、退休、退职职工保险福利费用总额由17.3亿元猛增到238.4亿元，9年时间增长12.8倍。[①] 今后还要继续增长，根据预测，90年代城镇退休职工人数每年将增加200万左右，2000年至2030年每年将增加300万以上。如按现行制度，2000年国家支付的退休金总额将为1985年的3倍，2030年将为2000年的8倍，退休金总额占工资总额将超过25%警戒线，国家财政难以负担。同时，现行退休金制度由于退休金由各单位分别支付，不利于较老企业的技术进步，不利于个人为养老而进行储蓄和国家资金积累，不利于缩小老年收入的城乡差别，不利于解除无子女或少子女老年人口的后顾之忧，因而不利于人口控制，必须进行改革。改革的方向，是打破由国家和全民所有制单位完全包下来的办法，建立由国家、企业和劳动者本人共同筹集老年基金的制度。可以考虑，每个劳动者从他们参加工作时起或者从30岁算起，每月交纳一定数量的保险金，企业交纳同等或略多一些的保险金，国家财政投入同等或略少一些的保险金，共同作为老年基金。老年基金由国家有关保险公司或委托银行直接管

---

① 资料来源：《中国统计年鉴1988》，中国统计出版社1988年版，第203页。

理，专款专用，保证在退休时能领取足额的退休金（田雪原，1989）。这是当时提出的建议，20多年来的实践证明是可行的，当前老年社会保障事业正向着全覆盖、城乡一体化的方向发展。

继续提倡子女供养。在西方国家，由于实行了全方位的老年社会保障，家庭小型化和老年独立化倾向为大势所趋，因而不仅出现老年医疗、饮食起居等生活照料方面的问题，而且发生老年人心理老化、精神老化方面的问题，身边缺少子女照顾。20世纪80年代后期，西方国家老年人与子女一起同住的家庭，美国占25%，英国占33%，丹麦占18%左右；唯有日本所占比例较高，达到近80%，具有鲜明的东方特色。中国素有尊老、敬老、爱老、养老优秀传统，1987年老年人口抽样调查提供的资料，老年人与子女同住家庭占到83%。我们要吸取西方国家老年人缺少子女照顾正反两方面的经验，坚持继续提倡子女供养，提倡多数老年人居家养老。

为什么要"继续提倡"呢？一方面，基于我国社会经济发展水平不高，社会保障水平不高，亦即"未富先老"的客观现实，当前和今后一个时期家庭子女赡养是不可缺少的，需要继续发挥家庭养老保障功能。否则，社会养老保障尚未达到应有的水平，家庭子女养老功能却领先丧失，就会造成部分老年家庭无人赡养的真空地带，那是必须避免的。另一方面，随着商品经济的发展和商品意识的增强，交换价值升值，感情色彩一类的东西贬值，子女不愿意赡养老年父母一代的年轻人在增多，家庭养老功能出现弱化趋势。还要看到，由于老年社会保障事业的不断向前发展，人口预期寿命的延长和来自老年人自身劳动收入的增加，也促使家庭小型化向纵深发展，老年夫妇家庭和老年独居家庭不断增加，老年家庭出现不同程度的西方化趋势。所有这些表明，当前和今后相当长一段时间内，必须继续提倡家庭子女供养，继续发挥其应有的赡养功能。20多年的实践证明，家庭赡养弱化推进较快，家庭小型化趋势加速，后面还将提及，老年空巢家庭目前已达28%左右。

适当组织老年劳动自养。1987年抽样调查汇总数据表明，多数中国老年人口有愿意继续从事力所能及劳动的习惯，应当组织开发好老年人力资源，把他们看成中国有一定潜力的人力资源的一部分；但是，由于中国的人口问题本属人口和劳动力过剩性质，在相当长时间内社会劳动力处于供大于求状态，安排每年新增人口就业压力已经很大，老年人口再就业，原则上不应同青年人争夺劳动力市场，而应当走适合老年人体力、精力、专业性质的路子，如社区服务、驻车场、门卫、图书馆、环境保护一类的工作和劳动。显然，这类工作和劳动，一是数量有限，吸纳的老年就业者有限；二是只能吸纳年轻一些的体质健康的老年人，工作的时间也比较短暂。因此，老年人继续从事力所能及的劳动，在整个养老保障体系中的作用是有限的。服从中国人口和社会经济发展战略要求，只能适当组织，把握好参与社会劳动的总量和结构。

其二，四川省的改革试验。如果将控制人口增长、提倡一对夫妇生育一个孩子，视为人口再生产的"进口"，那么"出口"就是老年人口，核心是解决好老年人口的赡养问题。要是对这个"出口"把握不好，同样会影响到人口和生育政策的实施效果，甚至难以推行下去。这就要求将人口再生产的两头有机地联系起来，在解决"进口"的同时，必须妥善地解决"出口"问题。笔者经历了1980年中央座谈会定下的提倡一对夫妇生育一个孩子的决策过程，知道"进口"是怎样决定下来的。座谈会曾经涉及人口老龄化，但是没有展开，因而解决这个"出口"问题一直悬在心头。主持"中国老年人口调查和老年社会保障改革研究"课题，对此有了进一步的思考，将"进口"与"出口"联系起来，在加大微观利益调节方面寻求新的突破。中国社会科学院《要报》总第64期和第78期，刊载了笔者的思考建议，主要观点如下：

一是概括了改革开放对人口控制机制的双重影响。一方面，改革开放步伐的加快大大解放了生产力，推动国民经济高速发展，为实现人口再生产由高出生、低死亡、高增长向低出生、低死亡、低增长类型的转变打下基础，创造有利于人口控制的经济和社会条件。这一点在现今改革开放和经济、科技、社会发展水平较高的城市和少数农村，已初见端倪，出现若干不同类型的人口与经济、社会协调发展的典型。一些政策特别是政府转变职能等政策的出台，也给人口控制带来新的契机。另一方面，虽然改革开放为人口转变和人口控制铺平道路，但并不等于每一项改革措施都对人口转变和人口控制有利。例如80年代乡村联产承包责任制的普遍推行，城镇个体、私营经济的发展，使丧失已久的家庭生产功能得以恢复，增大了边际孩子的劳动——经济效益、养老——保险效益等，刺激了人们生育孩子尤其是生育男孩子的欲望，在特定条件下对人口控制产生不利影响。

二是对改革现行人口控制机制的建议。我国人口控制取得的卓著成绩，主要是认真贯彻计划生育基本国策，各级领导重视，以运用行政手段为主落实各项措施的结果。要是往前看，这种政策收紧的余地已经相当狭小，控制人口增长的任务仍很繁重。目前阶段，生育率的继续下降的动力，需要到影响人们生育行为自身内在因素变动中去寻找。人口经济学揭示，人们的生育行为和生育子女的数量，归根结蒂由利益调节驱动，受孩子成本—效益规律支配。因此，改革现行人口控制机制的基本立足点，应放在随着社会主义市场经济的发展，适当加大现行政策中利益调节的分量，逐步完成个人生育行为利益选择的转变和控制手段由以行政为主向以利益调节为主的过渡。从现实情况出发，提出几点建议：

第一，在落实独生子女奖励基础上，开展独生子女的"两全"保险及其父母的养老保险，有效增大独生子女的效益。办法是，将每月10元（有的地方5元）的独生子女奖励金，转为伤残和伤亡"两全"保险，如果14岁内发生伤亡，可按投保合同领取较高一笔保险赔偿金。多数子女无伤亡，自然转入其父母养老保险基金，退休后可按年或按月领取养老金。据此计算，若独生子女0岁（父母25岁）开始领取独生子女奖励金并以10%的年平均增长率增值，14年后可增至3357元；再过21年到其父母60岁退休时，可增至24843元，届时年增值可达2484元，月平均可得207元，基本上解决农村独生子女父母的生活费来源问题。

第二，统一超生子女罚款，严格征收和管理制度，提高超生子女成本。目前，各地对超生子女罚款和管理不够统一，不能很好地起到抑制超生的作用。因此，超生罚款原则的确定，应以能够影响和改变人们的生育行为和生育数量，同时又以超生家庭负担得起为界限。具体可考虑，超生一个孩子的罚款额规定在大体上相当于当地人均收入水平，同奖励年限一样连罚14年。具体办法可由省一级政府，依据当地不同经济发展情况分类制定标准，由计生委协同政法、税务、民政等部门实施。

第三，协调有关政策，形成同奖罚相一致的配套办法。对独生子女奖励和对超生罚款是基础，为了提高奖罚效果，还需要其他有关政策的协调一致，改变当前某些政策互相冲突、抵销的不利状况。对独生子女，可在入托、上学、医疗、城市住房分配、乡村到乡镇企业就业和户口农转非等方面实行优先政策，以求进一步增大其效益；对超生子女则可在上述诸方面加以必要的限制，进一步削减其对父母的效益。要做到这些，也需要计划生育、民政、教育、卫生、劳动、公安等部门密切协作，建立起一套相应的政策法规和必要的综合管理机制。

第四，逐步改变脑体分配不尽合理的状况，促使人们由投入孩子的数量成本向质量成本的转移。这是涉及改革开放、人口控制和四化建设的一个根本性的问题。从总体和发展角度观察，改革开放的目的是为了解放生产力，推动技术进步，有利于由投入孩子吃、穿、用等数量成本向医疗，特别是教育等质量成本转移；从个体和特定时间、地点考察，在由过去封闭和半封闭状态转到市场经济迅猛发展的今天，则有可能出现某些不利于转移的情况，出现"教授的笔杆不如小贩的秤杆"、"花钱念书不如赚钱跑运输"等脑体分配不合理现象。这种现象严重妨碍着由孩子数量成本向质量成本的转移。一个时期以来，厌学之风抬头，中小学生流失较多值得引起重视。治本的方略，就是真正实现复杂劳动是简单劳动倍加的按劳分配原则，采取必要的向脑力劳动倾斜的政策，提高进行人口智力投资的积极性，使人们的选择偏好由追求孩子的数量转变到追求孩子的质量。20年的实践，这方面前进的步伐相当迅速，取得较好效果；然而，也出现了另一方面的问题。

通过上述强化利益导向改革措施的实施，逐乡做到谁少生孩子谁付出的成本少，得到的效益却比较多；谁多生孩子谁付出的成本多，得到的效益却并不多。久而久之，让人们更能从关心自己利益得失上权衡生育子女的数量，自动选择少生、优生、优教的道路。与此同时，人口控制部门及其运行机制，也就可以由现在的以行政管理为主，过渡到以协调有关部门依法履行各种奖罚及其配套机制正常运行等利益调节为主，改变目前某种程度上的被动局面，成为倍受欢迎的融管理、协调、服务于一体的新型机制。

中国社会科学院《要报》是反映重要研究成果，并且可以直送到中央领导同志手中的一份内部报告。笔者撰写的上述《要报》送出后，新华通讯社《国内动态清样》也选用刊载，受到领导同志的重视。时任中央政治局委员、四川省委书记的杨汝岱同志，在该研究报告上批示："把独生子女费作为独生子女父母的养老保险很好，今后独生子女费不发给个人，转为保险，一年办几件事。"按照批示精神，四川省计生委、四川省人寿保险公司、中国人民保险公司四川省分公司等研究决定，在全省城乡开办"独生子女双全保险"和"独生子女父母养老保险"，先在德阳、乐山、南充三个地级市试点。进行试点前，有关部门研究制订了《试行办法》。规定：凡出生满月的婴儿和未满14周岁的少年、儿童，身体健康、发育正常，能正常生活和学习，并办理了独生子女证的，均可由其父母或父母所在单位作为投保人，向寿险公司办理投保手续；从保险生效日起至14周岁生日当天的24时止为保险期，被保险人在保险有效期内，因疾病造成死亡或意外伤害事件而致死亡或残废，寿险公司按规定给付全部或部分保险金；满期给付时，可将独生子女双金保险金转作其父母的养老保险金。

试点开始后，各试点市县的领导非常重视这项工作。为了筹备保险费，他们按照《四川省计划生育条例》实行保险费和保险田的方法，将"以田变钱、以钱保险"作为农民独生子女保险费的主要来源，并采取个人出一点、集体补一点、企业拿一点的办法共同筹集。他们耐心向农民做思想工作，讲清开展这项保险的意义和做法。还给农民算了一笔经济账，一户农民如果每月交5元，1—14岁共交储金840元，期满时可给付1600元。这笔资金不但可提供独生子女在学业上继续深造的经济需要，也可为家庭办几件事情。如将这笔保险金转为其父母的养老保险金，独生子女父母在60岁后，每月可领取养老金120元，直到身故为止。身故时，还另有300元的丧葬费。农民群众说："现在保子女，今后保自己，党的政策好，晚年有依靠。"

据实施将近一年的统计，1989年德阳市所辖三县一市一区，一孩率超过80%，独生子女投保人数达到16.5万，占全部独生子女36.2万人的45.6%，占独生子女领证人数31.1万人的53.1%。德阳所辖广汉市试点开始后100天，全市独生子女投保53 100人，占该应投保人数的92.0%，受到普遍欢迎。通过开展"独生子女双全保险"和"独生子女父母养老保险",打消了独生子女户的后顾之忧,转变了人们的生育观念,推动了人口和生育政策的进一步落实。

(三) 农村部分计划生育家庭奖励扶助实践

国内外大同小异的人口预测表明,20世纪与21世纪之交,中国60岁以上老年人口比例达到10%,65岁以上老年人口比例达到7%,人口年龄结构步入老年型。适应人口年龄结构变动的这一新的态势,重点解决农村部分计划生育家庭养老的实际困难,建立和完善人口和计划生育利益导向有效机制,引导农民自觉实行计划生育,促进农村人口与经济、社会的协调发展,从2004年开始,按照党中央、国务院的决定和部署,国家人口计生委和财政部共同组织实施了农村部分计划生育家庭奖励扶助制度。对于中国人口政策说来,这是一项带有治本性质的重要改革,彰显了制度改革的威力。

目前这项改革的具体办法是农村只有一个孩子或两个女孩儿的计划生育家庭,夫妇年满60周岁,由中央和地方财政安排专项资金,按每人每年不低于600元标准进行直接奖励扶助。其目的就是通过国家政策性奖励扶助,对响应国家号召只生育一个孩子或两个女孩儿、现已进入老年的农村夫妻发放奖励扶助金,帮助他们解决生产和生活中的困难,确保老有所养。当年在5个西部省份和其他省份的10个地市,进行了首批试点。在取得初步成效的基础上,2005年进一步扩大了试点的范围,目前已普遍推广开来。奖励扶助的资金来源,按照"中央财政重点保证,地方财政适度配套"原则,分西部、中部、东部沿海三大板块,西部中央财政负担80%,中部中央财政负担50%,东部沿海除辽宁、山东、福建三省中央财政负担部分外,其余均由地方财政负担分配。截至2005年年底,全国累计有135万名实行计划生育、只有一个孩子或两个女孩儿、年满60周岁的老人享有了这项奖励扶助金。到目前为止,这项改革已在全国范围内普遍展开,收到显著成效。根据奖励扶助制度评估课题组提供的报告和笔者了解到的情况,这项政策取得的主要成效是:

其一,适时地解决了农村部分计划生育家庭的生活困难。从1980年国家正式号召生育一个孩子算起，第一批带头实行计划生育的农民已经临近或达到老年，他们舍小家顾大家，舍个人顾国家，牺牲了再生育一个孩子可能带来的种种效益，也因此给生产和生活带来不少的困难，这是不容回避的客观存在。据调查，有相当多的农村计划生育户收入处于较低水平，特别在中西部情况更为严重一些。实行部分奖励扶助政策，这些农村计划生育户夫妇每人每年领到600元以上奖扶金，恰似雪中送炭，不仅解决了购买柴、米、油、盐等生活必需品问题，而且可去医院看病和打针、买药了，大大提升了他们的晚年生活质量，在颇大的程度上解除了他们的老年后顾之忧。

其二，调动了广大农民群众实行计划生育的积极性。部分农村计划生育家庭奖励扶助政策的实施，卓有成效地补偿了因为少生育某边际孩子而损失的孩子劳动——经济效益、养老——保险效益等主要效益，人们真实地感受到一对夫妇生育一个孩子或两个女孩儿，经济上并不吃亏。这就将控制人口增长、实行计划生育同群众利益有机地联系起来，挂起钩来，使人们从关心自己家庭的利益得失上关心生育行为，极大地提高了广大农民群众实行计划生育的积极性。这项改革一出台，农民看到政府动真格的了，当年宣传计划生育时的许诺真的兑现了，于是纷纷自愿放弃生育第二个孩子的指标，申请领取独生子女光荣证。如云南省自试点工作开展以来，已有20多万对农村夫妇申请并办理了独生子女光荣证，超过过去20多年发放的农村独生子女光荣证总和。

其三，促进了人口政策利益导向机制的全面建设。大力控制人口增长、切实贯彻落实计划生育基本国策要寻求利益导向机制改革，是从一开始就提出并且在独生子女上学、就业等方面得到不同程度的兑现。但是，不同地区兑现的程度有很大差别，有些地方还没有兑现。从总体上观察，即使兑现的地方，力度也不够大，不足以左右人们的生育行为。农村部分计划生育家庭奖励扶助制度目标明确，标准简明，运行按资格认定、资金管理、资金发放、审计监督"四权分离"进行。即奖励扶助对象的资格认定，由人口计生部门负责，并建立起个人申报、村民评议、入户调查、逐级审核、三榜公示、确认回访的资格确认程序；资金管理由财政部门负责，实行专项支付、专账管理、资金封闭运行；资金发放由有资质的代理机构负责，按财政和人口计生部门最终确认的奖励扶助对象名单建立个人账户，以储蓄卡或邮政汇款等形式建立资金直接发放办法；社会监督由县以上监察或审计部门牵头，相关部门、社区和中介组织配合，实施全过程监督。相关部门各负其责，得尽其职，各个环节既相互衔接又相互制约，形成比较完整的操作规范，较好地克服了政策执行中的随意性，保证了政策执行的公平性、公正性、公开性，奖励资金能够安全迅速地发放到群众手中，博得广大农民群众的赞扬。各试点地区围绕奖励扶助制度，还从实际出发制定了相关的奖励优惠配套政策，促进了人口政策利益导向机制的全面建设。

农村部分计划生育家庭奖励扶助制度试点和全面实施，极大地彰显了人口政策的威力，受到人民群众的衷心拥护和欢迎。广大农民群众切身感受到，国家控制人口增长和实行计划生育是为了人民、对人民负责的一项政策，党和政府真心诚意为群众办实事、办好事，密切了党群关系、干群关系，意义深远。笔者对此盼望已久，如何补偿计划生育家庭因为少生孩子而损失的效益，特别是农村独生子女家庭的养老保障效益，是不容拖而不决的问题。运用孩子社会附加成本—效益理论指导实践，建立起同政策相适应的利益调节机制，是改革的方向。

参考文献

1. 彭松建主编：《西方人口经济学概论》，北京大学出版社 1987 年版。
2. 李竞能主编、吴国存副主编：《当代西方人口学说》，山西人民出版社 1992 年版。
3. 宋健、田雪原、于景元、李广元：《人口预测和人口控制》，人民出版社 1981 年版。
4. 《中国 1987 年 60 岁以上老年人口抽样调查资料》，《中国人口科学》专刊（1），1998 年 1 月。
5. 田雪原主编，沙吉才、杨子慧副主编：《中国老年人口》；田雪原主编，胡伟略副主编：《中国老年人口经济》；田雪原主编，熊郁、熊必俊副主编：《中国老年人口社会》；中国经济出版社 1991 年版。
6. 田雪原主编，钟勘、许改玲副主编：《独生子女与父母养老保险的理论与实践》，四川大学出版社 1992 年版。
7. 田雪原主编，胡伟略、刘启明副主编：《中国 1992 年家庭经济与生育 10 省市抽样调查资料》，中国经济出版社 1995 年版。

8. 田雪原主编，胡伟略副主编：《中国家庭经济与生育研究》，中国经济出版社1997年版。

9. 国家人口计生委、财政部：《农村部分计划生育家庭奖励扶助制度试点方案（试行）》，《中国人口报》2004年5月27日。

10. H. Leibenstein：*A Theory of Economic – Demographic Development*, Princeton University Press, 1954.

11. G. S. Becker：*An Economic Analysis of Fertility*, Princeton University Press, 1960.

12. R. A. Easterlin and E. M. Crimmins：*The Fertility Revolution：A Supply – Demand Analysis*, University of Chicago Press, 1985.

（本文最早发表于《中国人口年鉴1993》；《中国人口政策60年》，社会科学文献出版社2009年版，第五章"理论阐发——基于孩子成本—效益理论"做出进一步阐发，这里主要选择该文。）

"转变后"人口错综复杂

"转变后"人口,指生育率下降到更替水平以下,并将低生育水平至少保持在一个人口再生产周期左右的人口。"转变后"人口是由"三低"类型过渡到"后人口转变"必经的阶段,目前发达国家总体上已通过这一阶段,我国也已达到这一阶段的中后期。与一般意义的人口转变不同,"转变后"人口除人口数量、素质问题外,人口结构问题凸显是最大的特点,它标志着全面、统筹解决人口问题的时机已经到来。

一 概念——"转变后"人口涵义

自20世纪90年代以来,学术界先后有几位学者提出并论证了我国已经进入"后人口转变时期"。同时,也有学者对此提出质疑,担心弄不好可能造成某种误导。笔者以为,这是一个很好的学术讨论,既没有攻其一点不及其余的指责,也没有隐含在扣帽子、打棍子下面的人身攻击,而是通过学术切磋,取长补短,共同提高,达到促进研究深入的目的。它打破了多年来学术界有争论、却无深入讨论的尴尬局面,应当提倡。不过讨论一阵以后,似乎又停了下来,仍有不深不透之感,需要继续进行深入一步的研究。譬如,国际社会对于"转变后"人口和"后人口转变"是怎样研究和论述的,结合我国实际哪一个概念更为恰当,概念的内涵和外延是什么,界定的标准是什么,向着哪个方向转变等,都有待讨论清楚。意见不一致不要紧,要弄清一致点在哪里,分歧点在哪里,特别在实质性问题上有哪些异同,以便求同存异,去伪存真,推动研究的深入。要弄清或者弄不清也要将这些问题理出个头绪来,还不得不从一般的人口转变理论说起。

一般认为，1909年法国学者兰德里（Adolphe Landry）在"人口的三种理论"中，在对欧洲人口出生、死亡演变的历史考察中，发现并提出了带有规律性的人口变动，即人口转变（The demographic transition）。其后，美国学者汤普森（Warren. S. Thompson）突破欧洲考察局限，在更大一些的范围内做类似的研究，使人口转变具有了某些理论色彩。特别是诺特斯坦（Frank W. Notestein）提出"三阶段"的人口转变，使人口转变作为一种理论趋于成熟。布莱克（C. P. Black）则在此基础上提出"五阶段"人口转变，莱宾斯坦（Harvey Leibenstein）、柯尔（Ansley Coale）、考德维尔（John C. Caldwell）等做出更为广泛的考察和研究，有的将社会经济等因素引入其中，使这一理论处在不断深化和发展之中，至今也没有停止前进的步伐。虽然从这一理论提出时起就有不赞成声音存在，但是并没有止住这一理论的传播，各国各类人口学教材中，无不把人口转变理论作为人口学重要的理论纳入和传授。一致的共识是，人口转变理论是在总结欧洲18世纪末至19世纪上半叶人口变动基础上，抽象出由高出生、高死亡、低增长到低出生、低死亡、低增长演变的规律。但是在阐述上有所不同，一种是由高出生、高死亡、低增长转变到高出生、低死亡、高增长，再由高出生、低死亡、高增长转变到低出生、低死亡、低增长，即重点放在"转变"上，从"转变"角度阐述出生率和死亡率变动的规律。另一种是把"类型"与"转变"结合起来，主要从"类型"上区分"转变"的进程，总结出"三阶段"、"四阶段"、"五阶段"不同类型的人口变动规律。尽管从"转变"和从"类型"角度的阐发有所不同，但是都以高、高、低开端，都以低、低、低收尾，所不同的是对中间转变过程的阐述。还有一种以柯尔为代表的意见，认为高出生、高死亡、低增长，实为人口转变前的一种状态或类型；低出生、低死亡、低增长，实为人口转变后的一种状态或类型；由高、高、低向低、低、低的过渡或转变，才是真正"转变"意义上的人口转变。如果视转变中间只有一种类型，即转变到高出生、低死亡、高增长类型，则为人口转变"三阶段"论；如果视中间为两种、三种类型，即除高、低、高类型外，增加转变到较高出生、较低死亡、较高增长类型，或再增加较低出生、低死亡、较低增长类型，则为人口转变"四阶段"论和"五阶段"论。然而不论中间的转变过程怎样划分，人口转变的结果，都是要步入低、低、低阶段或类型，则取得一致的认识。人口转变最后达到"三低"阶段或类型，是研究"转变后"人口和"后人口转变"的前提和出发点。

"转变后"人口和"后人口转变"，国际社会早已提出并进行了一定的研究。究竟是谁最早提出这两个概念，由于缺乏足够的资料，难以断定。不过有文可查较早提出并做出一定阐释的，可以追溯到20世纪七八十年代。1973年柯尔在"人口转变的再思考"一文中，提出人口转变前、转变中与转变后"三阶段"论，已含有"转变后"人口意思，即进入"三低"类型以后的人口。20世纪80年代理查德·李特（Richard Leete）在考察东亚和南亚人口变动时，指出这些地区的人口变动已经进入"后人口转变"（The post – demographic transion）时期。之后，"后人口转变"便时不时地出现在报刊杂志和网络媒体上，逐渐引起人们的关注。我国学术界何人最先使用？也说不很准确。网上王珂日记"罗淳与后人口转变"称，罗淳最早提出和阐述了"后人口转变"，并且认为是他学术生涯中"最为耀眼"的一笔。① 1992年《人口》杂志发表朱国宏文章"苏南模式：后人口转变时期"，文章标题即含"后人口转变"字样，自然文章内容少不了对后人口转变的分析。2000年和2001年，《南方人口》、《中国人口科学》、《人口研究》发表于学军、李建民专论"后人口转变"的文章，还有"再论"，也是较早阐发"后人口转变"的论文。同时《人口研究》和《中国人口科学》分别发表李建新、叶明德对"后人口转变"质疑的文章，阐述了他们对"后人口转变"的看法。其间还有一些文章发表，此不一一列举了。一时间，掀起一股"后人口转变"研究热。

然而这方面的讨论并没有进一步地深入下去，不久便偃旗息鼓了，致使许多问题一直悬在那里。主要是：

第一，"后人口转变"概念问题。什么是"后人口转变"？已经发表的数篇文章，并没有给出明确的定义，而只是表明：中国人口在20世纪90年代完成了传统意义上的人口转变历程，开始进入低生育时期，所谓的"后人口转变"时期（于学军2000，李建民2000）。作为一个概念，"后

---

① 参见http// blog. 163. com/keke19870609。

人口转变"的内涵和外延是什么，与传统的人口转变有什么异同，向哪里转变，沿着什么样的路径转变等，均没有做出明确的阐释，有的甚至没有涉及。为什么没有阐释和涉及，有的作者诠释说，是因为人们并不清楚未来人口将"转变"到哪里，只能由未来的人口历史学家来总结。①

第二，衡量"后人口转变"的标准和标志问题。已经发表的文章给出总和生育率、平均预期寿命、出生率、自然增长率等指标，也提出每一个指标的标准值，超过或低于标准值即进入"后人口转变时期"。然而，为什么选择这些指标，这些指标的关联性、统一性、科学性怎样，指标体系如何构建，决定性的标志是什么等，则缺乏有说服力的阐述，许多文章还没有触及到衡量标准和指标体系问题。

第三，中国是否完成原来意义的人口转变问题。"后人口转变"相对前人口转变，或一般意义、传统意义、人口学意义上的人口转变（以下统称"一般意义人口转变"）而言，自然进入"后人口转变"即表明完成了原来意义的人口转变。质疑的文章则指出：中国与已经进入后人口转变的西方国家不同，生育率降至更替水平以下不是自然形成而主要是政策控制的结果，背后还有诸多不稳定因素，不是经典意义上的人口转变。因而宣布中国已经进入"后人口转变时期"，不仅理论上经不起推敲，而且对实际工作可能产生某种误导（叶明德2001）。②

第四，"后人口转变"理论和理论体系问题。"后人口转变"为什么会发生，发生后转变的轨迹怎样，向着什么方向转变，转变的终点在哪里，转变的结果怎样，对社会经济发展会产生哪些影响等，需要结合人口转变实际，发现和总结出其中的某些规律，抽象并上升到理论层面，形成后人口转变理论和理论体系。目前，距离这一步还差得很远，甚至可以说还没有起步。

第五，一般意义的人口转变与后人口转变的时间接续问题。一般意义上的人口转变进入"三低"阶段以后，是自动转入"后人口转变"，还是相隔一段时间、相隔多久以后才转入？认为我国已经完成一般意义人口转

---

① 参见于学军《再论"中国进入后人口转变时期"》，《中国人口科学》2001年第3期。
② 参见叶明德《对"中国进入后人口转变时期"的质疑》，《中国人口科学》2001年第1期。

变的几篇文章，说明实现了"三低"转变的人口即进入了"后人口转变时期"。有的为了同自己设计的指标相衔接，或者认定某年份作为进入后人口转变起点之后再来协调几项指标，将进入后人口转变的起始时间定在1998年或20世纪90年代末期。然而这同生育率下降到更替水平以下的时间，则向后推迟了6年以上，这6年以上时间属于哪个"转变"时期？

不可否认，提出"后人口转变"概念又不能做出清晰的阐述，同我国人口进入"三低"阶段以来时间不够长，人口变动方方面面的表现还不够充分有很大关系。然而我们总不能提出概念却不做阐释，把它一股脑丢给后人，那样的话研究工作还有什么意义，人口学研究的前瞻性又体现在哪里呢？其实，辩证法告诉我们，问题与解决问题的手段总是同时发生的。解剖问题发生、发展的来龙去脉，也就找到了解决的方法和路径。中国自1992年总和生育率下降到更替水平以下，至今已有17年的历史，虽然提供研究需要的资料还不够丰富，但是也有了一定的积累。而且，国际社会人口转变研究经过了一个世纪，"转变后"人口和"后人口转变"研究也已走过二三十年的路程，发表和出版了一批可供参考和借鉴的研究成果。因此，该项研究具备了一定的基础和条件，经过努力向前推进一步是有可能的。

从中国人口变动和发展的实际出发，笔者赞同一般意义人口转变完成的判断；但是完成一般意义的人口转变之后，"转变"指向何方，步入什么样的"转变时期"或"转变阶段"，却不赞同进入"后人口转变时期"或"后人口转变阶段"，进入的是"转变后"人口变动和发展的新的时期或阶段。

安·柯尔提出的人口转变前、转变中和转变后"三阶段"理论，虽然笼统了一些，但从概念界定上来说，则是比较准确的，普遍适用的。1992年中国达到低生育水平以后，进入的就是这样的"转变后"人口阶段，而不是"后人口转变时期"（或阶段）。自20世纪70年代开始的"后人口转变"研究，指的是一个国家或地区的总体人口进入"三低"类型以后，经过一段较长时间的相对稳定，包括一定程度的继续下降，过渡到零增长或接近零增长以后的人口变动。实现"三低"但没有经过较长一段时间的稳定，则不能定义为"后人口转变"人口。因为各国和各地区人口状况不同，特别是各个国家或地区经济、科技、文化、社会发展情况千差万别，人口变动闯入"三低"以后，可能出现继续保持原有水平、沿着低生育水平惯性力下降、经过反复震荡后转而上升等多种可能性。就欧洲等发达国家经历过的情况看，主要是沿着低生育水平惯性力下降并保持相对稳定。但是从可能性上说，就不止这一种情况，如今另外两种情况已经或隐或现地表现出来。这里最重要的，是人口生育政策因素的作用，这是研究进入"三低"类型以后的人口变动需要格外关注的。

"人口转变"作为一种理论，同其他社会事物一样，总是不断发展的。1909年兰德里提出的人口转变，是人口自然变动意义上的转变，是研究人口出生、死亡现象得出的带有规律性的描述，因而是具有统计性质狭义人口学的一个概念，是demographic transition，而不是population transition。之后的研究，相当长时间内也是沿着这一路径丰富和发展的，这是正宗的、传统的、通常和一般意义上的人口转变。但是，不同国家和地区人口转变呈现出颇大差异，这同各个国家和地区的人口状况，以及特定人口所处的经济发展水平、文化积淀、社会发展特别是人口政策关系密切。加上这些变量的研究和描述，成为具有发展意义广义人口学的人口转变（population transition）。李特以后包括"转变后人口"和"后人口转变"在内的的许多研究，都具有这样的特点。显然，讨论中国进入低生育水平以后的人口变动与发展，仅仅采用前一种一般意义上的人口转变是很不够的，因为社会政策因素的作用和影响有增强的趋势，没有三四十年来的人口生育政策，特别是20世纪80年代以来大力控制人口增长、提倡一对夫妇生育一个孩子的政策，不可能如此之快地进入低生育水平国家行列。如前所述，1992年中国生育率下降到更替水平以下，打开了通向"三低"人口的大门，也打开了通向人口零增长和负增长的大门。但是打开不等于进入，更不等于到达。要想到达或接近人口零增长，必须使较低生育率和增长率保持相对的稳定，最好如同欧洲等西方国家那样，在稳定中略有下降，消化掉可能使生育率反弹到更替水平以上的势能，消除或基本消除生育率变动外在因素的影响，方能进入"后人口转变"阶段或"后人口转变时期"。因此，一般意义的人口转变完成之后，生育率下降到更替水平以下并且进入"三低"人口类型，跨进的不是"后人口转变阶段"或"后人口转变时期",而是"转变后"人口阶段或"转变后"人口时期。

结合中国实际,笔者将"转变后"人口定义为:生育率下降到更替水平以下,至少在一个人口再生产周期内,保持包括一定程度下降在内的生育率相对稳定的人口。这一定义,包括以下几层涵义:

一是衡量进入"转变后"人口的标志。一般意义的人口转变,用出生率和死亡率的变动描述,反映出人口增长率"低—高—低"的变动规律。这一变动规律不仅对欧洲国家说来是适合的,而且具有普遍的意义,其他国家的人口自然变动也大同小异。毋需多加赘述,衡量人口自然变动的指标,就是出生、死亡、自然增长"三率";当然描绘人口自然变动轨迹的,也是这"三率"的变动。但是,如果选择这"三率"作为直接衡量人口转变的指标,例如有的文章选择出生率等于或小于16.5‰、自然增长率低于10‰作为进入"后人口转变"的标准,就会带来难以解说的麻烦。因为出生率、死亡率和自然增长率,是某年份出生、死亡和自然增长人口数量与该年份总人口数量的比率,通常以千分率或百分率表示。这样的比率是"粗率"(crude rate),颇大程度上受到年龄结构的影响。严格说来,"粗率"是不能直接比较的,要比较就要进行年龄结构标准化。如2000年与2007年比较,中国人口死亡率由6.45‰上升至6.93‰,为什么在包括婴儿在内的年龄别死亡率下降的情况下,死亡率反而上升了呢?是因为老年人口比例上升了,老年人口年龄别死亡率要比成年、青年高出许多。同样,2005—2010年美国人口死亡率为8.4‰,日本为8.8‰,法国为9.6‰,均比2007年中国6.9‰高出一截,由此推断这些国家的人口健康水平不如中国,那就大错而特错了。事实上,这些国家包括婴儿在内的年龄别死亡率要低于我国许多,预期寿命显著高于我国。

那么选择什么指标呢?"三率"中,自然增长率是人口出生率与死亡率之差,是反映出生率与死亡率变动的,带有因变量性质,不宜选为衡量的指标。死亡率主要是年龄别死亡率,是随着社会经济发展、居民生活质量提高、医药卫生条件改善而降低的;但是老年人口比例升高会导致粗死亡率上升,在没有战争、疫病、灾害发生的正常情况下,总的变动趋势比较平缓,不是很敏感的指标。剩下便是出生率了,直接选用作为衡量标准,有其不可克服的弊病,只好选择对出生率具有决定性影响的指标。这个指标,就是生育率。虽然生育率对出生率的作用也并非立竿见影、亦步亦趋,然而生育率变动对出生率变动的决定性作用,非其他指标可以取代。如生育率下降到更替水平以下并得以较长时间保持下去,即使出生率可能比死亡率要高出一些,但是出生率与死亡率之间的差距将呈缩小的趋势,直到差距为零,进入人口的零增长。因此,笔者选择生育率作为"转变后"人口的衡量指标。生育率下降到更替水平以下,标志着某总体人口开始进入"转变后"人口阶段。

二是"转变后"人口的过渡性质。从进入"三低"类型到包括一定程度负增长在内的超低生育水平,达到"后人口转变",中间横着一个过渡时期,这个过渡时期就是"转变后"人口。之所以成为一个过渡时期,是因为某总体人口进入"三低"类型以后,有一定的不确定性。未来变动和发展的趋势,可能是有升有降的横向震荡,可能是触底后的反弹,可能是单边下跌式的三种情况。如果是有升有降的横向震荡,要经过比较长的时间,方能达到接近和实现人口的零增长,因而需经过较长时间的过渡期;如果是触底反弹,不管是政策原因还是其他什么原因,生育率重新回到更替水平以上,人口零增长一天的到来变得遥遥无期,即脱离了过渡期所要求的人口变动轨迹,便游离于"转变后"人口之外,重新回到一般意义的人口转变之中;如果是单边式的下跌,就会缩短人口达到或接近零增长的进程,提前过渡到"后人口转变"时期。不论哪种情况,都改变不了"转变后"人口的过渡性质。

这个过渡时期需要多长时间?笔者认为,至少需要一个人口再生产周期的时间,即25年左右。为什么呢?因为进入"三低"类型以后,经过一个人口再生产周期,即处于更替水平以下新出生的人口成长到进入婚育年龄并将陆续通过生育旺盛期,低生育水平便可能得到相当的巩固,实现或接近零增长便有了切实的保证。一般情况下,进入"三低"类型的人口均可顺利通过这个过渡期,由"转变后"人口过渡到"后人口转变";特殊情况下,也要防止不能顺利完成向"后人口转变"的过渡,重新回到转变前状态的可能。就中国具体情况而言,如果人口生育政策调整不当,造成生育率反弹到更替水平以上并非没有可能,对此应给予足够的重视。这是当前人口生育政策调整中需要特别关注的一点,不应调整到 TFR≥2.1,

NRR≥1.0。

三是生育率一定程度的下降和相对稳定。定义强调，至少在一个人口再生产周期内，保持包括一定程度下降在内的生育率的相对稳定。一般情况下，由于惯性作用"转变后"人口的生育率，都要经历一定程度的下降过程，这是比较正常的。只是由于生育率已经处于较低水平，下降是缓慢的，呈现稳中有降态势。这种稳中有降变动的结果，一步步将某总体人口送到零增长或临近零增长，人口增长的势能基本消失。不过，由于中国与西方国家生育率下降的动因不同，下降的路径不同，中国尤其需要较长时间的低生育水平相对稳定的时期。结合1992年中国生育率下降到更替水平以下的实际情况，分析一下中国进入"转变后"阶段低生育率不够稳固的情况，说明有一个相对稳定的过渡时期是必要的。

中国在1992年生育率下降到更替水平以下之后，低生育水平还不够稳固。从根本上说，这是由群众意愿生育子女数量与政策允许生育子女数量之间差距较大决定的。众所周知，自1980年开始，中国政府实施提倡一对夫妇生育一个孩子，其中确有实际困难经过批准后可以生育两个孩子，不得生育三个以上孩子，少数民族也要实行计划生育，要求上可以适当放宽的政策。从总体上观察，这一政策取得显著成效，政策生育率基本上得到兑现。不过不可否认的是，这一人口生育政策一直同群众生育意愿之间存在着较大的差距。为了弄清这个问题，笔者在主持"中国家庭经济与生育研究"课题做抽样调查时，将生育意愿列在调查问卷之中，取得比较完整的第一手数据资料。不仅可以从中看出总体上群众生育意愿与政策要求的差距，还可以分开层次，找出不同家庭经济收入、受教育程度、职业构成以及孩子成本—效益等的差别，从差别分析中，找出低生育水平还不够稳固的经济基础和社会根源。

其一，家庭经济收入与意愿生育子女数量。依据孩子成本—效益理论，家庭经济收入与生育率变动有着直接的关系。中国1992年家庭经济与生育10省市抽样调查提供的数据，充分说明了这一点。全国按家庭人均月收入划分—男孩户生育意愿构成中，不再要求生育占65.83%，其中51元以下不再要求生育为49.03%，低于全国水平16.80个百分点；50—100元为61.68%，低于全国水平4.15个百分点；101—400元占70%左右，高出全国 5 个百分点左右；401—500 元则上升到 78.18%，比全国水平高出 12.35 个百分点。与此相对应，有一男孩家庭再要一女孩的比例较高，低收入比高收入家庭要更高一些。例如，全国有一男孩家庭再要一女孩的比例为 21.31%，月收入在 51 元以下家庭却占到 25.05%，高出全国 3.74 个百分点；而月收入在 401—500 元家庭却仅占 14.51%，低于全国 6.8 个百分点。① 农村按家庭人均月收入划分一男孩户生育意愿构成表明，不再要求生育为 62.40%，不仅大大低于城市，也低于全国平均水平一截。其中 51 元以下为 47.86%，低于全国农村平均水平 14.54 个百分点；50—100 元为 59.00%，低于全国农村平均水平 3.4 个百分点；201—400 元上升到 75% 左右，高于全国农村平均水平 13 个百分点左右；而 401—500 元更上升到 87.51%，高出全国农村平均水平 25.11 个百分点。② 按家庭人均月收入划分一女孩户、一男一女孩户、二男孩户、二女孩户等的意愿生育子女数量及构成，情况也相类似。而且一女孩户不再要求生育的比例，比一男孩户的比例要低 10 个百分点左右，表现出一定的生育男孩子的性别偏好。1992 年全国农民人均纯收入为 784.0 元，月平均为 65.33 元；城镇居民人均生活费收入为 1 826 元，月平均为 152.17 元③，城乡人均月收入均处在比较低的水平。生育率与家庭经济收入成反比规律发挥作用，造成低收入情况下意愿生育率较高，同政策生育率之间有着明显的差距。

其二，受教育程度与意愿生育子女数量。调查表明，意愿生育子女数量不仅受家庭经济收入影响，而且与被调查户人口所受教育程度关系密切，总的趋势是：受教育程度越高，意愿生育子女数量越少。以被调查户生育并存活一个女孩为例，全国不再要求生育的比例为 54.25%。其中受过小学教育不再要求生育的比例为 40.85%，低于全国平均水平 4.77 个百分点；受过初中教育不再要求生育的比例为 54.41%，同全国总体水平不相上下；受过高中教育不再要求生育的比例为为 57.86%，高出全国总体水平 3.61 个百分点；受过大学教育不再要求生育的比例为 67.81%，比全

---

① 田雪原主编，胡伟略、刘启明副主编：《中国 1992 年家庭经济与生育 10 省市抽样调查资料》，中国经济出版社 1995 年版，第 111 页。
② 同上书，第 112 页。
③ 《中国统计年鉴 1993》，第 279 页。

国总体水平高出 13.56 个百分点①。

其三，职业构成与意愿生育子女数量。意愿生育子女数量与劳动者的职业构成有很大关系，总的趋势是：部门和行业的技术构成越高，对劳动者科学、技术、管理方面的要求越高，意愿生育子女数量越少，反之越多。以家庭户已有一女孩是否想再生育一个孩子为例，1992 年不想再生育一个孩子的比例为 54.25%。按 8 大类职业构成不想再生比例由高至低排列，依次为科级以上干部 71.34%，生产运输工人 70.84%，技术人员 63.41%，商饮服务人员 61.90%，办事人员 57.76%，其他劳动者 55.16%，个体劳动者 45.14%，农林牧渔劳动者 33.59%。② 可见，已经有了一个女孩的家庭中，农林牧渔劳动者有 2/3 回答还要生育一个孩子，表现最为突出；科级以上干部的回答仅为 28.66%，技术人员仅为 36.59%，对再生育一个孩子观念淡薄，与农林牧渔劳动者形成鲜明对照。这种情况反映到就业的产业结构上，表现出第一次产业劳动者意愿生育子女数量的强烈愿望；相比之下，第二和第三次产业要逊色许多。1992 年全国产业就业结构显示：第一、第二、第三次产业就业结构之比为 58.50∶21.74∶19.76，即 2.96∶1.10∶1.00，农林牧渔第一次产业占据绝对优势。这种落后的产业就业结构与落后的产业结构相适应，成为影响低生育水平不稳定的社会经济基础，短期内难以消除。

1992 年中国生育率下降到更替水平以下，就在这一年笔者主持中国家庭经济与生育 10 省市抽样调查，完全是历史的巧合。然而这种巧合，恰恰说明了达到更替水平时候中国城乡居民收入水平、受教育程度、职业结构与意愿生育子女数量之间的关系，说明经济发展水平较低、人均受教育程度较低、产业就业结构比较落后等，对进入"转变后"人口变动的作用，低生育水平不稳定的客观基础。从这一见地出发，稳定低生育水平，就要大力发展经济，提高居民的收入。因为收入水平提高了，较高收入人口所占比例上升了，居民意愿生育子女数量平均水平就下来了；就要大力

---

① 《中国 1992 年家庭经济与生育 10 省市抽样调查资料》，第 98 页。
② 田雪原主编，胡伟略、刘启明副主编：《中国 1992 年家庭经济与生育 10 省市抽样调查资料》，第 104 页。

发展教育事业，提高总体人口的教育水平。因为人口教育水平提高了，具有较高教育水平人口所占比例上升了，居民平均意愿生育子女数量也就下来了；就要逐步改变人口的职业结构，减少第一次产从业人口比重，增大第二、第三次产业从业人口比重。因为农林牧渔业是意愿生育子女数量最高的部门和行业，产业就业结构的改变，意味着意愿生育子女数量的降低。

二 态势——人口增长势能的减弱和素质的提升

这里讲的态势，指进入"转变后"人口的态势，特别是"转变后"人口走到今天的态势。前面第三章分析了当20世纪70年代全国人口突破8亿以后的态势和问题，说明20世纪80年代以来控制人口增长政策加强的背景。二三十年过去以后，"转变后"人口态势怎样？由于在完成了一般意义的人口转变之后过渡到"转变后"人口，人口态势自然发生了很大甚至是带有根本性的变化，这是制定未来人口政策必须充分注意到的。从动态角度考察人口态势，不仅人口数量存在继往开来的增长态势，人口素质也有承上启下的历史延续性，也存在某种态势。因此，本节将人口的数量和素质放到一起，分析和阐发当前的态势和未来的演变趋势。

1. 人口数量增长态势

1992年总和生育率下降到2.1以下，净再生产率下降到1.0以下，标志着中国人口进入"转变后"阶段。生育率下降到更替水平以下，形成不同于以往的人口数量变动的新的态势，这是解决中国人口过剩、谋求人口与经济、社会、资源、环境可持续发展道路上出现的第一个"拐点"。越过这个"拐点"，在人口内在自然增长率为负值的作用下，将逐步达到第二个"拐点"——人口的零增长；之后在负增长惯性力作用下，人口规模开始缩减，向着第三个"拐点"转变——实现人口与可持续发展的全方位适度人口——稳态人口或标准人口（standard population）。这三个"拐点"是紧密连结又呈现明显阶段性质的，只有启动第一个"拐点"，才能通过第二个"拐点"，顺利到达第三个"拐点"。目前处于第一与第二两个"拐点"之间，只有继续保持低生育水平的相对稳定，才能完成向第二个

"拐点"的过渡。

必须清醒地认识到，中国大力控制人口增长走到今天非常不容易。这个"不容易"，充分表现在至今我国仍是发展中国家的经济，而人口变动却走到接近发达国家的类型和水平。实事求是地评价目前的中国经济，基本上属于发展中国家水平是比较恰当的。毋需举出更多的指标，仅就国内生产总值而论，大致上处在发展中国家水平。自1949年中华人民共和国成立特别是改革开放30年来，中国经济获得相当巨大的发展，取得令世人称奇的成绩，目前按GDP总值计算，已上升到世界第三位。然而由于人口众多，由13.3亿人口分享，人均占有水平便一下子落了下来。衡量一个国家的经济实力，无疑GDP总量是重要的，中国GDP占世界份额不断提升，表明综合国力的增强。但是衡量一个国家的富有程度，特别是全体居民的富有程度，仅有总量比较显然是不够的，甚至是不明确的。只有人均GDP占有量上去了，才表明真正富裕了。即使使用PPP法计算，根据联合国经济和社会事务部、人口司提供的资料，2005年世界人均GDP达到9462美元，发达国家达到28296美元，发展中国家达到5181美元，中国达到6716美元。对比之下，中国人均GDP相当于世界平均水平的71.0%，发展中国家的129.6%，发达国家的23.7%。[①]。总体上处于略高于发展中国家平均水平，或处于发展中国家较高水平。与世界平均水平尚有不小的差距，与发达国家相去遥远。然而就是这样一个经济上基本处于发展中国家水平的人口大国，人口的变动和发展却达到接近发达国家的水平，足以令世人惊叹不已。我们仍以联合国经济和社会事务部、人口司提供的资料为依据，加以比较和阐述。该资料提供的2005—2010年的一些主要的人口指标，如下所述：

总和生育率：世界2.55，发达国家1.59，发展中国家2.75，中国1.74。中国相当于世界的68.24%，相当于发达国家的109.43%，相当于发展中国家的63.27%。中国总和生育率处于略高于发达国家水平，而大大低于世界和发展中国家水平，差距已经拉开。

净再生产率：世界1.09，发达国家0.76，发展中国家1.16，中国

---

① 资料来源：United Nations, *Rural Population, Development and the Environment* 2007。

0.79。中国相当于世界的72.48%，相当于发达国家的103.95%，相当于发展中国家的68.10%。情况与总和生育率相近，中国净再生产率处于略高于发达国家水平，而大大低于世界和发展中国家水平，差距已经拉得很大。

婴儿死亡率：世界52‰，发达国家7‰，发展中国家57‰，中国31‰。中国相当于世界的59.62%，相当于发达国家的442.86%，相当于发展中国家的54.39%。说明目前中国婴儿死亡率低于世界和发展中国家许多，与发达国家还有较大的距离，处于发展中国家与发达国家之间。

男女合出生时的预期寿命：世界66.5岁，发达国家76.2岁，发展中国家64.6岁，中国72.6岁。中国比世界高出6.1岁，比发展中国家高出8.0岁，比发达国家低3.6岁。相比之下，更接近发达国家水平。①

上述情况表明，中国经济基本上属于发展中国家水平，而人口却接近发达国家类型，这不能不是一个很大的矛盾。这一矛盾决定着中国低生育水平的不稳固性，潜伏着某种反弹的可能，必须在"转变后"人口阶段，实施稳定低生育水平的方略。当前，一方面人口增长的势能已经大为减弱，不可能再出现类似20世纪六七十年代那样的高出生和高增长。乐观一点儿的估计，生育率反弹到更替水平以上的可能性是很小的，人口零增长一天的到来，已经指日可待。另一方面，人口增长的势能是"减弱"而不是"消失"，增长的势能还存在着。更为重要的是，如前所述，中国生育率的下降固然有着经济、科技、文化、社会发展的客观基础；但是最重要的，是30多年来始终不渝地贯彻实施指在以降低生育率为重点的人口生育政策的结果。正因为如此，在"转变后"人口期间，人口政策取向怎样至关重要，在颇大的程度上，决定着中国是否能够顺利完成由"转变后"人口向"后人口转变"的过渡。

关于"转变后"人口增长势能既减弱又尚存的影响，可从未来人口变动预测看出来。参见图1：

---

① 资料来源，*United Nations*：*World Populagion Prospects*，*The 2004 Revision*，pp. 20，22，24，54。

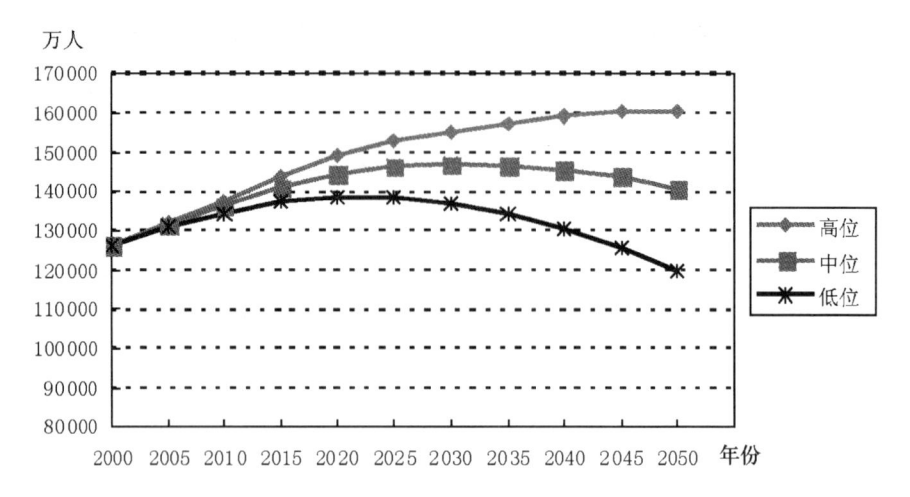

图 1　2000—2050 年人口变动预测

资料来源：田雪原等著《21 世纪中国人口发展战略研究》，社会科学文献出版社 2007 年版，第 98—100 页。以下关于 21 世纪人口变动预测数据，均引自该书。

上述低、中、高三种预测，实现人口零增长的时间和人口数量是：低方案 2021 年，总人口 13.87 亿；中方案 2030 年，总人口 14.65 亿；高方案 2050 年接近零增长，总人口 16.0 亿。三种方案 2050 年、2100 年的人口数量是：低方案 11.92 亿、5.56 亿，中方案 14.02 亿、10.24 亿，高方案 16.0 亿、16.05 亿。从解决中国人口过剩性质、控制人口数量增长有效性来说，无疑低方案当列首选；然而由于该方案生育率下降幅度过大，人口老龄化过高等人口结构方面问题突出，故该方案只能舍弃，对此本书后面还要作进一步的论述。高方案 2050 年全国人口达到 16 亿时还不能完全停止下来，只能接近零增长，直至 2100 年还有微弱的增长，故该方案也毋需多加考虑。如此，中方案比较符合我们的要求。该方案总和生育率的变动是：2000—2005 年为 1.75，2005—2010 年为 1.80，2010—2020 年为 1.83，2020—2050 年为 1.80。总人口变动情况是：2010 年 13.60 亿，2020 年 14.44 亿，2030 年 14.65 亿，2050 年减少至 14.02 亿。该方案建立在现实生育水平之上，实施起来有现实基础；但是考虑到目前生育水平与多数居民生育意愿之间仍有一定差距，也并非没有难度。除了要发展经济、推动社会进步等外部条件外，就人口自身说来，最重要的，一是要继续稳定低生育水平，包括一定期间内的少许下降；二是要在恰当的时候，对生育率进行一定程度的调整，避免超高老龄化的发生。

继续稳定低生育水平。所谓低生育水平，是指总和生育率低于2.1或母亲的净再生产率低于1.0更替水平的生育率。上述中方案预测，总和生育率2000—2020年间保持在1.75—1.83之间波动，2020年以后保持在1.80水平，总体上是一个稳定低生育水平的方案。如果生育率高于更替水平，例如高方案预测2000—2005年总和生育率为1.90，2005—2010年为2.00，2010—2020年为2.13，2020—2050年为2.16，虽然总和生育率在2020年以后才略高出更替水平，总人口在2050年前后接近零增长；但是仍有微弱的增长势能，直至2100年还不能完全停止下来。应当看到，中国总和生育率下降到目前水平来之不易，如能继续基本稳定在这一水平，就能将人口零增长一天的到来变为现实；如果不能稳定低生育水平，生育率重新回到更替水平以上，则人口零增长就会成为可望不可及的画饼，丧失从根本上解决人口过剩的良机。

适当时机的生育率调整。实现上述第二步人口发展战略目标必须稳定低生育水平，但是并非生育率越低越好，低生育水平也不是一成不变的。上述中方案预测，2020年以前由1.75回升到1.83、1.80，以后稳定在1.80，是有升有降的相对稳定。为什么前期有小幅回升？一是20世纪80年代中期曾经有过一个短暂的生育率回升时期，如今这一时期出生的人到了为人父母年龄，生育率会有一个小幅的反弹。二是自20世纪80年代国家大力提倡一对夫妇生育一个孩子以来，第一代独生子女也已达到为人父母年龄，各地生育政策规定双方均为独生子女者结婚可以生育二个孩子；有的省、自治区还规定，农村一方独生子女者结婚也可以生育二个孩子，都会产生一定的影响。因此，2020年之前生育率小幅回升在意料之中；2020年之后，符合实际的生育率应保持稳定，为将来全方位的理想适度人口创造条件。因此，适当时机、一定限度内的生育率调整，是经过一代独生子女之后的客观要求，它与稳定低生育水平非但没有矛盾，而且是必需的、相辅相成的。关于人口生育政策具体调整的建议，本书第十章将做进一步的阐述。

2. 人口素质提升态势

人们常说"越穷越生、越生越穷",这话不是很科学;但是从孩子成本—效益理论解读,因为贫穷边际孩子成本低廉导致多生多育,多生多育又妨碍了人口素质的提高和向少生优育的转变,妨碍了家庭经济的提升,也不无道理。在这个怪圈中,实际上存在"穷—生—穷"的一种态势。摆脱这一态势,由多生多育转变到少生优育,才能形成有利于素质提升的新的人口态势。关于人口素质,学术界有身体素质、教育素质、思想素质或政治素质、道德素质"三分法",与仅包括前二项"二分法"的不同观点。本书前面已表述了笔者的论证,将人口素质分为身体素质、教育素质、文明素质的基本观点。关于身体素质、教育素质没有什么创意,这里不再多加赘述。不赞同使用思想素质、政治素质、道德素质概念,是因为素质要有具体的可供考核的指标,是可度量、可比较的,而思想、政治、道德更主要体现在观念上,很难取得量化指标,凭主观判断难免失于偏颇。提出人口文明素质概念,是指一个国家、地区人口反映出的该国家、地区社会进步的状态和程度。这种文明程度是可以通过一定的办法进行度量的。前面例举如社会成员仁爱之心、助人为乐文明程度怎样,可以通过捐助、义卖、亲情关怀等形式表现出来;遵守公德、环保意识文明程度怎样,可以通过排队候车、是否随意乱丢废弃物等表现出来;社会是否和谐、法治观念怎样,可以通过社会犯罪率、恶性案件发生率等的变动表现出来等。在我国人均 GDP 已经达到 2000 美元左右(按人民币现汇价计算),全面建设小康社会和构建和谐社会新的历史发展时期,提出人口文明素质非常重要。它不仅反映了一个方面的人口素质本质,而且对建设生产发展、生活富裕、生态良好的现代文明社会,有着不可替代的意义。

(1)身体素质提升态势

中华人民共和国成立 60 年特别是改革开放 30 年来,我国人口身体素质得到大幅度的增强和提升。改革开放前和刚刚开始的情况,前面第三章已经做出阐述;改革开放以后的情况,同其他各项事业一样,取得的进展和成绩令世人瞩目。2008 年,中国成功地举办了第 29 届奥林匹克运动会,运动会规模之大、运动成绩之佳、管理之严密等,创历届奥运会之最,博得国内外各届人士一致的称赞。而中国运动员展示了良好的竞技状态，获得金牌总数第一，这与60年前还被称之为"东亚病夫"形成鲜明对照。奥运会是一个缩影，它反映的是全体居民身体素质的提高。按照联合国经社部和人口司的估计，2005—2010年婴儿死亡率世界为52‰，发达国家为7‰，发展中国家为57‰，中国为31‰。虽然中国31‰比实际高了一些，然而仍比世界低21个千分点，比发展中国家低26个千分点。出生时的预期寿命，世界为66.5岁，发达国家为76.2岁，发展中国家为64.6岁，中国为72.6岁。① 尽管中国72.6岁比实际低了1岁左右，但仍比世界高出6.1岁，比发展中国家高出8.0岁。就是说，中国人口身体素质不仅高出发展中国家许多，而且也同世界的平均水平拉开了距离，处在世界与发达国家水平之间。上面联合国预测的数据显示，我们同发达国家之间的距离是明显的：婴儿死亡率高出24个千分点，预期寿命低3.6岁。按照联合国开发计划署公布的2006年人文发展指数，中国排位有所上升，但是仍排在第81位，居于中等偏上上一些水平。至于疾病预防和控制、农村卫生保健等方面的差距，则更是比较明显的，只有经过长期不懈的努力，才能将差距缩小。

（2）教育素质提升态势

实现由人口和人力资源大国向人力资本强国的转变，提高人口教育素质是关键。人力资本是人的知识、技能、经验、健康所具有的价值，这些价值的形成都离不开教育。知识从哪里来？从人口代际角度观察，知识是前人实践经验的总结，我们站在前人的肩膀上，就要吸取前人的精华，最主要的就是通过教育传授的。如今科学技术进步一日千里，要使科学技术为更多的人所掌握，使国家站在科学发展前沿，也只有通过教育来实现。技能、经验、健康的增进固然主要依靠实践，然而层次较高的技能、经验、健康的增进，也离不开教育，它们是在"实践—理论—实践"不断反复中提高和取得价值增值的。基于这样的考虑，本书没有采用"人口科学素质"、"人口文化素质"一类理念，而抉取人口教育素质概念。从量的考察上说，归结为教育素质也易于度量，即完成受教育的不同层次的学业

---

① 资料来源：United Nations, *World Population Prospects*, *The* 2004 *Revision*, pp.20，22，24，154。

年限。

我国人口教育素质的提高显著，改革开放30年来最为引人瞩目。以几次人口普查为例，每10万人口中具有大专以上教育程度的人数增加迅速：1982年普查615人，1990年普查1422人，2000年普查3611人，依次增长31.2%、153.9%；具有高中和中专教育程度的人数，分别为6779人、8039人、11146人，依次增长18.6%、38.6%；具有初中教育程度的人数，分别为17892人、23344人、33961人，依次增长30.5%、45.5%；具有小学教育程度的人数，分别为35237人、37057人、35701人，依次增长为5.2%、-3.7%。而文盲人口绝对数量和所占比例却迅速下降：同期文盲人口分别为22996人、18003人、8507人；所占比例分别下降至22.81%、15.88%、6.72%，即依次减少6.93个百分点、9.16个百分点。① 各种受教育人口比例变动中，总的趋势是教育程度越高比例上升越快；1982年以来具有小学教育程度人口比例相对稳定，1990年以来还出现下降的趋势，2000年每10万人口中具有小学教育程度人数比1990年减少1356万人，进入21世纪这种减少的趋势还在继续。统计资料表明，目前我国小学入学率、在学率均处于较高水平，那么减少从何而来呢？主要来自出生率的下降和出生人数的减少，由此造成少年人口数量的减少。据统计，0—14岁少年人口占总人口的比例，已由1982年的33.59%，下降到1990年的27.69%、2000年的22.89%；相应的0—14岁少年人口绝对数量，则由33865万减少到31972万，净减少2473万；再由31972万减少到28975万，净减少2417万。② 从上述不同层次学校受教育程度人口数量及其比例的变动中，不难看出教育结构变动出现的新的特点，为考证人口教育素质提供了重要的依据。而综合反映人口教育水平的人均受教育年限，已自1982年的4.21年、1990年的5.18年，提高到2000年的6.96年，2007年的8.0年左右。即已达到略高于世界的平均水平。但是距离发达国家仍有很大差距，也赶不上对教育情有独钟的某些发展中国家。世界后进国家追赶先进国

---

① 资料来源：《中国统计年鉴2006》，第102页。
② 同上。

家的历史证明，后进国人均GDP达到先进国40%时，人均所受教育年限应达到先进国的70%左右；后进国人均GDP相当于先进国80%时，人均受教育年限应达到先进国的水平。也就是说，后进国追赶先进国要首先从教育追赶做起。从实际出发，为了实现构建和谐社会和全面建设小康社会发展目标，我国人口教育素质"十一五"基本普及初中教育，人均受教育年限达到9年左右；2020年基本普及高中教育，人均受教育年限达到11—12年，是可能的和比较现实的。为了提升科技创新能力，有效地增强人力资本积聚特别是人的技能和经验的积聚，技术教育和职业教育应有更快一些的发展，劳动年龄人口和劳动力素质的提高，应明显快于总体人口素质的提高。

（3）文明素质提升态势

鉴于以往政治素质、思想素质、道德素质等提法，表达均不够确切且不易衡量，笔者提出采用人口文明素质概念。主要包括以下三方面含义：

一是核心价值观念。所谓核心价值观念，指一个国家在一定历史时期提出的统领其他社会价值、占据主导地位并被绝大多数居民认可的价值观念。如产业革命发生后，当时资本家阶级针对封建等级制，提出自由、平等、博爱的核心价值观念；18世纪中叶马克思主义经典作家通过分析个别资本家生产的高度计划性与整个社会生产无政府状态的矛盾，提出资本主义必然灭亡和共产主义必然胜利的核心价值观念；当前我国提出构建社会主义和谐社会，强调以人为本全面、协调、可持续发展新的价值观念等。站在人的种的繁衍和世代更替角度，人们繁衍子孙后代的核心价值观念，在于寻求人口数量、素质、结构的协调发展——不但寻求当代人的良好发展，而且寻求不对后代人的发展能力构成危害的发展。这种核心价值观念是符合历史发展潮流因而是进步的价值观念，它得到广大居民的认同，因而成为大多数民众的一种理想和抱负，是民众意志的体现。这种核心价值观念至关重要。如果缺少或没有这种核心价值观念，一个国家、一个民族就很难形成较强的凝聚力和向心力，难以自立于世界民族之林。相反，如果这种核心价值观念深入人心，能够成为广大民众自觉的行动，国家和民族的凝聚力就会增强，富国强民就会充满生机和活力。

二是道德规范。如前所述，目前我国进入全面建设小康社会和人均GDP向3000美元迈进，也是新旧道德发生碰撞，新道德建设需要规范的新的历史发展时期。人们的意识常常落后于客观实际，道德建设也常常落后于社会经济发展。且不说腐败分子贪赃枉法、行贿受贿，也不说不法之徒见利忘义、道德沦丧，就是日常生活中司空见惯的事情，如公共场所接打手机，旁若无人甚至口带脏字的大声喧哗；大家有秩序地排队在城市快速路等候进出，每次总有一两部车子硬是轧着实线加楔进来，你不得不急刹车让他先行；西装革履的情侣谈笑风生，却把吃剩下的果皮、包装袋随意丢在公园的草坪上、树荫下；人行道上踩了别人一脚，却反过来指责别人"没长眼睛"，等等。小事可见精神，细微反映道德。各种社会调查表明，在市场经济和人们价值取向变化了的情况下，尊老敬老、文明礼让、诚信友爱等传统的道德观念受到挑战。把个人得失摆在首位，不能正确地对待公民的权利与义务，不能摆正奉献与索取的关系，把人际之间的关系商品化了。必须看到，建设吸取传统道德精华并符合现代发展的先进道德规范，是构建和谐社会和提高人口素质的一个重要方面，一项需要长期坚持奋斗的社会工程。

三是法治意识。由于中国经历了漫长的封建社会，虽然封建社会也有法制，并且国有国法、族有族法、家有家法；但都是建立在封建等级制度基础之上，是"君叫臣死，臣不死为不忠"，"父叫子亡，子不亡为不孝"的国法和家法。亦即以天子说一不二、一言九鼎，以及在孝、悌、忠、信、礼、义、廉、耻封建礼教基础上的法制，是典型的人制基础上的法制。又由于没有经历过完整的资本主义阶段，旧民主主义革命不彻底，新民主主义革命面临反帝、反封建、反官僚资本主义三重任务，民主和法治建设长期缺失，反映在人口素质上，就是法治意识淡薄。建立健全市场经济体制，呼唤经济运行法治化；构建社会主义和谐社会，需要大力加强民主法治建设，以促进社会公平正义，使政治生活、经济生活、文化生活、整个社会生活法治化和规范化。要使公民进一步树立在法律面前一律平等，公民的权利和自由受到法律的保护，以及维护和监督司法公正、廉洁的责任感，不断增强法治意识。

提高人口文明素质是一项长期艰巨的任务，重点是将国家核心价值观教育纳入国民教育体系，坚持德育为先原则。发展商品生产和建立健全市场经济体制，遂使交换价值升值，对传统的人际关系是一个挑战，对原来建立起来的感情、亲情和友情，不能不是一个冲击。同时还要看到，1980年以来国家大力提倡一对夫妇生育一个孩子已经过去一代人，这一代独生子女生长在改革开放大环境下，思想解放，视野开阔，现代化观念强等是明显的优势。但是由于独生子女从小没有兄弟姐妹，缺少以往大家庭具有的更多的亲情培育，许多父母、祖父母疼爱有加，容易滋生孤独和骄娇二气，因而德育显得更为重要。要总结我们自己的经验，如曾经开展过的德、智、体、美全面发展教育，培养有社会主义觉悟、有文化的劳动者教育方针等，都收到过良好效果。也要面对当前时代发展现实，吸取国际社会开展德育的成功经验，将国家核心价值观念精心编入中小学教科书中，培养有理想、爱祖国、爱人民、尊老爱幼、诚信友爱的一代新人。坚持提高人口文明素质德育先行原则，将此列入素质教育的核心内容。

三 结构——"转变后"人口问题凸显

虽然进入"转变后"阶段的中国人口，仍旧需要继续控制人口数量增长并大力提高人口素质，但是经过新中国60年尤其是改革开放30年的长期不懈的努力，人口数量控制已经通过生育率下降到更替水平以下第一个"拐点"，至今已走过十五六年的路程，增长的势能已大为减弱；人口身体素质、教育素质、文明素质均得到较大提升，人力资源开发和人力资本积聚大幅度增强，人口素质低下的状况得到根本性改观。在未来的人口变动与发展中，只要政策对路，方法得当，有望将这两个方面已经取得的成绩沿着历史的轨迹推进下去，取得继往开来的预期成果。当前值得重视的，是在生育率、出生率和自然增长率经过长期持续的下降之后，人口年龄、性别、城乡分布等结构方面的问题突出出来，以后还有进一步凸显的趋势，必须切实加强结构方面的研究，拿出理论与实际相结合、有实证研究价值的成果，以便对人口结构做出科学、合理、符合人口发展规律的调整。从实际出发，以下五个方面的人口结构问题，

需要引起格外关注:

1. 出生性别比升高与性别挤压问题。性别结构属人口的自然结构,出生性别比指一定时间(一般为一年)活产男女婴之比,以活产女婴为100活产男婴多少表示,正常值在103~107之间。20世纪80年代以来我国出生性别比持续攀升,90年代攀升更为显著。依据"五普"和近年来的抽样调查提供的数据资料回推,1990—2000年逐年的出生性别比在111、114、115、115、117、118、119、120、122、123、118左右。[①] 进入21世纪以来,不同渠道提供的数据有所不同,但是均在120左右波动,无疑出生性别比升高已经达到相当严重的程度。

出生性别比升高和升高后的持续居高不下,直接的后果是不同人口年龄组群性别比和总体人口性别比的升高。本来,每个年龄组群都有着相对稳定的性别结构。若出生性别比持续升高,首先是少年组群性别比随着升高。依据国家统计局人口和就业统计司编辑出版的《中国人口和就业统计年鉴2007》提供的数据资料,2006年0岁组性别比为119.56,1岁组为123.55,2岁组为120.51,3岁组为120.23,4岁组为119.94,0—4岁组合计为120.72,5—9岁组为123.05,10—14岁组为116.99,总体上0—14岁少年人口性别比达到119.93,为历史罕见。[②]

其次是成年人口组群性别比的升高。不过成年人口性别比的升高有一个"时间差",至少要在出生性别比开始升高15年以后出现。即随着零岁组人口在人口年龄性别结构"金字塔"中年复一年的上移,将出生性别比升高效应带到成年组群而出现的。就我国而论,目前成年人口组群性别比的升高还没有明显显现,要明显地显现出来,大致还要经过十多年的时间。2006年成年人口性别比过渡到平衡发生在21—22岁,性别比100.77—91.68;但是45—46岁,又回升到95.63—103.70。直到70—74岁才下降到97.54,75岁以上老年人口性别比,则全部在100以下,并且随着年龄的增长下降较快,显示老年人口性别比较低,女性老年人口居多

---

① 依据国务院人口普查办公室、国家统计局人口和社会科技统计司编《中国2000年人口普查资料》,中国统计出版社2002年版,第726页数据计算。

② 国家统计局人口和就业统计司编:《中国人口和就业统计年鉴2007》,中国统计出版社2007年版,第30页。

的特点。只是要明确,当前65岁以上老年人口性别比高低,并不受20世纪80年代以来出生性别比升高的影响。20世纪80年代以来出生性别比升高的影响要到2040年(老年人口按60岁以上计算)或2045年(老年人口按65岁以上计算)才能表现出来,届时达到性别平衡的年龄将向后推迟,总体老年人口性别比也会有所上升。

出生性别比升高,对人口数量、素质和结构的影响不会很大。比较明显的,一是由于新生儿中女性相对更少一些,未来做母亲的人数相对也要少一些,有助于出生率的降低和人口的数量控制。二是未来老年人口性别结构可能有某些改变,性别比过低的状况可能逐渐有所改观,女性老年人口比例过高可望有一定程度的下降。其他,如人口身体和文化教育素质、人口城乡和地域分布等不会受到大的冲击,总体上影响不会很大。主要的影响在人口的生产和再生产,以及经济和社会发展方面。结合目前我国出生性别比升高实际,尤应注意到以下几个方面的问题:

其一,婚姻性别挤压问题。新生儿性别比在105±2范围内为正常值,20世纪80年代出生性别比开始升高,90年代以来显著升高,其积累效应已经开始显现。依据国家统计局提供的数据,到2006年全国0—19岁男性人口为19360.6万,女性为16505.3万,男性多出女性2855.3万,性别比达到117.3。[①] 如今,20世纪80年代中期以前出生的人口陆续达到婚育年龄,婚姻性别挤压开始崭露头角。不过,一是尽管80年代性别比有所升高,但是升高的幅度有限,男女相差并不很多;二是受男女年龄别死亡率差异影响,少年和成年初期男性年龄别死亡率一般要高于女性,到进入婚育年龄时,性别比已比出生时略有降低。由于这两个原因,目前并没有多少婚姻性别挤压发生。然而必须看到,0—19岁男性多出女性2855.3万,相当于目前0—4岁女性人口数量之和,一方面说明婚姻性别挤压现象已经发生,有的地方已经成为现实的婚姻性别挤压;另一方面从发展趋势上看,今后一个时期会变得更为严重,解决的难度也会加大。有一种意见认为,婚姻性别挤压可以通过扩大男女之间结婚年龄差距的办法解决。应当承认,这是解决的一种途径,目前实际的婚龄

---

① 依据《中国人口和就业统计年鉴2007》第30页数据计算。

差距正在扩大,"老夫少妻"的婚姻和家庭在增多。如果出生性别比升高的趋势就此结束,一定期间内把差距拉得大一些,也许问题也不是很大。然而要是出生性别比长期持续居高不下,积累的效应是难以消除的。不从根本上把高出生性比降下来,就存在婚姻性别挤压的风险。

其二,对家庭和社会稳定的冲击问题。未来一二十年内处于婚育高潮期男性多出女性 2800 多万,这已是无法消除的客观存在,无疑对一夫一妻制的家庭是一个不小的冲击。发展商品生产和实行市场经济体制,无形之中带来交换价值升值,"泛商品观念"作用增强,这种意识也渗透到婚姻和生育中来。20 世纪五六十年代已经绝迹了的卖淫、嫖娼等社会丑恶现象,如今在有些地方又死灰复燃;包二奶、婚外恋和第三者插足增多,离婚率持续上升等,使传统家庭的稳定受很大的威胁。与此相适应的是,买卖婚姻、童婚交换、拐卖妇女等刑事案件增加,有的地方发展到猖獗之势。如果出生性别比升高得不到有效的扼制,增加了这些丑恶现象存在和活动的温床,对婚姻家庭的稳定和社会秩序的安定极为不利,需要下大力量整治。

其三,就业性别挤压问题。人是生产者和消费者的统一,持续的出生性别比升高造成不同年龄组群人口性别比升高和总人口性别比升高,必然影响到生产、交换、分配、消费各个经济环节,影响到社会经济生活的方方面面。在当前和今后相当长一段时间里,劳动力市场供大于求和失业率较高情况下,出生性别比升高和女性出生数量的相对减少,将会减轻女性劳动力供给过剩的压力,减轻下岗和失业人口中女性所占比例过高"性别歧视"的压力。这是问题的一个方面。另外一个方面,则是男性劳动力供给过剩的加剧,男性劳动力下岗和失业率上升压力的加剧。总体的就业形势不会有大的变化,但是就业和失业的性别挤压加剧了。由此可能引发的,是以女性就业为主体的纺织、医护、幼儿教育、服务业等第三次产业工资率的上升,以及由工资率倾斜引起的对产业结构的影响。

其四,养老保障政策的调整问题。适应我国人口老龄化速度比较快、达到的水平比较高和社会经济发展相对比较滞后形成的"时间差"的客观要求,笔者曾提出积极发展社会供养、继续提倡家庭子女供养、适当组织老年劳动自养,建立社养、家养、自养互相补充"三位一体"的养老保障体系。当前，如果升高了的人口出生性别比持续下去，将给四五十年以后的老年人口性别比带来革命性的变革。老年人口性别比的接连抬升，将从根本上改变孤独老年人口中女性所占比例过高的状况。老年夫妇户、老年夫妇与子女同住户将大量增加，从而加重"三养"体系中家庭子女供养的分量，居家养老方式的重要性将显著增强。

2. 劳动年龄人口增长与就业问题

在人口年龄结构变动中，劳动年龄人口变动是比较敏感也是首先应当引起关注的问题。劳动年龄人口亦称生产年龄人口、劳动适龄人口，是按年龄划分的人口，不管现实中是否从事劳动或生产，甚至不管是否真的具备能够劳动的能力。目前发达国家一般将劳动年龄人口定义为15—64岁人口，发展中国家定义为15—59岁人口。由于我国人口预期寿命已处于发达国家与发展中国家之间，并且有继续延长的趋势，研究未来劳动年龄人口变动，我们采用了15—64岁口径。我国进入"转变后"人口阶段以后，劳动年龄人口怎样变动，如何妥善解决劳动就业问题，事关民生之本，应予特别关注。目前学术界和社会上对此有较大分歧，有的认为，由于我国人口和劳动力过剩，在相当长的时间内劳动力的供给几乎是无限的，不可能出现劳动力供给短缺问题；有的则从过去几年珠三角、长三角出现的"招工难"中，得出劳动力已越过过剩"拐点"转变到短缺，甚至2009年可能出现全面性的短缺。到底哪种情况更符合或接近实际，需要客观地认识和阐释现实的劳动年龄人口、劳动力和就业状况，尤其是以下几个方面的情况：

第一，劳动年龄人口变动趋势与总体就业需求。"转变后"人口以低生育水平的相对稳定为主要特征，出生率的下降和出生人数的减少，是必然要发生的，势必影响到未来劳动年龄人口的数量变动，进而影响到总体劳动力的供给。因此，是否能够满足社会经济发展的需求，会不会出现劳动力短缺，是首先需要弄清楚的问题。根据预测，21世纪上半叶劳动年龄人口变动趋势，参见表1：[①]

---

① 参见《21世纪中国人口发展战略研究》，第449—454页。

表 1　　　　2000—2050 年低、中、高预测 15—64 岁人口变动　　　单位：万人、%

年份	低位预测		中位预测		高位预测	
2000	88798	70.15	88798	70.15	88798	70.15
2005	93822	71.68	93822	71.42	93822	71.21
2010	98301	73.21	98300	72.28	98301	71.51
2015	99682	72.65	99681	70.79	99681	69.34
2020	99170	71.54	99652	69.00	100026	67.10
2025	98102	70.93	99815	68.30	101263	66.39
2030	95221	69.54	98797	67.42	101723	65.71
2035	89562	66.87	95334	65.25	99946	63.79
2040	83448	64.12	91233	62.89	97559	61.57
2045	79040	63.13	88804	62.02	96990	60.73
2050	73701	61.85	85752	61.18	96230	60.19

表 1 三种人口预测，揭示了 21 世纪上半叶 15—64 岁劳动年龄人口变动的基本的趋势。虽然低、中、高三种预测揭示的大致趋势相同，15—64 岁劳动年龄人口绝对数量经过一段时间增长以后，达到峰值并转而呈减少的趋势，总体上都呈倒"U"形曲线变动；但是达到峰值的时间和达到的数值颇有出入。低位预测和中位预测达到峰值的年份为 2017 年，15—64 岁劳动年龄人口分别为 99920 万和 100005 万；高位预测则为 2027 年，数量可达 102612 万。达到峰值以后转而呈下降变动趋势，2030 年低、中、高位预测将分别下降到 95221 万、98797 万、101723 万，2040 年分别下降到 83448 万、91233 万、97559 万，2050 分别下降到 73701 万、85752 万、96230 万。以中位预测为例，15—64 岁劳动年龄人口绝对数量变动，从 2000 年 88798 万增长到 2017 年 100005 万，增加 11207 万，年平均增加 659.2 万，年平均增长速度达到 0.7%。应当说，在劳动年龄人口供给总量上保持这样的增长，是不可能出现劳动力短缺的。需要注意的是，年平均增加 659.2 万是 17 年平均数，实际上增加呈衰减的趋势，前期与后期有所不同。如 2000—2010 年增加 9502 万，年平均增加 950.2 万；而 2010—2017 年间增加 1705 万，年平均增加 243.6 万，比前期减少 706.6

万，仅相当于前期增加数量的1/4。前已论及，我国人口问题属人口和劳动力过剩性质，在劳动力有增无减情况下，不存在劳动力不足问题，应慎言劳动力短缺，避免出现误导。对于珠三角、长三角等发生的"民工荒"，应做具体分析，恐怕主要还是结构性质的，特别是熟练技工的短缺问题。

2017年通过劳动年龄人口峰值以后，供给情况怎样呢？预测表明，要在9.9亿—10.0亿之间波动12年以后开始减少，2030年可下降到9.88亿；2045年可下降到8.88亿，即相当于2000年水平；2050年可下降到8.58亿，相当于1999年水平。2050年以后15—64岁劳动年龄人口仍处于缓慢下降通道，直到2100年尚在6亿以上。这种情况说明，21世纪前半叶中国人口变动如能沿着中位预测轨迹走下去，15—64岁劳动年龄人口总量仍将维持在一个比较高的水平之上，不至于发生劳动力全局性的总量短缺问题。地区性的、结构性的劳动力短缺，是可能发生的，这在后面还将谈到。

这里的关键问题是：进入21世纪以后，中国劳动力究竟是延续过剩还是已经进入短缺状态？对此必须做出明确的判断和回答。因为只有做出明确的判断和回答，才能制定出相应的政策，才能合理地解决劳动力供给与需求的矛盾。如果是前者，则应保持人口和就业政策的某种连续性，依据实际情况，再做出调整和改革；如果是后者，那就要抬高生育率，通过抬高生育率增加未来劳动年龄人口和劳动力的供给。笔者的观点是明确的：以往的人口和劳动年龄人口、劳动力的过剩还在延续，2017年可能走到劳动年龄人口、劳动力过剩延续的"拐点"——由增加到减少；但是减少速度比较缓慢，本世纪中叶以前不至于发生全局性的总体劳动力短缺。历史的经验值得注意。在劳动就业问题上，60年正反两方面的经验都值得总结，从中吸取足够的经验和教训。1949年中华人民共和国成立时，面对的是旧中国留给我们的大量失业人口，我们依靠革命加生产，解决了就业和吃饭问题，这是新中国成立初期一件了不起的成就，深得民众的拥护和爱戴。1957年批判以马寅初为代表的人口节制主义，1958年"大跃进"则大喊"劳动力不足"，形成"人口越多——劳动力越多——生产越多——发展越快"的形而上学"理论"，在造成"三个人的活五个人干"劳动生产率长期提高不快的同时，只好采取知识青年上山下乡、干部下放劳动等逆城市化而动的办法缓解城镇就业压力的增大。1978年党的十一届三中全会做出工作重点转移和实行改革开放重大决策，一方面大大解放和发展了生产力，为劳动力提供了可供就业的场所；另一方面打破由政府劳动部门一手掌管、全民所有制单位一统天下的就业模式，实行广开就业门路的方针，全民所有制、集体所有制、个体所有制单位，以及合资企业、外来独资企业吸收了大量劳动力就业，不仅解决了新增劳动年龄人口就业问题，而且使多年积累下来的大量失业人口得到就业，城镇登记失业率由1978年的5.3%，迅速下降到1985年1.8%的较低水平，取得劳动就业又一件了不起的成就。80年代后期略有升高，90年代以来则呈逐步攀升态势，2002年开始攀升到4.0%以上[①]，2009年国务院要求不超过4.5%，在国际金融危机冲击下有可能创出新高。值得注意的是，这还仅仅是"城镇登记失业率"，并非全社会的真正失业率。何为城镇登记失业率？首先是对城镇讲的，是不包括农村的城镇登记失业率；其次"登记失业"人员，指有非农业户口，在一定的劳动年龄内（16周岁至退休年龄），有劳动能力，无业而要求就业，并在当地就业服务机构进行求职登记的人员；再次是统计和城镇登记失业率的计算：是城镇登记失业人员与城镇单位就业人员（扣除使用的农村劳动力、聘用的离退休人员、港澳台及外方人员）、城镇单位中的不在岗职工、城镇私营业主、个体户主、城镇私营企业和个体就业人员、城镇登记失业人员之和之比。[②] 也就是说，城镇登记失业率一是排除了农民这个目前数量最多的劳动力的就业状况，即将保守一些估计的1.5亿左右农村过剩劳动力排除在外；二是就城镇而言，系指16周岁到退休年龄之间，"无业而要求就业"——没有要求就业者排除在外；"在当地就业服务机构进行求职登记"——无求职登记者排除在外。城镇这两个"排除在外"的劳动力有多少，不得而知，肯定会有一批人存在。农村过剩劳动力视为失业或潜在失业状态，应没有疑义，否则便无"过剩"可言。如此计算下来，全社会城乡失业和潜在失业人口的数量和比率，远不止公布的城镇"登记失业"的数量和比率。我们必须正视一个

---

① 资料来源：《中国人口和就业统计年鉴2007》，第18页。
② 参见《中国统计年鉴2008》，第164页。

现实：在城镇就业人口大幅度增长的同时，随着20世纪80年代经济体制改革广开就业门路功能的基本释放完毕，20世纪90年代以来，则出现失业率不断升高的趋势。关于这一点，即使从统计部门发布的城镇登记失业率变动中，也不难看得出来。参见表2：

表2　　　　　　改革开放以来部分年份城镇登记失业变动　　　　　单位：万人、%

年份	城镇就业人数	城镇登记失业人数	城镇登记失业率
1978	9514	530.0	5.3
1980	10525	541.5	4.9
1985	12808	238.5	1.8
1990	17041	383.2	2.5
1995	19040	519.6	2.9
2000	23151	595.0	3.1
2005	27331	839.0	4.2

资料来源：《中国人口和就业统计年鉴2007》，第18页。

第二，劳动年龄人口素质结构变动与就业需求。除了从总量上考察劳动年龄人口变动与总体就业需求外，还应从质的规定性上，即从劳动年龄人口和劳动力素质、素质结构与就业需求的关系上做出考察。关于劳动年龄人口的素质状况，同总体人口素质不够高的情况大体相似，是总体人口素质更为集中的表现。2006年国家统计局进行了全国人口和劳动力的抽样调查，取得比较完整的数据资料。该抽样调查时点为2006年11月1日零时，以全国为总体，以各省、自治区、直辖市为次总体，采用分层、多阶段、整群概率比例抽样方法，在全国31个省、区、市共抽取1895个县（市、区）、3469个乡（镇、街道）、11837个调查小区中的119万人，无论样本量还是抽样方法，都是比较好的，有着充分的代表性。调查汇总的资料显示：全国就业人口中，未上过学所占比例为6.7%，小学所占比例为29.9%，初中所占比例为44.9%，高中所占比例为11.8%，大专所占比例为4.3%，大本所占比例为2.15%，研究生以上所占比例为0.2%。[1]根据这一比例并按照前面提出的计算公式和给定的系数计算，2006年相当

---

[1] 资料来源：《中国人口和就业统计年鉴2007》，第136页。

于人均所受教育年限的劳动者教育指数为8.2,略高于6岁以上人口0.3。这说明,当前劳动年龄人口平均所受教育年限尚不足9年,总体水平仍然比较低。

劳动年龄人口同就业之间的矛盾,还表现在劳动者素质结构与就业需求的不相匹配上。以2006年农、林、牧、渔业与建筑业,制造业,房地产业,信息传输、计算机服务和软件业为例,就业人员的教育素质结构,如表3所示:

表3　　　　　2006年部分行业就业人员教育素质比较　　　　　单位:%

受教育程度	农、林、牧渔业	建筑业	制造业	房地产业	信息传输、计算机服务和软件业
未上过学	10.1	1.7	1.3	0.5	0.3
小　　学	40.4	21.6	15.1	5.9	2.6
初　　中	44.4	55.6	55.0	28.2	19.4
高　　中	4.8	15.2	21.0	32.5	30.2
大学专科	0.2	4.4	5.2	22.3	26.8
大学本科		1.5	2.2	10.0	17.9
研究生及以上		0.1	0.2	0.5	2.5

资料来源:《中国人口和就业统计年鉴2007》,第136页。

表3表明,例举的五种行业就业人口教育素质比较,相当于平均所受教育年限的人口教育素质指数,自左至右由低向高排列,依次为农、林、牧、渔业6.88,相当于初中一年级水平;建筑业8.98,相当于初中三年级水平;制造业9.52,相当于高中一年级水平;房地产业11.99,相当于高中三年级水平;信息传输、计算机服务和软件业12.67,相当于大学和大专一年级水平。以农、林、牧、渔业人口教育素质指数6.88为100,则其余四种行业教育素质指数分别为:建筑业130.52,制造业为142.51,房地产业为174.27,信息传输、计算机服务和软件业为184.16,均比农、林、牧、渔业高出很多。这是就平均数意义上讲的。分开来看,受教育程度越低和越高,则差距越大。如未上过学,农、林、牧、渔业占10.1%,建筑业一下子下降到1.7%,信息传输、计算机服务和软件业更下降到0.3%,多为该行业的工勤服务人员;大学专科农、林、牧、渔业仅占0.2%,建筑业上升到4.4%,信息传输、计算机服务和软件业则上升到

26.8%；大学本科和研究生农、林、牧、渔业没有，两项合计建筑业占1.6%，信息传输、计算机服务和软件业则占到20.4%，即占到该行业1/5强。劳动年龄人口教育素质不高和素质行业结构严重失衡，给劳动力的自由流动带来相当大的困难，特别是农村剩余劳动力向城镇的自由流动。他们中的绝大多数只能转移到人口教育素质相对比较低的行业，如采矿业、建筑业、住宿和餐饮业、居民服务和其他服务业等。近年来在珠三角、长三角地区发生的"民工荒"，一方面表明上述人口教育素质较低的行业吸纳的外来农民工已经饱和或基本饱和，农民工进城之后，很难在这些行业之外的其他行业找到他们能够胜任的职业岗位；另一方面随着珠三角、长三角地区产业结构升级和技术构成的提高，企业需要的具有较高教育素质的劳动力得不到及时的补充，于是出现了"招工难"。一时间，进城务工农民找不到就业岗位，城镇空缺的岗位却找不到合适的劳动者同时存在，恐怕"迷底"就在农民工教育素质不高上。

第三，就业结构与产业结构。在工业化、信息化、现代化过程中，产业结构呈现有规律性的变动，产业结构调整有着自身的发展规律，就业结构也要随着做相应的调整。目前，实现了现代化的发达国家，以农业为主体（有的国家包括采矿业）的第一次产业就业比例，已经下降到相当低的程度；以制造业为主体的第二次产业的劳动就业比例，则经过先上升、后下降的变动过程；以服务业为主体的第三次产业就业比例，总体上观察，处在稳步上升过程，成为就业所占比例最高和人口数最多的产业。主要发达国家三次产业就业结构变动，如表4所示：

表4　　　　　　　　**2005年主要发达国家三次产业就业结构**　　　　　　单位：%

国　　家	第一产业	第二产业	第三产业
日　　本	4.4	27.9	66.4
加　拿　大	2.7	22.0	75.3
美　　国	1.6	23.2	77.8
德　　国	2.4	29.7	67.8
意　大　利	4.2	30.7	65.1
英　　国	1.4	22.0	76.3
澳　大　利　亚	3.6	21.1	75.0

资料来源：《中国统计年鉴2008》，第1018页。

表4说明，主要发达国家现代产业就业结构发生了巨大变化：第一次产业就业比例下降到占全部就业比例的5%以下，最低的英国只占1.4%，美国只占1.6%；第二次产业就业比例除意大利略高一点儿外，其余均在30%以下，澳大利亚、加拿大、英国更在22%以下；第三次产业所占比例则上升到占65%以上，美国、英国、加拿大、澳大利亚更上升到占75%以上。中国在走向工业化、信息化、现代化过程中，发达国家经历过的劳动力由第一次产业向第二、第三次产业转移的总的发展趋势，有着一定的普遍性当没有异议，只是第一、第二、第三次产业就业比例不一定达到那样的程度。如农业就业仅占5%，恐怕难以达到；服务业就业占到65%以上，也是很难达到的。

当前的主要问题是，三次产业结构与三次产业就业结构不相匹配，参见表5、表6：

参照工业化国家三次产业结构与三次产业就业结构变动的一般规律，第一次产业占GDP的比例下降到10%左右时，第一次产业就业比例最多只能占到25%左右，而我国却占到40%，就业结构严重地滞后于产业结构的变动。从事第一次产业占全部就业人口40%左右的劳动者仅创造10%左右的国内生产总值，无论从哪个角度说，都是一种极不合理的现象，说明第一次产业劳动年龄人口和劳动力过剩问题的严重。这种三次产业结构与三次产业就业结构严重的不合理现象的存在，妨碍着农业劳动生产率的提高和农民生活水平的提高，必须将农村过剩的劳动力和人口从土地上解放出来，转移出去。

表5　　　　　　　　　改革开放以来中国三次产业结构变动　　　　　　　单位：%

年　份	第一产业	第二产业	第三产业
1978	28.2	47.9	23.9
1985	28.4	43.1	28.5
1990	27.1	41.3	31.6
1995	20.6	48.4	31.3
2000	15.1	45.9	39.0
2005	12.6	47.5	39.9
2007	11.3	48.6	40.1

表6　　　　　　　改革开放以来中国三次产业就业结构变动　　　　　　　单位:%

年　份	第一产业	第二产业	第三产业
1978	70.5	17.3	12.2
1985	62.4	20.9	16.7
1990	60.1	21.4	18.5
1995	52.9	23.0	24.1
2000	50.0	22.5	27.5
2005	44.8	23.8	31.4
2007	40.8	26.8	32.4

资料来源:《中国统计年鉴1996》,第30页;《中国统计年鉴2006》,第34页;《中国统计年鉴2008》,第12页;中国统计出版社1996、2006、2008年版。

关于农村剩余劳动力和剩余人口转移的途径,主要的方向是转向城镇工商业,即走人口城市化道路,这是首先必须肯定的。但是,是单纯地依靠人口城市化完成,还是兼顾其他道路,实现多渠道的转移?笔者认为,必须从实际出发,尽可能兼顾其他渠道。主要的理由:一是中国人口众多,而且至今农村人口仍占到54%左右,数量达7亿以上,需要转出去的人口3亿—4亿,转移数量之多、规模之大,是中外人口史上从未有过的,单纯依靠城市化一条道路很难完成。二是中国人多地少主要是耕地少,960万平方公里陆地面积中,有山地320万平方公里,占33.3%;高原250万平方公里,占26.0%;盆地180万平方公里,占18.8%;平原115万平方公里,占12.0%;丘陵95万平方公里,占9.9%。耕地少但耕地以外的其他土地广阔,如果开发利用得当,可容纳相当数量的人口。三是从一个传统的农业国向现代工业国转变,特别是几千年来形成的农耕文明,对人口迁移和流动有着一定的影响,"故土难离"有着深刻的文化内涵。四是城市第二、第三次产业的发展要有一个过程,在一定的时间内吸纳农民进城的数量是有限度的。有鉴于此,二十多年前笔者曾提出和论证以种植业为主的农村剩余劳动力的转移,第一步,向城镇工商业转移1/3、向乡镇企业转移1/3和向林、牧、渔业转移1/3的"三三制"转移策略。待到工业化发展到发达阶段以后,再进行第二步,完成向现代三次产业就业结构的转移，实现三次产业结构与三次产业就业结构的合理配置。

3. 人口老龄化与老龄化问题

人口老龄化是人口年龄结构变动中的一个组成部分，是接续劳动年龄人口变动的人口变动，也是当今世界倍受关注的人口年龄结构变动问题。

（1）世界人口老龄化趋势

人口学研究表明，20世纪是世界人口爆涨的世纪，21世纪则是人口老龄化的世纪，前半叶老龄化推进的速度可能要更快一些。依据联合国的中位预测，世界60岁以上老年人口比例可由2000年的10.0%，上升到2025年的15.0%，2050年的21.4%；65岁以上老年人口比例可由2000年的6.9%，上升到2025年的10.5%，2050年的15.9%；年龄中位数可由2000年的26.4岁，上升到2025年的31.9岁，2050年的36.8岁。分开来看，发达国家60岁以上老年人口比例可由2000年的19.4%，上升到2025年的27.7%，2050年的32.3%；65岁以上老年人口比例可由2000年的14.3%，上升到2025年的21.0%，2050年的25.9%；年龄中位数可由2000年的37.3岁，上升到2025年的43.3岁，2050年的45.2岁。发展中国家60岁以上老年人口比例可由2000年的7.7%，上升到2025年的12.7%，2050年的19.7%；65岁以上老年人口比例可由2000年的5.1%，上升到2025年的8.5%，2050年的14.3%；年龄中位数可由2000年的24.1岁，上升到2025年的30.0岁，2050年的35.7岁[①]。2000—2050年世界人口老龄化趋势，如图2所示：

图2显示，21世纪上半叶世界65岁以上老年人口比例上升很快，但在前25年和后25年发达国家和发展中国家有着不同的变动轨迹。发达国家前25年老年人口比例上升6.7个百分点，后25年上升4.9个百分点，后25年比前25年减少1.8个百分点；发展中国家前25年上升3.4个百分点，后25年上升5.8个百分点，后25年比前25年增加2.4个百分点。这表明，到本世纪中叶，发达国家人口老龄化已成强弩之末，老年人口比例上升的空间有限；发展中国家老年人口比例上升仍比较迅速，还有相当长的一段上升空间。

---

① 资料来源：United Nations, *World Population Prospects*, The 2004 Revision, pp. 22—24.

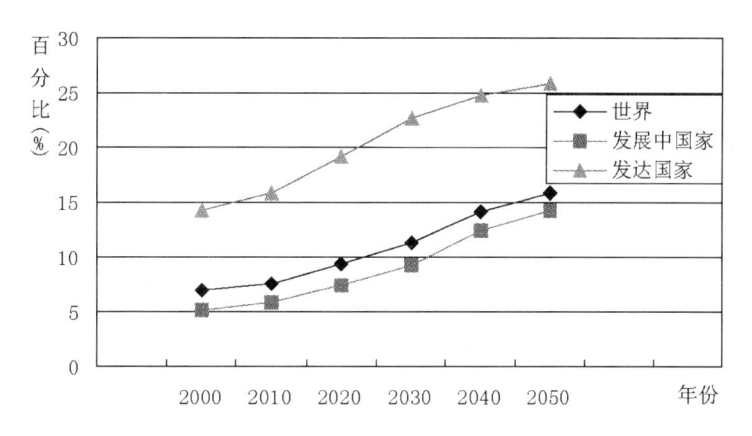

图 2　2000—2050 年世界 65 岁以上老年人口比例变动

由于发达国家出生率的下降和出生人数的减少、占世界人口比例的下降，世界人口老龄化趋势主要取决于发展中国家人口老龄化的进程，呈现出后 25 年比前 25 年高出 1.8 个百分点的情况。因此，到 2050 年世界 65 岁以上老年人口比例达到 15.9% 时尚未达到峰值，只是以后老龄化加深的速度会有所减慢。21 世纪下半叶，发达国家人口老龄化呈基本稳定态势，即使有所升高也十分有限；发展中国家还要继续升高，65 岁以上老年人口比例大致可上升至 20% 左右，并在这一水平上下波动。预测表明，20 与 21 世纪之交世界人口步入老年型年龄结构，前 25 年可视为老龄化启动阶段，后 25 年可视为加速推进阶段，而 21 世纪下半叶 50 年可视为继续加深并达到相对稳定阶段。也就是说，世界人口年龄结构老龄化从进入到基本稳定，将主要在 21 世纪完成，21 世纪是人口老龄化的世纪，人口老龄化成为 21 世纪人口变动和发展一大最值得重视的发展趋势。

（2）中国人口老龄化特点

与世界人口老龄化比较，21 世纪中国人口老龄化将具有一些明显的特点。主要是速度比较快和达到的水平比较高、老龄化在时间推进上具有阶段和累进的性质、在空间分布上具有城乡和地区发展不平衡的特点。

① 老龄化速度比较快和达到的水平比较高。前面提到，评价人口老龄化水平主要有 60 岁或 65 岁以上老年人口比例、总体人口年龄中位数、60

岁或65岁以上老年人口与0—14岁少年人口之比即老少比等指标。显然，未来半个多世纪老年人口的绝对数量已是定数，只需要逐年减掉每年的年龄别死亡人口；但是影响老龄化程度的，还有生育率和出生人口的数量，以及死亡率和预期寿命延长的情况。为了简便起见，我们的分析只择取老年人口比例变动一个指标。

2000年年底中国跨进老年型年龄结构门槛，直到2050年达到23.07%，21世纪后半叶基本在这一水平上下波动。中国人口老龄化这样急剧的变动，可用"快"和"高"两个字来概括。所谓快：从进入老年型年龄结构到达到老龄化严重阶段，我们要花20年左右，中位预测2020年65岁以上老年人口比例可达到12.04%，进入严重阶段；而世界达到这一水平的国家，一般都要花费五六十年的样子。老年人口比例从7%达到17%，我们要花费30多年的时间，到2032年65岁以上老年人口比例可达17%左右；而发达国家作为总体则要花费六七十年的时间，依据联合国的预测，发达国家65岁以上老年人口比例可从1950年的7.9%，上升到2015年的17.4%，耗时是我们的2倍；而最长的法国，则耗时在一个半世纪左右，联合国的中位预测显示，到2013年法国65岁以上老年人口比例方能达到17%以上；只有日本同我们相当，65岁以上老年人口比例从1970年的7.1%，上升到2000年的17.2%花了30年时间。所谓高：即老龄化达到的水平比较高。2050年65岁以上老年人口比例达到23.07%，届时将比世界15.9%高出7.17个百分点，比发展中国家14.3%高出8.77个百分点，比发达国家25.9%仅低2.83个百分点。[①] 居于仅次于发达国家，高于世界总体水平，更高于发展中国家水平，是老龄化最严重的发展中国家。

② 老龄化在时间推进上具有阶段和累进的性质。这主要是由以往人口出生、死亡自然变动引起的。前已叙及，1949年中华人民共和国成立后，人口的自然变动经历1949—1952年的人口再生产类型转变、1953—1957年的第一次生育高潮、1958—1961年的第一次生育低潮、1962—1973年

[①] 资料来源：国外部分参见 United Nation, *World Population Prospects*, *The 2004 Revision*, pp. 22—24。

的第二次生育高潮和 1974 年以来的第二次生育低潮五个历史阶段。人口的这种变动，形成迄今为止由年轻型过渡到成年型，再由成年型过渡到老年型的年龄结构。表现在人口年龄结构金字塔中，塔身最宽大部分为 1962—1973 年第二次生育高潮期间出生，即金字塔中 27—38 岁年龄组人口。这部分人口有多少？至今尚有 3 亿左右，这是研究中国人口变动和人口问题最值得关注的人口组群。这 3 亿人口组群于 1977—1988 年进入 15 岁以上成年人口，其中绝大多数于 1980—1991 年成长为正常的劳动力，对就业形成巨大的压力；同时也开始了劳动年龄人口所占比例高、老少被抚养人口所占比例低的人口年龄结构变动的"黄金时代"，成为可以获取"人口盈利"、"人口红利"的经济发展最佳时期。按照全国城乡合妇女年龄别生育率峰值 24 岁计算，1986—1997 年通过生育旺盛期，本该有一个生育高潮出现；但是由于继续加强人口控制和贯彻落实计划生育基本国策，实践中并没有出现持续长达 10 多年的生育高潮，而仅仅在 20 世纪 80 年代中后期有所表现。这部分 3 亿组群人口未过渡到 60 岁或 65 岁老年之前，人口老龄化不会过于严重；而当这部分庞大人口组群过渡到老年之际，老龄化严重阶段和老龄化高潮期就到来了。这从本源上决定了未来半个世纪内特别是 2040 年以前的人口老龄化，在时间跨度上具有阶段和累进的特点。2040 年以后由于受预期寿命延长影响，老龄化水平居高不下，致使未来半个世纪或更长一些时间的人口老龄化，呈 S 型走势，可称之为中国人口老龄化的 S 运动轨迹。这个 S 型的三阶段老龄化变动的具体情况是：

第一阶段 2000—2020 年为一般上升阶段，65 岁以上老年人口比例可由 6.92% 上升到 12.04%，升高 5.12 个百分点，年平均升高 0.26 个百分点；

第二阶段 2020—2040 年为加速上升阶段，老年人口比例可上升到 2040 年的 21.96%，升高 9.92 个百分点，年平均升高 0.50 个百分点。这一速度为第一阶段一般上升时的 1.92 倍，充分体现累进增长的性质。

第三阶段 2040 年以后为微升和相对稳定阶段，老年人口比例可上升到 2050 年的 23.07%，比 2040 年升高 1.11 个百分点，年平均升高 0.11 个百分点；2100 年可微升到 24.41%，50 年中微升 1.34 个百分点，呈基本稳定态势。

这三个阶段人口老龄化S曲线的变动轨迹，如图3所示：

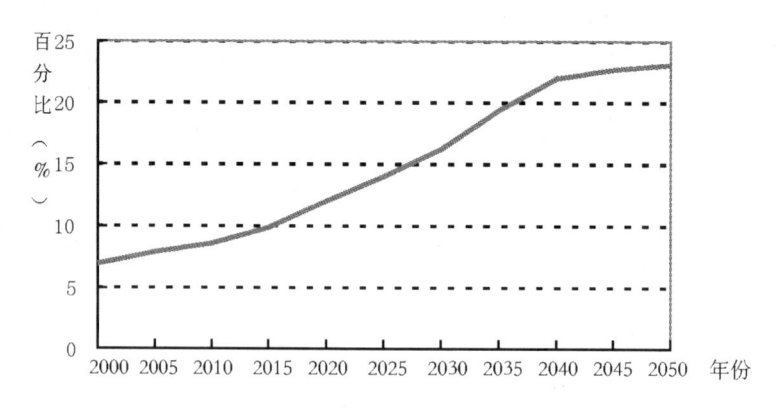

图3 2000—2050年65岁以上老年人口比例变动

③ 老龄化在空间上具有城乡和地区分布不平衡的特点。上述老龄化进程中表现出的特点，是就全国总体而言的。然而，由于中国幅员辽阔，地理条件相差很大，经济、文化、科技、社会发展水平参差不齐；更直接和更重要的，是以往人口出生、死亡自然变动差别较大，造成城乡、地区之间人口老龄化的某种差异。

其一，老龄化城乡之间的差异。20世纪80年代伊始，中国人口年龄结构跨进成年型；紧接着便开始了向着老年型的过渡，1982年第三次全国人口普查表明，65岁以上老年人口所占比例达到4.41%。然而这种过渡在城乡之间表现出某种差异：该年普查65岁以上老年人口比例由高至低依次为：县占5.00%，市占4.68%，镇占4.21%，农村过渡的速度更快一些。1990年"四普"这一趋势延续下来，当年全国65岁以上老年人口比例上升到5.57%，县上升到占5.64%，市上升到占5.53%，镇上升到占5.49%，由高至低排列次序依旧为县、市、镇，只是差距比"三普"时有所缩小。2000年"五普"全国65岁以上老年人口比例上升到占6.96%，县、市、镇之间的差距不但得以继续，而且有所扩大：县上升到占7.74%，市上升到占7.00%，镇上升到占6.25%。1982年、1990年、2000年这三次人口普查相比，县、市、镇65岁以上老年人口所占比例比较，由 1.00∶0.94∶0.84、1.00∶0.98∶0.97，扩大到 1.00∶0.90∶0.81，县老年人口比例上升幅度更大一些。为什么会造成乡村、市、镇之间老年人口比例差距的扩大呢？基本的原因是流动和迁移人口的持续增长，特别是 20 世纪 90 年代中期以后的大量增长。2000 年"五普"资料显示，以居住在本地区半年以上计算的全国迁移人口达到 144390748 人，扣除本县（市）其他街道、镇人口和本市区其他街道、镇人口后，其余 92870183 人主要为本市区其他乡和外省迁入的农村进入城镇人口。也就是说，这 9000 多万中的绝大多数为事实上的由农村迁入城镇的城镇人口。其中迁出最多的前五位是：四川省 6937793 人，安徽省 4325830 人，湖南省 4306851 人，江西省 3680346 人，河南省 3069955 人。这些大量的迁移人口中主要以年轻劳动力居多，老年人口所占比例很小；少年人口比例也不高，但是当迁入城镇并基本定居下来以后，则开始在城镇生育，最终形成农村老年人口比例上升，致使农村老龄化程度相对高于城镇的差距扩大。[①] 然而城镇是一个包括市和镇的一个集合概念，分开来看，市与镇的老年人口比例相差许多，近年来的差距也在扩大。加上市、镇、县在出生率的差别，从而少年人口作为衡量老少比和老龄化分母效应的作用，到 2003 年情形发生根本性转变：该年全国人口抽样调查表明，全国作为总体 65 岁以上老年人口比例上升到 8.51%，县、市、镇 65 岁以上老年人口比例却分别变动到 8.39%、9.31%、7.61%，[②] 老龄化严重程度由高至低变为市、县、镇，市由原来的第二位上升到第一位，县由原来的第一位退居到第二位。事实上，像上海等一批特大和大城市已步入老龄化严重阶段，将来也会成为第一批超高老龄化城市。可以预料，当 2010 年城镇人口达到将近 50% 的时候，农村人口向城镇人口转移速度减慢；2020 年城镇人口超过 60% 以后，农村人口向城镇转移速度进一步减慢，其后农村人口老龄化速度便会减慢，城镇特别是较大的城市人口老龄化速度步伐会有所加快。

其二，老龄化地区之间的差异。上述人口流动和迁移，不仅左右着

---

① 依据《中国 1982 年人口普查资料》，中国统计出版社 1985 年版，第 314—315 页；《中国 1990 年人口普查资料》，中国统计出版社 1993 年版，第 6—16 页；《中国 2000 年人口普查资料》，第 803—811 页提供的数据计算。

② 依据《中国人口统计年鉴 2004》第 6、9、12、15 页数据计算，中国统计出版社 2004 年版。

市、镇、县之间老龄化程度的差异，而且对地区之间的年龄结构老龄化和老龄化向纵深发展产生一定的影响。2007年全国65岁以上老年人口比例达到9.36%，超过10%的省、直辖市有11个，其中上海达到14.25%，居全国之首，接近发达国家总体水平；其次重庆达到11.68%，江苏达到11.52%，分别居于第2位和第3位，接近老龄化严重水平；其余高于10%的8个省、直辖市是：天津10.85%、辽宁10.63%、浙江10.63%、四川10.56%、安徽10.50%、湖南10.33%、北京10.20%、福建10.08%，分别居于第4—11位。处于10%以下但高于全国平均水平的有三个省：湖北9.88%，山东9.74%，陕西9.64%。其余17个省、自治区均低于全国平均水平。其中低于7%的有四个省、自治区：最低的宁夏只有6.24%，以下青海6.52%、西藏6.65%、新疆6.81%；处于7%—8%之间的有五个省：山西7.30%，广东7.36%，云南7.45%，河南7.57%，甘肃7.82%；处于8%以上但低于全国平均水平的有八个省、自治区：内蒙古8.17%，贵州8.30%，吉林8.81%，河北8.86%，海南8.86%，黑龙江8.94%，江西8.95%，广西9.19%。[①]
20世纪90年代按60岁或65岁以上老年人口比例划分，东部、中部、西部"三大板块"态势明朗，老龄化程度自西向东逐步加深，呈现三级阶梯分布；进入21世纪以来出现复杂变动，东部有的省市老年人口比例上升趋缓，西部有的省市上升加速，至目前为止，出现了新的老龄化分布格局。主要是中部与西部比较，中部老年人口比例由过去高于西部变动到与西部基本持平，中西部"两大板块"合二而一了。与此相适应，老龄化分布则由三级阶梯变成二级阶梯，由东、中、西"三大板块"变动到东部与中西部"两大板块"格局。

（3）中国人口老龄化问题

面对人口老龄化加速推进，老龄化在城乡、地区之间分布变动新格局，老龄化问题越来越紧迫、越来越复杂地摆在我们面前。关于老龄化问题，学术界和社会上有老龄问题、老年人口问题、老年人问题、老化问题等多种提法，但是均没有明确的界定。笔者用了老龄化问题，界定为由人

---

① 资料来源：《中国统计年鉴2008》，第97页。

口年龄结构老龄化带来的问题，它包括老年人口问题和老龄化影响问题两个方面。这里强调的，一是将老年人口问题放到人口老龄化过程之中考察。在没有发生人口老龄化的时候，老年人口问题早已存在；然而放到人口老龄化之中考察就不一样了，不仅带有社会的普遍性，而且性质也有所不同。二是"老年人口"问题不同于"老年人"问题，我们考察的是老年人口总体而不是个体的老化问题。

① 老年人口问题。在 21 世纪上半叶我国加速走向老龄化严重阶段过程中，老年人口问题集中表现在如何满足与日俱增的老年人口需要上面。一般认为，包括老年在内的人口的需要，可以分成生存需要、享乐需要和发展需要三个层次。生存需要是最基本的需要。如果不能满足老年人口的生存需要，生命的生产和再生产便无法正常进行，其他需要也无从谈起。满足老年人口生存需要最主要的问题，一是经济保障，确保老有所养；二是医疗健康保障，确保老有所医。

其一，老年人口的经济保障问题。经济是基础，老年人口的经济保障是最基本的保障，是老年人口保障体系的核心。纵观世界以经济保障为主体的养老保障体系，可大致分为三种类型：一类是以社会养老保障为主，由国家和企业将养老保障统包统管起来；二类是以家庭养老保障为主，主要由子女将养老保障承担起来；三类是社会养老保障与家庭养老保障相结合，实行城乡分离的结构养老保障体系。具体到中国，1949 年中华人民共和国成立以前，实行的是家庭养老保障，父母养老的任务主要落在子女身上。人们把"养儿"当作"防老"的主要手段，充分体现经济上代际交换原则，父母哺育子女和子女反哺父母融为一体，几乎没有国家和社会的任何养老保障。新中国成立后，首先在国有企事业单位实行老年离退休制度，从此揭开城乡分离的二元养老保障体制，全社会则走上社会养老与家庭养老相结合的结构型养老保障体系。因此，有必要分开城镇与乡村，分别阐述不同的养老保险制度。

在城市，1978 年改革开放以前，实行的是现收现付式养老保障。所谓现收现付，就是老年人口离退休后，按月领取相当于工资一定比例的离退休金，但是领取的离退休金并非离退休本人创造或过去创造的积累，而是在职职工现实劳动创造中的一部分，拿出来作为离退休金支付。这种现收现付式养老保障制度并非我们的发明，社会保障制度比较完备的德国，是这种养老保障的典型代表。不过实行现收现付要有一定的条件，主要是：国民经济发展要达到较高水平，有能力应对在没有养老金足够积累和退休人员不断增长情况下，按时支付养老金；有健全的养老和税收制度，保证给付按法律规范程序操作和运行，并在税收政策等方面适度向退休金倾斜；人口年龄结构处于年轻型或成年型，至少老龄化不很严重，退休压力不是很大。20世纪50年代我国经济发展水平很低，本不具备这样的条件，为什么在城市能够启动和实施现收现付式的老年退休制度呢？主要是两条：一是人口年龄结构比较轻，是典型的年轻型人口类型，这种年轻型人口持续了将近30年，离退休老年人口比例和数量增长不快，离退休金增长压力不大。二是在计划经济体制下，包括离退休金在内的国民收入再分配，完全在高度集中统一的计划经济掌管之下，能够为离退休金的分配到位提供保证。1978年改革开放以后，情况发生了变化：在人口方面，随着生育率和出生率的下降，人口年龄结构在完成由年轻型向成年型转变之后，开始了向着老年型的转变，转变的速度有所加快；高度集中统一的计划经济体制逐步让位于市场经济体制，经济运行机制逐步发生根本性转变，企业分配制度的改变使原来现收现付制度受到威胁和挑战，必须对养老保障制度进行改革。改革进行了多次，特别是1997年《国务院关于建立统一的企业职工基本养老保险制度的决定》，重申了1995年《国务院关于深化企业职工养老保险制度改革的通知》基本精神，明确了改革的方向：到本世纪末，要基本建立起适应社会主义市场经济体制要求，适用城镇各类企业职工和个体劳动者，资金来源多渠道、保障方式多层次、社会统筹与个人账户相结合、权利与义务相对应、管理服务社会化的养老保险体系。企业职工养老保险要贯彻社会互济与自我保障相结合、公平与效率相结合、行政管理与基金管理分开等原则，保障水平要与我国社会生产力发展水平及各方面的承受能力相适应。各地区和有关部门要在国家政策指导下大力发展企业补充养老保险，同时发挥商业保险的补充作用。规定企业缴纳基本养老保险费的比例，一般不得超过企业工资总额的20%；个人缴纳基本养老费比例，1997年不得低于本人工资的的4%，1998年起每两年提高1个百分点，最终达到本人工资的8%；按本人工资11%的数额为职工建立基本养老保险个人账户，个人缴费全部记入个人账户，其余部分从企业缴费中划入，最终达到个人占8%、企业占3%，累计缴纳15年。退休后按月发给基本养老金。基本养老金由基础养老金和个人账户养老金组成，退休时的基础养老金月标准为省、自治区、直辖市或地（市）上年度职工月平均工资20%，个人账户养老金月标准为本人账户储存额除以120。个人缴费年限累计不满15年的，退休时不享受基础养老金待遇，其个人账户储存额一次支付给本人。本决定实施前已经离退休的人员，仍按国家原来的规定发给养老金。该《决定》要求进一步扩大养老保险覆盖范围，逐步扩大到城镇所有企业及其职工；城镇个体劳动者也要逐步实行基本养老保险制度，其缴费比例和待遇由省、自治区、直辖市人民政府参照本决定精神确定。《决定》还对制定企业职工养老基金条例和管理，逐步由县级统筹向省或省授权的地区统筹过渡，提高社会保险管理服务的社会化水平等，提出具体要求，对推动建立统一的企业职工基本养老保险制度起到重要的作用。[①]

然而这项社会统筹与个人账户相结合的养老保障改革，存在不少难以解决的问题，突出的是隐性债务问题和养老金空账风险问题。《决定》规定：本决定实施前已经离退休的人员，仍按国家原来的规定发给养老金，同时执行养老金调整办法。就是说，对已经离退休的人员，不变更原来的现收现付制度，用在职职工创造的收入支付离退休人员的离退休金。实际上，这是一笔数量相当庞大的隐性债务。同时《决定》还规定：本决定实施前参加工作，实施后退休且个人缴费和视同缴费年限累计满15年的人员，按照新老办法平衡衔接，待遇水平基本平衡等原则，在发给基础养老金和个人账户养老金的基础上再确定过渡性养老金，过渡性养老金从养老保险基金中解决。"过渡性养老金从养老保险基金中解决"，等于养老基金又要支出相当一笔费用，从而加剧着隐性债务的积累效应。目前国内外对社会统筹与个人账户相结合的养老保障制度实行后隐性债务的估计，从一二万亿元到七八万亿元不等，但有一点共识，即这是一笔很大的隐性债

---

① 参见田雪原主编《中国人口年鉴1998》，中国民航出版社1998年版，第27—28页。

务，蕴含着一定的养老金支付风险。由于在经营管理上，实行的是养老金社会统筹和个人账户混合管理，对个人以一本账支付，剩余部分继续储存起来作为基金，在统筹基金不足情况下，便只能动用个人基金支付，这就出现基金个人账户空账或部分空账运行的问题。必须引起注视的是，随着人口老龄化的加深和老年人口的累进增长，养老金隐性债务和空账运行的风险在不断增大，存在重新回到或部分回到现收现付老路上去的可能性。

在农村，老年人口经济来源一直以子女供给为主。笔者主持的中国1987年60岁以上老年人口抽样调查表明，在农村老年人口本人劳动收入、退休金、亲友赠送、子女供给、出售财物、储蓄借贷以及其他七种经济来源中，子女供养比例高达67.5%，其次本人劳动所得占26.2%，其余各项所占比例均很低，5项相加还不到7%。而且在农村老年人口这个弱势群体中，相对越弱的群体依靠子女供养的程度越高：男性与女性老年人口比较，男性占52.6%，女性却占到80.7%；不同老年人口年龄组群比较，随着老年人口年龄组群的升高子女供养的比例也在不断升高：60—64岁子女供养比例为45.2%，70—74岁上升到83.5%，80—84岁上升到95.1%，90岁以上上升到95.8%。[①] 1991年中国老龄科研中心老年人供养体系调查提供的资料表明，农村60岁及以上老年人完全依靠家庭养老的占63.4%，而城市仅为16.2%。2001年国家计划生育委员会农村家庭发展课题组调查提供的资料，农村60岁以上老年人口经济来源中，虽然依靠子女供给的比例下降到占50.6%，但是仍然占据各种经济来源的首位。不过1987—2001年农村子女供养所占比例由67.5%下降到50.6%，降低16.9个百分点，年平均降低1.2个百分点，下降速度之快超出一般人的预料。

为什么农村家庭子女供养比例下降如此之快，农村家庭养老发生了什么事情？众所周知，在历史发展的不同阶段，家庭的功能是不断发生变化的。结合我国实际，如农村人民公社化以后，"一大二公"使家庭基本上丧失了生产的功能；但是有的功能则没有改变，如生育功能，生儿育女依

---

① 资料来源：《中国1987年60岁以上老年人口抽样调查资料》，《中国人口科学》专刊（1）1988年1月，第28—29页。

然还是家庭的基本功能；有的功能在一段时间内丧失，在经济、社会发生某种重大变动以后，可能又有所恢复，如农村实行联产承包责任制以后，家庭又恢复了生产的功能。就农村老年人口经济保障而论，家庭子女供养所占比例不断下降是符合发展规律的。从社会生产力发展角度观察，改革最早从农村开始，以联产承包责任制为主要形式的改革，大大解放了农业劳动生产率，不仅解决了广大农民的温饱问题，而且由于生产的发展和收入的增加，农民普遍有了一定数额的积累，可以为养老而储蓄，也可以投保农村养老保险。据统计，2007年末全国参加不同水平、不同形式的农村社会养老保险的人口达到5171.5万，占全部农村人口72750万的7.1%，占65岁以上老年人口6325万的81.8%。[1] 这说明，二元养老保障体制正在被打破，农村社会化养老取得明显进展。从代际关系角度观察，市场经济体制的建立，商品观念的空前增强，价值取向发生微妙但却是越来越显著的变化，在很大程度上削弱了传统的价值观，削弱了代际之间血缘和亲情的价值观，交换价值获得升值。常常听到年轻人的评论或者叫作发牢骚：爱情值几个钱！孝顺值几个钱！长辈值几个钱！把父子、母子、亲情、友情一股脑地摆到交换价值天平上去衡量，使传统的孝文化贬值。各地拒不赡养父母、虐待老人的案件上升，占各种刑事案件的比例节节攀升，是包括新一代独生子女在内的价值取向改变的结果。从家庭角度观察，是家庭规模小型化带来的结果。旧中国以四世同堂、五世同堂的大家庭为荣耀，儿孙满堂为追求幸福的目标，在几世同堂的大家庭中，有一套包括孝敬父母在内的颇为严厉的族规和家法，老年人享有包括经济保障在内的养尊处优的权利。新中国成立60年来，四世同堂和五世同堂的大家庭基本不复存在了，家庭小型化趋势一步步加深。以五次人口普查每户人口规模为例，1953年为4.33人/户，1964年为4.43人/户，1982年为4.41人/户，1990年为3.96人/户，2000年为3.44人/户。[2] 其中以20世纪80年代大力提倡一对夫妇生育一个孩子以来减少最快，2007年进一步

---

[1] 依据《中国统计年鉴2008》第87、902页提供的数据计算；田雪原等著《21世纪中国人口发展战略研究》第441页提供的数据计算。

[2] 资料来源：《人口和计划生育常用手册》(2003)，第60—61页。

减少到 3.24 人/户。其中以 3 人户所占比例最高，达到 30.36%；其次为 2 人户，达到 24.43%；再次为 4 人户，达到 20.89%；以下 5 人户占 10.11%，1 人户占 8.94%，6 人户占 3.75%，7 人以上户占 1.52%。① 在一个以一对夫妇与一个孩子核心家庭为主体的家庭结构中，孩子成为家庭的核心和希望，备受父母及周围亲属的关爱，容易滋生以我为核心的理念和娇骄二气，遂使孝敬父母的观念淡薄。而且，在这样的小规模家庭里，是否在经济上为父母提供帮助外人无法知晓，更不像大家庭那样，需要承受来自长辈、同辈甚至是晚辈的指责和压力，淡化了孝敬父母和长辈的观念。

其二，老年人口的医疗保障问题。新中国成立后，城市在实行养老保险的同时，全民所有制单位也实行了医疗卫生保险制度。一直到改革开放前，这一制度没有大的变动，老年人口与其他人口群体一样，按照规定享受相应的医疗保险。改革开放和市场经济体制的建立，对传统的医疗卫生保障制度形成冲击，主要是一包到底的医保制度不适应市场经济发展的需要。为此，不断探索并且曾经进行过医疗体制方面的改革，但是结果却不尽人意，被认为是失败的改革。在农村，早在 20 世纪 50 年代中期就出现了合作医疗制度。它是以农村集体经济为依托，经费来源以集体经济补助为主的一种对广大农民医疗卫生予以保障的一项制度。该项制度普及程度很高，到改革开放前 90% 的农村实行了合作医疗，农民不花钱或花很少的钱就可以在当地就诊看病。加上政府组织医生和医药下乡，各地普遍配备"赤脚医生"，在社会生产力发展水平不高情况下，很大程度上解决了农村缺医少药、农民看不起病和看病难的问题，颇受广大农民群众的欢迎。实行联产承包责任制后，由于失去原来以生产队为基本核算单位对合作医疗的经费支持，该项制度难以为继，"赤脚医生"也难以为生，合作医疗制度走向解体。虽然国家在有关文件中强调要继续办好，各地在恢复和重建合作医疗过程中付出很大的努力，有的地方也恢复到比较理想的水平；但是无奈巧媳妇难做无米之炊，大多数恢复和重建很不理想，许多地方的农村合作医疗制度已名不符实，甚至名存实亡。在农村合作医疗几起几落恢

---

① 依据《中国统计年鉴 2008》第 87 页数据计算。

复重建过程中，就是在 1997—1998 年恢复重建之声颇高的时候，参加合作医疗的比例，高收入地区在 22% 左右，中等和低收入地区仅为 1%—3%。①

关于医疗卫生保障方面存在的问题，最近《中共中央、国务院关于深化医药卫生体制改革的意见》指出：当前我国医药卫生事业发展水平与人民群众健康需求及经济社会协调发展要求不适应的矛盾还比较突出。城乡和区域医疗卫生事业发展不平衡，资源配置不合理，公共卫生和农村、社区医疗卫生工作比较薄弱，医疗保障制度不健全，药品生产流通秩序不规范，医院管理体制和运行机制不完善，政府卫生投入不足，医药费用上涨过快，个人负担过重，对此，人民群众反映强烈。就老年人口医药卫生保障而论，存在的主要问题是：

一为医药卫生资源增长和结构不合理，不能适应人口老龄化发展需要。从总体上观察，我国医药卫生事业发展较快，1990 年与 2007 年比较，卫生机构执业（助理）医师由 176.3 万人增加到 201.3 万人，增加 25.0 万人，增长 14.10%；医院、卫生院病床由 292.5 万张增加到 343.8 万张，增加 51.3 万张，增长 17.54%。② 应当说，医院和卫生院医师和病床数量的增长幅度不算小，速度也不为不快；然而由于同期全国人口的不断增长，由 114333 万增加到 132129 万，增加 8796 万，增长 7.69%；致使按人口平均的医生数和病床数增加有限，与全体居民对医药卫生提高的要求有较大的差距。同期 65 岁以上老年人口由 6368 万增加到 12356 万，增加 5988 万，增长 94.03%，③ 大大高于总体人口增长率，也高于医院、卫生院医师、病床增长率。如果说医药卫生资源的增长与总体人口对医药卫生提高的要求有一定差距的话，那么相对老年人口的快速增长和老年人口平均占有的医疗卫生资源而言，这个差距就更大了，甚至是相背而行的。多数国家的经验数据证明，在人口年龄结构走向老龄化过程中，老年人口医疗费用和占医疗保险金的比例是不断上升的，要求医疗卫生资源向老年人

---

① 参见梁平、轩玉红《从公共政策角度看中国农村社会保障的缺失》，《农村社会保障》2006 年第 2 期。
② 资料来源：《中国统计年鉴 2008》，第 858 页。
③ 依据《中国统计年鉴 2008》第 90、93 页数据计算。

口倾斜。然而目前我国的情况恰好相反，老年人口占有的医疗卫生资源权重远不及成年人口和少年人口为高。在我国，作为人口中弱势群体之一的儿童，大一点儿的城市几乎都有儿童医院，独自占有部分医疗卫生资源；而同样作为弱势群体之一的老年人口，却不见老年医院，最多仅在有的养老院中附有医疗看护科目。而在西方发达国家，不仅老年之家、老年公寓一类老年居所中设有专门医疗科目，提供多种医疗卫生保健服务；而且老年医院分工精细，从一般的看病治疗，到住院康复、临终关怀，占到全部医疗卫生资源很高的比例。其实，老年人口占有较多的医疗卫生资源这是必要的，也是合理的。因为在人生健康期、带病期和伤残期中，老年人口是带病期和伤残期的主要担当者，只有占用更高一些比例的医疗卫生资源，才能有效地减少带病期和伤残期，延长健康期。

二为医药卫生资源城乡分配不合理，不适应农村老年人口增长需要。同老年人口经济保障一样，老年人口的医疗卫生保障体制也是二元的。在城乡二元经济和社会结构长期形成过程中，在医疗卫生方面，也逐渐形成城镇以公费医疗为主、农村先是合作医疗后是以个人付费为主的体制。医疗卫生资源城乡分配不合理，农村医疗卫生资源严重短缺，而农村人口老龄化水平却高于城镇，使得农村老年人口医疗卫生保障面临的形势更为严峻，困难要更大一些。

三为医药定价不合理，老年"看病贵"问题突出。"看病贵"，是人们对医疗卫生最不满意的一个问题。20年前一瓶只需要几元钱的抗生素类药品，如今要花上几十元，甚至上百元。查一查出厂价，上涨的幅度并不大；那么药价是怎样涨上去的呢？主要在药商和医院中间环节。药价贵，一般居民难以承受；对于老年人口说来，就更难承受了。一是老年人口患病率高，特别是患有长期不能治愈的慢性病概率高，医药费用支出大并且经常化，是严重的负担。二是老年人口中绝大多数已经离退休，完全依靠离退休金维持生计，老年贫困化是中外老龄化过程中的普遍现象。再要支付昂贵的医药费，多数老年人实难负担得起。

四为看病住院手续繁杂，老年"看病难"长期得不到解决。尽管新中国成立60年来医疗卫生事业有了巨大发展，缺医少药有了根本改观，但是相对人口增长和患者要求提高说来，医生、医院、药品、器械等医疗卫生资源还没有摆脱短缺困扰,人们常常抱怨看病难、住院难。对于老年人口说来,由于年老体衰、疾病缠身而行动不便,排队挂号、等候就诊耗时费力;加上经济拮据,看病拿药不得不精打细算,经常搞得体力不支、心力憔悴,甚至看一次病小病变成了大病。个别医院实行了老年挂号优先,绝大多数老年看病、住院没有任何优待,只能和青年、成年人一起排队挂号、候诊、就诊、划价、取药、化验、透视等,完成每个程序,难以支撑到最后。

② 人口老龄化影响。迄今为止,社会各界关注人口老龄化问题主要侧重的是老年人口问题,如何做到老有所养、老有所医、老有所教、老有所学、老有所为、老有所乐,无疑这是正确的和必要的。然而笔者认为,这仅是问题的一个方面。另外的一个方面,是老龄化可能给人口、经济、社会发展带来怎样的影响,对实现全面建设小康社会和走向现代化会产生怎样的影响。这后一个方面的问题,同样是不可忽视的,而且随着老龄化的逐步加深,其影响呈现出越来越强的态势。

老龄化对人口的变动和发展的影响,是一目了然的:老年人口比例上升,意味着少年和成年人口比例的下降,制约着人口变动和发展的进程。关于这方面的情况,本书下面还有专题论述,这里不加赘述;本章主要阐述对经济、社会发展的影响。并且限于篇幅,只做概括性的阐述,具体请参考本人与王金营、周广庆合著的《老龄化——从"人口盈利"到"人口亏损"》一书。①

其一,老龄化对经济发展的影响。如前所述,老龄化对经济发展最直接的影响,是随着人口老龄化的到来和逐步加深,出现一个老少被抚养人口比例下降、劳动年龄人口所占比例上升的人口年龄结构变动的"黄金时代",或"人口盈利"、"人口红利"、"人口视窗",是促进经济增长的最佳人口变动时期。"黄金时代"过后,则迎来"人口亏损"、"人口负债"期,社会总抚养比逐步升高,给经济的发展带来不利的影

---

① 参见田雪原、王金营、周广庆《老龄化——从"人口盈利"到"人口亏损"》,中国经济出版社出版2006年版。本节老龄化对经济、社会发展的影响主要论据和数据均引自该书,不再逐一做脚注。

响。关于这方面的情况，前文已有阐发，这里不再多加赘述。以下就老龄化与经济发展比较重要的几个问题，概括阐述一些基本的观点和意见：

老龄化与经济增长。西方主流经济学认为，生育率下降和人口老龄化，可能引起有效需求不足，从而影响到经济的增长。我们的研究表明，人口老龄化与社会经济增长之间确实存在一定的制约关系。总的趋势是，人口老龄化程度越高、上升速度越快，其对经济增长的阻力越大，经济增长的速度也越慢；反之老龄化程度越低、上升的速度越慢，其对经济增长的阻力就越小，经济增长的速度也越快。人口老龄化通过影响消费而影响经济的增长，从这个角度说，促进经济的发展也不能选择人口老龄化过快的低位预测方案，只能选择中位预测。

老龄化与储蓄。中华传统文化体现在消费与储蓄上，具有偏爱储蓄倾向，既不赞成花光用光的消费，更不赞成寅吃卯粮的超前消费。而从人口总体上观察，老年人口更具有传统文化色彩，老年储蓄偏好要更大一些。利用中国 1978 年以来人均 GDP、储蓄水平、储蓄率、人口年龄结构变动等有关数据，做相关分析表明：老年人口比重每上升 1 个百分点，储蓄率可提高 0.37 个百分点。虽然不及劳动年龄人口升高对储蓄率提高的作用为大，但是对储蓄率的提升作用不可忽视。不过国际社会的经验说明，随着老龄化的进一步加深，储蓄率则有下降的趋势。主要的原因，是高龄老年人口增多后，随着入不敷出而动用原有储蓄部分增多起来。我国恐怕也难逃脱这一规律之外，当老龄化达到严重阶段特别是达到超高老龄化以后，老年人口动用储蓄金会显著增加，导致储蓄率下降。

老龄化与劳动参与率。由于计划经济时代实行的是低工资、多就业政策，使得劳动参与率一直保持在比较高的水平。20 世纪 90 年代曾经出现劳动参与率的下降，主要是由劳动年龄人口年龄别劳动参与模式的变动引起，特别是较低年龄组群人口入学率的提高引发的。未来随着人口年龄结构老龄化的逐步加深，包括劳动年龄人口的相对高龄化，劳动年龄人口中 25—44 岁较年轻年龄组群所占比例有所下降，45—64 岁相对较高年龄组群所占比例有所上升，即使保持目前各年龄组的劳动参与率不变，总体劳动参与率也将出现下降的趋势。尤其在21世纪40年代老龄化达到严重阶段以后,这种下降的趋势将变得比较明显。

老龄化与收入分配。老年人口比例上升,必然导致国民收入分配的重新洗牌,老年退休金所占份额呈上升趋势。国际社会一般将支付老年的退休金等费用占到国民收入的10%或工资总额的29%定为"警戒线",超过这一"警戒线"将使国家财政和经济发展陷入困境。目前中国离退休人员社会保险福利费用占国民收入的比例还不算高,但是随着老龄化的加速推进,退休职工的迅速增加,预测表明2025—2030年可超过国民收入的10%,占工资总额可达30%左右,逼近或突破上述"警戒线"。然而此时距离老龄化峰值的到来尚有20多年的时间,可见问题之严重,对"人口亏损"必须有足够的估量。

其二,老龄化对社会发展的影响。人口老龄化对社会养老保障体系的建立、教育和文化的发展、婚姻和家庭的改变、科学和技术的进步、社区的建设和发展等,都会产生一定的影响。关于养老保障体系,前面已有论述,这里不再多加赘述;其余几个问题,概要阐发如下:

老龄化与教育和文化的发展。出生率下降和老年人口比例上升,必然影响到科学、教育、文化的发展。随着老年人口的增多,反映老年生活题材的小说、诗歌、散文、戏曲、电影、绘画、音乐、舞蹈等也随着增多起来,新闻媒体开辟反映老年生活专题,如中央电视台"夕阳红",报刊杂志"老龄之家"、"老年之友"一类专栏已举办多年。未来反映老年人口精神生活的文化产品,还会继续增加和扩展。包括老年教育在内的终生教育,跟着发展起来。自20世纪20年代末英国人提出成人教育,60年代法国教育家林格兰特(P. lengrand)提出终生教育以来,包括老年教育在内的终生教育率先在发达国家发展起来,改革开放以来我国也获得快速发展。20世纪八九十年代,老年大学如雨后春笋般建立起来,集学自然科学和社会科学知识于一堂、琴棋书画和音乐舞蹈于一体,形成独具一格的老年大学文化,具有很大的社会影响力。与此同时,"孝"作为观念意义上的文化,重新迎来一股研究热,将其融入现代发展理念以后,在代际平等、代际民主、代际和谐意义上,实现道德准则和人道主义精神的新的回归,赋有现代内涵与外延的"孝文化"。

老龄化与婚姻和家庭。随着人口老龄化的加深和老年人口数量的增多，老年人口婚姻和家庭问题突出出来。最值得关注的，是老年再婚和老年家庭规模的缩小趋势。一些大城市的调查表明，65岁以上女性老年人口丧偶率在30%以上，出于找个老伴儿一起生活需要的再婚率很高。然而由于婚后子女、财产等的矛盾，造成老年离婚率的持续攀升；同时许多老年人再婚没有履行婚姻登记手续，而是同居补充式的婚姻，有的甚至是时来时走的"走婚"式婚姻，处于很不稳定状态。与不稳定婚姻相关联的是家庭的不稳定和小型化趋势。由于家庭小型化和家庭赡养功能的弱化，使老年单身家庭、只有老年夫妇家庭上升很快，导致传统家庭养老发生危机，甚至有的地方老年人不愿忍受子女歧视而弃家出走，一些老年人聚居在河滩、河堤上，成为自食其力的"躲儿庄"。拯救新形势下的老年婚姻和家庭，是社会道德建设发出的呼吁，也是社会法治化建设需要解决的问题。

老龄化与科学和技术进步。人口老龄化对科学技术进步的影响和作用，国内外认识上有很大分歧，甚至是截然相反的意见。笔者认为，老龄化的影响是二重的：一方面，老年人才随着人口老龄化的加深不断增长，而老年人才长期积累起来的知识、经验和技能，具有不需要培训、成本较低和实用性较强等优点，能够也应该在现代化建设中发挥出更大的作用。另一方面，老龄化的加深和用在老年人口上面投资的不断加大，会影响到科学、教育、技术改造投资的增长；同时老龄化不可避免地带来知识、技术的老化，阻碍着技术的进步。综合两方面的影响，最重要的，是要开发和利用好老年人力资源，充分发挥老年人才的作用。据统计，目前全国城镇4000多万离退休老年人口中有500多万各种类型人才，仅有不到20%继续工作在各自的岗位上，形成老年人才资源的很大浪费。我们应当重视这一人力资源，进一步开发利用好老年人才资源。

老龄化与社区的建设和发展。何为社区？人们从生产力、居住和行政等不同角度做出诠释，我国多以行政区划来划分，政府主导色彩浓厚，使之与西方发达国家的社区概念有很大的不同。实践表明，社区是除家庭之外老年社会活动和生活的主要场所，无论生活照料、医疗保健，还是精神慰藉、文化生活，都离不开社区。面对当前老年社区现状，无论老年住宅和社区环境，无论社区配套建设还是志愿者服务，都不能适应老龄化发展需要，老年社区规模小、服务项目少、服务范围有限、服务不规范等，将随着人口老龄化的加深而有所改变和发展。

4. 人口城市化与农村劳动力转移问题

在人口城乡结构变动中，当前面临着人口城市化加速推进新的形势和问题。集中的表现，是发生了和正在发生的城市化速度、结构和发展方式三次历史性的重大转折。

（1）第一次转折：城市化速度由"慢车道"驶入"快车道"。城市化是一个综合的概念，从人口学、劳动学、经济学、社会学角度，可以给出不同的定义。然而，核心是人口的城市化，因为变农村人口为城镇人口的过程，就是人口和就业结构转变、产业结构升级、现代文明取代传统文明的社会进步过程。因此，从一个特定的角度分析，一部人类文明史特别是现代文明发展的历史，就是人口城市化不断推进的历史。据联合国人口司提供的数据，1950年世界城镇人口所占比例为29.8%，1980年上升到39.6%，2007年上升到超过50.0%，城镇人口首次超过乡村人口。同期我国人口城市化与之比较，有相同也有不同之处，参见图4：

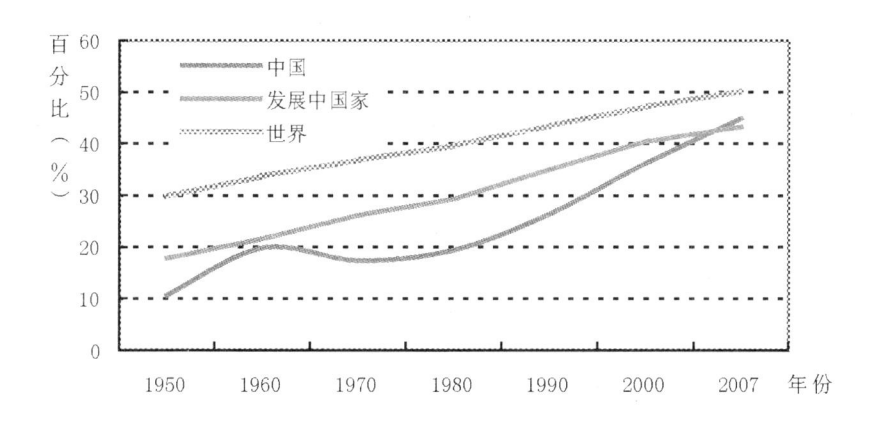

图4　1950—2007年中国与世界、发展中国家人口城市化比较

资料来源：United Nations, *World Population Prospects*, *The 2004 Revision*, pp. 20—24；《中国统计年鉴2008》第87页。

图4显示，中国1950—2007年人口城市化变动与世界、发展中国家

比较，相同的一点是都有较大幅度的提升；最大的不同在于世界和发展中国家呈斜线平滑上升，中国则是在经历了曲折的发展道路之后，才达到发展中国家的平均水平，目前略有超过。就城市化速度而言，可以粗略地划分为三个时期：1950—1960年的10年快速发展时期，城镇人口比例由11.2%上升到19.7%，年平均升高0.85个百分点。1961年以后先是12年后退，1972年退至17.1%最低水平；后是8年补偿性回升，1980年回升至19.4%，接近1960年水平。总体上，可称之为人口城市化20年徘徊时期。1981年以后城市化速度加快，2007年城镇人口比例上升至45.0%，年平均升高0.95个百分点，为城市化加速推进时期。按照人口城市化S曲线理论，城镇人口比例25%—65%为S曲线中部加速挺起阶段，1987年城镇人口比例上升至25.3%，标志着中国人口城市化驶入"快车道"；此后1987—2007年城镇人口比例年平均升高0.99个百分点，比1980—1987年年平均升高0.84个百分点高出0.15个百分点，为半个多世纪以来城市化发展最快的历史时期。[1] 据此，中国人口城市化由慢转快的历史"拐点"出现在1987年，此后城市化速度显著加快驶入"快车道"。

转入"快车道"后的中国人口城市化能走多远？就外部主要是经济发展情况而论，改革开放近30年来取得GDP年平均增长9.7%的骄人业绩，经济发展与城市化在"快车道"上同步行驶，甚至比城市化启动还要提前一些。国外特别是亚洲的日本、泰国、新加坡等国发展的历史表明，驶入"快车道"后的经济发展，保持40年以上的高经济增长率是有可能的。将近30年中国经济的高增长要比这些国家强得多，条件比他们好得多，形成的惯性力也要大得多，因而未来中国经济强势格局将保持相当长一段时间是比较有把握的，国内外对此取得较多共识。经济是基础，经济在"快车道"上运行，必然推动人口城市化也在"快车道"上行进下去；城市化是"引擎"，人口城市化行驶在"快车道"上，反过来又会带动经济的高速增长。

就城市化自身而言，按照人口城市化S曲线走势三阶段理论模型，当

---

[1] 资料来源：《中国统计年鉴》1990年、1993年、2008年，第89、81、87页。

城市人口所占比例在25%以下,即处在S曲线底部为起步时期,一般发展速度较慢;25%—65%处在S曲线中部挺起上升时期,发展驶入"快车道";65%以上为处在S曲线顶部徘徊期,即使城市人口比例仍有一定程度的提升,也改变不了类似股市K线图的"头尖顶"形态。这一理论和由这一理论建立起来的模型,已被世界城市化程度较高国家的实践所证实,有着普遍的意义。2007年我国人口城市化率达到45%处在S曲线中间部位,高速推进方兴未艾,近20年来城镇人口比例年平均升高近1个百分点的高增长率有望向外延续下去,在2025—2030年达到65%左右,赶上并略超过届时世界平均水平。

事实上,近20年来人口城市化的快速推进并没有完全消化掉过去长期积攒起来的势能,农村人口向城镇转移的"推——拉"力量仍较强劲。按照赛尔奎因(M. Syrquin)和钱纳里(H. B. Chenery)理论模型,2007年我国三次产业结构达到11.3:48.6:40.1,三次产业就业结构应为40:25:35,人口城乡结构应在60:40上下。我国人口城乡结构要落后于三次产业就业结构和按产值计算的三次产业结构的情况,如图5、图6、图7所示:

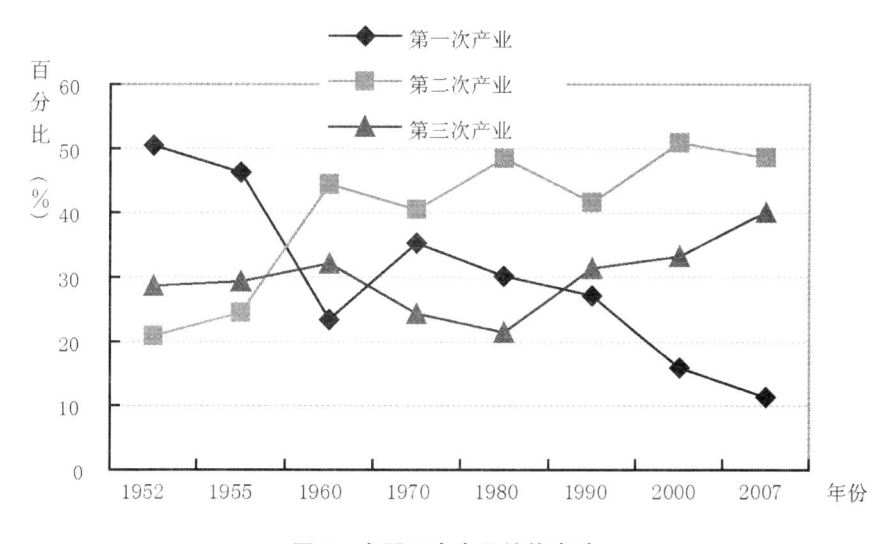

图5 中国三次产业结构变动

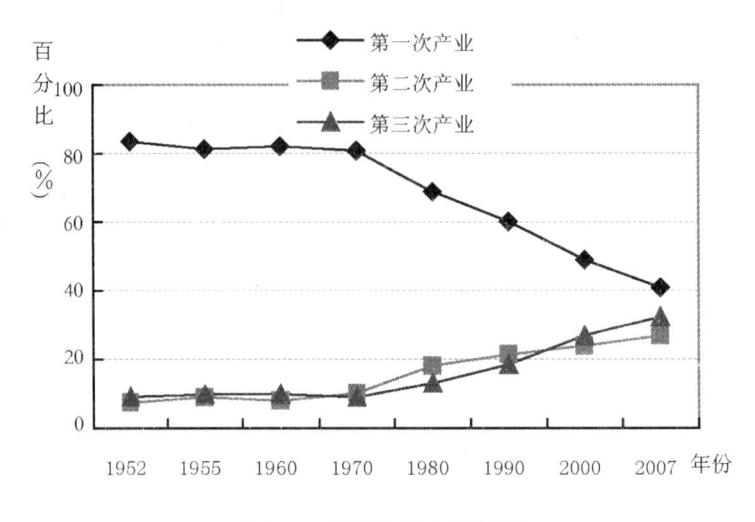

图6　中国三次产业结构变动

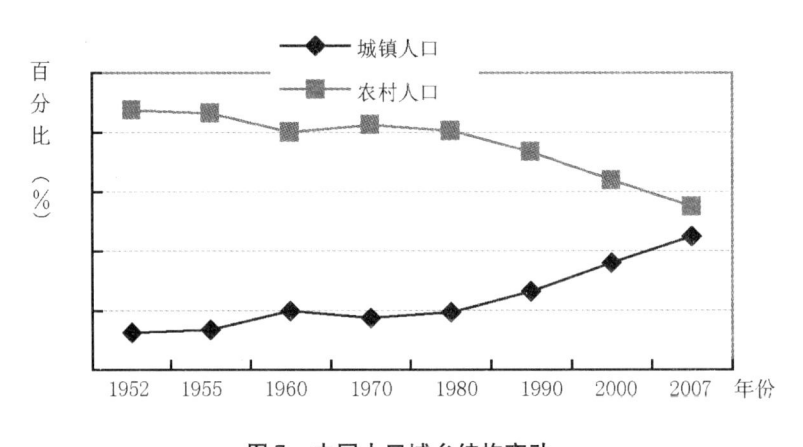

图7　中国人口城乡结构变动

资料来源:《中国人口统计年鉴2001》,第200页;《中国统计年鉴2008》,第12页。

（2）第二次转折：城市规模结构由"以小为主"转变到"以大为主"。考察世界人口城市化发展的历史，可粗略地分为三个阶段：第一阶段，农村人口主要向中小城镇转移和集中，亦称之为乡村城市化；第二阶段，乡村和中小城镇人口主要向大城市、超大城市集中，进而形成以大城市圈为主导的人口城市化；第三阶段，大城市特别是超大城市中心区人口向郊区和其他乡村迁移，称之为逆城市化。发达国家人口城市化走过的道路证明，这三个发展阶段大体上同城市化 S 曲线走势底部、中部、顶部三个时期相对应。长期以来，我国人口城市化采取的是"重小轻大"的方针，走的是积极发展小城镇、适当发展中等城市、严格限制大城市规模的道路。强调农民工进城"离土不离乡"，对"小城镇，大问题"的诠释是：发展小城镇解决了城乡发展和农业剩余劳动力转移的"大问题"。20世纪80年代乡镇企业异军突起，乡村城市化成为人口城市化的主旋律，对社会经济发展起到过巨大作用，做出过重要的贡献。但是随着人口转变，相应的生育率、出生率的下降和新增人口就业压力的相对减轻；经济转轨，包括市场经济体制的建立和经济发展方式由数量扩张型向质量效益型的转变；社会转型，由政府主导型向公共服务型转变等的良好开端和初见成效，使"重小轻大"的城市化变得越来越不能适应发展的需要，终于在世纪之交走到历史转折的"拐点"，过渡到以大城市、超大城市为主导的人口城市化第二阶段。比较1990年与2002年大、中、小城市结构的变动，这种转折清晰可见。参见图8：

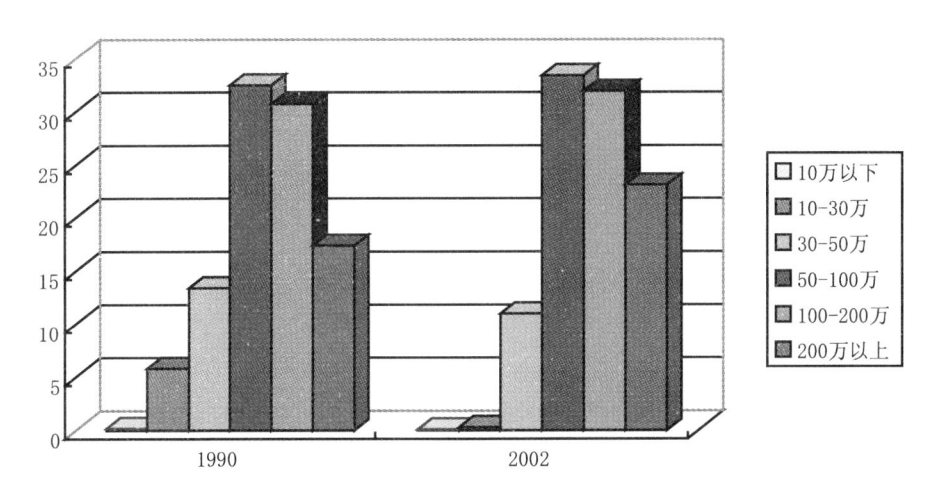

图 8 1990 年与 2002 年城市人口规模结构变动比较

资料来源：《中国人口统计年鉴2004》，第 255—262 页；《中国统计年鉴1991》，第 653 页。

图8显示，1990年与2002年比较，50万以下城市人口比例均有较大幅度下降，尤以10万—30万下降5.5个百分点为最大，30万—50万下降

2.42 个百分点次之；50 万以上人口城市均有较大幅度增长，以 200 万以上增加 5.74 个百分点为最大，100 万—200 万增加 1.2 个百分点次之，50 万—100 万增加不足 1 个百分点。如以 A 代表 50 万以下人口中小城市，B 代表 50 万—100 万大城市，C 代表 100 万—200 万特大城市，D 代表 200 万以上超大城市，并设 1990 年 A∶B∶C∶D = 1∶1∶1∶1，则 2002 年 A∶B∶C∶D = 0.59∶1.03∶1.04∶1.30。如果粗略地将城市规模以 100 万人口为界分成较小城市与较大城市两部分，二者相比则由 1990 年的"六四开"，变动到 2002 年的"四六开"，刚好掉了一个个儿。而且近几年来这种趋势还在增强，大城市、特大城市、超大城市人口所占比例在不断上升，特别是珠三角、长三角、海三角（京津冀）三大都市圈特大城市的加速发展，东南沿海其他城市组带、内地以省会中心城市和双向增长极型城市的迅速崛起，使以都市圈为主导的城市化特点逐渐显露出来。

其实关于城市规模与效益的关系早有比较成熟的理论，即城市规模与经济效益大致上成正相关变动的结论。但是由于不同规模城市在成本上表现出的差异，在城市规模与成本—效益的决策上，各国在不同历史发展时期会做出不同的抉择。结合我国实际，适时地提出并明确走以大城市为主导的城市化道路，不仅客观地反映了世纪之交人口城市化道路越过历史的"拐点"，而且同转变经济发展方式一脉相承。城市化以大城市为主导，改造并提升中小城镇的质量，是转变经济增长方式的一个有机组成部分。迄今为止，我国经济的高增长主要依靠投资拉动，1989—2005 年 GDP 年平均增长 9.7%，全社会固定资产投资年平均增长 20.6%，明显地显示出外延式扩大再生产特征。目前我国 GDP 总量占世界 6% 左右，而消耗的石油却占到世界的 8%、矿产资源占 10%、电力占 13%、煤炭占 30% 左右；单位 GDP 能源和材料消耗大约为美国的 2.7 倍，日本的 3.4 倍，高耗低效一直是困扰我国经济发展的"老大难"问题。[①] 这种外延式扩大再生产同人口城市化道路和方针密切相关。前面提到，20 世纪 80 年代乡镇企业异军突起，由于乡镇企业和小城镇发展具有投资少、见效快的"短平快"效应，既拉动了 GDP 的增长，又在颇大程度上解决了农村剩余劳动力的转

[①] 参见田雪原《促进人与自然和谐的几个问题》，《人民日报》2006 年 12 月 22 日。

移和就业，促使人口城镇化的步伐加快起来，小城镇的发展解决了不少"大问题"；然而经过10多年的发展之后，到20世纪末这种以高耗、低效乡镇企业作支撑的小城镇的发展，资源浪费、效率不高、环境破坏到了再也无法继续下去的地步，这时对"小城镇，大问题"的诠释，变成了小城镇的发展真的成了"大问题"。我们扬弃片面追求GDP增长的传统发展观，树立全面、协调、可持续的科学发展观，实现由数量扩张型向质量效益型的转变，人口城市化道路的转变是重要条件之一，作用和影响日益明显地显现出来。

(3) 第三次转折：城市化方针由城市自身发展转向城乡协调发展。我国人口城市化速度驶入"快车道"，模式挺进到以大城市为主导，但这并不意味着城市化速度越快越好、城市规模越大越好，而是要寻求适当、较快的发展速度和大、中、小城市规模合理的结构，遵循城乡人口、经济、社会以及资源、环境协调发展的原则。考察世界人口城市化发展的历史，步入以大城市为主导的城市化或都市圈式城市化，大致有四种类型：一为欧洲文化型，以巴黎、巴塞罗那为代表。这些超大城市发展以欧洲文艺复兴为文化底蕴，以18世纪中叶产业革命的兴起为经济和科技背景，形成既有欧洲民主、平等文化色彩，又有先进科技、产业支撑的都市圈；二为经济集约型，以纽约、东京为代表。即在科技进步和产业结构升级中形成的以制造业、金融和商业等为支柱产业的超大城市组群，具有很强的中心、主导、辐射功能。三为美国中西部散落型，以洛杉矶、盐湖城为代表。是在美国西部开发中，随着东部移民向西部迁移而形成的松散型超大城市组群。这三种类型的超大城市，或以特定的文化为凝聚力，或以现代产业、现代科技为核心，走出市场经济和人文理念相结合、城乡之间和城市内部结构比较协调的城市化发展模式，没有因此而产生更大的社会矛盾，有不少值得总结和借鉴的经验。第四种为拉美畸型，以墨西哥城、里约热内卢、布宜诺斯艾利斯以及印度的孟买、德里（旧德里）等为代表。这些城市主要集中在发展中国家，残留着殖民地、半殖民地烙印，以拉丁美洲国家最为突出，故称之为"拉美畸型"的城市化。其基本特征可用"三个畸型"并存概括：一为畸型先进与畸型落后并存。一方面，这些大都市拥有先进的科学技术、现代化的产业、高档的住宅和相应的现代化设施;另一方面,存在着原始手工作坊式的生产、贫民居住区缺少最基本的公共设施、被边缘化到城乡结合部的大量贫民窟。二为畸型富裕与畸型贫困并存。大企业家、银行家、高级职员等收入丰厚,可谓腰缠万贯;而生活贫困特别是生活在贫民窟内的居民,几乎是一贫如洗,相当多的贫民不得不以乞讨为生。三为畸型文明与畸型愚昧并存。教育、卫生、文化等资源主要被少数富人占有,他们的现代文明与发达国家没有什么两样;而穷人却与这些资源无缘,上不起学、看不起病、不能享受这个时代应当享受的文明生活。拉美国家的人口城市化是贫富高度两极分化的城市化,目前10%的富人的收入占到总收入的60%以上,贫困人口占到总人口的40%以上,其中60%以上居住在城市特别是超大城市中。这就形成了城市中大量无业和失业的人口群体,城市失业率超过10%,为全球各洲之冠;社会冲突加剧,治安等社会问题成为影响政局稳定的重要因素;政府财政拮据,城市治理不得不在很大程度上依赖国外援助,造成国家债台高筑;城市公共设施严重不足,交通运输和水、煤气等的供给紧张,环境污染加剧;城区地价大幅度上涨,失业人口和流入的农民纷纷向郊外转移,逐渐形成大面积的"农村包围城市"的贫民窟,与现代化的城市中心区形成鲜明的对照。拉美国家人口城市化的畸型发展,不仅没有给城市的健康发展注入活力,也没有给农村和农业经济的发展创造新的生机,而且成为整个城乡经济发展的绊脚石,国家财政的累赘,社会发展的障碍。因此,各国在推进人口城市化过程中,都十分警惕这一现象;然而由于经济发展水平、政府调控能力、国民价值取向等多种因素影响,许多还是不同程度的跌入"拉美陷阱",最终拖累了经济的发展和社会的进步。

中国与拉美国家情况不同,迄今为止中国人口城市化并没有落入"拉美陷阱",这是一件颇得国际社会称赞的了不起的成就,有学者称之为可同美国科技进步并论的21世纪最伟大的两项成就。然而仔细研究一下跨入第二阶段的中国人口城市化发展,发现情况正在发生变化,如不采取科学的城市化发展战略和得力的措施,则有落入"拉美陷阱"的危险。

人口城市化都市圈理论,源于20世纪中期法国和意大利地理学家和经济学家,尤以戈特曼的"大都市圈"理论和佩鲁的"增长极"理论为代表,提出并论证了像美国东部纽约经济中心圈,中部芝加哥五大湖经济中心圈，日本东京东海道经济中心圈，英国伦敦经济中心圈，法国巴黎经济中心圈，这些由超大城市主导同时吸纳了相当数量的大城市、中等城市组成的城市产业链经济带，一般占到本国 GDP 的 65%—80%，成为最重要的经济"增长极"，称之为"都市圈"式城市化。然而由于该理论被看作是对发达国家经济发展过程中的一种区域性解说，并没有引起更多的注意。20 多年过后正当我国"乡村城市化"诸多问题暴露出来、寻求新的城市化理论支持的时候，这一理论迅速在学术界升温并作为"重大轻小"城市化道路的理论依据，获得广泛传播。在这一理论和思想指导下，开始了小城镇向中等城市、中等城市向大城市和超大城市的过渡和升级，造成如图 8 所示 1990 年与 2002 年相比大城市和超大城市人口所占比例迅速提升的情况。大城市特别是超大城市一圈又一圈"摊大饼"式的向外扩张，急于圈土地、造草坪、盖高楼、修广场、拓宽道路等，一个个亮丽的"形象工程"粉墨登场，凸显发展"政绩"效果。结果违法圈占农村土地屡有发生，失地农民大量增加。这些因城市圈地而失去土地的农民与第一阶段乡村城市化进城农民不同，他们断了回到农村重新以农为生的退路，变成只能在城市求职的边缘化市民。如果不能得到相应的职业和较稳定的住所，就只能聚集在公共用地、山头、河滩或更远郊区居住，形成北京市的"新疆村"、"浙江村"等农民工集中居住区。虽然这些农民工聚集区与拉美贫民窟有着本质的区别，我们的农民工多是城市市场经济的积极参与者；但就住房条件、生产性质、卫生状况、本人和子女教育等来说，则有颇大相近之处，有些已发展为具有较大规模的棚户区。还要注意到，大城市旧城改造、基础设施建设和各种广场、草地一类形象工程大量占地，拆迁户居民得不到应有补偿，引发不少新的矛盾和问题；城市下岗和失业人口收入和生活水平较低，城市中一批新的贫困阶层有可能被边缘化为失地农民的同盟军。恰在此时，在降低农民工进城门槛、打破城乡二元结构等压力下，原有的一套城市管理制度和办法削弱甚至取消了，新制度和办法建立的原则又理不清楚，使得政府调控和管理的职能大大弱化了。所以当目前城市化进展到以发展大城市和超大城市为主导的第二阶段时，堕入"拉美陷阱"的危险性增大了。避免重蹈拉美城市化覆辙的有效办法，就是同时推进城市的发展和农村的发展，实施城乡协调发展的方略。

参考文献

1. 田雪原等：《21世纪中国人口发展战略研究》，社会科学文献出版社2007年版。
2. 田雪原、王金营、周广庆：《老龄化——从"人口盈利"到"人口亏损"》，中国经济出版社2006年版。
3. 田雪原主编，胡伟略、刘启明副主编：《中国1992年家庭经济与生育10省市抽样调查资料》，中国经济出版社1995年版。
4. 于学军：《再论"中国进入后人口转变时期"》，《中国人口科学》2001年第3期。
5. 李建民：《后人口转变论》，《人口研究》2000年第4期。
6. 罗淳：《试论后人口转变》，《中国人口科学》2001年第1期。
7. 朱国宏：《关于后"人口转变"》，《中国人口科学》2001年第3期。
8. 叶明德：《对"中国进入后人口转变时期"的质疑》，《中国人口科学》2001年第1期。
9. United Nations, *World Population Prospects*, *The 2004 Revision*, New York, 2005.
10. A. Coale and Shaomin Li, "The Effect of Age Misreporting in China on Calculation of Mortality Rates at Very High Ages", *Demography*, Vol. 28, No. 2.
11. Leete, Richard (1987), "The Post – Demographic Transition in East and South – East Asia: Similarities and Contrasts with Europe", *Populalion Studies*, Vol. 41, No. 21, London, England, In Eng. 21.
12. Leete, Richard (1994), The Continuing Flight from Marriage and Parenthood among the Overseas Chinese in East and Southeast Asia, In: *Low Fertility in East and Southeast Asia: Issues and Policies*, Korea Institute for Health and Social Affairs [KIHASA]: Seoul, Korea, Republic.

（原载《中国人口政策60年》，社会科学文献出版社2009年版）

新中国人口政策回顾与展望

迄今为止，中国仍是世界第一人口大国。然而中华人民共和国成立60年来，人口的变动与发展同其他各项事业一样，经历了深刻而巨大的变化。目前人口总量达到13.35亿，比1949年增长1.46倍；预期寿命达到73岁，增长1倍；12岁以上人口平均受教育年限达到8年，增长1倍以上；人口年龄结构由年轻型步入老年型，大大削减了人口增长的势能，迎来劳动年龄人口所占比例持续升高、老少被抚养人口之和所占比例持续降低的人口年龄结构变动的"黄金时代"或"人口盈利"、"人口红利"，为改革开放以来经济的高速发展提供了不可多得的人口机遇。60年特别是后30年人口转变的加速推进，无疑经济和社会的发展是基础；同时以降低生育率为主旨的人口政策卓有成效地实施，则起到关键的作用。然而学术界和社会上对此还存有某种歧义，特别对1980年提倡一对夫妇生育一个孩子的决策存有各种猜测，有的甚至以讹传讹，需要澄清。当前，步入低生育水平"转变后"人口的变动，重又走到十字路口，人口政策面临新的决策选择。

一　历史的足迹

众所周知，中华人民共和国是在半殖民地、半封建社会基础之上建立起来的。封建社会"多子多福"传统观念渊远流长，其影响在新中国建立之初便显现出来。1953年全国人口普查，出生率上升到37.0‰，死亡率下降到14.0‰，自然增长率创下23.0‰新高。表明在短短的三年国民经济恢复时期，即完成由高出生、高死亡、低增长向着高出生、低死亡、高增长人口再生产类型的转变，随后则迎来第一次生育高潮。这种情况为党和国家领导人所看到，他们或召开座谈会，或成立"节育问题研究小组"，并在1956年"二五"国民经济计划报告中写进"适当地提倡节制生育"字样，展露出新中国最早人口政策的雏型。也引起邵力子、马寅初等社会有识之士的关注，1957年7月5日《人民日报》全文发表马寅初在一届人大四次会议上的书面发言，这就是轰动一时的《新人口论》。《新人口论》以1953年人口普查数据为依据，分析了人口增长过快同经济、社会发展的矛盾，主张控制人口数量、提高人口质量，并且提出具体的办法和建议，曾经受到毛泽东等中央领导同志的赞扬。但是，1957年反右派斗争一起，将人口节制主义当作马尔萨斯人口论批判，人口节制主义代表人物纷纷被打成资产阶级右派分子。1958年"大跃进"则从实践上"证明"：人是第一个可宝贵的，只要有了人什么人间奇迹都可以创造出来。于是，《新人口论》在"劳动力不足"喧嚣声中遭到不应有的批判，形成"人口越多、劳动力越多、积累越多、发展越快"——人口越多越好理论教条，人口问题成为无人敢于问津的"禁区"。在这种情况下，崭露头角的人口节制主义政策缩了回去。虽然20世纪60年代前期，中央领导和有关文件也提及控制人口和计划生育，但是没有真正贯彻下去；随后受到10年"文化大革命"无政府主义冲击，更处于停顿和半停顿状态。

进入70年代，全国人口突破8亿，面对严峻的人口形势，国家始加大人口控制的力度，生育政策也逐步明朗起来。1971年国务院批转《关于做好计划生育工作的报告》，把控制人口增长的指标首次纳入国民经济发展计划。70年代后期提出"晚、稀、少"，强调核心是"少"，遂演变为"一个不少，两个正好，三个多了"的生育政策。有的地方将"少"压缩到1个，提出"只生育一个孩子"的口号。1978年国家明确提出"提倡一对夫妇生育子女数最好一个、最多两个"，并将"国家提倡和推行计划生育"首次写入《中华人民共和国宪法》。1979年12月，国务院计划生育领导小组办公室在成都召开工作会议，提出"提倡一对夫妇最好生一个孩子，是我们计划生育工作的着重点转移。过去我们说，'最好一个，最多两个'。现在提出来'最好一个'……这是我国目前人口发展中的一个战略性要求"。至此，提倡一对夫妇生育一个孩子，已经呼之欲出。

二 关键的决策

20世纪70年代后期，面对经济短缺、人口和劳动力过剩严峻形势，中央领导同志多次强调大力控制人口增长、切实加强计划生育工作，并对1985年、2000年人口控制目标做出具体指示。1980年伊始，新华社发出自然科学和社会科学工作者合作进行百年人口预测的报道，权威科学家和经济学家将这一成果推荐给当时中央领导人口计生工作的负责同志，该负责同志将这一成果转报中央政治局。1980年3—5月，中央书记处委托中办召开五次人口座谈会，出席会议的有中央和国务院相关部门的领导同志和有关专家近百人。中心议题是如何控制人口增长，能否提出一对夫妇生育一个孩子，生育一个孩子会遇到哪些问题和怎样解决等。与会同志都认为中国人口太多了，应当尽快将生育率降下来；赞成一对夫妇生育一个孩子，但是提出了一系列问题并且展开了热烈的讨论。主要的，一是提倡一对夫妇生育一个孩子会不会引发孩子智商和智能下降的问题。有一位领导同志在发言中例举民间的一种说法，叫作老大憨、老二聪明、老三最机灵、最聪明，俗话说"猴仨儿、猴仨儿"的。是不是这样呢？就要休会一段时间，组织查阅资料和进行论证。结果表明，生育孩子次序同聪明不聪明没有必然的联系，无论是"老大憨"还是"老二聪明"、"猴仨儿"等传说，都缺乏科学根据，最多是有的地方群众的一种说法而已。群众的说法同过去多生多育相关联，因为生育的子女多，第一个孩子（老大）就担负着协助父母照料弟弟、妹妹的任务，表现出宽容大度，带有憨厚的劲头儿；后边的弟弟、妹妹也显得要更活跃一些、聪明一些。同时，虽然1980年改革开放尚处在"摸着石头过河"初期，但是过去高度集中统一的计划经济再也不能继续下去了，要发展商品经济，在经济学界取得较多共识。而要发展商品经济，交换价值升值，势必冲击人们传统的婚育观念，婚前性行为、未婚先孕、流产比和离婚率升高等在预料之中，作为留下来但不是"老大"的比例就会增高，更不会导致人口智商和智能的降低。

二是会不会引起人口年龄结构老龄化和劳动力不足问题。座谈会气氛热烈，有的主张生育一个孩子的时间可以搞长一些，例举苏联、加拿大土地面积比我国大，人口却比我国少得多；美国与我国国土面积差不多，人口只有我国的四分之一。我国人口过剩严重，应当尽快实现零增长和负增长，生育一个孩子搞上半个世纪、一个世纪也不为过。有的不赞成这样的意见，认为生育一个孩子时间长了，会带来劳动力短缺、老龄化过于严重、社会负担过重等诸多社会问题，不能只顾及人口数量一头。笔者在会上力陈并在起草向中央书记处的报告中阐述，提倡一对夫妇生育一个孩子主要是要控制一代人的生育率，因为控制住一代人的生育率也就自然地控制了下一代作父母的人口数量，因而主要是未来二三十年的事情。提倡一对夫妇生育一个孩子主要着眼于控制一代人的生育率，既使人口的数量增长受到有效控制，又使人口老龄化不致过于严重，避免老年人口超负荷的发生；劳动年龄人口从而劳动力的供给得到保障，避免总体上劳动力不足的发生。而这是可以通过生育率的适当调整付诸实现的。

三是所谓"四二一"结构问题。即提倡一对夫妇生育一个孩子，会不会造成老年人口为四、成年人口为二、少年人口为一的"四二一"代际结构。首先，老年人口为四不可能普遍存在。按照年龄别死亡率U形曲线分布，每年每个年龄组均要死亡一定数量人口，老年人口年龄别死亡率要更高一些，二三十岁为人父母者不可能全部活到60或65岁以上。"二一"呢？只有独生子女结婚后又生育一个孩子，才具备形成"二一"的条件；如果实行独生子女结婚生育两个孩子的政策，"二一"也失去了这个条件。因此，提倡一对夫妇生育一个孩子某些家庭可能出现"四二一"代际结构，但是不具有普遍性，整个社会是不可能形成"四二一"结构的。

座谈会向中央书记处的《报告》和中央关于控制人口增长的《公开信》，体现了上述基本精神，奠定了80年代以来我国生育政策的基调。它的基本点是：国家干部和职工、城镇居民，除特殊情况经过批准者外，一对夫妇只生育一个孩子。农村普遍提倡一对夫妇只生育一个孩子，某些群众确有实际困难要求生两个的，经过审批可以有计划地安排。不论哪种情况都不能生三个。少数民族也要提倡计划生育，要求可适当放宽一些。具体规定由民族自治地方和有关省、自治区，根据当地实际情况制定，报上一级人大常委会或人民政府批准后执行。可见，1980年中央正式提出以提倡生育一个孩子为主要标识的生育政策，绝不是"拍脑袋"的结果，而是经过认真的讨论和论证，对其实施后果进行了深入研究，符合国家和民族根本利益的抉择。此外，座谈会讨论还涉及人口素质、人口性别比、人口城市化、人口民族构成等问题，可以说，当时能够预见到的各种人口问题差不多都提了出来，经过比较详尽的讨论，提出相应的政策建议。30年来的实践证明，当时对人口变动和发展趋势的判断是正确的，政策是现实可行的。这样说，并不等于已经尽善尽美，包括人口政策在内的任何政策，总是要不断完善和不断发展的。特别是20世纪90年代中期进入低生育水平"转变后"人口阶段，人口政策也应适应变化了的情况，做出统筹解决、与时俱进的调整。

三 当前的选择

着眼于全面解决的中国人口发展战略，笔者以为，可分"三步走"进行。第一步，把高生育率降低到更替水平以下，实现由高出生、低死亡、高增长向着低出生、低死亡、低增长的转变，这一步已在1992年完成。第二步，稳定低生育水平至人口零增长，同时注重人口素质的提高和结构的调整，预计这一步可在2030年前后实现。第三步，零增长以后由于人口的惯性力作用，总体人口将呈一定程度的减少趋势，再依据届时的经济、社会发展以及资源、环境状况，做出理想适度人口的抉择。这样理想的适度人口是全方位的，不仅人口的数量是适当的，而且质量是比较高的，年龄、性别等的结构是合理的，同资源、环境、经济、社会发展相适应的。当前处在人口发展战略第二步。如何走好这一步？其指导思想和基本任务，可表述为：在以人为本科学发展观指导下，实行控制人口数量、提高人口素质、调整人口结构相结合，促进"控制"、"提高"、"调整"协调发展，人口与资源、环境、经济、社会的可持续发展。为此必须制定包括上述人口自身变动、人口与发展在内的全面发展的人口政策，逐步实现由以人口数量控制为主向，以数量控制与质量提高、结构调整并重，进一步过渡到以质量提高和结构调整为主的人口政策重心的转移。当前要在继续控制人口数量增长的同时，加大提高人口素质、调整人口结构的分量，为实现向以质量提高和结构调整为主的转变创造条件。就数量控制而言，提出以下生育政策决策选择：

其一，全国不分城乡，双方均为独生子女者结婚一律允许生育两个孩子。这一条现在即可实施。当前，已婚育龄妇女独生子女领证率在30%左右，城镇远高于农村，实行"双独"结婚生育两个孩子，生育率升高极其有限，可不附加任何条件。

其二，农村一方为独生子女者结婚，允许生育两个孩子，农村现在可以开始实施，城镇可从"十二五"开始实施。对于农村说来，由于独生子女率较低，"一独生二"影响有限；对于城镇说来，由于独生子女率普遍很高，一方为独生子女结婚者比例不会很高，对生育率影响也不会很大。特别到"十二五"城镇30岁以下育龄妇女将进一步减少，影响要更小一些。然而实行"一独生二"的生育政策，对于"一独"方的父母家庭养老和改变家庭人口年龄结构说来，有着现实的意义。

其三，在有效制止三孩及以上多孩生育条件下，农村可不分性别普遍生育两个孩子。目前全国农村实际的总和生育率仍在2.0上下，如果除人数较少的少数民族外均不得生育三个及以上孩子能够做到，实行"限三生二"政策可使生育率大体上维持现在的水平，不会造成大幅度反弹和影响2030年人口零增长目标的实现。不分性别的"限三生二"，改变目前农村只有独女户可以再生育一个孩子的政策，对治理出生性别比升高，将发挥不可替代的作用。

参考文献

1. 胡锦涛：《高举中国特色社会主义伟大旗帜　为夺取全面建设小康社会新胜利而奋斗》——在中国共产党第十七次全国代表大会上的报告，人民出版社2007年版。
2. 彭珮云主编：《中国计划生育全书》，中国人口出版社1997年版。
3. 国家人口和计划生育委员会编：《中国人口和计划生育史》，中国人口出版社2007年版。
4. 国务院技术经济中心：《2000年的中国》之一《2000年的中国人口和就业》（研究报告），1984年。
5. 田雪原等：《21世纪中国人口发展战略研究》，社会科学文献出版社2007年版。
6. 《田雪原文集》（1—3），中国经济出版社1991年版；《田雪原文集》（4），红旗出版社 2005 年版。
7. United Nations, *World Population Prospects*, *The 2004 Revision*, New York, 2005.
8. United Nations, *World Population 2008*, New York, 2008.

(原载《人民日报》2009 年 12 月 4 日，这里略有增改)

以人为本的可持续发展理论及其理论体系

迄今为止，一般将可持续发展作为一种发展战略或国际间的行动纲领提出和阐发。那么这一发展战略或行动纲领有无理论依据，如有支撑的理论基础和理论体系又是什么，对此近二三十年特别是近十多年来不少学者曾经作出一定探讨，提出诸如环境决定论、人口中心论、增长方式转变核心论等不同观点。不过，一是这种理论探讨为数不够多，二是探讨的深度有限，大多作为实证研究的一种铺垫。因而形成可持续发展研究理论落后于实际现状的状况，迫切需要深化研究。

结合可持续发展实践进行理论抽象，笔者以为，以人为本的发展观及其理论更具有本质特征，可构成可持续发展的理论基础。它的基本点是：发展的宗旨为了满足人的需要，满足人的生理、心理、交往、文化等全面发展的需要；发展的途径为实现资源的合理有效配置，尤为注重人力资源的开发和利用，逐步过渡到以人力资本的积聚和集中为主要手段的发展；发展的基本模式为人口、资源、环境、经济、社会相互促进和协调的发展，由此形成的可持续发展理论体系基本框架为全方位的适度人口论、资源稀缺论、生态系统论、总体经济效益论、社会协调发展论。

（一）以人的全面发展需要为宗旨

发展为了满足人的需要本属天经地义，然而随着社会生产力的发展，特别是工业革命后竞争的日趋激烈，空前积聚起来的资本强烈地表现出自我增值的本性，片面追求增值速度和积聚规模，以最大限度的自我增值为己任，使其脱离满足人的需要，走上为发展而发展道路。第二次世界大战后，以苏联为样板的高度集中统一的社会主义计划经济体制的确立，理论上以满足"人民群众日益增长的物质文化的需要"为目的，实践上却走到短缺经济死胡同，背离了满足人的需要宗旨。这两种殊途同归的发展，遵循的基本轨迹是经济增长＝发展。这样的发展即使可以满足人的某些方面的需要，也不能满足人的全面发展的需要，甚至以牺牲其他方面的需要为代价换取发展。如毁林开荒、变牧为农和加快农药、化肥生产的发展，一时间满足了人口增长对粮食和其他食物的需要，但却以水土流失、气候变得干燥恶劣和水、土污染为代价，最终损害到人的身心健康发展。1998年发生在长江中下游的特大洪水，就是一例。据载，20世纪50年代中期到80年代中期，长江流域森林覆盖率由22%减少到10%，水土流失面积由占流域总面积的20.2%上升到占41%，致使广大地区天上降水携泥沙直奔长江，使河床、湖底越淤越高。同时在"变湖泊为粮仓"口号下加速围湖造田，湖水面积减少45%以上，八百里洞庭基本失去"吞长江"功能，其余湖泊作为"天然蓄水池"调节长江的能力也大大下降，使长江变得酷似历史上为害最甚的第二条黄河。[①] 40多年砍伐围垦带来的收益远远抵不过一场洪水造成的损失，而当年却是何等豪迈地赞赏过"向大自然进军"的"发展"！痛定思痛，以人为本的可持续发展观着眼于人的全面发展，摒弃有利于一个方面而损害其他方面的发展。1994年在开罗召开的国际人口与发展会议通过的《行动纲领》，提出"可持续发展问题的中心是人"的基本观点。通观《纲领》基本精神，这里的"人"指的即是人的全面发展，以人的全面发展为出发点和归宿的发展。

人的生理、心理、交往、文化等全面发展的需要，按层次划分可分成生存、享乐、发展三种需要。最基本的是生存需要，它是任何社会人口再生产得以正常进行的条件，是社会稳定的基础。若不能满足总体人口对生活资料的需要，就难免"饥寒起盗心"，造成社会秩序混乱；若不能满足生产年龄人口对生产资料、产业结构的需要，存在大量"无事生非"的失业人口，社会也难以维持安定团结的局面，发展就会受到影响，更谈不上可持续发展。不过生存需要有个限度，当经济发展到一定阶段以后，这种需要相对容易满足；而人们追求高生活质量的享乐需要无限，但由于这样

[①] 参见夏斐《如何根治长江水患》，《光明日报》1998年8月28日；金辉文《20世纪中国重灾百录》，《文摘报》1998年8月27日。

的享乐需要同样为发展提供需求动力，因而也是人的全面发展需要之一。只是正常的享乐需要应限定在有益于人的生理和心理健康，有利于社会进步范围之内。至于发展需要特别是提高人口科学、技术、文化素质方面的发展需要，不仅为人的全面发展需要所必需，而且是实现可持续发展的主要手段，本文后面对此专有论述。

满足人的全面发展需要中的"人"，既包括现实的当代人，也包括他们的子孙后代，可持续发展要求摆正和处理好代际之间的发展需要的关系。传统发展观谈到满足人的发展需要时，不言而喻一般指当代人的需要，忽视了为满足当代人需要会给后代人带来什么样的结果。近来有的研究又出现一种偏向，在对 1987 年联合国环境与发展委员会《我们共同的未来》报告作出诠释时，将"既满足当代人的需要，又不对后代人满足其需要的能力构成危害的发展"，解释成主要是考虑子孙后代的发展，将当代人放到次要或无足轻重的地位，造成理论上的错位或本末倒置。可持续发展的前提是发展，是满足当代人全面发展需要的发展，忽视满足当代人全面发展需要的发展是不能有效推进的。只是这种满足当代人全面发展需要的发展不应损害后代人的利益，不能建立在危及后代人需求能力基础上。传统的"经济增长＝发展"导致环境恶化和资源枯竭，是典型的功利向当代人倾斜的发展；以满足人的全面发展需要为宗旨的可持续发展意在改变这种倾斜，强调发展的代际公平性、持续性、共同性，强调既利在当代又荫及子孙，有益于代际延续的发展。

（二）以人力资本为主要驱动力

可持续发展的前提是发展，什么是发展？就词语解释，发展指事物由小到大、由简单到复杂、由低级到高级的变化过程。如从资源角度观察，则一切发展可归结为资源的物质变换，发展表现为资源进行物质变换过程。一般情况下，经济发展表现为直接的物质变换，社会发展有的表现为资源的直接物质变换，如旨在提高人口素质的教育事业的发展，在教育的劳动生产率不变情况下，主要依靠教育投资的增长，教师和教室、实验室、图书馆等设备增加的物质变换；有的表现为非直接的物质变换，但要以一定的物质变换为前提，如社会科学研究的发展常常借助于抽象力，不过这种抽象力离不开社会实践，而社会实践即是资源物质变换的运动形态。这里，资源的物质变换既包括土地、森林、草地、河湖、空气、金属和非金属矿藏等自然资源的物质变换，也包括人力、知识、信息、技术、管理等社会资源的物质变换，主要的则是自然资源与社会资源相结合的物质变换。有"两种资源"和"两种资源结合"存在，就存在主从、支配与被支配关系，亦即发展以哪一种资源的物质变换为主导问题。正是在这一点上，可持续发展观与传统发展观表现出原则的不同。"经济增长＝发展"的传统发展观，着力于自然资源的物质变换，追求自然资源最大限度的开发利用，结果造成资源的巨大浪费和环境质量下降，走上不可持续发展道路。目前许多发展中国家仍旧没有摆脱这种资源型的经济发展，重自然资源，轻社会资源，经济和社会的发展基本处在传统工业化阶段，表现出很大的不可持续性。某些发达国家则相反，它们依靠本国人力资本、技术资本雄厚等比较优势，将本国和进口来的原材料进行深加工，大大提高其附加值后，再行销售和出口而获取更多利润和自然资源，并伴之以某些传统产业向国外转移，大力发展高新技术产业，以科学技术的生产和传播即知识经济作为经济发展的核心，将社会资源的物质变换提到主导地位，由此达到自然资源与社会资源的合理配置。以人为本的可持续发展在重视自然资源的同时，高度重视社会资源，实现物质变换由以自然资源为主导向社会资源为主的转变。

第二次世界大战后兴起的以微电子技术为前导的新技术革命，使科技在劳动生产率提升中的作用由中期的30%左右，上升到目前的70%—80%，一些高新技术部门甚至达到100%。当前这一新技术革命推进到以生命科学为带头学科的更高阶段，即由以往人的体能的外在化、物质化进到人的智能外在化、物质化阶段。生物工程取得的最新成果，"克隆"技术的某些新的突破，知识经济和知识管理被提到决定未来经济发展命运的高度，预示着人类社会向智力工具过渡的时代已经到来。对于人类已经历过的手工工具和正在经历的机器工具时代说来，智力工具是一个全新的时代，它将人的智力开发放在首位，人口智力投资的增长，人力资本的积聚正成为经济和社会发展的强大推动力，可持续发展的推进器。有的国家、地区经济和社会发展建立在以自然资源物质变换基础之上，经过一个时期比较迅速的发展以后，陷入技术落后，金融危机和经济不景气之中，表现出发展的难以持续性；有的国家、地区重视社会资源在物质变换发展中的地位和作用，重视人力以及信息、技术、资本等的积聚和增长，在当前经济不景气大环境中获得较快发展，表现出很强的发展后劲儿，创造出历史上发展的最佳时期。正反两种发展实践表明，社会资源的开发利用，以人力资本为核心的资本的积聚和增长，构成可持续发展的基本条件，推动可持续发展的基本要素。在这个意义上说，可持续发展科技是关键，基础在教育，推动力在人力资本。

（三）以人为本的理论体系

以人为本的发展观不仅体现在发展的出发点和目的、发展的决定性因素和路径上，而且贯穿于人口、资源、环境、经济、社会发展各个方面，形成不同方面的交叉发展。参见图1：

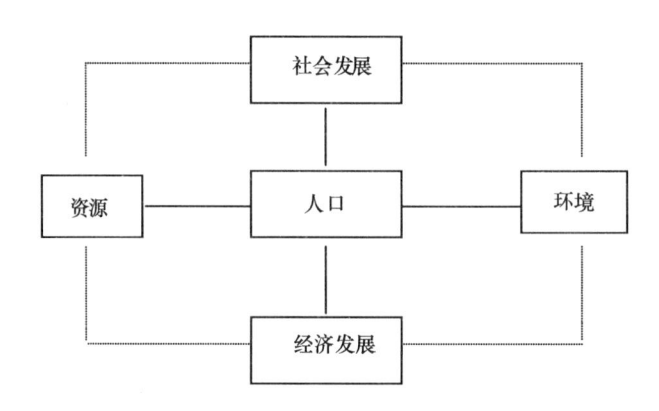

图1 人口、资源、环境、经济、社会发展在可持续发展中的位置和关系

可持续发展的一项基本要求，是这种诸多交叉发展的协调性和连续性，而这一点只有坚持以人为本才能做到。即建立涉及发展主要方面和交叉发展、以人为本或人本理论的可持续发展理论体系。不过这里的人本理论和哲学上的人本主义还不尽相同。按照罗森塔尔、尤金编著的《哲学词典》解释，人本主义是一种"离开具体的历史的社会关系而把人主要看作生物学上的生物的哲学原则"。我们讲的人本理论的人是处在20世纪末和

21世纪即将来临，经济和社会发展达到前所未有高度的人，具体时代人的抽象，而不是脱离社会发展的纯生物人的抽象。至于人本主义中的唯物主义思想，则是合理和有益的。如此确立在人本理论基础上的可持续发展理论体系，可由下述五个方面支撑的理论组成：

其一，全方位适度人口论

适度人口论产生于本世纪初，在对人口规模与资源之间关系的讨论中，提出人口过剩和人口不足两个概念。当人口规模处于再增加或减少均不能带来好处时，便称这一人口为适度人口。如以 O 表示适度人口，A 表示实际人口，M 表示人口数量失调程度，则：

$$M = \frac{A-O}{O}$$

若 M 为正值，说明人口过剩；M 为负值，则人口不足；$M=O$ 为适度人口。其后适度人口研究提出和论证了带来最大经济福利效益的经济适度人口，带来国家实力最大化的实力适度人口或社会适度人口等，取得不少进展。不过至今适度人口研究还主要限于人口数量上的考察，很少涉及其他方面；而随着21世纪新技术革命的到来，世界人口出生率的下降和过渡到零增长，人口质量、分布和结构等方面的问题将突出出来。适应这种新的发展，适度人口概念需要更新，从仅仅是人口数量上的探讨，进到包括人口质量、结构等方面的全方位的"适度"。就世界人口总体和中国21世纪人口变动走势而论，实现适度人口需要控制人口数量，提高人口质量，注意人口年龄、性别结构和城乡、地区分布的调节，实行控制、提高、调节相结合方针。尽管从动态上制定一项集控制、提高、调节于一体的全方位适度人口目标难度很大，但是结合具体发展进程，一定时期适度人口目标的制定是可能的。按照这一赋予新涵义的适度人口理论，实现人口自身以及人口与资源、环境、经济、社会交叉发展的可持续发展，是有现实可行性的。

其二，稀缺资源论

既然发展是资源的物质变换，当然包括自然资源和社会资源的总体资源状况怎样，就成为决定发展的前提条件。笔者以为，资源特别是自然资源如同绝对真理和相对真理一样，既是绝对的、无限的，又是相对的、有限的，总体上是稀缺的。是绝对的和无限的，指随着科学和技术的不断进步，人类认识、开发和利用资源能力提高无限，资源的范围不断扩大，原本未列入资源范畴的成为新的资源，甚至是价值更高的资源。是相对的和有限的，指在一定经济技术水平条件下，人类认识、开发和利用资源的能力受到限制，任何资源都有一定限度，并非永久取之不尽，用之不竭。在总体上是短缺的：非再生资源消耗后不可复得，绝对数量在减少；可再生资源若再生的速度赶不上人口、经济等的增长，稀缺的程度也会加深。由于人们普遍追求高生活质量欲望无限，人均消耗的资源数量不断上升，人口增长对资源消耗表现出很强的"加权效益"，人均资源消耗增长速度急剧加快。面对21世纪中国加速走向现代化和上半叶人口增加近3亿方可实现零增长，可持续发展需要进一步树立资源稀缺意识，以稀缺资源论作指导。

其三，生态系统论

建立在时空的分离性和认识来源的物理经验性基础上的近代科学，发展沿着"分解"、"还原"的路径延伸，导致自然界与人类社会的分割，自然界中有机界与无机界分割的认识论和实践，使人类越来越生活在间接的人造环境之中，而很少过问这种间接的人造环境是否符合客观世界运动规律，是否具有科学的连续性。新兴的现代科学一反这种"分解"、"还原"的思维方式，发展具有交叉、边缘、融合的特点，给建立在生命科学和地球科学基础上的生态系统科学，注入新的生机和活力。生态系统科学强调人类社会与自然界、有机物与无机物的统一，强调生命是包括大气圈、水圈、岩石圈、生物圈在内的地球系统的中心，从生态学角度解释地球的存在、演进和发展。由于自然界自身反馈机制具有的自我调节能力，生产者、消费者、分解者、无生命物质之间进行着连续不断的能量转换和物质变换，维持着一定的生态平衡，形成稳定的生态系统。一旦来自外界的干扰超过生态系统自身的调解能力，平衡就要被打破，能量物质交换遭到破坏，使生物与环境之间失去平衡，发展变得不可持续。当今世人达成共识，最主要的"外界干扰"来自人类社会。传统的发展已使大量物种灭绝并制造出一批"人工物种"，震撼着生态系统的稳定。以人为本的可持续发展要重新审视人类在自然界的位置，自觉而又积极地回归生态系统。

其四，总体经济效益论

自本世纪30年代凯恩斯（J. M. Keynes）主义盛行，把国民生产总值（GNP）作为衡量经济发展最主要甚至是惟一的指标以来，工业化规模经济膨胀造成的不良后果在很大程度上抵消了它所带来的效益。以人为本的可持续发展不能无视这种传统经济发展产生的负效益，必须在注重企业个体经济效益的同时，注重社会总体经济效益；顾及近期经济效益的同时顾及长期经济效益，树立新的社会总体经济效益发展观。

一是质量效益发展观。传统的经济发展片面追求产量、产值和利润，主要通过生产规模数量上的扩大，即外延式扩大再生产实现，造成资源利用率不高、污染严重等"工业病"。可持续发展立足于社会总体经济效益最大化，要尽可能地减少资源的浪费和治理污染的费用，就不能一味地走外延式扩大再生产道路，转向以提高产品质量、提高劳动生产率为主的内涵式扩大再生产。在经济增长数量和质量问题上更强调质量，以质量求发展，靠质量实现总体经济效益最大化，是可持续发展经济的一个显著特点。

二是广义空间效益发展观。有两种不同的投入产出：狭义的投入产出为生产经营产出与投入成本之比，广义为全社会产出与投入成本之比。传统经济发展只注重前一种，可持续发展更注重后一种投入产出。在发展指标设定上，可持续发展也要跳出单一的国民生产总值、国内生产总值（GDP）的束缚，选择包括经济、社会、文化、环境、健康、生活质量等在内的更能反映广义空间效益的指标。采用这类综合指标不仅有利于比较科学地评价可持续发展的能力和达到的水平，而且可以清除国际间外汇比价不尽合理等因素影响。广义空间效益发展观要打破仅就本企业、本地区看待经济效益的狭隘观念，把包括资源、环境、社会发展在内的外部效应收入评价视野，从经济增长和发展造成的内部结合上看待效益，对待发展。

三是长远时间效益发展观。经济发展当前的效益自不待言，可持续发展总体经济效益发展观，要求在重视近期经济效益的同时重视长远时间效益，不能以牺牲长期效益为代价换取近期效益。《我们共同的未来》报告提出的"不对后代人满足其需求的能力构成危害"的发展，既有人口生产的代际问题，又有近期和长期时间效益的关系问题，可持续发展更注重长远时间效益，是区别于传统发展的一个重要标志。由于更注重长远时间效益，发展不仅需要经济成果的积累，还需要看这种发展对自身能力的影响，有利于还是削弱自身发展的能力，削弱自身能力的发展是不可持续的。长远时间效益发展观应将重点放在可持续发展能力的培育上，保证新的发展潜力的不断涌现。

其五，社会协调发展论

社会表现为物质生产、人口生产、环境生产、精神产品生产交叉生产过程中，交叉组合形成的生产力与生产关系、经济基础与上层建筑的总和。以人为本可持续发展的社会协调发展观，就是要随着生产力和生产关系的改变，发展相应的社会事业，建立起促进人的全面发展的经济基础；上层建筑也要随着改变，进步的意识形态以及先进的政治的、法律的等政府组织、管理应运而生。可见，社会的协调发展带有整合的性质，是多种生产能否有条不紊发展的整合器，应予充分重视。结合可持续发展实践，以下三个方面的协调发展更应引起关注：

一是经济与社会的协调发展。发达国家和某些发展中国家发展的历史表明，先发展经济，待到经济发展后再来解决人口、失业、污染、贫困等社会问题的路子是不可取的。这不仅增加了解决社会问题的难度，同满足人的全面发展需要宗旨背道而驰；而且社会问题积累到一定程度，也会妨碍经济的发展。可持续发展主张在发展经济的同时，及时公平地解决社会问题，使经济和社会协调发展，同步发展。

二是第一、第二、第三次产业的协调发展。产业结构怎样，既表明经济发展的不同阶段，也说明社会进步的程度，医疗、卫生、教育、科研、环保、商饮、服务等第三产业占国内生产总值的比例，从一个重要的方面反映经济、社会发展的水平和协调状况。从理论上说，处在不同发展阶段上的国家第三产业应占到适当的比例，过高可能陷入福利国家的泥潭而妨碍发展，过低则可能阻碍技术进步和改革，同样有碍于发展。

三是内部与外部的协调发展。随着经济的发展和科学技术的巨大进步，国家、地区之间的距离拉近了，联系和相互影响空前加强起来。当前，在可持续发展深入人心和一系列国际公约公布于众的情况下，不仅一个国家的经济、人口、环境发展受到周边以及更多国家关注，而且政治、文化、法律等社会状况同样受到关注。可持续发展推进到今天，各国都在塑造自己的形象，集人口、资源、环境、经济、社会发展于一体，求得发展互动平衡的总体形象。协调好内部与外部的发展关系，忠实履行国家承诺，不仅有助于这一良好形象的塑造，而且为切实推进本国乃至全人类的可持续发展所必需。

参考文献

1. 《21 世纪议程》，联合国 1992 年里约热内卢环境与发展会议，国家环境保护局译，中国环境科学出版社 1993 年版。

2. 《中国 21 世纪议程——中国 21 世纪人口、环境与发展白皮书》，中国环境科学出版社 1994 年版。

3. 陈耀邦主编：《可持续发展战略读本》，中国计划出版社 1996 年版。

4. 中国 21 世纪议程管理中心编：《论中国的可持续发展》，海洋出版社 1994 年版。

5. 张维庆：《中国可持续发展的核心是人口问题》，《中国人口科学》1997 年第 1 期。

6. 田雪原：《大国之难——当代中国的人口问题》，今日中国出版社 1997 年版。

7. 田雪原：《田雪原文集》（二），中国经济出版社 1995 年版。

8. United Nations, Program of Action at the International Conference on Population and Development, Cairo 1994 (Population and Development) Volume 1, 1995. 9. United Nations, Population Environment and Development, New York, 1994.

（原载《中国人口科学》1999 年第 1 期，略有增减修改）

人口与资源可持续发展

中国素以"地大物博,人口众多"著称于世。然而新中国成立以来,特别是改革开放以来的迅速发展,人口转变的加速进行,已使这一传统观念发生某些改变。不过要完成这种转变还需要时间,尤其同21世纪人口与资源可持续发展战略目标实现怎样关系极大,需要加强研究。

(一) 可持续发展的基本条件

可持续发展主要涉及人口、资源、环境、经济发展和社会发展五个方面。由于不同学科所站角度不同,阐述的重点和强调的方面亦不尽相同。1994年在开罗召开的联合国国际人口与发展会议通过的《行动纲领》指出"可持续发展问题的中心是人",突出了人口在可持续发展中的地位和作用。强调可持续发展要确保当今和后世所有人公平享受福利的手段,充分认识和妥善处理人口、资源、环境和发展之间的相互关系,并使它们协调一致求得互动平衡。按照这样的思路探讨可持续发展,我以为,任何社会形态下人口与经济的可持续发展是基础,因为按人口平均计算达到的国民经济发展水平及其所能提供的技术装备,标志着对自然资源一定的探测、开发和利用的能力,为社会发展提供怎样的物质基础,以及对环境进行保护、治理的程度;人口与社会的可持续发展是目的,即建立既满足当代人需求又不对后代人满足其需求能力构成危害的社会体系,人人得以为自己和家庭获得适当的生活水平,消除贫困和走向富裕,是可持续发展追求的目标;人口与环境的可持续发展是前提,亦即追求人口与经济、社会的发展不得以牺牲环境质量为代价,而要以环境保护、维持生态的平衡为前提。然而人口与经济、社会、环境的可持续发展,归根结蒂还是要以人口与资源能否达到"协调一致"和"互动平衡"为转移,人口与资源的可持续发展是全部可持续发展的条件，是制约可持续发展的终极因素。

当然，这不是对个别国家或地区，而首先是对全人类和人类拥有的总体资源而言的。据科学家考证，地球的形成已有47亿年的历史，地球上有生物存在也已有了二三十亿年的历史。在漫长的历史进化中形成现今可供人类使用的各种资源，这本应属于全体人类共同拥有，而不应属于哪一部分人所有。但是由于私有制、家庭、国家的产生和历史演进的结果，形成现有资源中主要资源被不同国家或地区分割的局面。这就给资源的合理开发和使用，带来一定的障碍，而只能求助于国际或地区间的贸易来解决。同时自然会出现资源与发展之间的不等式：资源丰富≠发展快，资源贫乏≠发展慢；也自然会有等式发生：资源丰富的某些国家或地区发展迅速，资源贫乏的某些国家或地区发展缓慢。所以，就个案分析，很难找出一个国家或地区发展速度、发达程度同资源的固定模式，上述4种情况即可举出典型例证。然而将世界作为一个统一的整体观察，则人口、环境、经济、社会的发展都离不开资源，一切发展都是资源的物质变换。我们消费掉煤炭、石油等能源，取得热能、电能等功效，同时燃烧放出大量二氧化碳，绿色植物叶绿素在阳光作用下，又将二氧化碳和水合成有机物，成为新的资源。我们开采铁、铝、铜等金属和非金属矿产，经过冶炼和制造成为有用的生产资料和生活资料，也是在对这些资源进行有目的的物质变换。资源贫乏国家或地区通过贸易使短缺资源得到补充，然后在物质变换中提高其附加值，去换取更多的资源，一些发达国家和地区走的正是这种"贸易发展道路"；资源丰富的国家或地区通过贸易输出多余的资源，往往输入几经物质变换、附加值大大提高了的新的生产或生活资料资源，许多"资源型"发展中国家走的正是这样的道路。因此无论资源与发展等式还是不等式的国家或地区，发展都同资源紧密相联。

中国是世界上人口最多的国家，早在15年前，笔者曾撰文，阐述四个现代化要从中国有9亿人口出发，并结合中国的自然资源状况，论述满足众多人口吃、穿、用等消费资料的需求，必须坚持自力更生为主的方针。到20世纪80年代中期人口总数突破10亿时再次撰文，阐述了相对10亿多人口说来，资源颇感不足，有些相当短缺，并从这一重要基本国情出发，合理确定发展目标、发展速度、经济技术结构、消费方式等发展战略。如今全国人口增加到 12 亿以上，认识人口与资源的优势和劣势对经济、社会发展的有利和不利的影响，树立起明确的人口与资源意识，将其作为基本的条件、立足点和出发点，乃是寻求长期可持续发展道路的首要之点。

（二）资源的稀缺性

什么是资源？由于资源具有包罗万象、涉及学科广泛的特性，从数、物、化、生、地等自然科学，到文、史、哲、经、法等社会科学各个领域，许许多多学科都有着自己的"资源观"。哲学家认为，大千世界不外是一定条件下的物质变换；化学家的一句至理名言，是"世界无废物"；而在人口学家、经济学家眼里，人是生产力中最活跃的因素，人力资源是最重要的资源。语言学家考证汉语、英语"资源"（resource）一词的含义，作为复合意义的"资"字可分解为"次"与"贝"两层意思，即又一次的财富之义；而英语中 resource 的"re"有同汉语"次"字相近之义，如此汉、英语的"资源"（resource）即为又一次的财富来源作解。英国古典经济学家威廉·配第（William Petty）的一句名言是："劳动是财富之父，土地是财富之母"，将劳动与土地共同视为资源。马克思和恩格斯则指出，自然界为劳动提供材料，劳动把材料变成财富，劳动与自然界结合在一起才是财富的源泉。当今学术界和国际机构对资源解释颇多，联合国环境规划署（UNEP）归结为："所谓资源，特别是自然资源，是指在一定时间、地点条件下能够产生经济价值，以提高人类当前和未来福利的自然环境因素和条件。"[①] 笔者基本赞同对自然资源所下的这一定义，但认为一是表述比较繁琐，二是未包括全部资源，故有进一步推敲之必要。我以为，"资源"作为一个抽象的概念，应当摒弃不同学科的偏见，揭示其固有的内涵与外延，且应尽量简明扼要。可表述为：自然界和人类社会一切有价值的物质，即为资源。这一定义有三层含义：

一为资源不仅存在于自然界，主要为地球，以及直接供给或影响地球资源的太阳、月球等行星。如太阳直接供给太阳能，月球是潮汐形成的条

[①] 参见刘书楷等《农业资源经济学》，西南财经大学出版社 1989 年版。

件，若依据某些科学家动议"炸毁月球"，则潮汐电站将会由于失去潮汐资源而不复存在；而且存在于各种社会形态的人类社会，即常常被人们忽视的社会资源。

二为资源的价值特征。这是资源固有的本质特征，不以人们的利用程度为转移。如某些贫矿，在该类富矿较充裕或开采、冶炼技术不高的情况下，不被看作资源；而当富矿枯竭或开采、冶炼技术提高后，则当作资源加以利用。但是无论哪种情况，贫矿始终是一种资源，只是这种资源的经济价值不高而已。

三为资源的物质性。资源本身是物质的，如自然资源和部分社会资源；或者资源本身具有非物质性，但它依附于物质存在，如技术资源、管理资源等。1966年美国微观人口经济学家莱宾斯坦（H. Leibenstein）在《美国经济评论》杂志发表文章，提出和论证了潜藏在人的机体内、由人的心理支配的"看不见的资源"，引起某些经济学家特别是日本一些经济学家的重视。对这种"看不见的资源"作何评论，属不属于原本意义上的资源暂且不论，不过即使是一种资源，也没有离开人这个载体，"看不见"依赖"看得见"的人而存在，没有离开资源的物质属性。

从上述定义出发，可将资源划分成自然资源和社会资源两大类，本文探讨的资源的稀缺性，系指自然资源而言。关于自然资源分类，目前尚存异议，笔者主张分成非更生性、可更生性和恒定性资源三类，而无论哪类资源均存在稀缺问题。非更生性资源，顾名思义，以不可更生、不可循环为特点，如各种金属和非金属矿藏开采利用后不能复得，自然随着人口的增加和需求量的加大而减少，某些已亮出"黄牌警告"；土地、森林、牧场、渔业等可更生性资源，面对人口膨胀更生的速度和规模很不适应，过度开发利用已使这类资源显出衰减态势；而包括太阳、潮汐、风、水、原子等能源型恒定性资源，尽管数量巨大，但是由于受到一定时间、空间和技术条件的限制，一般仅能利用其中较小甚至是极小部分。相对人口增长和资源消耗增加说来，自然资源的稀缺性越来越明显地暴露出来。

中国"地大物博"，主要指自然资源丰富，无疑有它的根据。中国国土面积居世界第3位，其自然资源总量也大致排在相似位置，种类比较齐全，具备主要依靠自己资源建立独立经济体系的基础，而世界多数国家是不具备这样的条件的。但是资源又显得颇为短缺：一是表现为绝对数量上的短缺，如目前9540万公顷耕地仅占世界耕地面积的7.1%，使得人均耕地面积只相当于世界平均水平的1/3，人均森林面积不足1/6，人均草原面积不足1/2，人均矿产资源也只有1/2。① 二是表现为结构性短缺，可区分为总体资源结构性短缺、同类资源结构性短缺和开发利用条件结构性短缺3种。总体资源结构性短缺，指在全部资源中某些重要资源不足。中国煤炭资源十分丰富，其余比较丰富的多为经济建设需求量较少的金属和非金属矿藏，某些重要资源尤其是关系到众多人口生活消费的资源短缺。同类资源的结构性短缺，指在具有较强替代性同类资源中，优质与劣质的质量结构问题。如化石能源中石油、天然气优质能源所占比例低，煤炭等劣质能源所占比例高。开发条件的结构性短缺，指资源开采利用的难易程度和成本的高低。如目前草原面积31 333万公顷占世界的9.2%，人均面积也相当于世界的43.0%，在各类广义农业资源中算是比较丰富的；然而由于草场多分布在降水量稀少的北部和西部，严重影响到草场的载畜量②。从中国自然资源的实际情况出发，不仅要注意到资源总量和按人均占有量的绝对数量短缺，而且要特别注意到3种形式的结构性短缺。只有正确认识绝对性短缺和结构性短缺的实质，才能真正树立资源的稀缺意识，以及节约资源、合理利用资源的可持续发展战略思想。

（三）人口增长的压力

与资源稀缺相对应的是人口过剩，而且同资源稀缺难以补偿一样，人口过剩在相当长时期内难以扭转。根据联合国提供的资料，目前世界总和生育率（TFR）为3.1，大大超出2.1的替换水平，故有很强的增长势能。中位预测可由1995年57.59亿，增加到2000年62.28亿，2010年71.50亿，2050年98.00亿。③ 如果说世界人口总和生育率TFR＞2.1替换水平许多，人口增长势头强劲实属必然；那么中国人口情况则有某些不同：经

---

① 资料来源：《中国统计年鉴1995》，中国统计出版社1995年版，第758页。
② 同上。
③ United Nations, *World Population Prospects*, *The 1994 Revision*, NewYork, 1995.

过20多年生育率长期持续下降，目前总和生育率估计在2.0水平，净再生产率（NRR）估计在0.9水平，即 TFR<2.1、NRR<1.0 替换水平；至于京、津、沪3市以及浙江、江苏、辽宁、山东、四川、吉林、黑龙江等省，比全国水平又要低许多。依据洛特卡（Lotka）的稳定人口理论模型，表明人口长远变动趋势的内在人口自然增长率（intrinsic rate of natural increase）应有所不同。按公式：

$$r = \frac{\ln NRR}{T}$$

其中：r 为自然增长率，NRR 为净再生产率，T 为平均世代间隔，$\ln$ 为自然对数。根据目前中国的实际情况，取 $NRR = 0.9$，$T = 23.5$，代入公式：

$$r = \ln 0.9 / 23.5 = -0.0018$$

即中国当前的人口内在自然增长率为 -0.18%。它说明，如果在没有迁入、迁出封闭人口，且在足够长时间内（大体相当于出生时人口预期寿命时间）生育率和死亡率保持不变，达到稳定人口状态之后的自然增长率。只可惜我们现在不是稳定人口，并且由于20世纪90年代以前一直在 $TFR > 2.1$、$NRR > 1$ 进行人口再生产，形成年复一年堆积起来的人口年龄结构。根据1994年全国人口抽样调查提供的资料，0—14岁少年人口占总人口的比例为26.8%，15—64岁成年人口占67.0%，65岁以上老年人口占6.2%，属成年型和由成年型向老年型年龄结构过渡类型人口。一方面这一类型已使人口增长的势能大为削弱，抑制了人口猛烈增长的态势；另一方面这一结构类型同时表明尚有一定增长惯性，即使国家控制人口增长的基本国策不变，按照"九五"计划和2010年远景规划目标，2000年全国人口可达13亿，2010年可达14亿。其后还要继续增长较长时间，国内外的预测大同小异，一般预计2050年增加到16亿左右才有可能实现零增长。亦即在未来的半个多世纪时间里，中国人口总量还要再增加1/3左右，即3亿—4亿人才有可能停止下来。这一前景几乎是不大可改变的，稍有疏漏还有突破的危险。毫无疑问，人口的继续增长将直接导致人均占有的非更生性资源的下降，可更生性资源若更生的速度落后于人口增长速度，也难以摆脱下降的命运。近几年来美国世界观察研究所所长里斯特·

布朗（Lester R. Brown）多次发表文章，提出世界谷物的供给将无法满足日益增长的人口的需要，下一个世纪30年代可能发生的世界性粮食危机，并且提出届时"谁来养活中国"的挑战性问题。布朗文章不仅在学术界、政界引起较大反响，眼前的一个现实效应是引起世界粮价的普遍上涨。据美国1995年9月份第1周期货市场提供的情况，9月份小麦价格达到每蒲式耳4.70美元，玉米价格达到每蒲式耳2.89美元，大豆达到每蒲式耳6.22美元，使世界谷物市场由买方市场转为卖方市场。我们对布朗的观点赞同与否另当别论，前已叙及中国人口粮食问题的解决压根儿就没有指望由哪一个或几个国家供应，主要必须建立在自己供应基点上；但他有一点言中了，随着人口增加和耕地资源短缺的加剧，粮食紧缺将变得突出。中国后备耕地资源不足，相当于现耕地面积1/3左右，即使1公顷不留地全部加以垦植利用，并且保证现有耕地面积不再下降，充其量可维持现有人均耕地面积不变，实际上是绝难做到的。这在农业栽培技术没有取得重大突破情况下，农业资源短缺是不容忽视的。其他资源情况也相类似，只是相对丰富的资源承受人口增长的压力强一些，相对贫乏的资源承受人口增长的压力弱一些而已。

（四）分母的加权效应

人口对资源的压力不仅来自人口绝对数量的增加，而且来自每个人资源消耗的增长，在人均资源减少过程中显示出很强的加权效应。按照马克思主义经济学再生产理论，固然生产在生产、交换、分配、消费诸环节中起着决定性作用，但是其他环节也绝非仅仅是消极的，与生产是辩证统一的关系，生产与消费更是如此。一方面生产即是消费，物质资料生产即为劳动力和生产资料消费过程；另一方面消费即是生产，个人生活资料消费（经过交换和分配）即为劳动力再生产过程。生产与消费互为条件、相互依存：生产为消费提供对象，没有生产便没有消费；消费使生产得以最终完成，并为生产创造新的需要和动力，没有消费生产便失去意义。从再生产角度观察，人类社会就是在生产与消费矛盾统一运动中演进发展，导致生产的不断扩大和消费水平的不断提高。在人类社会初级发展阶段，由于社会生产力发展水平不高，生产领域扩展受到很大限制，消费资料品种和数量受到限制，结构也是落后的。然而人们对消费资料的追求是无限的，正是这种无限的追求才不断向社会生产提出新的需求和动力，促使社会生产向前发展。当人类社会进入以工业革命为标志的高级发展阶段以后，社会生产力获得前所未有的巨大增长，消费资料在品种、数量和结构上则发生质的飞跃。尤其是各种耐用消费品的大量涌现，使人口增长的"分母加权效应"十分突出地显现出来。据联合国提供的资料，1960—1985年世界人口由30亿增加到48亿，增长60%；同期世界能源消耗增长130%，倍加于人口的增长，最重要的原因在于人均消耗能源增长45%的"分母加权效应"所致。[①] 如前所述，既然扩大消费和提高消费水平是发展生产的动力和终极目的，随着社会生产力的发展和新技术革命所提供的手段的增强，当今这种"分母的加权效应"在继续加强。

中国是一个消费水平不很高的发展中国家，同时又是近年来消费水平提高最快的发展中国家之一，从而大大强化了"分母的加权效应"。这可从以下几方面的统计数据中看出来：

其一，居民纯收入和消费的增长。1978年与1994年比较，按当年价格计算乡村居民家庭人均纯收入由133.6元增加到1221.0元，按可比价格计算增长355.5%；城镇居民家庭人均生活费收入由316元增加到3179元，按可比价格计算增长273.7%。随着消费水平大幅度提高，农民人均消费由138元增加到1087元，按可比价格计算增长285.2%；非农业居民由405元增加到3956元，按可比价格计算增长289.1%。目前城乡居民消费水平大体相当于1978年的3倍。

其二，人口城市化的影响。比较上述城乡人均纯收入和消费水平增长情况，1978—1994年，乡村人均纯收入增长幅度高于消费增长幅度，前者高出后者70.3个百分点；城镇居民则相反，人均消费增长幅度高出人均生活费收入增长幅度15.4个百分点。这一正一反，使得城乡消费水平对比发生较大变化，由1978年2.9∶1（农民=1），变动到1994年3.6∶1。这一期间全国人口由96 259万增加到119 850万，增长24.5%；乡村人口由79 014万增加到85 594万，增长8.3%；市镇人口由17 245万增加到

[①] 资料来源：United Nations, *1990 Demographic Yearbook*, New York, 1992。

34 301万，增长 98.9%，成为中国乡村人口转移和人口城市化进展最快时期。市镇人口所占比例，相应由 17.9% 上升到 28.6%，16 年间升高 10.7 个百分点。① 由于城市化的加速进行和城市居民消费水平的提高，对城市人口而言，"分母的加权效应"具有双重的意义。

其三，消费结构的改变。可分成两个层次：第一层次为总体消费结构的改变，最突出的是耐用消费品特别是家电产品的巨大增长。1985 年与 1994 年比较，平均每 100 户家庭的洗衣机拥有量，城镇由 48.3 台上升到 87.3 台，乡村由 1.9 台上升到 15.3 台；电冰箱拥有量，城镇由 6.6 台上升到 62.1 台，乡村由 0.1 台上升到 4.0 台；电视机拥有量，城镇（彩色电视机）由 17.2 台上升到 86.2 台，乡村由 11.7 台上升到 75.3 台。② 这就使得家电等耐用消费品占全部消费支出的比例迅速上升。第二层次为同类消费资料中替代性结构改变。如目前在城镇居民食品消费中粮食数量稍有减少，猪肉、牛肉、羊肉和蛋、禽、水产品数量却增加较多，按照这些产品的粮食转换率折算下来，实际的人均粮食消费量还是增加了。乡村则是在粮食消费量略有增加的同时，食品消费结构也有所改变。无论是总体消费结构还是替代性消费结构的改变，都标志着由落后消费模式向现代消费模式的转变，是国民经济发展和居民生活水平提高的必然结果。

上述居民收入水平的提高、人口城市化的推进和居民消费结构的改变，其中的任何一项都足以造成消费的增长，而客观上我们正处在三者交互作用交织在一起，由三者形成的聚合力推动消费，这就是加权效应的巨大消费市场。这种聚合力的巨大市场产生对生产的强有力的刺激和需求，国民经济在这种强有力的刺激和需求下得以快速发展。如以 1978 年与 1994 年比较，中国主要产品产量在世界各国中的位次发生显著变化：钢产量由第 5 位进到第 2 位；煤由第 3 位进到第 1 位；原油由第 8 位进到第 5 位；发电量由第 7 位进到第 2 位；电视机由第 8 位进到第 1 位；而谷物、肉类、棉花等进入 90 年代即占到第 1 位。③ 即使如此，中国人均消费水平

---

① 资料来源：《中国统计年鉴 1995》，第 59 页。
② 资料来源：《中国统计年鉴 1995》，第 263、287 页。
③ 资料来源：《中国统计年鉴 1995》，第 779 页。

仍旧不高，最近中共十四届五中全会通过的《中共中央关于制定国民经济和社会发展"九五"计划和 2010 年远景目标的建议》，重申了本世纪末人民生活达到小康水平，2010 年人民的小康生活更加宽裕的目标，我们理应为之奋斗并保证发展目标的实现。但是不要忘记，生活水平提高的背后是人均资源消耗的提升，人口与资源稀缺矛盾的加剧，需要重新审视传统消费模式，走出一条与人口"分母加权效应"相适应，适度消费的可持续发展道路。

参考文献

1. 联合国 1992 年里约热内卢环境与发展会议《21 世纪议程》，国家环境保护局译，中国环境科学出版社 1993 年版。

2. 联合国 1994 年开罗人口与发展会议通过《国际人口与发展行动纲领》，1994 年。

3. 《中国 21 世纪议程——中国 21 世纪人口、环境与发展白皮书》，中国环境科出版社 1994 年版。

4. 田雪原：《田雪原文集》（二），中国经济出版社 1995 年版。

5. H. Leibenstein, *A Theory of Economic Demographic Development*, Princeton University Press, USA, 1954.

6. Lester R. Brown and others, *State of the World 1995*, A Worldwatch Institute Report on Progress Toward a Sustainable Society, USA.

（原载《中国人口科学》1996 年第 1 期。）

人口与环境可持续发展

（一）人口增长与环境恶化

据科学家考证，地球的存在大约有47亿年的历史，地球上有生物存在约为23亿年，最早的人类出现在距今230万年以前。在这漫长的历史岁月中，绝大部分时间里人类与大自然和睦相处，维持着比较良好的环境和生态平衡。人口自身的生产，绝大部分时间处在高出生、高死亡、低增长的简单再生产状态，对环境的压力不大。据统计，公元前15000—前8000年的中石器时代，世界人口在300万—400万之间；至公元前3000年的新石器时代，在500万—1000万之间，人口的年平均增长率不超过0.01%；其后由于人类自身的进化和生产力的发展，人口增长速度有所加快，以1650年世界有5亿人口计算，年平均增长率上升到0.1%。此后人口增长速度进一步加快，1830年首次突破10亿大关。1930年世界人口达到20亿，增加第一个10亿人口用去100年时间；1960年达到30亿，增加第二个10亿人口用去30年时间；1975年达到40亿，增加第三个10亿人口用去15年时间；1987年世界人口达到50亿，预计1999年达到60亿，增加第四个、第五个10亿人口均用去12年时间，世界人口呈加速增长态势[①]。

人口加速增长是社会生产力，特别是发生18世纪中叶的产业革命的直接后果，同时又给经济和社会发展以深刻影响，最终影响和改变着人类赖以生存的环境，使环境受到不同程度的破坏。人口增长对环境的破坏和影响，可从直接和间接两方面进行考察。

---

① 资料来源：United Nations, *Demographic Yearbook 1994*, New York, 1996。

直接的影响和破坏，系指由于人口的数量增长，基于人的生理活动对环境的影响和破坏。前已叙及，在人类诞生470万年以来的绝大部分时间里人口数量增长缓慢，人类不失为自然界家族中的一员，维持着比较良好的生态平衡。到了原始社会末期和奴隶社会初期，经历着由新石器时代向铜器时代的转变，随着生产力发展和人口的增加，生产工具和武器不断改进，部落之间战争不断，开始了人类对外部环境的"骚扰"。然而直至1650年世界人口仅有5亿，这种"骚扰"性对环境的破坏还是有限的、局部性的。1650年以后世界人口增长速度加快起来，到1998年增加到59.3亿，增长近11倍，即使以简单的倍加计算，世界人口吸入的氧气、呼出的二氧化碳，食用、洗浴用水量，粪便和各种新陈代谢排泄物等也要增长11倍，各种废弃物丢失增加11倍，使环境遭到相应的破坏。在城市，由于人口居住集中，它使空气变得污浊，淡水质量下降，绿地为房屋等水泥板块侵占，人口急骤增长带来的环境质量下降为每个人切身感受到。

不过人口数量增长的这种直接影响不是主要的，甚至是微不足道的。主要的是间接的影响，即人口增长生理作用之外的影响。特别是：

A. 农业社会人口增长与森林、草场的破坏。人口增长，粮食等食品要相应增加，增加的路子不外提高农业劳动生产率和扩大耕地面积、增加农业劳动量两项。农业社会占据相当长历史阶段，至今许多发展中国家仍停留在农业社会或由农业向工业化社会过渡状态，满足众多人口对食品的需求，主要依据扩大耕地面积和增加单位面积上的劳动量投入。扩大耕地面积，免不了要毁林开荒、变牧为农、围湖造田一套办法，造成全球森林、草场、湖水面积锐减，目前森林面积每年减少1000万公顷以上。而年人工造林量只有100多万公顷，造成严重森林"赤字"。众所周知，森林、草场具有缓冲、吸收、疏导、散发水分，减缓光照辐射、风力等功能，对于调节空气温度、湿度、清洁度起着重要作用，其大面积消失导致气候变得干燥和恶劣，水、旱等自然灾害加剧。

B. 人口增长对于能源和其他资源消耗的"加权效应"。所谓"加权效应"，是指人均消耗能源和其他资源量的上升，因而能源和其他资源生产的增长只有在超过人口增长速度时，才有可能满足人口增长的需要。如 1960—1985 年，世界人口由 30 亿增加到 48 亿，增长 60%；同期世界能源消耗增长 130%，倍加于人口增长有余，使得人均能源消耗增长 45%。[①] 追求高生活质量是人类社会发展的自然规律，不但不应反对，相反它是一种动力，是社会经济发展的一种原动力。但是需要看到，煤炭、石油、薪柴等能源消费的迅速增长，释放出大量废气、废水、固体废物，污染着大气和地表，严重地损害环境质量。人口增长对于其他资源消耗的"加权效应"也是如此，人均消耗资源量的升高，使环境质量呈"加权式"下降。

C. 工业化和人口城市化的环境破坏最为严重。产业革命发生后，适应工业化发展对劳动力需求的不断增长，人口城市化进程加快，出现工业化与人口城市化相互促进、共同生长的局面。第二次世界大战后人口城市化步伐进一步加快，参见表 1：

表 1   1950—2025 年世界人口城市发展趋势   单位:%

年份	世界	发达国家	发展中国家
1950	29.2	53.8	17.0
1970	36.6	66.6	24.7
1990	45.2	72.6	37.1
1995	48.1	73.6	41.2
2000	51.1	74.9	45.1
2010	56.5	77.9	51.8
2020	62.0	81.8	58.2
2025	64.6	82.5	61.2

资料来源：United Nations, *World Urbanization Prospects*, New York, 1991.

联合国提供的这一组数据表明，如果以 25 年为一个时期划分成三个阶段，1950—1975 年为第一个 25 年，世界城市人口由 7.34 亿增加到

[①] 资料来源：United Nations, *Demographic Yearbook 1990*, New York, 1992。

15.41亿，净增8.07亿；1976—2000年第二个25年，由15.41亿增加到31.98亿，净增16.57亿；2001—2025年由31.98亿增加到54.93亿，净增22.95亿，城市人口数量呈累进增长趋势。发展中国家与发达国家比较，发展中国家城市人口以1950年2.86亿为基期，三个25年分别达到7.87亿、22.51亿、43.76亿，更具有累进增长性质。[1] 还有一点需要提及的是，超大城市人口增长更为迅速。1950年世界人口超过200万的超大城市有30个，1990年这30个超大城市人口均超过600万。到2015年这30个人口最多的超大城市人口规模均可达到1000万以上，其中东京将超过2800万，孟买将超过2700万，其余拉各斯、上海、雅加达、圣保罗、卡拉奇都将超过2000万，发达国家所占比例将由1990年的1/3下降到2015年的1/5，即6个。

以发展中国家城市人口迅速增长和超大城市人口规模迅速扩大为特征的21世纪人口城市化的加速推进，将对环境造成前所未有的巨大压力：工业化的加深和扩散，特别是发展中国家的传统工业化的发展将使污染加剧；人口城市化形成高度集中的人口群体，人的生理活动对环境的直接影响亦产生集中效果，表现出强烈的人均消耗能源和其他资源的"加权效应"。致使城市和工业区空气、水质、地表、地下面临全面考验，有可能成为一个个新的程度不同的污染点、污染源。而空气中二氧化碳、二氧化硫、氯氟烃等含量的升高，终使"温室效应"增强，臭氧洞增大，酸沉降和干酸沉降增加，地球温度增高，两极冰雪融化，海平面上升，大量动植物死亡，每年灭绝物种增加，这一切正是每日新闻社举办本次演讲会"地球温暖化——环境、人口、粮食的行动方案"的主题。

（二）发达国家与发展中国家不同的人口压力

上述人口变动是就全球人口作为一个统一的总体而言的。然而当今世界各地区和国家发展很不平衡，本世纪50年代以来发生相反方向的变动。按照联合国人口年鉴提供的数据资料，1650—1950年的300年间，

---

[1] 资料来源：United Nations, *Demographic Yearbook 1990*, New York, 1992。

人口年平均增长率最高为北美洲，达到 1.7%；其次为拉丁美洲，达到 0.9%；再次为欧洲和大洋洲，均为 0.6%；亚洲与全球速度持平，为 0.5%；最低为非洲，只有 0.3%。① 其实，就人口自然增长而论欧洲还要高一些，美洲和澳洲的人口增长有相当一部分移民来自欧洲。为什么这一期间欧洲人口出生率和自然增长率很高？最主要的原因是欧洲为产业革命的发祥地，传统工业化和城市的兴起吸收了大量劳动力，农业生产工具的改进和农业劳动生产率的提高，又使大批农民流入城市成为可能。同时工业化和科学技术的发展，医药卫生条件的改善等大大降低了人口死亡率，完成人口再生产类型由高出生、高死亡、低增长，向着高出生、低死亡、高增长的转变。第二次世界大战后有一个席卷全球的"婴儿高潮"，不过进入 50 年代以后，发达国家很快从这个"婴儿高潮"中走出来，并迅速过渡到低出生、低死亡、低增长人口再生产类型，同发展中国家处于高出生、低死亡、高增长状态形成鲜明对照。依据联合国提供的资料，1995 年世界人口年龄构成 0—14 岁占 31.5%，65 岁以上占 6.5%；发达国家分别为 19.7%、13.5%，达到老年型严重阶段；发展中国家分别为 34.6%、4.7%，刚刚由年轻型跨入成年型。② 纵观产业革命以来并以本世纪 50 年代为转折点的发达国家与发展中国家人口变动的不同态势，考察其对环境产生的影响，可以有以下几个方面的明确认识：

第一，发达国家应对迄今为止的世界环境恶化负主要责任。至两次世界大战前的产业革命带来人口的巨大增长，人口和劳动力的巨大增长推动传统工业化和城市化不断向前发展，人口、工业化、城市化交互发展造成废气、废水、固体废物越积越多，污染越来越严重，世界环境质量每况愈下，无疑全人类都负有责任，但对环境恶化具有决定性影响追求高消费的"加权效应"、人口城市化水平，发达国家要高出发展中国家许多。见表 2：

---

① 资料来源：United Nations, *Demographic Yearbook 1994*, New York, 1996。
② 资料来源：United Nations, *World Population Prospects: The 1994 Revision*, New York, 1995。

表 2　　　　　　1995 年部分国家城市人口、人均 GDP 和能耗比较

	城市人口（%）	人均 GDP（美元）	人均能耗（公斤油）
中国	30	580	632
印度	27	350	243
埃及	45	820	576
巴西	78	4320	666
美国	76	26 420	7918
英国	89	18 890	3718
法国	73	26 460	4031
德国	87	29 510	4170
日本	78	40 800	3642
俄罗斯	76	2340	4411
澳大利亚	85	19 320	5316

资料来源：Nafis Sadik，*The State of World Population 1997*，New York，1997，UNFPA.

目前，发达国家人口占世界总人口的近 20%，而能源消耗却占到 80%，其中美国一个国家消耗的能源相当于全部发展中国家能耗总和，而其人口仅相当于发展中国家人口的 6%，不足世界人口的 5%。因此，1992 年在巴西里约热内卢召开的联合国环境与发展首脑会议，通过工业化国家每年拿出国内生产总值 0.7% 作为海外援助基金（ODA），支援发展中国家摆脱贫困、改善环境，是完全必要的，发达国家理应履行这一承诺。

第二，21 世纪发展中国家将扮演主要角色。环境恶化发达国家承担主要责任，但是不等于全部责任，也不等于发展中国家可以不负责任。一是许多发展中国家经济发展缓慢，负债日甚，只好依靠开采、出卖森林、矿产等资源维持生计，给环境造成很大破坏。另有一些发展中国家，或者由于缺乏环境意识，或者由于资金匮乏，或者缺少环境治理技术，或者三者兼而有之，在工业化中不能有效对污染做出相应治理，基本上重复历史上发达国家先建设、后治理，甚至不治理的路子。

二是发展中国家来自人口方面的压力不断增大。据联合国预测，1950 年在世界 25.2 亿人口中，发达国家占 32.1%，发展中国家占 67.9%；1998 年这个比例变动到占 19.9% 和 80.1%，48 年间发达国家下降和发展中国家上升 12.2 个百分点；2020 年这个比例将进一步变动到占 15.6% 和

84.4%，2050年再变动到12.3%和87.7%，21世纪30年代开始发达国家人口数量将呈绝对减少态势，人口增长对环境压力的增大主要来自发展中国家。①

三是许多发达国家在饱尝了传统污染型工业化痛苦之后，伴随人口出生率和增长率的下降，加大了对环境的整治和保护的力度，制定了不少行之有效的"行动计划"。如1991年日本向西方七国首脑会议提出2000年"地球恢复计划"，并自行制定了1991—2010年防止全球变暖计划；欧共体在1992年通过了解决全球环境问题的"发挥表率作用方案"，规定了限制二氧化碳排放标准；美国制定出拯救臭氧层、酸雨等的行动计划，发达国家在消除污染、保护环境方面正在做出努力，实现人口与环境可持续发展的路子已经开通。

发展中国家面临人口增长和工业化双重压力，一些国家认识高一些，解决好一些，如中国政府将控制人口增长和保护环境并列为两大基本国策，在实践中取得明显成效；也有一些国家认识不够高，或者资金、技术困难较大，陷入"人口增长——资源耗竭——环境破坏"不良循环之中。展望21世纪，环境整治和保护的重担历史性地主要落在了发展中国家肩上，有效控制人口增长乃是治本方略之一。

（三）控制人口增长与维护生态平衡

在即将到来的21世纪，世界人口仍将继续增长，可接近20世纪增加的数量。根据联合国的预测，21世纪前半叶世界人口变动如表3、表4所示：

表3　　　　　　　　　　1990—2050年世界人口变动预测　　　　　　　　单位：亿人

	1990	2000	2010	2020	2030	2040	2050
世界	52.85	61.58	70.32	78.88	86.71	91.18	98.33
发达国家	11.43	11.86	12.13	12.32	12.36	12.24	12.08
发展中国家	41.42	49.72	58.19	66.56	74.35	80.94	86.25

---

① 资料来源：United Nations, *World Population Prospects: The 1994 Revision*。

表4　　　　　　　　1990—2050年世界人口自然变动预测　　　　　　　　单位：‰

	1990—2000	2000—2010	2010—2020	2020—2030	2030—2040	2040—2050
增长率	15.4	13.4	11.5	9.5	7.2	5.4
出生率	24.4	21.6	19.3	17.3	15.6	14.5
死亡率	9.1	8.3	7.9	7.8	8.4	9.1

资料来源：United Nations, *World Population Prospects*: *The 1994 Revision.*

由表3和表4可以看出，由于受发展中国家人口增长强有力的拉动，世界人口在21世纪前半叶有着较强的增长态势，如何有效控制人口增长，是环境保护、维护生态平衡所面临的一个严峻课题。联合国人口活动基金主席沙迪克（Nafis Sadik）在1997年《选择的权利：生殖权与生殖健康》(The Right of choice: Reproductive Rights and Reproductive Health) 报告中说：在1980—1985年和1990—1995年间，许多中南亚和非洲撒哈拉以南国家的生育率有了下降，孟加拉国每个妇女生育孩子数从6.2个下降到3.2个，印度从4.5个下降到3.4个，巴基斯坦从6.5个下降到5.5个，土耳其从4.1个下降到2.7个，缅甸从4.9个下降到3.6个，叙利亚从7.4个下降到4.7个，肯尼亚从7.5个下降到5.4个，科特迪瓦从7.4个下降到5.7个。生育率下降的部分原因，是包括计划生育在内的生殖保健取得成功。但是，目前全球人口每年仍要增加8100万，世界各国应在控制21世纪人口增长方面采取实际行动，尤其是开展计划生育和生殖保健服务。①

谋求21世纪人口与环境的可持续发展，维护应有的生态平衡，必须从根本上摆正人类在自然界的位置，处理好人口与环境的关系。地球15公里以下大气层和11公里厚度以内的地壳，是人类和其他动植物生存和活动的基本领域，也是一般讲环境的基本范畴，定义为生物圈。生物圈内绿色植物生产者、动物消费者、菌类分解和还原者的数量保持相对稳定，形成一定的生物链，维持着一定的生态平衡。人类的出现及其数量的巨大增长，生产力突飞猛进的发展及其手段神奇般的增强，对生物圈内的生

---

① 参见 Nafis Sadik, *The State of World Population 1997*。

产、消费、分解和还原进行全面干预的结果，从人类角度说取得了无与伦比的伟大胜利；腾云驾雾飞机、火箭太空飞，乘风破浪潜艇、轮船水中过，上天入地无所不能，改造自然得心应手，现在人类拥有的核当量足以将地球炸毁若干次，甚至炸毁月球也是做得到的。然而人们不要过于陶醉在这种胜利之中，因为每一次这样的胜利，自然界都以同样的手段报复了我们。人类毁林开荒、变牧为农，大自然便以土壤沙化、气候变得恶劣报复我们；围湖造田、向江河湖海要土地，大自然便以百年不遇的水灾或旱灾报复我们；加速工业化、实现人的体能的外在化和物质化，满足人们追求高生活质量的需求，大自然便以空气、水、土污染的加剧，"温室效应"和臭氧洞的急剧增长，气候变得异常和各种顽症疾病的蔓延报复我们。在第二次世界大战后以微电子技术为前导的包括宇航技术、激光技术、新材料技术、生物工程、海洋工程等在内的新技术革命，使机器工具时代在20世纪末创造出前所未有的辉煌。以生命科学为主导学科，以人的智力开发和外在化、物质化为特征的智力工具时代已经到来，生命基因的复制和克隆技术的发展揭开21世纪新技术革命的序幕。在这样的时代，拥有60亿人口的人类确实可以无愧地说：作了大自然的"主人"，实现了"战胜自然"的千年梦想。然而这又确实是一个认识的误区或"陷阱"。因为人类要作大自然的"主人"，自然界作为"仆人"就可以同样手段报复人类；人类要"战胜自然"，自然界就要进行殊死反抗，到头来弄得两败俱伤，动摇了人类赖以生存的基础，也就危及人口变动与环境保护这种相关关系基础。正因为如此，1994年联合国在开罗召开的人口与发展国际会议通过的《行动纲领》，才提出并阐发了"可持续发展问题的中心是人"的重要观点。日本每日新闻社举办"地球温暖化——环境、人口、粮食的行动方案"特别演讲会，是1992年联合国里约热内卢环境与发展会议、1994年联合国开罗人口与发展会议精神的继续，也是该社人口问题调查会成立50年来和21世纪危机警告委员会成立3年来倡导精神的继续。相信会议会取得良好效果，为推进21世纪人口、资源、环境、经济、社会的可持续发展做出应有的贡献！

参考文献

1. 联合国1992年里约热内卢环境与发展会议《21世纪议程》，国家环境保护局译，中国环境科学出版社1993年版。

2. 《中国21世纪议程——中国21世纪人口、环境与发展白皮书》，中国环境科学出版社1994年版。

3. 联合国1994年开罗人口与发展会议《国际人口与发展行动纲领》，1994年。

4. 《中国环境保护行政二十年》编委会编：《中国环境保护行政二十年》，中国环境科学出版社1994年版。

5. 国家环境保护总局编：《中国环境保护21世纪议程》，中国环境科学出版社1995年版。

6. United Nations , Program of Action at the International Conferencc on Population and Development, Cairo 1994. （Population and Development）Volume 1, 1995.

7. United Nations , Population Environment and Development, New York, 1994.

（本文为1999年2月19日在日本每日新闻社举办的
"21世纪人口、环境、粮食国际研讨会"上的特别演讲稿，并由日方公开发表）

人口与经济可持续发展

人类在经过三次社会大分工、产业革命和当前正在进行的新技术革命之后,以1992年6月联合国里约热内卢环境与发展大会和1994年9月开罗人口与发展大会为契机,将可持续发展作为世纪转换之际最重要的命题提到世人面前。目前,关于"持续发展"的解释有的偏重环境方面,有的偏重经济方面,有的偏重社会方面,也有的偏重人口方面,说法不尽相同;但是随着讨论的深入,则逐渐形成较多的共识,较有权威性的定义是1987年世界环发大会《我们共同的未来》报告中的提法:可持续发展是既满足当代人需要,又不对后代人满足其需要的能力构成危害的发展。为此就要恢复增长,提高增长质量,消除贫困,适当的人口持续水平,满足人口生存发展基本需要,加强资源基础,调整技术,保护环境等,谋求建立适应可持续发展的经济、政治、社会、技术、管理、国际等体系。然而无论怎样定义或如何解释,人口与经济无疑是其中最重要的两项因素,人口与经济的可持续发展是全部可持续发展的基础。中国作为当今世界人口最多和经济发展比较快的国家,寻求人口与经济的可持续发展对于实现《中国21世纪议程》战略目标,更具有决定性的意义。结合实际,人口与经济的可持续发展,主要体现在下述一些方面。

(一)总体人口与生活资料可持续发展

人口作为一种抽象,是生产者和消费者的统一。不过作为生产者是有条件的,作为消费者是无条件的,任何社会形态下都必须生产满足可供全体居民需要的消费资料,都必须使总体人口需要同物质生活资料保持一定的比例。这个比例,首先依赖于人口与国民经济增长速度之间的比例。衡量人口变动的指标是确定的,衡量国民经济增长指标则有国民生产总值、国内生产总值、国民收入等多种价值指标，它们均可同人口增长速度比较。不过在这种比较中，一般情况下总是经济增长速度高出人口增长速度许多，二者之间的比例关系是否就协调了呢？不一定，还取决于固定资产投资系数。如目前中国固定资产投资系数在3.5—4.0水平，这个投资系数即成为经济对于人口增长的自然倍率，即保持原有居民生活水平的增长率。如1993年中国人口自然增长率为1.15%，实际国民收入增长和人口投资率远高于此，才有居民生活水平的继续提高。我们在做人口与经济增长速度比较时，还应注意到原有的基础和形成的水平。在一个人口与经济发展相适应的国度，即使国民收入增长速度低一些，人口增长速度稍高一些，二者之间的比例很可能还是适当的。相反，在一些人口与经济不相适应的发展中国家，短期内的经济高于人口的增长速度，并不能改变人口过剩的局面。

其次需要注意的是生活资料增长的实物形态，特别是基本生活资料的增长。以粮食为例，1983年中国生产粮食38 728.0万吨，1993年增长到45648.8万吨，增长17.9%；但由于同期人口增长15.1%，致使人均占有粮食仅由376公斤提高到385公斤，仅增长2.4%。[①] 由于中国人口数量多，目前占世界总人口的21.5%；耕地面积少，目前约占7.0%，实现人口与粮食的可持续增长仍有很大困难。其他生活资料的增长也有类似情况，基本的态势是存在过剩人口和生活资料不足的矛盾，可持续发展必须长期面对这一现实，将控制人口数量增长同大力发展生活资料的生产结合起来。

（二）劳动年龄人口与生产资料可持续发展

人口学一般将总体人口划分成0—14岁少儿人口，15—59（或64）岁成年或劳动年龄人口，60岁或65岁以上老年人口三个基本组成部分。正常情况下，成年或劳动年龄人口所占比例最高，其绝对人数不仅比少儿人口多，比老年人口多，且比老少人口之和还要多。从三部分人口在经济活动中的地位和作用看，成年或生产年龄人口显得更为重要。人是生产者和

---

① 资料来源：《中国统计年鉴1994》，第345页。

消费者的统一，但一个人不是一生下来就是一个生产者，需要经过婴儿、幼儿、儿童几个发育成长阶段以后，才有可能成长为一名劳动力和生产者。也就是说，0—14岁少儿人口只是消费者，最多是潜在生产者；到了老年退出生产过程之后，又变成纯消费者。尽管对于一个正常的人说来少年、成年、老年诸阶段同样是不可避免的，但是从经济和社会发展角度观察，必须充分注意到不同年龄组的不同作用，惟有生产年龄人口才真正是生产者和消费者的统一，是全社会财富生产的担当者。所以，劳动年龄人口在总体人口中有着特殊的地位，是处于核心和支配地位的人口。

从经济过程角度观察，生产、交换、分配、消费四个环节是紧密相联、互相制约的，但是比较起来生产不能不居于首位，不能不起到支配的作用。因为生产不仅决定着可供交换、分配、消费的产品的数量和方式，而且决定着三者的性质。因此，劳动年龄人口与生产资料之间的比例变动及其与之相适应的劳动就业，就成为人口与国民经济可持续发展的核心问题。

劳动年龄人口包括适龄的劳动人口、在校人口、失业人口和非自立人口，主体是劳动力。从事物质生产的劳动力与生产性固定资产之间最基本的关系，是劳动力人数 V 同固定资产 C 成正比、同劳动者技术装备 K 成反比。假设基期劳动就业者人数为 V_0，则预期几年的就业人数如下式：

$$V_n = V_0 \cdot \left(\frac{1+C}{1+K}\right)^n$$

显然，该式可出现三种不同的情况：

A. $(1+C) > (1+K)$，即固定资产增长速度大于劳动者技术装备增长速度，就业人数增加。

B. $(1+C) = (1+K)$，即固定资产增长速度等于劳动者技术装备增长速度，就业人数不增不减。

C. $(1+C) < (1+K)$，即固定资产增长速度小于劳动者技术装备增长速度，就业人数减少。

一般地说，在经济发展过程中物质生产部门固定资产与就业之间要经过这样三个发展阶段，直接从事工农业物质生产的劳动力经历由增加、停滞到减少过程。中国在这一关系中存在的问题，一是原有工业固定资产薄弱，虽然经过45年发展大大增强，但仍难以满足城镇新增就业人口需要；农村劳动力多、耕地少的矛盾突出，目前估计农业剩余劳动力在1.2亿—1.5亿。[①] 二是遇到增加就业人数和提高劳动生产率的矛盾，许多时期难以两全。1953—1978年26年间，工业劳动生产率比上年增长10%以上有11年，10%以下有7年，还有8年为负增长，其中5年比上年下降10%以上。农业劳动生产率更是长期停滞不前，许多年份是下降的。改革开放以来情况有所好转，工业劳动生产率仅有2年为负增长，社会劳动生产率则逐年有所提高，农业情况也比较好；不过无论工业还是农业劳动生产率提高缓慢，效益上不去一直是一个"老大难"问题。这中间固然有经济基础、结构、体制等方面的原因，但是50—70年代社会劳动者年平均增加近800万，80年代和90年代前3年更增加到1400万左右，"人口压迫生产力"不能不是重要的原因。根据预测，未来15—64岁劳动年龄人口还有一段继续增长的过程，所占比例也将有所升高，大致可持续到2010年前后。

立足于人口和国民经济可持续发展，需要辩证地认识今后一二十年内劳动年龄人口绝对数量增长和所占比例上升趋势。一方面，不论技术怎样进步，劳动力始终是生产力中的活跃因素，生产年龄人口所占比例上升，意味着老少人口之和被抚养人口所占比例下降，社会负担较轻，是于经济发展有利的人口年龄结构变动的"黄金时代"，应该抓住机遇，加快发展。亚洲新旧"四小龙"经济起飞阶段充分利用本国、本地区的人力资源，就是实际的例证。另一方面，面对人口和劳动力过剩情势，就业压力还要继续增大，矛盾将相当突出。解决的办法除认真控制生育，因而也就控制了未来劳动年龄人口增长以外，就是要加快就业战略重点的转移，特别是以下几方面的转移：

首先是要加快由以农业栽培业为主向以多种经营为主的就业战略重点的转移。近年来在市场经济快速发展新形势下，农业剩余劳动力相当大部分以流动人口"民工潮"形式表现出来，社会各界对此褒贬不一。我以

[①] 关于目前中国农村剩余劳动力数量的估计，国内外为1.0亿—2.0亿不等。《中国21世纪议程》估计为1亿多，2000年将达到2亿左右。

为，"民工潮"的出现有它的必然性，学术界对其利弊的分析也大致认同；不过对其盲目性的克服，则缺少指出根本的出路。毫无疑问，农村人口流向城市，走人口城市化道路是解决农业剩余劳动力的重要途径，但不是惟一途径。中国耕地面积大约占国土面积10%，而草原占到33%，高原和山地占59%，淡水面积占2%，这同现有大农业的就业结构很不相称。解决农业主要是农业种植业的劳动力过剩，就要大力发展林、牧、副、渔业，向广义的大农业进军，从而将农业剩余劳动力"民工潮"分流一部分下来。

其次，应加快由以农业为主向以工商业为主的就业战略重点的转移。发展乡镇企业，实行乡村城市化，是目前中国人口城市化的主渠道，也是解决农业剩余劳动力的主要办法。大中城市规模在这一过程中必然要有所发展，只是它在农业剩余劳动力转移中所占比例不可能很高。改革开放以来的实践震撼着传统的人口城市化方针，但它的以发展小城镇为主，适当发展中等城市，限制大城市规模的基本点，同样证明是符合现阶段中国基本国情的，需要继续坚持。只是这种坚持应同改革开放结合起来，同本地区综合发展结合起来，而不能成为一种教条。

最后，还应加快由以工农业物质生产部门为主向以非物质生产部门为主，以提高就业率为主向以提高就业效益为主的就业战略重点的转移。改革开放前，片面追求高就业率，并且新增人口就业主要压向工农业物质生产部门，致使劳动生产率提高缓慢，到头来又影响到经济发展。改革开放以来这种情况有所改变，第三产业发展较快，第一、第二、第三产业结构比例已由1978年的1.2∶2.1∶1.0，变动到1993年的0.8∶1.0∶1.0，从而为工农业劳动生产率的提高提供了一个方面的有利条件。坚持新增劳动力就业和剩余劳动力就业主要面向第三产业，坚持在不断提高就业效益前提下的比较充分就业，是实现人口与国民经济可持续发展的重要一环。

（三）人口质量与经济技术进步可持续发展

探讨人口与国民经济的可持续发展，不仅包括人口的数量方面，也包括人口的质量方面，即包括人口的身体素质和文化教育素质。不同历史阶段的生产力发展状况不同,对人口数量和质量方面的要求也有所不同。大体上说来,资本主义以前(包括工场手工业时期)诸社会形态,生产力发展水平差别很大,但一个共同的基本特征是以手工劳动为主要方式,故劳动者的数量对生产力具有举足轻重的作用。18世纪中叶产业革命发生后,手工劳动逐步为机器所取代,生产力的发展由主要依靠劳动者人数的增加变成主要依靠劳动生产率的提高,劳动者的技术和教育、文化等人口质量方面的因素越来越显得重要。据估计,本世纪初劳动生产率的提高大约20%是科学技术进步的结果,到了中叶提高到30%,目前更提高到70%—80%,有的部门甚至达到100%,科学技术转化为现实的生产力正显示出日益强大的力量。有这样一种观点,认为科技发展了,人的因素在生产力中的作用似乎不那么重要了,只需要先进的机器设备就够了。我以为这是不能成立的,至少是不够全面的。机器设备在现代化大生产中的地位和作用是空前地增强了,但是这种增强非但不能削弱人的因素的地位和作用,如果有削弱的话仅是人的数量方面,相反人的质量方面的地位和作用也随着增强了,人的智力的开发和应用成为现代经济发展的强有力的杠杆。以日本为例,1905—1960年物化资本增长6倍,用在教育上面的人力资本投资增长22倍,在劳动者人数仅增长70%的情况下,取得国民收入增长10倍的显著经济效益。由于日本全国普及高中教育,大学生和研究生更是成倍增长,培养了大批科技人才和熟练工人,在大量引进国外先进技术基础上创造性地发展起本国的技术,建立起一系列的新兴产业,才在20年时间里消除同欧美国家大约落后30年的科技差距,达到经济大国和科技发达国家水平。

45年来中国致力于增进人民健康和提高教育、科学、文化水平,取得显著成绩。目前,人口预期寿命达到70岁左右,意义为人均所受教育年限的人口文化教育素质指数,1990年达到5.18,比3年前的1987年的4.65提高0.53,[1] 提高相当迅速。然而无论身体素质还是文化教育素质,

---

[1] 参见田雪原《中国1987年60岁以上老年人口抽样调查资料》,载《中国人口科学》1988年增刊(1)。计算公式为:$C = (U_{y1} + H_{y2} + M_{y3} + L_{y4} + I_{y5}) / (U + H + M + L + I)$,其中$U$、$H$、$M$、$L$、$I$分别为大学、高中、初中、小学、文盲和半文盲人口;$U_{y1} + H_{y2} + M_{y3} + L_{y4} + I_{y5}$分别为平均所受教育年限,本式中分别为16年、11年、8年、4年、0.25年,受到辍学率较高影响。

同水平较高国家相比仍有相当大差距。身体素质直接同人口占有的食物量有密切关系，1993年中国人均占有的谷物量仅相当于美国的1/4，法国的1/3，德国的2/3；猪、牛、羊肉的人均占有量均为1/3多一些。同时应看到，这种较低水平的食物占有量，却占到居民消费支出的较高比例。目前城镇的恩格尔系数为52.86%，乡村高达56.81%，反映出总体上处于温饱水平。加上医疗、保健、卫生水平不够高，出生监测系统薄弱，包括"低能儿"等先天性致残率比较高。文化教育素质差距更大一些，受过高等教育人口所占比例等项指标不仅比发达国家不如，而且比不上某些发展中国家，尤其是时至今日尚有18 161万15岁以上文盲半文盲人口。这同谋求可持续发展目标很不相称，大力提高人口素质特别是文化教育素质的任务相当艰巨。

（四）人口老龄化与养老保障可持续发展

探索人口与国民经济可持续发展，除人口的数量和质量外，还应注意到人口结构，首先是年龄结构老龄化趋势。1870年法国60岁以上人口所占比例上升到12%，42年后瑞典也达到这一水平，揭开了19世纪与20世纪相交之际的世界人口老龄化的序幕。根据联合国的预测，1994年世界65岁以上老年人口所占比例为6.0%，2000年可上升到6.8%，2025年可上升到9.7%。① 中国人口年龄结构将比世界人口变化快，老龄化来得比较急速，且达到的水平比较高。根据预测，65岁以上老年人口比例将由1990年的5.6%，上升到2000年的6.9%，2020年的10.6%，2040年的17.4%。② 人口老龄化将给经济、文化、社会发展带来一系列问题，首要的问题是必须建立起适应老龄化发展进程需要的、可持续发展的养老保障体系。对此笔者过去曾多次撰文，论证积极发展社会供养，继续提倡子女供养，适当组织老年就业自养，将社养、家养、自养结合起来，建立"三位一体"的养老保障体系。从可持续发展角度看养老保

---

① United Nations, *World Population Prospects: The 1990 Revision*, New York, 1995.
② 资料来源：《2000年中国的人口和就业》，参见国务院技术经济中心《2000年的中国》报告之一。

障体系的建立和走势，更应强调这一体系，但不同时间不同的地区，重点应有所不同。

积极发展社会供养是建立可持续发展养老保障体系的支柱，是国家经济体制改革的配套工程，也是削减边际孩子养老保险效益、控制人口增长的基础工程。但是由于全国地区间经济发展的不平衡，进入老年型人口年龄结构时间的差异和老龄化达到程度高低的差异，发展老年社会保障事业同样不应全国"一刀切"。大致的情况是：自西北向东南，经济发展水平和人口老龄化程度逐渐上升，形成比较明显的边疆、内地、沿海地区三个阶梯层次。因此，率先进入老龄化年龄结构并且经济相对比较发达的东南沿海地区，通过养老保障制度的改革，建立起比较完整的养老保障体系也应先行一步。中部腹地需要有计划地进行，西北边疆地区相对要滞后一些。不过无论哪一部分地区，都遇到在经济尚不够发达情况下迎来老龄化挑战，即所谓"未富先老"问题，积极发展社会养老面临很大困难。据有关方面估算，20世纪90年代每年离退休职工在200万左右，2000—2030年可达300万以上，如按现行退休金支付办法，国家财政难以为济，十几年后退休金总额将超过工资总额25%"警戒线"。出路在于改革，方向是国家、企事业单位和个人合理负担相应部分，逐步建立起雄厚的养老金储备。在集体和个体企业中，也应实施企业和劳动者个人的养老储备金制度，保证老有所养。

除了积极发展社会供养以外，继续提倡家庭子女赡养和组织老年再就业自养，是全方位社会养老保障体系中不可缺少的两部分。如前所述，由于中国存在人口老龄化较快与经济发展相对滞后的"时间差"，社会养老保障一是覆盖面较窄，二是保障水平不够高，只好依靠这两个方面加以分流。中国有着尊老、敬老、爱老、养老的传统，至今子女养老仍占较大比例。1987年全国抽样调查表明，市和镇老年人口经济来源中有1/4的老年户依靠子女供给，乡村更高达67.5%。从发展上看，这种子女赡养有弱化的趋势，家庭小型化、微型化在商品和市场经济条件下正加速进行，在相当长时间内需要从舆论导向和法律保障上继续强调。而老年人口再就业在城市老年经济来源中所占比例不足20%，然而在农村老年人口中却超过30%，亦即有1/3的农村老年人口仍在自食其力，构成养老保障重要支柱之一。① 这里有一个问题，本来中国人口和劳动力已经过剩，部分老年人口重又加入就业大军，无疑增加了就业压力。但是实践表明，有一些工作岗位，如机关和企事业单位的门卫和传达人员、仓储保管人员、清洁工人和服务人员等，很适合老年人口的体力、性格和心理，以面向第三产业为主的老年人口再就业，在当前和今后较长一段时期里，不失为可持续老年社会保障的一个组成部分。

（五）人口城市化与产业结构变动可持续发展

人口日益向城市集中，即人口的城市化，是世界人口发展的又一大趋势。据联合国的估计，1994年世界城市人口比例为42%，发达国家为72%，发展中国家为34%，预计本世纪末世界城市人口比例可上升至50%，并将继续增长。同样，人口城市化过程在中国发生和发展着，但是由于划分城市人口标准的变动，存在着一些需要讨论的问题。

在汉语里，城市本是一个复合名词。城原义为都邑四周为防御目的而修建的墙垣，后发展为泛指都邑本身；市是指集中进行商品交换和做买卖的场所，《易·系辞下》中说："日中而市"，市罢即自行散去，当初并无全日制的市场。所以，城市合起来，即指都邑和经常做买卖的地方。从这一最初概念涵义看出，城市首先是一个经济组织，以工商业为主的经济组织，是社会生产力发展到一定阶段的产物。最初的城市产生于原始公社解体和奴隶制国家发生时期，城乡之间一开始即表现出明显不同的社会分工。其次，城市是一种社会组织，它有着同乡村不同的生活方式和活动方式，城市的发生、发展同国家管理和社会组织的完善相关联，是历代统治阶级的政治中心。随着经济、技术、社会的发展，城市的功能和作用也在发展，范围扩展很快，工业革命之后产生质的飞跃。一方面工业化以城市为载体需要大量劳动力，另一方面农业劳动生产率的提高排挤出大量农业剩余劳动力，人口城市化成为所有实施工业化国家必然的伴侣。中国在进行工业化过程中也伴随着人口城市化过

---

① 资料来源：《中国1987年60岁以上老年人口抽样调查资料》，《中国人口科学》1988增刊（1），第264—267页。

程，然而由于在划分城市人口标准上的几经变动，给研究工作带来某种困难。按照国家统计局提供的数字，1982年以前市镇人口为辖区内全部人口，以后按市所辖区人口，不设区的市按街道人口，镇所辖居民委员会人口计算。新中国成立后40多年的人口城市化进程大致可分成三个时期：20世纪50年代为迅速发展时期，城市人口比例由1950年的11.2%提高到1960年的19.8%，升高8.6个百分点；60—70年代为徘徊时期，经历了由下降到上升过程，直到1980年始回升至19.4%，接近1960年的水平；80年代以来为加速发展时期，1993年城市人口比例上升到28.1%，13年间升高8.7个百分点。尽管学术界对这一统计数据尚存异义，我也以为这一数字比实际城市人口比例可能稍低一些；但是发展变动的趋势是不容置疑的，特别是改革开放以来给人口城市化注入前所未有的生机和活力，大大加快了人口城市化的进程，是现实的客观存在。问题在于从可持续发展角度观察，人口城市化的核心是农村剩余劳动力转移到城镇工商业，它必须同产业结构的调整和合理化相适应。要实现这一目标，前已叙及，从总体上说农业剩余劳动力转移到城镇工商业要坚持以第三产业为主，而不能大量涌向物质生产部门；在农业内部，还要首先强调由栽培业转移到林、牧、副、渔业。然而一部分农业劳动力进入城镇和乡镇企业的迅猛发展，使他们由农转工，还会涉及工业内部的结构问题。中国进行社会主义工业化，是在批判先发展轻工业、后发展重工业的资本主义工业化道路基础上，采取优先发展重工业方针进行的。如此，支撑工业化的重担几乎全部落在了农业上。这在负担不重的工业化初期尚可维持，"二五"开始农业难支的局面便屡屡暴露出来，以至不得不放慢步伐，进行调整，待农业得到恢复和发展后再加快步履发展。改革开放以来情况有很大改观，片面发展重工业的势头得到扭转，工业内部结构的调整取得很大进展，但要真正做到总体人口与生活资料的可持续发展，以满足居民生活需要为主要目标的轻工业，还需加快发展。因此，就农业剩余劳动力转入工业生产部门而言，无论进入乡镇工业还是进入城市作为农转非居民，主要不应面向重工业，而要面向轻工业，特别是以农副产品加工为主的轻工业。

（六）人口地区分布与生产力布局可持续发展

社会发展的历史表明，人口过多或过少对于经济的发展都是不利的。传统工业化时期的经济发展需要大量劳动力，产业革命和人口增长"同步起飞"；在当代，经济的发展和"后工业化"的深入，对劳动者素质尤其是科学文化素质的要求提到空前的高度，无论是社会还是家庭均需付出较高的孩子质量成本，发达地区完成或正在完成由投入孩子数量成本向质量成本的转变，遂使生育率有了长期稳定的下降。中国由于处在传统农业向现代工业转变的二元经济结构状态，不同地区转变程度的差异较大，对人口和劳动力的数量和素质的要求差异也比较大。就数量而言，瑷珲（黑河）—腾冲分布线长期未变；该线西北约占国土面积52%，仅居住5%的人口；东南占国土面积48%，则居住着95%的人口。这一人口地理分布既是自然地理条件和经济发达程度的反映，反过来又对不同地区的经济发展产生重要影响。以京、津、沪、辽、冀、鲁、苏、浙、闽、粤、桂、琼12个滨海的省市区而论，土地面积约占全国的14%，人口却占到41%，人口密度远远高出内地和边远省区。目前沿海地区的生育率较低，而成年人口和老年人口所占比例、城市人口比例、人口文化教育素质指数和预期寿命等反映人口素质的指标，却明显高出一截。这说明沿海地区不仅人口和劳动年龄人口数量多，而且质量较高，结构相对较为合理，为改革开放、发展外向型经济提供了人口方面的有利条件。加上原有基础设施比较好、交通便捷、科技力量较强等因素，沿海地区经济理应发展更快一些，在生产力布局上应优先发展。中部腹地的人口条件要稍逊色一些，人口和劳动力数量过多，素质相对不够高的矛盾较为突出。在生产力布局上，需要依据具体情况在劳动密集、技术密集、资金密集型产业中，作出合理选择。西北广大边远地区有着地广人稀、自然资源丰富的优势，也有人才短缺、交通不便、基础较差的不利条件，需要将人口与经济条件结合起来，可持续发展需另辟蹊径。在调整人口地区分布与生产力的布局时，需要审慎地对待较大规模的人口迁移，吸取以往正反两方面的经验。

参考文献

1. 《中国 21 世纪议程——中国 21 世纪人口、环境与发展白皮书》，中国环境科学出版社 1994 年版。

2. 联合国 1992 年里约热内卢环境与发展会议《21 世纪议程》，国家环境保护局译，中国环境科学出版社 1993 年版。

3. 西奥多·W. 舒尔茨：《论人力资本投资》，吴珠华等译，北京经济学院出版社 1990 年版。

4. 约翰·奈斯比特：《大趋势——改变我们生活的十个新方向》，梅艳译，中国社会科学出版社 1984 年版。

5. 丹尼尔·贝尔：《后工业社会的来临》，王宏周等译，商务印书馆 1984 年版。

6. 西蒙·库兹涅茨：《现代经济增长》，戴睿、易诚译，北京经济学院出版社 1989 年版。

7. United Nations, *World Population Prospects the 1992 Revision*, New York, 1993.

8. United Nations, Population Environment and Development, New York, 1994.

（原载《中国人口科学》1995 年第 1 期）

人口与社会的可持续发展

这是一个不好把握的题目，在讨论之前，有必要对人口、社会概念作出界定。人口（population）与总体（universe）本为同义词，不过在人口学中专指一定时间和空间的所有居民，指总体人口。社会（Society）按照牛津双解词典的解释为"群体生活"（Social Way of Living）；中国《辞海》解释为"以一定的物质生产活动为基础而相互联系的人们的总体"，包括生产关系总和的社会的经济基础和在这一基础之上形成的上层建筑。[①] 本文依据这样的界定，立足同人口学相关视角并结合中国实际，探讨人口与社会发展的关系、寻求可持续发展的战略选择。

（一）人口与社会分层

将人口自身的可持续发展与社会自身的可持续发展有机地结合起来，使之相互促进、协调发展，即为人口与社会可持续发展追求的真谛。不过这种结合不是二者简单相加"两张皮"式的结合，而是将人口融于社会发展之中，社会作为人口发展的外部条件，在人口与社会互动平衡中实现。如此，观察社会的调控，可分成3个子系统：

一为社会调控主体系统，主要是从中央到地方的政府系统，以及与政府相联系的社会和群众团体网络，是社会调控政策的制定者和推行者，社会发展意志人格化的代表。

二为社会调控媒介系统，即体现社会调控主体系统意志，作用于接受调控对象的方式、方法和手段。可分成两类：一类为"硬件式"社会调控

---

① 参见《牛津现代高级英汉双解辞典》第三版，牛津大学出版社（香港版）1990年版，第1094页；《辞海·语词分册》下（修订版），上海人民出版社1977年版，第1676页。

媒介，主要是具有法律或制度效应，全社会规范化的法律、政策、规定、制度等带有强制性调控的媒介；另一类为"软件式"社会调控媒介，主要是传统、舆论、道德、信仰等社会意识导向性调控媒介。

三为社会调控客体系统。社会调控主体通过一定的调控媒介，作用于个人、家庭及由个人、家庭组成的集合体，他们主要以承受社会调控的担当者面目出现。

上述3个子系统集纳了全部社会人口群体，社会人口群体依据其在3个子系统中的地位和作用，可分解成不同层次人口。由于人口与社会的本质内在联系互有交叉，不能将社会人口仅仅划分成这样3个系统。马克思说："人的本质是人的真正的社会联系，所以人在积极实现自己本质的过程中创造、生产人的社会联系、社会本质，而社会本质不是一种同单个人相对立的抽象的一般力量，而是每一个单个人的本质，是他自己的活动，他自己的生活，他自己的享受，他自己的财富。"[①] 由此，笔者以为可将社会人口按照社会调控体系分成4个层次7种类型：

第一层次为领导层人口，即社会调控主体系统中掌握不同决策权力的人口。他们或者是政策的制定者，主要在高级领导层；或者是政府政策、法令等贯彻落实的组织者，实际工作领导者。

第二层次为执行层人口，主要是在各级政府、团体社会调控媒介的工作人员，既包括从事法律、政务的各级"硬件式"干部，也包括新闻、出版、文化、教育等"软件式"工作者。

第三层次为承受层人口，即将由社会调控媒介传递过来的社会调控主体意志，化为社会活动的人口。

第四层次为结合层人口，表现为第一、第二、第三层次人口的不同结合。可分为4种类型：领导与执行结合层人口，表现为既是领导者又是执行者；领导与承受结合层人口，表现为既是领导者又是具体的承受者；执行与承受结合层人口，表现为既是执行者又是具体承受者；领导、执行、承受结合型人口，表现为三者合而为一，在决策制定、调控媒介、社会活动中的不同作用。这第四层次结合层人口普遍存在，因为身为领导层人口

---

① 参见《马克思恩格斯全集》第四十二卷，人民出版社1979年版，第24页。

也有执行和承受的义务，亦官亦民；自身为执行层人口可能不同程度地参与决策，或者身体力行地去承受；就是承受层人口，也有可能通过不同社会组织参与决策和执行。从发展角度观察，废除终身制，能上能下，领导层人口、执行层人口、承受层人口是在不断变动的，要用动态观点看待社会人口分层。

（二）分层与可持续发展

社会调控 3 系统、人口 7 分层的划分，为探讨人口与社会的可持续发展提供一个别开生面的框架结构，分析现实问题的新的理论方法。联系当前中国现实，人口与社会的可持续发展，尤应重视以下问题：

1. 领导层人口与社会调控主体系统的可持续发展

社会调控主体系统主要指国家的政府机构，关于各种社会形态的国家政府机构的功能、设置、体系应当怎样，非本文所要研究范畴；本文着重阐明的是与特定人口的关系，存在的问题，可持续发展的战略选择。中国是共产党领导的社会主义国家，社会调控主体系统核心是党的领导，而党是由人口中的特定成员——党员组成的，这部分人口的数量、素质、结构怎样，从根本上决定着社会调控系统的性质和功能的发挥。现在党的规模已相当庞大，数量方面不存在问题；随着人口再生产的不间断进行和不断吸收不同性别、年龄、民族、文化、职业等新党员，党的成员结构也在不断改善；最紧要的问题是素质，提高领导层人口素质是实现社会调控主体系统可持续发展的关键所在。提高领导层人口素质，首要的是提高政治素质和思想素质，牢固地树立为共产主义人类进步事业奋斗终生和全心全意为人民服务的思想。对于执政党和领导层人口来说，尤为重要的是要认识"没有限制的权力会导致腐败"的至理明言，从思想到组织上开展反腐败斗争，制定行之有效的反腐倡廉措施，建立起相应的机制。其次要提高领导层人口科学文化教育素质，能够站到新技术革命的前面进行领导。前已叙及，第二次世界大战后以微电子技术为前导的新技术革命方兴未艾，极大地改变着世界的面貌、国家的面貌、人民的生活。科学技术从课堂和实验室走出来，进入并几乎囊括所有生产和生活领域，成为推动生产力和社会发展的巨大力量，决定着发展的进程。中国加速走向现代化，面临着改造传统的旧有产业，大力发展新兴产业，不断提高经济增长的科技含量，发挥科技作为生产力作用的新形势，提高领导层人口科学文化教育素质任务十分急迫。统计资料显示，1993年国家机关副部、副省级领导平均学历为13.2年，司、局、厅级14.5年，副司、副局、副厅14.6年，县处级13.8年，副县处级13.7年，科级12.9年，副科级12.9年；企业副部、副省级14.2年，司、局、厅级14.6年、副司、副局、副厅级14.5年，县处级13.7年，副县处级12.9年，科级12.8年，副科级12.3年，同国家机关相仿。总起来看，虽然领导层人口文化教育素质有很大提高，但是仍然比较低，同现代化建设不相适应。

2. 执行层人口与社会调控媒介系统的可持续发展

一般地说，执行层人口比较接近领导层人口，比较了解领导意图；同时也比较接近承受层人口，在一定意义上他们本身即为执行层与承受层兼顾型人口。因此，执行层人口具有承上启下作用，应与社会调控媒介的发展相适应。就目前的现实情况而论，寻求执行层人口与社会调控媒介系统的可持续发展，最突出的问题有二：

（1）执行层人口数量过大，增长过快

远者且不论，以改革开放以来强调精简机构、分流富余人员以后说起，执行层人口增长速度之快，也是不少其他行业从业人员无法比拟的。据统计，1978—1994年全国从业人员由40 152万增加到61 470万，增长53.1%，年平均增长2.7%；而在农、林、牧、渔业、采掘业、制造业、建筑业、金融业、社会服务业等16类分行业从业人员中，国家机关、党政机关和社会团体从业人员由467万增加到1033万，增长121.2%，年平均增长5.1%，大大高出全国从业人员增长幅度和年平均增长速度。同期全国人口由96 259万增加到119 850万，增长24.5%，年平均增长1.4%，比较起来相差更为悬殊，机关、团体从业人员增长速度为人口增长速度的3.6倍。[①] 毋需多加说明，尽管这部分从业人员中包括部分国家调控主体系统中的领导层人口，但一为这部分带"长"字的人口有限，科员、办事员带"员"字人口居绝大多数；二为计算的是增长速度，非绝对数相比，

[①] 资料来源：《中国统计年鉴1995》，第59、87页。

故无大的影响。可见作为执行层人口"硬件式"的在党政机关和社会团体的从业人员,改革开放以来有增无减的势头颇强,使得机构臃肿、人浮于事成为"老大难"问题。可持续发展必须解决这个"老大难"。治本的方略,一要坚定不移地按照市场经济体制模式进行经济改革,真正实现政企分开,为国家机关、政党机关和社会团体按照自己独立运行的机制设置机构创造条件;二要坚定不移地进行政治体制改革,按照国家管理职能需要,本着精简、效率、统一的原则设置必要的行政机构。多年来,这方面的改革之所以收效不显著,虽然原因很多,但是最基本的原因没有解决或者理论上解决了行动中未能真正贯彻是根本。按照历史唯物主义观点,政府机构原属国家上层建筑,上层建筑要适合经济基础,适合决定生产关系的社会生产力的性质。我们为什么要舍弃奋战30多年的高度集中统一的计划经济,选择社会主义市场经济体制改革目标?或者说社会主义市场经济追求的目标、灵魂是什么?可以说实现资源的有效配置、社会产值最大化是追求的目标,以提高劳动生产率为主要手段的解放和发展生产力是灵魂。那么与以这样目的的经济改革相匹配的上层建筑政府机构改革的指导思想和总的原则是什么?笔者认为不是别的,而是效率原则:最大限度地提高各级机构执行中央决策的效率,下情上达的效率,及时处理和解决问题的效率。为什么一次次精简过的机构却越来越臃肿、人员越来越多?认识论上未能真正树立效率观念,思想路线效率原则未真正扎根,遇到困难情况往往为传统观念、人情关系等"原则"所取代,是带有根本性的原因。这好比一个人的身体发育一样,按照效率原则进行的改革,行政机构作为骨骼正常发育,各部位肌肉丰满得当,全身血流畅通,就会体魄健康,身体潜能得到充分发挥。相反,原有的或不按效率原则进行的改革,由于机构骨骼畸形和肌肉丰满与萎缩分布不均,血液循环受阻,体魄健康受到影响,身体潜能下降且下降了的潜能也不易发挥出来。某些机构改革深入不下去的地方,或因人设事、拖住不改,或"翻牌公司"、明改暗不改,实际上很多是这种情况。医治的良方,是认识并牢固地树立机构改革的效率原则。

(2)执行层人口素质需要提高

随着经济的发展,人民生活的改善,科学、教育、文化事业的发展,执行层人口同总体人口一样，身体素质有很大提高，预期寿命延长，文化教育素质提高更为显著。根据《中国统计年鉴1995》提供的资料，1993年国家机关科员级工作人员平均学历为12.9年，办事员级12.1年，企业办事员级11.8年。即平均在高中毕业、开始进入大专水平，比总体人口平均学历要高出一截。不过从执行层人口所处的媒介地位和作用看，处在高中与大专之间学历的文化教育素质显然偏低，不能不影响到社会调控主体意志的贯彻。应当说，这一状况已经脱离了外行领导内行的不正常秩序，但尚未真正进入内行带头人领导内行的良性循环，多数执行层人口还不具备本身是有关方面专家和管理专家的条件。诚然，对执行层人口甚至是领导层人口不能都提出专门家要求，那样的要求是不切实际的；但是至少有少数专门家身居其中，多数是具有一定专门知识和管理知识的干部，二者有一个恰当的比例。现在的问题是，专门家依然太少，专门知识和管理知识许多人尚不具备，甚至一些人既无专门知识又无管理知识却仍在岗位。可持续发展是符合科学规律的发展，提高执行层人口科学文化素质是必不可少的条件。

提高执行层人口素质，特别应提出提高人口的思想和道德素质，这在深化改革和扩大开放形势下具有重要意义。执行层人口不像领导层人口那样手中握有决策和决定权力，但有执行办事权力：同样的事情可以快办，也可以慢办；可以早办，也可以晚办，甚至拖着不办。于是就会出现事情办得顺利与不顺利、花费成本多与少的差别，从而给某些人搞行业不正之风等留下空隙，可谓"县官不如现管"是也。因此，廉政建设主要是带"长"字的领导人口的事情，但不仅仅是他们，带"员"字的执行层人口也有责任，也有一个自律问题。我国实行公务员制度，对国家机关工作人员提出明确要求，使他们遵守职业道德和办事规范，是实现人口与社会可持续发展不可缺少的组成部分。

3. 承受层人口、结合层人口与社会调控客体系统的可持续发展

如前所述，个人、家庭、基层组织作为社会调控客体承受层人口出现，包含着结合层人口，即作为社会调控媒介的执行层人口，作为社会调控主体的领导层人口。如此说来，承受层人口、结合层人口与社会调控客体的可持续发展，具有总体人口与人类社会可持续发展的宏观意义，是人

口与社会可持续发展的概括和终结。

就一般意义并结合中国人口社会实际，谋求人口与社会可持续发展，从人口方面说，就是要控制人口的数量，提高人口的质量，调节人口的结构，实行"控制、提高、调节"相结合，当前以数量控制为重点的方针。中国自20世纪70年代大力加强计划生育以来，控制人口增长取得举世瞩目的成绩；然而由于仍具有一定的增长势能，国内外大同小异的预测表明，本世纪末全国人口可达13亿左右，2050年达到最高峰值15亿左右，控制人口的数量增长依然是第一位的问题。同时，总体人口身体、文化教育素质有待提高，特别是尚有1.45亿左右文盲、半文盲，同现代化建设很不相称。人口结构，主要是年龄、性别结构，城乡、地区分布结构变动需要引为重视，加以适当调节。从社会方面说，就是要强调民主和法制建设，一方面要充分发挥人民是社会的主人，行使主人翁的权利和作用，建立起完善的民主制度和社会机制；另一方面要不断完善法制建设，使各种社会问题的解决都有法可依，执法必严，违法必究，使社会管理法制化。

（三）可持续发展与人口社会"热点"问题

寻求人口与社会可持续发展战略，除从根本上解决人口社会分层可持续发展并建立起相应的机制外，还需要着眼现实，解决现实生活中人口社会的"热点"问题，使之同长远发展目标联系起来。结合中国实际，主要是下述一些问题：

1. 消除贫困和适度经济增长

中国是一个发展中国家，社会生产力发展水平不够高，且发展很不平衡，目前总体上处于由温饱向小康过渡阶段，但是还有7000万左右贫困层人口，消除贫困的任务仍很艰巨。改革开放以来国民经济发展迅速，人民生活水平提高很快，如以1978年为100，1994年农民为285.2，非农业居民为289.1，二者非常接近；但是由于原有差距较大，1978年非农业居民与农民消费水平之比为2.9∶1.0，按基本相同的指数增长，现在差距进一步拉大了，1994年拉大到3.6∶1.0。[①] 地区差距也进一步拉大，预计到

---

① 资料来源：《中国统计年鉴1995》，第257页。

2000年沿海地区占国民生产总值的比例将上升到占58.6%，比20世纪90年代初升高5个百分点左右；内陆则下降5个百分点，其与沿海的差距扩大30%左右。[①] 可见中国消除贫困主要在内陆地区，尤其是大西南、大西北广大边远山区。如何消除贫困，只能靠发展经济，而不能靠施舍和救济；但政府的扶持和倾斜是必要的，包括帮助内地深化改革和扩大开放，引进外来的资金和技术，发展本地区的支柱产业。可持续发展不是不要发展，而是需要适度的经济增长，长期的、稳定的经济增长对贫困地区来说是必要的和必需的，是实现人口与社会可持续发展的基础。

2. 满足就业和生产资料的基本需求

实现人口与社会的可持续发展，保持社会的稳定是前提条件；而要保持社会稳定，满足就业和生活资料的需求又是最基本的条件。如果社会存在大批失业人群，就难免"无事生非"，一批无业流民型流动人口成为刑事案件高发群体，就是证明。同样，居民生活需要的消费资料不能得到满足，就容易引发"饥寒起盗心"，影响社会秩序。关于我国如何谋求劳动年龄人口与生产资料的可持续发展，总体人口与生活资料的可持续发展前有阐发，不再多加赘述。这里所要强调的是，这两对影响可持续发展的矛盾不仅表现在人口与经济发展方面，而且涉及人口与社会的可持续发展，是人口与社会可持续发展所要解决的重点问题之一。

3. 兼顾效率与公平

所谓效率（efficiency），广义讲指劳动的效果与劳动量的比率。生产活动表现为劳动生产率，社会工作表现为工作效率，办事有效率问题，决策有效率问题，读书看报也有效率问题，效率关系到社会调控主体、媒介、客体所有人口，是影响社会可持续发展普遍存在的问题。由于近代以来中国经济、社会发展滞后，当西方工业革命如火如荼和商品贸易大潮涌来时，我们尚处在以手工劳动为标志的自然经济状态，劳动生产率低下，国人效率意识十分淡薄。经过民主革命，1949年中华人民共和国成立后开创了社会主义革命和建设的新时代，提出了以社会主义工业化为主体的过渡时期总路线，"大跃进"又提出多、快、好、省地建设社会主义的总路

[①] 参见《中国商报》1993年3月16日。

线，应当说以提高劳动生产率为中心的效率问题已提到日程上来，领导层人口、执行层人口和部分承受层人口，开始有了效率意识。然而"大跃进"中"人海战术"一冲，"文化大革命"中经济建设也要搞"群众运动"，混乱的经济和混乱的社会将效率逐出界外，形成"三个人的活五个人干"，干与不干、干好干坏"一个样儿"的不计劳动、不讲效率的局面。客观地说，中国人口和劳动力过剩也帮了不讲效率的忙，以致有人将不讲效率归结为人口多，遮住不少人的视线；但是"遮住视线"不等于视线本身，它只是影响视野的外部条件。改革开放以来观念转变标志之一，就是有了效率观念，甚至喊出"时间就是金钱，效率就是生命"的口号。这是一个伟大的转变，是由自然经济悠闲状态向市场经济激烈竞争带有飞跃性质的转变！然而必须看到，时至今日，效率不高仍是影响发展的一大问题，是国人需要认真解决的带有根本性的问题。人们开始看重效率，但真正看重并加以解决的比例并不很高，很多人还没有看重或虽然看重但是并未很好地解决。15年来经济发展博得世人交口称赞，可是效益不高像阴影一样一直跟随着我们。效益不高的重点，是劳动生产率不高、管理的效率不高。中国要加快发展包括人口与社会的可持续发展在内的发展，必须解决这个"效率不高"的顽症。除了要深化改革，重视科技和教育发展，贯彻实施科教兴国战略，实现科技教育与经济、社会发展相结合之外，要坚定不移地实行对效率高低的市场主体，包括企业、个人等拉开收入上的差距，鼓励一部分企业先发展起来，一部分人先富裕起来。实践证明这一方针已经起到很大的作用和影响，对更多的人勤劳致富起到典型引路效应。

没有建立在效率和收入提高基础上的公平，就是过去的"大锅饭"，只能属滞缓社会发展的低水平的公平。同样，仅注意到效率原则，仅顾及到先富裕起来一头，就容易忽视公平原则，忽略相对贫困的另一头。因此，这两种倾向都不足取，都不利于人口与社会的可持续发展，而必须实行兼顾效率与公平的原则。结合中国处在改革开放前期的具体实际，首先需要强调效率，拉动效率杠杆提高社会总体水平；然后在总体水平提高的基础上，通过税收、价格、信贷等手段，解决贫富不均问题，使社会不致产生过于富有阶层，也不致产生过于贫困阶层，避免两极分化。

4. 注意推动技术进步和危险的有效控制

可持续发展追求技术进步，技术进步有利于人口自身的可持续发展，有利于人口素质的提高和孩子质量成本的上升，是导致孩子数量成本下降和生育率降低的关键，是人口转变的决定性因素；技术进步为科学利用自然资源和进一步认识、探测、开发自然资源提供技术手段，成为寻求人口与资源可持续发展的得力助手；技术进步使废气、废水、废渣的重新利用成为可能，融变废为宝与消除污染于一体，是协调人口与环境可持续发展的最重要的工具；技术进步极大地推动着现代社会劳动生产率的提高，这对中国实现经济增长方式由粗放型向集约型转变有决定性意义，是国民经济持续、快速、健康发展的重要保证。所以，技术进步通过降低能源和原材料消耗，提高环境质量，促进经济增长为人口与社会的可持续发展创造条件，实现可持续发展需要大力推动技术进步。不仅如此，技术进步还直接关系到社会的进步和可持续发展：它使社会调控系统设置科学化，使该系统领导层人口具有现代科学技术知识和现代意识；使社会调控媒介系统得以用先进科技武装起来，执行层人口得以掌握现代化管理手段；也使社会调控客体系统跟上现代科技进步的步伐，承受层和结合层人口分享科技进步带来的社会现代化成果，将社会调控3个系统、7个层次人口有机地联系起来，有效地解决社会矛盾和社会问题。

技术进步有利于消除危险和保持社会稳定。如现代高科技侦察手段的运用，地面、水面、空中高性能交通工具和武器的配备，大大加强了对案件尤其是大型恶性案件的打击力度，构成对犯罪分子的强有力的威慑作用，有利于创造可持续发展的稳定社会环境。不过事物总是一分为二的，技术进步运用不当也可造成危险，如核泄漏，核电站破坏，也可以成为阻碍、破坏可持续发展的因素，甚至可将最先进的技术用来制造杀伤武器。可以说，技术进步在给人口与可持续发展提供现代化手段和新的思维方式、管理方式的同时，也提供了新的妨碍、破坏可持续发展的手段和思维方式，提出了现实的危险有效控制问题。有两种情况：一种属于现代科技发展自身带来的危险的增加，诸如高速运转的交通工具带来的事故，核原料和平利用中的危险性；另一种属于国内外敌对势力有目的的利用，构成对社会安全的新的威胁。谋求人口与社会的可持续发展，对这两种危险都应予以高度重视。前一种危险，主要依靠加强管理和技术进步本身加以解决；后一种危险除注重技术本身加以解决外，还要树立起持续的防范意识，随时准备粉碎任何敌对势力的进犯，保持可持续发展需要的良好社会环境。

参考文献

1. 《中国 21 世纪议程——中国 21 世纪人口、环境与发展白皮书》，中国环境科学出版社 1994 年版。

2. 联合国 1992 年里约热内卢环境与发展会议《21 世纪议程》，国家环境保护局译，中国环境科学出版社 1993 年版。

3. 国家计委政策研究室编：《迈向 2020 年的中国》，中国计划出版社 1997 年版。

4. 世界银行：《防止老龄化危机》，中国财政经济出版社 1996 年版。

5. 斯泰因·汉森（Stain Hasen）：《人口：对经济学家和社会科学家的挑战》，中国社会科学院/联合国教科文组织《国际社会科学》杂志（中文版）1995 年第 12 期。

6. 伊格纳西·萨什（Ingnacy Sachs）：《人口、发展与就业》，《国际社会科学》杂志 1995 年第 8 期。

（原载《东岳论丛》1997 年第 5 期）

走现代文明发展之路

走生产发展、生活富裕、生态良好的文明发展道路,需要从理论与实践的结合上推进三个转变:

一是发展观的转变。人类为什么要发展生产?一般说来,是为了满足人的需要。然而,在传统发展观指导下的生产发展,很难不偏离满足人的需要的轨道。长期以来,人们都把GDP作为经济发展的主要甚至是唯一的评价指标,片面追求GDP增长的发展风靡一时,以GDP增长评价各国发展状况被普遍认同。在这种背景下,相当多的人把GDP增长本身当作发展的目的和目标,陷入GDP增长等于发展、发展是硬道理等于GDP增长是硬道理、以经济建设为中心等于以GDP增长为中心的误区,连干部政绩的考核也主要看其分管地区或部门GDP增长的速度。这就不可避免地出现在GDP快速增长掩盖下的某些缺陷,如三次产业结构和就业结构不合理,城乡、工农、东西部之间发展差距拉大,收入分配不公,有些领导干部弄虚作假、虚报GDP增长"政绩",社会事业发展相对滞后等。为了追求GDP的快速增长,掠夺性开采资源,污染再大的项目也要大干快上,导致人口、资源、环境的矛盾日益尖锐。树立以人为本的科学发展观,走生产发展、生活富裕、生态良好的文明发展道路,明白无误地阐明了生产、生活、生态之间的关系和发展的根本目的。这一目的,就是满足人的全面发展的需要,包括满足人的生理、心理、文化、交往等的需要。我们不能为了满足物质方面的需要而损害其他方面的需要,不能为了GDP的增长而损害环境和健康,削弱社会全面发展和可持续发展的能力。在温饱问题基本解决后,满足人们日益增长的文化需求显得越来越重要。而且,人的文化需求不断得到满足,人口素质不断提高,将使我国的人力资源优势转化为人力资本优势,反过来又会促进经济持续快速协调健康发展和社会全面进步。

二是经济增长方式的转变。片面追求GDP增长的发展，一般以外延式扩大再生产为主要增长方式，以固定资产投资的增加为主要驱动力。目前我国三次产业结构不合理、三次产业内部结构不合理以及企业效益和劳动生产率提高不快的状况，应该说与此有关。要优化结构、提高效益，从高投入、高消耗、低产出、低效率"两高两低"的传统增长方式转变到与之相反的"两低两高"的增长方式，就要在发展的动力和手段上做好文章。任何生产的发展、经济的增长都需要一定的资本积累，但在不同的历史时期，对由自然资本、产出（生产）资本、人力资本和社会资本构成的社会总资本的需求，却有不同的侧重。农业社会及以前的社会主要依赖自然资本，传统工业社会主要依赖产出资本，现代（后工业化）社会主要依赖人力资本以及同人力资本相关联的社会资本。所谓人力资本，是指人的知识、技能、经验和健康所具有的价值的总和。当前，信息化、经济全球化明显加快，知识经济迅猛发展，使竞争主要表现为人才的竞争和人力资本的竞争。在这样的形势下，生产的发展和经济增长方式的转变，关键在于人力资本的积聚，以及同人力资本紧密相关的信息、管理、制度和市场化程度等社会资本的增强。我们要向人力资本和社会资本要速度、要效益、要结构，不断提升内涵式扩大再生产的水平。

三是人与自然关系的转变。人类诞生以来的400多万年，从一个侧面观察，是一部伴随生产发展的人进物退的历史。毋需做更长远的追溯，据估计，纪元初年世界约有2亿人口，目前已超过62亿，增长了30倍；同期我国人口也由6000万增加到近13亿，增长20多倍。与此相对应的，是生态环境的恶化、大量动植物物种的灭绝和矿产资源的急剧减少。这不仅因为人口数量的增加直接导致需求和消费的同步增长，而且由于人们追求高生活质量的欲望是无限的，为满足这一欲望就要加速对自然资源的索取。但是，非再生资源是一个恒定的量，索取多少便减少多少；再生资源则有一个再生的条件和再生的速度问题，很难跟上人口再生产规模的扩大和消费增长的步伐。社会资源也是稀缺的，制度的完善、管理水平的提高等都需要付出一定的成本，变革也需要一定的时间。进入21世纪，越来越多的人认识到：人类与自然之间不是谁战胜谁的问题，而是和谐相处、共同组成一个大家庭。我国是世界上人口最多、幅员辽阔的发展中国家，当前面临的生态环境问题不容乐观。虽然控制人口增长取得了举世瞩目的成绩，人口增长的势能减弱许多，但预测表明，2030年总人口增长到接近15亿时才有可能实现零增长；治理废水、废气、固体废物和噪声"三废一噪"的任务艰巨，今后加快建设与治理污染的问题将更为突出；而随着生产发展和生活富裕水平的提高，人口对消费需求的"加权"效应也将更加强烈地表现出来。面对未来发展的重重压力，把"生态良好"纳入文明发展道路之中，既体现了当代人的切身利益，又关乎子孙后代的长远利益，是贯彻科学发展观、实施可持续发展战略的具体体现。

（原载《人民日报》2004年6月18日）